KARL KOCH · DER BAUMTEST

KARL KOCH

DER BAUMTEST

DER BAUMZEICHENVERSUCH
ALS PSYCHODIAGNOSTISCHES
HILFSMITTEL

11. AUFLAGE
UNVERÄNDERT NACH DER 9., KORRIGIERTEN AUFLAGE

VERLAG Hans HUBER
BERN · GÖTTINGEN · TORONTO · SEATTLE

Dieses Werk, einschließlich aller seiner Teile, ist urheberrechtlich geschützt. Jede Verwertung außerhalb der engen Grenzen des Urheberrechts ist ohne Zustimmung der Verlags unzulässig und strafbar. Das gilt insbesondere für Vervielfältigungen, Übersetzungen, Mikroverfilmungen sowie die Einspeicherung und Verarbeitung in elektronischen Systemen.

Bibliographische Information der Deutschen Bibliothek
Die Deutsche Bibliothek verzeichnet diese Publikation in der Deutschen Nationalbibliographie; detaillierte bibliographische Daten sind im Internet über http://dnb.ddb.de abrufbar.

11. Auflage, 2003
unverändert nach der 9., korrigieren Auflage 1997
Alle Rechte vorbehalten
© 1949/2003 by Verlag Hans Huber, Bern
Druck: Hubert & Co, Göttingen
Printed in Germany

ISBN 3-456-83519-1

Vorwort zur dritten Auflage

Die neue Auflage des «Baumtestes» hat gegenüber der vorgehenden einige wenige Präzisierungen und Ergänzungen erfahren. So schien es notwendig, die Raumsymbolik zu differenzieren, selbst auf die Gefahr hin, da und dort Anstoß zu erregen. Nachdem auf diesem Gebiet oft mehr behauptet als bewiesen wird und es zudem bald eine Ausnahme ist, jemand zu treffen, dem das Symboldenken geläufig ist oder der an der Mehrdeutigkeit der Ausdruckserscheinungen keinen Widerspruch empfindet, schadet es gewiß nichts, wenn dieses sehr fruchtbare und noch lange nicht ausgeschöpfte Thema zur Diskussion kommt.

Oft gewünschte Vergleichsmöglichkeiten mit andern Untersuchungsverfahren sind nun auszugsweise aus der Arbeit von Hermann Städeli veröffentlicht. Im gleichen Zug werden die Symptome bei Neurosen behandelt. Eine der erstaunlichsten Entdeckungen zum gleichen Thema ist Dr. Graf Wittgenstein gelungen, die, kurz beschrieben, einer besondern Veröffentlichung des Urhebers nicht vorgreifen will. Eine umfangreiche Habilitationsschrift von Elso Arruda, Rio de Janeiro, über den Baumtest in der Psychiatrie darf leider aus administrativen Gründen vorläufig nicht ausgewertet werden.

Die statistischen Unterlagen stammen aus den Schulen und Kindergärten der Stadt Zürich, den Hilfsschulen von Bern, Fribourg und St. Josef, Bremgarten, sowie aus zwei Industriebetrieben. Die Ergebnisse der Statistik sind als vorsichtig gemeinte Hinweise zu nehmen.

Im übrigen soll man von einem Test nicht mehr verlangen, als er seiner Natur nach geben kann. Man soll doch nicht jede Frage mit einem Test allein beantworten wollen. Die ungleiche Reagibilität auf einen Test ruft von selbst nach Ergänzungen.

Der Verfasser

Inhaltsverzeichnis

	Seite
Vorwort	5
Tabellenverzeichnis	8
Aus der Kulturgeschichte des Baumes	9
Einführung	22
Die Testsituation	23
Baum und Mensch	24
Die Projektion	26
Die Symbolik des Kreuzes	28
Raumschema nach Grünwald	35
Schema der Bildbetrachtung	37
Die Gestalt des Baumes	39
Auswirkungs- und Hinweissymptome	41
Der Wittgenstein-Index	45
Der Baumtest als Entwicklungstest	49
Die Entwicklung des zeichnerischen Ausdruckes	49
Die Frühformen	59, 60
Die statistischen Unterlagen	60
Der Strichstamm	63
Der Strichast	63
Der Doppelstrichast	65
Gerade Äste	67
Waagrechte Äste	68
Kreuzformen	68
Raumverlagerungen	68
Sonnenrad und Blumenform	70
Tiefliegende Äste	70
Oben geschlossener Stamm mit keiner oder geringer Verzweigung	72
Der Lötstamm	72
Stammbasis auf Blattrand	72
Gerade Stammbasis	75
Das Zeichnen mehrerer Bäume	76
Die Größenverhältnisse	77
Durchschnittshöhen von Stamm und Krone	77
Die mittlere Streuung der Stamm- und Kronenhöhen	80
Zentralwerte der Stammhöhe-/Kronenhöhe-Quotienten	80
Summe der Quotienten Stammhöhe/Kronenhöhe in Prozenten	83
Die Betonung der Oberlänge (Kronenhöhe)	83
Die Betonung der Unterlänge (Stammhöhe)	84

	Seite
Die Kronenbreite	85
Das Verhältnis von Kronenbreite zur Kronenhöhe	89
Der Normalbaum	89
Links- und rechtshändiges Zeichnen	89
Abhängigkeit vom Zeichenfeld	90
Vom Sinn der Entwicklungsreihen	91
Ein Beitrag zur Regression	95
Regressive Symptome	97
Versuche über den graphischen Ausdruck	99
Versuche in der Hypnose:	100
Betrüger	103
Teilretardierungen	104
Bettnässer	108
Platzangst, Zwangsneurose	109
Sadismus	109
Reiner Infantilismus	116
Degeneration	118
Die Instruktionsformel zum Baumtest	123
Der Gesamteindruck	123
Wurzeln	125
Die Stammbasis	128
Der Kegelstamm	129
Der Halb-T-Stamm, der T-Stamm	129
Stammkontur	133
Stammoberfläche (Rinde)	134
Der Ausdruck des Striches	136
Verdickungen und Einschnürungen	137
Dicker werdende Äste, parallele Äste	138
Der Kugelbaum	140
Kronengeäst mit einer Haut überzogen	141
Astenden in Wolkenballen gehüllt	142
Arkadenbildung in der Krone	142
Äste in Palmblätterform	142
Spalierbaum (Zuchtmanier)	143
Zentrierung	144
Krone strahlenförmig (zentrifugal)	145
Krone konzentrisch	145
Röhrenäste	145
Krone in Lockenmanier (Bewegtheit)	151
Krone in Liniengewirr (Formauflösung)	152
Koordinierung der Äste	153
Unterbrechung im Geäst (im Stamm)	154
Der Lötstamm, der Lötast	154
Additive Formen, Aufstockungen	157
Der Winkelast (Frühform)	159

	Seite
Schweifungen	161
Verbiegungen	162
Regelmäßigkeit	163
Stereotypien	164
Gerader, paralleler Stamm	165
Gerade und eckige Formen	166
Runde Formen	167
Dunkelfärbung	167
Dunkelfärbung Stamm	168
Krone in Schattenmanier	170
Dunkelfärbung Äste	171
Dunkelfärbung Früchte und Blätter	171
Schwarz – das ewige Schweigen	172
Aufstrebend – abfallend	173
Krone sackartig herunterfallend	175
Gegenformen	175
Gegeneinander verschobene Klammern	175
Gegenzüge	176
Astkreuzungen	177
Rechts-, Linksbetonung, Gleichgewicht	177
Links- und Rechtsläufigkeit	179
Die links- und rechtsschräge Lage	180
Pfahl, Pflock, Stütze	181
Der abgesägte Ast	183
Dritte Dimension (Frontaläste)	185
Leerräume	186
Krone abgeflacht	187
Verfeinerungen	188
Übergang vom Ast zum Zweig	189
Dornen- und Dolchformen	189
Uneigentliche Formen	189
Wechselmerkmale	190
Die Anordnung	190
Landschaft	191
Bodenlinien	196
Stamm auf Hügel und Insel	197
Zubehör	197
Anthropomorphisierungen	200
Die Blüte	202
Blätter	204
Früchte	205
Früchte frei im Raum	211
Früchte, Blätter, Äste abfallend und abgefallen	212
Knospen	214
Die Behandlung der Grenzfälle	214
Beispiele	217
Literaturverzeichnis	245
Anhang: Tabellen zur Baumstatistik	249

Tabellenverzeichnis

	Seite		Seite
Raumschema 35,	37	Verbiegungen	163
Normalbaum-Schema	89	Schweifungen	162
Über den Blattrand zeichnen	191	Additive Formen, Aufstockungen ...	159
Frühformen (63, 67, 68, 69, 70, 72, 75,		Verfeinerungen, Verästelungen	188
76, 120, 154, 157, 159, 161, 211)	59	Dritte Dimension	186
Regressive Symptome 97,	98	Äste in Palmblätterform	142
Gesamteindruck	125	Dolchformen	189
Wurzeln	127	Stereotypien	165
Bodenlinien	196	Strichcharakter	136
		Vereinzelt tiefliegende Äste	72

Stamm

Links-rechts-schräge Lage	180
Betonung der Stammhöhe	84
T-Stamm	132
Kegelstamm	129
Gerader, paralleler Stamm	166
Lötstamm	157
Stammbasis 75,	128
Stamm auf Hügel und Insel	197
Stammstütze	182
Stammkontur	133
Unterbrechungen	154
Stammoberfläche	135
Stammbruch	184
Strichcharakter	136

Äste

Rechts-, Linksläufigkeit	179
Aufstrebend, abfallend	174
Zentrierung	144
Koordinierung der Äste	153
Abfallende Äste	212
Parallele Äste	139
Dickerwerdende Äste	139
Verdickungen, Einschnürungen ...	137
Röhrenäste	150
Röhrenäste eingesprengt	150
Lötast	157
Astschnitt, Astbruch	184
Unterbrechungen	154
Gerade, eckige, runde Formen ...	167
Astkreuzungen	177
Gegenzüge	176

Krone

Rechts-, Linksbetonung, Gleichgewicht	178, 179
Betonung der Kronenhöhe	84
Zentrierung	144
Der Kugelbaum	141
Krone in Lockenmanier	152
in Wolkenballen gehüllt	142
konzentrisch	145
Arkadenbildung	142
strahlenförmig	145
in Schattenmanier	170
in Liniengewirr	153
Uneigentliche Formen	190
Spalierbaum (Zuchtmanier)	143
Geäst mit einer Haut überzogen ..	141
Krone sackartig herabfallend	175
Schweifungen	162
Blüten	202
Blätter	204
Früchte	209
Früchte, Blätter abfallend	212
Stereotypien	165
Gegeneinander verschobene Klammern	175
Gegenformen	175

Landschaft 195

Bodenlinien	196
Stamm auf Hügel und Insel	197
Zubehör	200
Wechselmerkmale	190
Strichcharakter	136

Aus der Kulturgeschichte des Baumes

Der Baum gehört zu den Urdingen der Menschheit. Das Baumsymbol ist das erste und letzte Symbol der Heiligen Schrift, und von hier aus öffnet sich die Welt der geistigen Bedeutung des Baumes im Christentum. Gen. 1, 29: «Und Gott sprach: Euch überlasse ich alles samentragende Kraut auf der ganzen Erde und alle Bäume mit samentragender Baumfrucht, daß sie euch zur Nahrung diene.» Gen. 2, 9: «Allerlei Bäume, lieblich zur Schau und köstlich als Speise, hatte der Herr Gott aus dem Erdboden sprießen lassen, in des Gartens Mitte aber den Baum des Lebens und den Baum der Erkenntnis von Gut und Bös.» 10: «Und ein Fluß kam von Eden her, den Garten zu bewässern; er war aber von da ab geteilt und zu vier Häuptern geworden.» Gen. 2, 16.17: «Und der Herr Gott gebot den Menschen und sprach: Von allen Bäumen im Garten darfst du nach Belieben essen. Nur von dem Baume, der Gutes und Böses kennen lehrt, darfst du nicht essen. Denn sobald du von ihm issest, bist du des Todes.» – Die Schrift endet mit der Geheimen Offenbarung 22, 2: «Und mitten auf der Straße, zu beiden Seiten jenes Stromes, stand der Baum des Lebens, der zwölfmal Früchte trägt; in jedem Monat bringt er seine Frucht. Die Blätter des Baumes aber dienen den Völkern zur Heilung.»

Der Sündenfall, als das Heraustreten des Menschen aus dem Gebot Gottes und aus dem paradiesischen Zustand in die Welt der Erkenntnis von Gut und Böse, spielt am Baum. In der Bibel wird der Baum noch oft zum Gleichnis des Menschen: Psalm 1, 3: «Er grünet wie der Baum verpflanzt an Wasserbäche, der Früchte trägt zur rechten Zeit und dessen Laub nicht welkt. Und was er tut, gerät ihm gut.» Oder im Neuen Testament Matthäus 3, 10: «Schon liegt die Axt an der Wurzel der Bäume. Ein jeder Baum, der keine guten Früchte trägt, wird umgehauen und ins Feuer geworfen.» 7, 16–20: «An ihren Früchten könnt ihr sie erkennen: Erntet man die Trauben von den Dornen oder Feigen von Disteln? – So trägt ein jeder gute Baum nur gute Früchte, und ein schlechter Baum trägt schlechte Früchte. Ein guter Baum kann keine schlechten Früchte tragen, ein schlechter Baum wird keine guten Früchte bringen. – Ein jeder Baum, der keine guten Früchte trägt, wird umgehauen und ins Feuer geworfen. – Also, an ihren Früchten werdet ihr sie erkennen.» – Zwischen Anfang und Ende, zwischen dem Lebensbaum des Paradieses und dem Lebensbaum des neuen Himmels sieht der antike Christ nun einen Lebensbaum aufragen, an dem sich das Geschick der Adamsfamilie entscheidet: das Kreuz. Und in seinem Mysterienblick schaut er diese Bäume wie in einem einzigen Bild. Der Paradiesbaum ist nur eine Vordeutung des Kreuzes, und dieses Kreuz ist der Mittelpunkt der Welt und des Heildramas der Menschen. Es ragt von Golgatha zum Himmel, den Kosmos zusammenfassend. Und zu seinen Füßen quellen die vier Paradiesflüsse des Taufmysteriums, durch das die Nachkommen des Adam ein neues Anrecht erlangen auf den ewig grünenden Baum des Lebens (Hugo Rahner).

Neben der jüdisch-christlichen Heilsgeschichte, in welcher das Baumsymbol eine zentrale Rolle spielt, gehört der Baum zu den ältesten Symbolen überhaupt. Jean *Przyluski* schreibt: ... «Wenn Quelle und Regen, alles Wasser, von einer unsichtbaren Gottheit zur Verteilung gebracht wird, in welcher Gestalt ist dieses heilspendende Wesen wohl vorzustellen? Zwei der ältesten Symbole sind der heilige Stein und der heilige Baum... Die ältesten Ionier lernten die Göttin im 11. Jahrhundert vor unserer Zeitrechnung wahrscheinlich in Gestalt eines Baumes kennen. Der Baum, der zu Beginn des Winters zu sterben scheint, um sich zur Zeit des Sprießens wieder zu belauben, erweckt in wunderbarer Weise die Vorstellung, daß die Nymphen in ihrer befruchtenden Tätigkeit von Zeit zu Zeit aussetzen. Kallimachos hat dargestellt, wie die Amazonen in einer Eiche den ersten Xoanon der Artemis entdeckten. Der Periegete Denys legte das erste Heiligtum rings um einen Baumstumpf an. Doch wurden statt des Baumes mit fallenden Blättern Nadelbäume bevorzugt, die mit ihrem unvergänglichen Grün besser die Vorstellung des Bleibenden der Göttin erwecken. Ein heiliger Zypressenhain ist ihr in Ortygia zu eigen. Auch auf Kreta war die Zypresse mit dem Rheakult verbunden. Ein Idol aus Zypressenholz war gleichfalls die von Xenophon gewidmete Statue im Artemision von Scillonte. – Wenden wir nun die Vorstellung größerer und geringerer Macht, die ein Abhängigkeitsverhältnis zwischen den Gottheiten der Gewässer herstellt, auf das Pflanzenreich an. Hier und dort haben wir einen heiligen Baum vor uns, der sich durch Größe und Üppigkeit von den andern auszeichnet. Wo findet sich ein solcher mythischer Baum? Offensichtlich auf einer Anhöhe, denn die Berghöhe ist zu gleicher Zeit von den Wassern des Regens und der Quellen genetzt. Damit ist ein recht allgemeines Sinnbild zur Darstellung der befruchtenden Wirkung durch himmlische und irdische Wasser gegeben. Dieses Sinnbild ist der Berg; er erscheint wie ein Bindeglied zwischen Himmel und Erde. Daher gilt von Indien über Mesopotamien bis zum Mittelmeer die Höhe als Wohnstätte der großen Göttin. Der Berg, von dem göttlichen Baum überragt, wurde stilisiert und schematisiert. Berg und Baum wachsen zuletzt zu einer Art ungeheurer Stütze zusammen, die mit der Erde als Basis den Himmel trägt. Von dieser hohen Säule, in der die Astronomen die Achse des Weltalls erblickten, ergießen sich die himmlischen Wasser in einen ungeheuren Wasserfall, in dem alle Ströme der Welt ihren Ursprung nehmen. So wächst sich der eng umgrenzte Mythos vom heiligen Baum zu einem weltumspannenden Mythos aus. Das Bild des einzigen Baumes auf der Anhöhe leitet zur Vorstellung der Weltachse hinüber, die den Himmel mit der Erde verbindet, einer Art Wasserburg, aus der sich die Flüsse nach den vier Himmelsrichtungen nach abwärts ergießen.»

Der Weltenbaum

«Die betont organische Metaphysik der Indoarier offenbart sich am deutlichsten in dem Symbol des Weltenbaumes (J. W. Hauer), der aus dem Urselbste als Keim emporwächst.» Wir erinnern uns hier an jene Stelle in Chandogya-Upanisad VI, 12, wo der Lehrer den Schüler, der nach dem Wesen des Selbst fragt, auffordert, ihm die Frucht eines Nyagrodha-Baumes zu bringen, die er dann spalten muß, bis er auf jene unsichtbare Feinheit stößt, aus der der große Baum erwachsen ist und von der es dann heißt: « Sie ist dieses ganze Weltall, sie ist das Ewig-Wirkliche, sie ist das Selbst, und das bist du, Svetaktu. » Diese Grundlehre vom Urselbste als Keim, aus dem die Welt erwächst, ist besonders in Skambha-Liedern von Atharvaveda 7 und 8 mit außerordentlicher metaphysischer Ergriffenheit gestaltet. Es wundert uns deshalb auch nicht, daß hier das Symbol des Weltenbaumes sich mit dem Symbol des Urmenschen von Rigveda X, 90 vermischt. Beide Bilder, die Welt als sichtbar gewordener Urmensch und die Welt als aus dem Urselbst erwachsener Baum, meinen ja im Grunde dasselbe: alles Gestaltete ist organische Entfaltung, urselbstdurchdrungen an jedem Punkte, einbezogen in die lebendig gegenwärtige Schaffensenergie des ewigen Selbstes. « Sie (die Welt) ist jener Feigenbaum, hoch oben ist seine Wurzel, hinunter greifen seine Zweige. Das ist das Lichte, das ist das *brahman*, das ist das Todlose. Auf dieses stützen sich alle Welten, dieses überschreitet keiner. Dieses fürwahr ist Jenes (d. h. jenes unfaßbar Unsagbare, dem man keinen Namen mehr zu geben wagt). » Katha-Up. VI, 1.

Mit dem Namen *Yggdrasill* oder *Yggdrasils askr* bezeichnet die eddische Voluspa und die Grimmicmal den Weltenbaum, der immergrün über dem Brunnen der Urdr steht und von dessen Zweigen der Tau in die Täler fällt. Das Wort bedeutet « Ross Yggs », d. h. Odins oder « Esche des Rosses Odins ». Er ist der mächtigste Baum aller Bäume. Nach den Germanen, die allein eine Beschreibung des Baumes gegeben haben, hat er drei Wurzeln, von denen sich eine im Reiche des Hel, die andere bei den Reiffriesen, die dritte bei den Menschen befindet. An den Wurzeln nagen Schlangen und der Drache Nidhaggr, an den Sprossen vier Hirsche, in dem Gezweig sitzt ein Adler, dessen Worte das Eichhörnchen Ratatoskr (Nagezahn) dem Drachen an der Wurzel zuführt.

Die Snorra Edda, die das Bild von der Weltesche weiter ausmalt, läßt an jeder Wurzel einen Brunnen sein. In Niflheim, d. h. im Reiche der Hel, ist der Brunnen Hvergelmir, bei den Reiffriesen der Brunnen Mimirs, und nur an der dritten Wurzel, die hier im Reiche der Asen liegen soll, befindet sich der Urdsbrunnen, an dem die Richter ihre Richtstätte haben. Hier wohnen auch die drei Nornen, die mit dem Wasser des Brunnens die Esche besprengen, damit sie nicht faule. Der Mimirsbrunnen ist aus der Völuspa 47 zu erschließen, wonach Mimirs Söhne nach des Vaters Tode den Brunnen besitzen. Darnach heißt der Weltenbaum auch Mimameidr. Hvergelmir aber ist der Brunnen am Baum Laradr, der sein Geäst über Odins Halle erstreckt und wohl mit Yggdrasill identisch ist.

Die Vorstellung von einem Weltenbaum ist im Mittelalter weit verbreitet. Im Liede einer Kolmarer Handschrift heißt es: « Ein edelbaum gewachsen ist in einem garten, so mit wunniclicher list, sein wurzeln hant der helle grund durchgangen, sin dolden reichet in den tron, da got erzeugen wil sin lieben fruwde lon, der erste hant den garten schon umbfangen. »

Diese Vorstellung ist auch nach dem Norden gekommen und hier von den Skalden namentlich unter dem Einfluß der immergrünen Eibe am Heiligtum von Upsala weiter ausgebildet worden. (Reallexikon der germanischen Altertumskunde, Bd. 4, S. 573.)

Eine der verbreitetsten Varianten des Symbols der Mitte, schreibt *Mircea Elliade* in « Psychologie et Histoire des Religions », ist der Weltenbaum, welcher sich in der Mitte des Universums befindet und der wie eine Achse drei Welten stützt. Das vedische Indien, das alte China, die germanische Mythologie wie die Religionen der Primitiven kennen den Weltenbaum unter verschiedenen Formen, dessen Wurzeln bis zur Hölle reichen und dessen Zweige den Himmel berühren. In der zentral- und nordasiatischen Mythologie symbolisieren seine sieben oder neun Äste die sieben oder neun himmlischen Stufen, genauer die sieben Planetenhimmel. Im allgemeinen kann man sagen, daß die Mehrzahl der heiligen oder rituellen Bäume, welche wir in der Geschichte der Religionen antreffen, nichts anderes sind als unvollkommene Kopien des Archetypus Weltenbaum. Das will sagen: alle Bäume befinden sich in der Mitte der Welt, und alle rituellen Bäume oder die Pfähle, welche vor oder während einer religiösen Zeremonie geopfert werden, sind wie auf magische Weise auf das Zentrum der Welt geworfen.

Die Verschmelzung des Ritenbaumes und des Weltenbaumes ist noch offenkundiger im Schamanismus Nord- und Zentralasiens. Die Ersteigung eines solchen Baumes durch einen tatarischen Schamanen symbolisiert die Himmelfahrt. Er macht am Baum sieben bis neun Tritte, und diese erkletternd, behauptet der Schamane bestimmt, er steige in den Himmel. Er beschreibt dem Begleiter alles, was er auf jeder himmlischen Stufe sieht, die er durchdringt. Im sechsten Himmel betrachtet er den Mond, im siebenten die Sonne. Im neunten Himmel endlich steht er vor Bai Ulgan, dem höchsten Wesen, ihm die Seele des heiligen Pferdes darbringend.

Der Baum der Schamanen ist nichts anderes als ein Abkömmling des Weltenbaumes, der sich in der Mitte des Universums erhebt, auf dessen Gipfel der höchste Gott wohnt. Die sieben oder neun Tritte des Schamanenbaumes sind die sieben oder neun Äste des Weltenbaumes. Der Schamane fühlt sich mit dem Weltenbaum durch andere magische Beziehungen noch verbunden. In ihren Initialträumen ist der zukünftige Schamane ausersehen, sich dem Weltenbaum zu nähern und aus der Hand Gottes drei Zweige von diesem Baum entgegenzunehmen, die ihm als Tambourkessel dienen werden... Wenn man daran denkt, daß der Tambour aus demselben Holz des Weltenbaumes gemacht ist, so versteht man den symbolischen und religiösen Wert des schamanischen Tambourklanges: den Tambour schlagend, fällt der Schamane in Ekstase und fühlt sich dann in die Nähe des Weltenbaumes versetzt.

Im Durchsteigen der sieben oder neun Stufen liegt zugleich ein Symbol der Wandlung.

Das uralte Mysterium des jährlichen Auflebens und Sterbens der Natur, das Wachsen, Zeugen und Vergehen der Lebewesen, verdichtet der Mensch zu einem Symbol, bei dem das Naturgeschehen, also das sinnlich Wahrnehmbare, nur die eine Hälfte ist, während die andere auf ein Dahinterliegendes weist, auf den Sinn, oft ins Jenseits und über das Sterben hinausragend. Als Bestand der Mysterien der Urzeit sind die Kulte der Mutterreligionen geblieben, in denen das göttliche Weib und ihr männlicher Partner den Mittelpunkt bilden. Aus dem urtümlichen pflanzlichen Brauchtum führt der Weg über die Kultlegende zum Mysterienritus, die ursprünglich Vegetationskulte und Fruchtbarkeitsriten sind. Die große Mutter ist die Verkörperung der stets neu quellenden Naturkraft. Bäume haben eine wiedergebärende Funktion, und sie sind Symbol des fruchtbaren Lebens, die Lebensspender schlechthin. In der griechischen Sage sind die Eschen die Mütter des ehernen Menschengeschlechts, und in der nordischen Mythologie ist Askr, die Esche, der Urvater. Der Stoff, den nach dem nordischen Mythos der Gott belebte, wird als trê = Holz, Baum, bezeichnet. Im Holz der Weltesche Yggdrasil verbirgt sich beim Weltuntergang ein Menschenpaar, von dem dann die Geschlechter der erneuerten Welt abstammen. Im Moment des Weltunterganges wird die Weltesche zur bewahrenden Mutter, zum Riten- und Lebensbaum.

Der Baumfrucht kommt ebenfalls die Bedeutung eines Fruchtbarkeitssymbols zu. Als solches spielt der Apfel in der Antike eine bedeutende Rolle, ebenso in der nordischen Sage. In Märchen und Sagen verleiht der Genuß eines Apfels die ersehnte Fruchtbarkeit. Es spricht für die Doppeldeutigkeit jedes Symbols, wenn der Apfel auch als Totenspeise gilt, deren Genuß zu gewissen Zeiten als unheilvoll gilt. Wenn ein Todkranker kurz vor seinem Ende einen Apfel ißt, kann er das heilige Abendmahl nicht nehmen und wird verdammt. Die hier zum Aberglauben verkümmerte Symbolik hat jedoch die große Entsprechung im Lebensbaum und im Todesbaum des Paradieses, der Frucht, die ewiges Leben verbürgt, und der Frucht, die den Tod bringt. Der Baum ist der Lebensspender und die Lebensquelle, aber auch das Grab im Totenbaum (und in der Baumbestattung). Der Tote wird der Mutter übergeben zur Wiedergeburt. Am stärksten verdichtet sich die Gegensätzlichkeit der Symbolik im Kreuz Christi als dem Baum des Lebens und als dem Todesholz. Die Ambivalenz des Symbols weist in jedem Falle auf zwei Seiten hin, eine sinnenhafte und eine geistige, auf ein Lebendiges und auf ein Totes, auf ein Diesseitiges und auf ein Jenseitiges, kurz, auf etwas, das die Gegensätze zu einer Einheit verbindet. Das Symbol ist nicht vom Menschen geschaffen, sondern ihm vorgegeben. Wenn Ludwig *Klages* immer wieder auf die Doppeldeutigkeit der Ausdrucksmerkmale hinweist, so nimmt er im Grunde Bezug auf die Eigenart des Symbols überhaupt. Die Psychologie, die es mit dem Verstehen der Erscheinungen zu tun hat, kann über solche vorgegebene Tatsachen nicht hinweggehen, sondern muß sie als eine ihrer Grundlagen anerkennen.

Zu den Fruchtbarkeitssymbolen ist zweifellos auch die königliche Insignie des Reichsapfels zu zählen, wie das Zepter = Lebensbaum, Sinnbild der königlichen Macht ist.

Fast alle indogermanischen Völker besaßen in der Urzeit noch keine von Menschenhand errichteten Gotteshäuser, Altäre und Gottesbilder. Sie brachten den Göttern die Opfer auf Bergspitzen dar, oder sie stellten sich das Überirdische vor in Steinen, Baumstämmen und im lebendigen Baum und in Hainen. Die Verehrung heiliger Bäume und Haine ist im 15. Jahrhundert bei den lituslawischen Völkern bezeugt. Einzelne Bäume sind die dem Perkunas (Donnergott) geweihte Eiche (Auzulas). In Kowno existiert noch heute eine Perkunasallee, ein großer Eichenhain. Lebendig geblieben ist in Litauen der Kult der Raute, die ein Zwergbäumchen ist, als Symbol der weiblichen Unberührtheit. Besondere Verehrung genießen zusammengewachsene Bäume (Rumbuta, Romove, woher ein hochheiliger Ort seinen Namen hat). Es gibt auch einen Fichtenmann und zahlreiche Waldmänner und -frauen, womit nur angedeutet ist, daß zwischen den litauischen und mitteleuropäischen Sagenfiguren kein allzugroßer Abstand liegt. Das Waldmännchen und vor allem der wilde Mann, mit einer Tanne samt Wurzel bewaffnet (der Schildhalter des Luzerner Wappens), ist mindestens aus der schweizerischen Sagenwelt und dem noch lebendigen Brauchtum nicht wegzudenken.

Die Westslawen waren nach zentraleuropäischem Vorbild mit Götterstatuen und Idolen wohlbekannt. Aber auch hier ist der alte Baumkultus im Gefühl des Volks verwurzelt. Nach Otto von Bramberg ließen sie vier Tempel ruhig niederreißen und halfen dabei, erhoben aber Einspruch, als ein Angriff gemacht wurde auf die weitästige Eiche, die in der Nähe stand. Bei den Germanen ist die Gottesverehrung im Baumkult schon durch die heilige Eiche bekannt, deren eine der heilige Bonifazius bei Geismar fällt. Bezeugt ist auch ein heidnisch verehrter Birnbaum in Auxerre. In Gallien und in Britannien sind heilige Haine eine häufige Erscheinung. Nicht weniger eingewurzelt war der Baumkultus im Süden Europas. Man erinnere nur an die uralte Verehrung, die in Griechenland dem dodoneischen Zeus, in Rom dem kapitolinischen Jupiter zuteil ward. Jener lebt von der Substanz des heiligen Baumes: arbor numen habet, wie es Silisius Italicus ausdrückt. Seine Stimme erschallt aus dem Rauschen der Eiche. Bei den Ariern, besonders bei den Indern, spielt der Baumkultus eine geringere Rolle. Nach *Hillebrandts* «Vedischer Mythologie» reichen wenige Spuren des Baumkultus auch in den Rigveda zurück. Es wird ein Vanaspati (Waldherr) und eine Aranyans (Waldgöttin) genannt. Emil *Abegg* schreibt in seiner «Indischen Psychologie» (Rascher-Verlag, Zürich 1945) S. 64: «Das Sâmkhya schreibt auch den Pflanzen ein dumpfes Bewußtsein (antahjnâna) zu, denn auch sie sind ‚Sitze des Genießens für ein Geschöpf' und als solche Stufen in der Seelenwanderung. Während aber die klassischen Sâmkhya-Texte die Pflanzen ohne Empfindungs- und Tastsinne lassen, schreibt ein Sâmkhya-Abschnitt des Mahâbhârata ihnen auch solche zu. Wenn die Blätter der Bäume durch die Hitze verdorren, muß in ihnen Gefühl (sparça) vorhanden sein, und wenn das Getöse des Windes, eines Waldbrandes oder eines Gewitters Blüten und Früchte verdirbt, muß den Bäumen Gehör zukommen. Die Schlingpflanze, die den Baum umrankt, muß sowohl über Sehvermögen als über die Fähigkeit spontaner Bewegung verfügen. Auch daß der Baum mit den Wurzeln Wasser aufsaugt (er heißt deshalb im Sanskrit pâdapa, ‚der mit dem Fuß Trinkende'), beweist, daß er Tastsinne (karma-indriya) besitzt. Für Beseelung, Versehensein mit einem jîva, zeugt schließlich das neue Ausschlagen einer abgeschnittenen Pflanze; man wird hier an das Gleichnis einer Unpanishad von dem mit Lebenskraft erfüllten Baum erinnert.»

Wenn der Indier dem Baum ein Gehör zuschreibt, so vernahm umgekehrt der Priester der Antike aus dem Rauschen der Zeuseiche in Dordona die Stimme Gottes und weissagte daraus. Im deutschen Volksglauben werden die Bäume häufig als weissagend gedacht. In der Sage vom dürren Baum kündigt sein Grünen die kommende Weltschlacht an. Bäume singen und reden; darüber berichten nicht bloß der Volksglaube und die Mythen; auch der Dichter kennt die Sprache des Waldes und jeder Naturfreudige mit einiger Phantasie.

Baum und Bau gehören irgendwie zusammen, und der Baum ist ein architektonisches Vorbild. Säulen sind Baumstämme, auch mit den Laubkapitellen der Gotik. Aus dem heiligen Hain, aus der Opferstätte der Antike, ist der von Säulen getragene Tempel der Griechen und der Säulenwald der gotischen Kathedrale geworden. Zwei Säulen (Bäume) stehen vor dem Tempel, wie in der Karlskirche zu Wien, gekrönt mit Granatäpfeln als Symbol der Paradiesbäume. Die Muttergottes von Fatima erscheint in einer Eiche. Zahlreiche Mythen zeigen, wie der Heros im mütterlichen Stamm eingeschlossen ist, so der tote Osiris in der Säule, Adonis in der Myrthe. In manchen Steinbauten der Heiligtümer dauert auch der Baumkult weiter fort. So ist nach Edv. Lehrmann die Irminsäule der alten Sachsen nichts anderes als eine «Maienstange im großen». Der Baum gilt als Träger einer Kraft, und dieser wird in mannigfacher Weise gehuldigt, etwa indem man, wie in Griechenland, den Baum salbt oder indem man Kriegsgefangene an seinen Ästen aufhängt, wie es die Germanen taten. In einer spätern Zeit ist diese Kraft personifiziert in einem Dämon oder Gott, der als Besitzer oder Bewohner des Baumes gilt und seinen Willen dem Menschen etwa durch das Rauschen der Zweige kundtut. Ihm werden Opfer dargebracht. Das Opfern unter jedem grünen Baume ist eine über die ganze Erde verbreitete Sitte. Neben den Bäumen galten allerdings noch andere Pflanzen als heil- und zauberkräftig und galten als heilig und wurden verehrt.

Der Baum gilt als Sitz der Seele, eine Vorstellung, zu der in einzelnen Fällen wohl die Sitte, daß sich Sterbende im Wald verbargen, Anlaß gegeben hat. Der Wald überhaupt gilt als Aufenthaltsort der Abgestorbenen. In der Sage wird der Geist in den Baum gebannt, Hexen halten sich zwischen Rinde und Holz auf. Die Anschauung vom Baume als einem beseelten Wesen mag den Brauch veranlaßt haben, daß Holzfäller den Baum vorher um Verzeihung bitten, den sie fällen wollen. Aus dem mit der Axt verletzten Baum quillt Blut hervor. Die Opfer, die dem Baumgeist gebracht werden, sollen in alten Bußbüchern erwähnt sein. Es sind Mythen bekannt, wonach die Menschen aus Bäumen entstehen. Die Volkssage läßt die kleinen Kinder aus den Bäumen kommen. Die Hebamme holt die kleinen Kinder aus einem bestimmten hohlen Baum. Häufig besteht die Sitte, daß für Neugeborene ein Bäumchen gepflanzt wird. Wie dieses gedeiht, so gedeiht auch das Kind. Was dem Familien- und Schutzbaum geschieht, das geschieht auch den Menschen. Namentlich in Skandinavien ist der Schutzbaum der Familie verbreitet. Im schwedischen Vårdträd, der meist eine Linde oder Esche ist, glaubt man die Wohnung des Schutzgeistes des Hauses, der bei allen Krankheiten dem Menschen Hilfe bringt. Wie einzelne Häuser, so haben ganze Gemeinden ihren Schutzbaum, dem man blutige oder unblutige Opfergaben spendet. Vielleicht ist die Dorflinde ein Nachfahre dieses Schutzbaumes. Der Baum wird zum Schicksalsbaum. Die Menschenseele im Baum war zum elfischen Geist geworden. Und als dies eingetreten war, konnte dieser elfische Geist auch mit dem Baumstamme, in dem er seinen Sitz hatte, wandern, und hieraus erklärt sich die Sage vom norddeutschen Klabautermann, der durch den gefällten Baumstamm in den Mastbaum des Schiffes kommt, dessen Schutzgeist er nun wird, wenn ihm die Schiffsleute die verlangte Spende und Nahrung zuteil werden lassen. Nach dem böhmischen Weihnachtsmahl kommt das Baumfüttern: «Den Bäumen den Heiligen Abend tragen.» Am

Fuße des Kaiserwaldes sagt man: « Da, Zampa, hast du dein Essen, tu uns nicht vergessen! » In Hals bei Tachau stellt das Mädchen beim Ausschütten der Speisereste unter die Bäume Liebesorakel an. Die Speiseopfer sollen die Fruchtbarkeit übertragen, besonders auf die Obstbäume. Der Baum ist der Spender neuen Lebens und der Fruchtbarkeit. Im Frühling wird er unter allerlei rituellen Gebräuchen aus dem Wald in die Wohnung der Menschen gebracht. Im Dorf wird der Maibaum aufgepflanzt, vom Liebhaber dem Mädchen vor ihr Gemach gestellt oder den Tieren vor den Stall, damit die Fruchtbarkeit des Baumes auf die Geschöpfe übergehe. In Litauen werden zum Pfingstfest junge Birken nicht nur vor die Kirche, sondern auch vor das Haus gestellt. Ein Fruchtbarkeitssymbol liegt auch im Schlag mit der Lebensrute. Mit jungen, grünenden Birkenreisern werden junge Mädchen, die Braut am Hochzeitstage, das weibliche Vieh und die Äcker geschlagen, damit die Lebenskraft des Zweiges frisches Leben bei ihnen erwecke.

Der um die Weihnachtszeit in die Wohnung verbrachte Mistelzweig ist die Lebensrute, welche Gesundheit spendet. Den gleichen Sinn haben im Winter zum Blühen gebrachte Bäumchen, die man in der Wohnung zieht. Bis in die siebziger Jahre des vorigen Jahrhunderts war an Stelle des Weihnachtsbaumes in Schwaben der Barbarabaum aufgestellt, mit Äpfeln, Birnen, Nüssen, Lebkuchen und Marzipan geschmückt. Andernorts wurden Tannenzweige mit grossen rosa oder weißen Papierrosen geschmückt. Im « Narrenschiff » von Brant (1494) heißt es, man glaubte das Jahr nicht zu Ende zu leben, wenn man nicht Tannenzweige in sein Haus stecke – dies wohl im Zusammenhang mit dem kultischen Kernpunkt des Mittwinterfestes: der Einkehr von Gottheiten und Toten und zur Bewahrung und Übertragung der Fruchtbarkeit. Im 17. Jahrhundert werden in Deutschland und Skandinavien Mittwinterbäume, sogenannte Wintermaien, im Freien aufgestellt. Die schwedischen Julbäume sind zum Teil abgeästet wie die deutschen Maibäume, zum Teil sind es Stangen, auf deren Spitze verschiedene Figuren hergerichtet sind. Die Lebensrute oder der Maizweig wurde vielfach zum Geschenk. Im alten Rom schenkte man sich zu Neujahr Segenszweige. Schon im 16. Jahrhundert war die Verbindung Gabenbaum–Christkind gefestigt. Das Geschenk mag zwar auch auf die alten St.-Nikolaus-Gaben zurückgehen. Der 1605 in Straßburg zuerst erwähnte Weihnachtsbaum, mit Früchten, Kuchen und allerhand Flitter geschmückt, erinnert teils an das Geschenk des Segenszweiges, teils an die Weihungen, die an die Bäume gehängt wurden – und bei Naturvölkern Zentralafrikas heute noch üblich sind als Opfergaben, damit der Baumgeist Übel abwende oder vor der Rache des erlegten Jagdtieres schütze. Die Rute, die der Begleiter des St. Nikolaus unfolgsamen Kindern bringt oder mit ihr droht, ist wahrscheinlich eher eine Lebensrute, die, schlecht umgedeutet, einen Heiligen zu einer teilweise angsterregenden Figur gemacht hat. Eine ähnliche Bedeutung wie der Rute kommt dem Besen zu; der Besen ist eine Lebensrute. In Japan läßt sich das Wort für Besen « hahaki » in « haha-ki », d. h. « Mutter-Baum », auflösen und kommt damit dem Vorstellungskreis des Lebensbaumes nahe. Die katholische Kirche gibt ihren Segen zum Schutze gegen Unbill und Wetter sinngemäß im Symbol der Palmwedel, die am Palmsonntag geweiht werden.

Die Wünschelrute ist eine Gabel aus einer Haselstaude oder Birke, die als Medium vom Rutengänger benutzt wird. Wer einmal erlebt hat, mit welcher Kraft eine solche Rute ausschlägt, kann begreifen, daß der Rute besondere Lebenskraft zugemutet wird. Der Gabelbaum (also eine Wünschelrute im großen) soll den Blitz anziehen und fliehende Menschen vor dem Blitzschlag warnen. Das Durchziehen durch eine solche Gabel soll zum Hexen verhelfen. Gabelungen, seien es nun natürlich gewachsene, durch Blitzschlag entstandene oder künstlich geschaffene, machen den Baum heilig. Wachsen Zweige zu Schlingen zusammen, so ist dies eine Hexenschlinge, die gewisse Sicherheiten bietet. Die Gabelung hat eine volksmedizinische Bedeutung. Der Kranke muß durch die Gabel oder den Spalt gehen, kriechen, oder er wird durchgeschoben. Nicht nur Kinder und Erwachsene können so Heilung erlangen, sondern auch das Tier. Wenn der Spalt künstlich gemacht wurde, muß er wieder geschlossen werden. Die Gabel oder Zwiesel verhilft geradezu zur Wiedergeburt und geht damit wiederum auf den Fruchtbarkeitsglauben zurück. Der Zwieselbaum von Lützow soll seine Wirkung auf die Ähnlichkeit mit einem beinespreizenden Weib zurückführen. Der sogenannte «St. Leonhard in der Zwiesel», eine Wachsopferpuppe aus dem salzburgischen St. Leonhard bei Tamsweg (Volkskundemuseum Graz), stellt den heiligen Leonhard in einer Astgabel dar. Die besondere Rolle St. Leonhards ist im Schutze bei Entbindungen zu suchen; er galt überhaupt als Arzt. Der Zusammenhang zwischen Baumsymbolik und Sexualsymbolik, besonders durch das Gleichnis des Gebärens (durch die gegabelten Beine des Baumes kriechen), ist offenkundig, gehört aber streng genommen wiederum allgemein zur Zeugungs- und Fruchtbarkeitssymbolik. Zu den volksmedizinischen Gebräuchen gehört auch das Verpflocken von Krankheiten in den Baum. Späne und Splitter, Holzscheite usw. wurden als heilbringend benutzt zur Behandlung von Zahnschmerzen; Splitter von vom Blitz getroffenen Bäumen galten als Mittel gegen Gicht, man brachte sie am Pflug an als Mittel gegen das Unkraut oder trug sie bei sich, um eine große «Stärke» zu erlangen und um treff- und kugelsicher zu werden, womit dem Baum innewohnende Kräfte auf den Menschen übertragen werden – die «participation mystique» der Naturvölker. Gegenstände, die der Kranke getragen hat, werden im Baume verpflöckt, damit so die Krankheit in den Baum gehe. Gegen Gicht wird ein Gichtbaum gesetzt, mit dessen Wachsen die Krankheit abnimmt.

Der Baum mit den lebenspendenden Früchten und heilbringenden Blättern ist oft erwähnt.

« Die Reihenfolge der alchemistischen zwölf Operationen wird als ‚arbor philosophica' dargestellt, ähnlich der Struktur des Lebensbaumes, und symbolisiert die alchemistischen Wandlungsphasen » *(C. G. Jung)*. Der Baum hat auch die Eigenschaft, sich in alle Lebewesen zu verwandeln.

Zur Fruchtbarkeitssymbolik gehört auch das Umwinden des Baumes. Fruchtbarkeitszauber und Abwehr böser Geister mögen in der Geste des Umkreisens ineinanderfließen.

Daß dem Baume besondere Feste zugedacht sind, ist nicht verwunderlich. Am 14. Februar wird besonders in Israel der Chamischa Asar Bischwat, der Geburtstag der Bäume, gefeiert, an welchem diese der Erde wieder neue Kräfte entziehen.

Die Schrift hat sich fast auf natürliche Weise des Baumsymbols bedient. Die ideographischen Schriften sind besonders aufschlußreich. Das sumerische Ideogramm für Obstgarten stellt eine doppelte Wellenlinie dar mit daraufgestellten zwei Bäumen, die tannenähnlich sind. Das altchinesische Ideogramm für Baum und Holz zeigt eine Senkrechte mit zwei rund nach oben weisenden Ästen und zwei nach unten gerichteten, welche die Wurzel symbolisieren (Jan Tschichold, « Schriftkunde, Schreibübungen und Skizzieren für Setzer », Basel 1942). Anja und Georg Mendelsohn (« Der Mensch in der Handschrift », Leipzig 1928) haben aus *Weule*. « Die Schrift », den Brief eines sibirischen Jukagirenmädchens veröffentlicht, der als Bilderschrift in eine Birke geritzt war. Die Menschendarstellungen haben dort ohne Ausnahme die Gestalt von Bäumen, und zwar von Tannen. Die Lust am Schreiben auf Baumrinde ist in weniger sinnvoller Art auch in unsern Breiten üblich, wie die Bäume mancher Anlagen beweisen. Im Musée de l'Homme in Paris ist aus dem Stamm der Inketaren eine mexikanische Bilderschrift gezeichnet. Das Bild eines dreiästigen Baumes mit Wurzel ist das Zeichen für Baum (Quauhitl). Hat derselbe Baum auf der linken Seite auf der Stammitte einen nutförmigen Einschnitt, so bedeutet dies einen Ortsnamen (Quauh-Titlan), dasselbe Symbol, aber mit einem links quer zum Einschnitt liegenden Stab mit Knauf ist das Zeichen für Sprache (Quahnahuag), was wohl an den redenden Baum erinnert. Das griechische Psi Ψ ist reinste Baumsymbolik, während die lateinische T-Majuskel von der Kreuzform abgeleitet und damit wiederum mit der Baumsymbolik verwandt ist.

Der Baum ist, wie wir bisher gesehen haben, immer Gleichnis für etwas, also Symbol – der Zeugung, der Fruchtbarkeit vor allem. Er ist Sitz der Seelen und Sitz der Götter, wie etwa der Driaden (Baumgötter) der Griechen, die je einen Baum zugehörig hatten. Die Sinndeutung des Symbols mag einen Wandel durchgemacht haben. An sich ist das Symbol schon Sprache, eine urtümliche, gewaltige Sprache in der Mythologie, da und dort im Brauchtum der Völker bald rein und bald bis zum Aberglauben verkümmert noch vorhanden. Immer bleibt der Baum das Symbol des Menschlichen (und der Menschengestalt), sogar der menschlichen Selbstwerdung, ein Symbol des Kosmischen durch seine Kreuzgestalt, ein Zeichen des Göttlichen zugleich. C. G. *Jung* hat für eines seiner Hauptanliegen, dem Aufzeigen der Bewußtwerdung des Menschen und dem Weg zum Selbst, auf das Baumsymbol verwiesen und u. a. darüber in seiner Arbeit im Eranos-Jahrbuch 1942, « Der Geist des Merkurius », Gültiges ausgesagt. Als Ausgangspunkt nimmt er Grimms Märchen vom Geist in der Flasche: Ein armer junger Mensch hört im Walde eine Stimme: « Laß mich heraus, laß mich heraus! » In den Wurzeln einer alten Eiche findet er eine wohlverschlossene Flasche, aus der offenbar die Stimme gekommen war.

Wir folgen nun auszugsweise C. G. Jung: « ... der Wald als ein dunkler undurchsichtiger Ort; wie die Wassertiefe und das Meer, das Behältnis des Unbekannten und Geheimnisvollen. Es ist ein treffendes Gleichnis für das Unbewußte. Unter den vielen Bäumen, den Lebewesen, die den Wald ausmachen, sticht *ein* Baum wegen seiner Größe besonders hervor. Die Bäume sind wie die Fische im Wasser, die lebendigen Inhalte des Unbewußten. Darunter befindet sich ein besonders bedeutender Inhalt, der als ‚Eiche' gekennzeichnet ist. Bäume haben Individualität, sie sind daher oft ein Synonym für *Persönlichkeit*. Ludwig II. von Bayern soll gewisse, besonders eindrucksvolle Bäume des Parkes dadurch geehrt haben, daß er sie salutieren ließ. Die alte, mächtige Eiche ist gewissermaßen der König des Waldes. Er stellt daher einen zentralen Typus unter den Inhalten des Unbewußten dar, welcher durch stärkste *Persönlichkeit* ausgezeichnet ist. Er ist der Prototyp des *Selbst*, ein Symbol des Ursprungs und des Zieles des Individuationsprozesses. Die Eiche drückt den noch unbewußten Kern der Persönlichkeit aus, dessen Pflanzensymbolik einen tief unbewußten Zustand andeutet. Daraus wäre zu schließen, daß der Held des Märchens seiner selbst im höchsten Maße unbewußt ist. Er gehört zu den ‚Schlafenden' oder ‚Blinden' oder denen ‚mit verbundenen Augen', wie sie uns in den Illustrationen gewisser alchemistischer Traktate entgegentreten. Es sind die Unerwachten, die ihrer selbst noch unbewußt sind, d. h. die ihre zukünftige umfangreichere Persönlichkeit, ihre ‚Ganzheit' noch nicht integriert haben, oder, in der Sprache der Mystik: es sind diejenigen, die ‚noch unerleuchtet' sind. Für unsern Helden wird der Baum also ein großes Geheimnis.

Das Geheimnis ist nicht in der Krone, sondern in der Wurzel des Baumes versteckt. Da es Persönlichkeit ist oder hat, so besitzt es auch eines der modernsten Zeichen der Persönlichkeit, nämlich Stimme, Sprache und bewußte Absicht: es verlangt vom Helden befreit zu werden. Es ist also gefangen und eingeschlossen wider eigenen Willen, und zwar in der Erde zwischen den Wurzeln des Baumes. Die Wurzeln reichen in die Welt des Unbelebten, ins Mineralreich hinunter. Ins Psychologische übersetzt, würde das heißen, daß das Selbst im Körper (= Erde), und zwar in dessen chemischen Elementen, wurzle. Was immer diese bemerkenswerte Aussage des Märchens an sich bedeuten mag, sie ist keineswegs seltsamer als das Wunder der lebendigen Pflanze, die im unbelebten Erdreich wurzelt. Die Alchemie beschreibt die Elemente (d. h. ihrer vier Elemente) als *radices* (Wurzeln), worin sich auch die Konstituentin ihres bedeutendsten und zentralsten Symbols, des Lapis philosophorum, der ein Zielsymbol des Individuationsprozesses darstellt, erblickt.»

Die Beziehung des Geistes zum Baum. «Bevor wir jedoch in der Betrachtung des Geistes Mercurius weitergehen, möchte ich die an sich nicht unwichtige Tatsache hervorheben, daß der Ort, an dem er gebannt liegt, nicht irgendeiner ist, sondern ein sehr wesentlicher, nämlich unter der Eiche, dem König des Waldes, d. h. psychologisch ausgedrückt, der böse Geist liegt gebannt in den *Wurzeln des Selbst*, als das im Principium individuationis verborgene Geheimnis. Er ist nicht mit dem Baum bzw. dessen Wurzeln identisch, sondern ist künstlicherweise dorthin verbracht worden. Das Märchen gibt uns keinerlei Anlaß zum Gedanken, daß die Eiche, welche ja das Selbst darstellt, etwa aus dem Geist in die Flasche gewachsen wäre, vielmehr könnte man vermuten, daß die schon bestehende Eiche den für ein zu verbergendes Geheimnis passenden Ort darstellte. Ein Schatz z. B. wird gerne dort vergraben, wo eine äußere Markierung besteht, oder es wird eine solche nachträglich angebracht. Die für solche Gestaltung vielfach maßgebliche Vorlage ist der Paradiesesbaum, welcher auch nicht mit der in ihm erscheinenden Stimme, der Paradiesesschlange, identisch gesetzt wird. Es ist aber dem gegenüber nicht zu übersehen, daß dergleichen mythologische Motive nicht ohne bedeutende Beziehung zu gewissen seelischen Phänomenen bei Naturvölkern sind. In diesem Fall besteht eine beträchtliche Analogie mit der alten sogenannt animistischen Vorstellung, daß gewisse Bäume den Charakter des Seelisch-Belebten – wir würden sagen –, des Persönlichen haben, indem sie Stimme besitzen und den Menschen z. B. Befehle erteilen können. Amaury Talbot ("In the Shadow of the Bush"), London 1912, S. 31 f.) berichtet einen solchen Fall aus Nigeria, wo ein Ojibaum einen Askiren rief, der darauf verzweifelt versuchte, aus der Kaserne auszubrechen und zum Baume zu eilen. Im Verhör gab er an, daß alle, die den Namen des Baumes trügen, von Zeit zu Zeit dessen Stimme hörten. In diesem Fall ist die *Stimme mit dem Baum unzweifelhaft identisch*. Unter Berücksichtigung dieser seelischen Phänomene steht daher zu vermuten, daß ursprünglich *Bäume und Dämon eines und dasselbe* sind und daß daher die Trennung derselben ein sekundäres Phänomen, welches einer höheren Kultur- bzw. Bewußtseinsstufe entspricht, darstellt. Die ursprüngliche Erscheinung ist eine naturgöttliche, ein Tremendum schlechthin, und moralisch indifferent; die sekundäre Erscheinung aber eine Unterscheidung, welche das Natürliche spaltet und sich eben dadurch als ein höher differenziertes Bewußtsein hebt. Und obendrein fügt sich dazu, vielleicht als tertiäres Phänomen und damit als noch höhere Bewußtseinsstufe, eine moralische Qualifikation, welche die Stimme als die eines gebannten bösen Geistes erklärt. Es ist selbstverständlich, daß diese dritte Stufe charakterisiert wird durch den Glauben an einen ‚obern‘, ‚guten‘ Gott, der seinen Widersacher zwar nicht völlig erledigt, aber doch durch Gefangensetzung für einige Zeit unschädlich gemacht hat (Apok. 20, 1–3).

Da wir auf der gegenwärtigen Bewußtseinsstufe nicht annehmen können, daß es Baumdämonen gibt, so sind wir gezwungen zu behaupten, der Askire halluziniere, d. h. er *höre sein Unbewußtes*, das sich in den Baum projiziert hat. Besteht diese Aussage zu Recht – und ich wüßte nicht, wie wir es heutzutage anders formulieren könnten –, so hätte die obenerwähnte zweite Stufe es fertiggebracht, zwischen dem indifferenten Objekt ‚Baum‘ und dem darein projizierten unbewußten Inhalt zu unterscheiden, womit sie gewissermaßen einen Akt der – Aufklärung zustande gebracht hat. Die dritte Stufe sodann greift noch höher, indem sie den vom Objekt getrennten psychischen Inhalt das Attribut ‚böse‘ zuschreibt. Eine vierte Stufe endlich, nämlich die Stufe unseres heutigen Bewußtseins, geht in der Aufklärung noch weiter, indem sie die objektive Existenz des ‚Geistes‘ leugnet und behauptet, der Askire habe überhaupt nichts gehört, sondern bloß halluziniert bzw. *gemeint*, er höre etwas.

...Damit ist der böse Geist in seinem Nichtsein erkannt... Die fünfte Stufe endlich ist der Meinung, *etwas sei doch passiert*, und wenn der psychische Inhalt schon nicht der Baum und kein Geist im Baume und überhaupt kein Geist sei, so sei er doch ein aus dem Unbewußten hervordrängendes Phänomen, dem die Existenz nicht abgesprochen werden könne, insofern man gesonnen sei, der Psyche irgendwelche *Wirklichkeit* beizumessen. Täte man das letztere nicht, so müßte man die göttliche Creatio ex nihilo, die dem modernen Verstand so anstößig erscheint, noch viel weiter ausdehnen, nämlich auf Dampfmaschinen, Explosionsmotoren, Radio und auf sämtliche Bibliotheken der Erde, die allesamt aus unvorstellbar zufälligen Atomkonglomerationen entstanden wären, und damit wäre nichts anderes geschehen, als die Umbenennung des Schöpfers in Conglomeratio... »

Der Leser mag diesen kurzen symbolgeschichtlichen Exkurs, der im folgenden da und dort Ergänzungen findet, als zur nüchternen Sprache einer Testpsychologie unzugehörig empfinden. Das Symboldenken und Symbolverstehen ist aus der Wissenschaft vom Ausdruck nicht wegzudenken. Wer sein psychologisches Denken mit dem Lesen einer Häufigkeitskurve beschließen will, wird naturgemäß mit dem Denken in Gleichnissen, in Gegensätzen, mit dem Denken in kosmischen und seelischen Räumen nicht viel anfangen können, und er wird nie verstehen, wie es möglich ist, daß ein Ausdruck dieses und zugleich sein Gegenteil bedeuten kann. Eigentümlich ist folgendes: Wenn man in der Psychologie einen Schritt nach vorwärts tun will, muß man zugleich einen Schritt zurückgehen, zurück zum Ursprung und Ursprünglichen. Nicht nur, daß wir geneigt sind, dem noch Ältern den großen Wahrheits- und Echtheitsgehalt zuzubilligen – das Ursprüngliche ist zugleich das Ewig-Neue und Überdauernde.

Im Jahre 1955 erschien im Rascher-Verlag, Zürich, von *C. G. Jung* das Werk «Von den Wurzeln des Bewußtseins» mit einer Abhandlung «Der philosophische Baum», Seiten 353 bis 496. Die reich illustrierte Arbeit behandelt die Baumsymbolik tiefenpsychologisch und weist in bezug auf die Anthropomorphisierungen auf neue, für die Testpsychologie nur bedingt verwendbare Aspekte.

> *«Ich saß und lag auf einer Bank unter einem Lindenbaume und ermaß, mit dem Blick aufwärts schauend, den unerschöpflichen Wunderreichtum der Baumkrone. Von jenem Nachmittage her habe ich eine große Ehrfurcht vor jedem Menschen behalten, der einen Baum zeichnen kann.»*
>
> Carl Spitteler in «Meine frühesten Erlebnisse»
> 1914, Dierichs, Jena.

Einführung

Die Idee, das Baumzeichnen als psychodiagnostisches Hilfsmittel anzuwenden, stammt von Emil *Jucker*, Berufsberater in Fägswil bei Rüti, Kt. Zürich. Seinem Rat folgend, haben viele Berufsberater das Baumzeichnen angewendet, lange bevor der Versuch einer methodischen Bearbeitung vorlag. Die Zeichnungen sind vorwiegend intuitiv gedeutet worden. Jucker ist, wie er mir persönlich mitteilte, nicht zufällig auf den Baum gestoßen, «sondern auf Grund reiflicher Überlegung und eines langen Studiums der Kultur- und vor allem der Mythengeschichte». Seine folgende Überlegung ist bezeichnend für die Entstehungsgeschichte eines Testes: «Jahrelang, ungefähr seit 1928, habe ich den Test ohne eigentliche Auswertung machen lassen, um dann langsam einige empirische Beobachtungen so ungefähr nachzuprüfen. Im wesentlichen aber diente mir der Baumtest, indem er mich rein auf Grund der Intuition auf gewisse problematische Seiten des Prüflings hinwies. In klarer Erkenntnis meiner Grenzen an Wissen und Können, habe ich mich seit jeher damit begnügt, in meiner Berufswahldiagnose nach Hilfsmitteln zu suchen, die auch der Laie, vor allem der Prüfling selber versteht oder wenigstens bei einiger Nachhilfe verstehen kann. Daneben habe ich natürlich auch das Bedürfnis, die Gesamtpersönlichkeit in einer tiefern Seinsschicht zu erfassen oder, bescheidener gesagt, wenigstens zu erahnen. Dazu habe ich mir den Baumtest gewählt.» Das Anliegen Juckers entsprach nicht wenig dem unsrigen, hier verschärft durch die einfache Forderung, in kürzerer Zeit als sonst ein Persönlichkeitsbild herauszuarbeiten, welches eher lebensnaher registrierte als mit den bisherigen Mitteln. Eine Untersuchung der Berufseignung wird ja nicht besser durch die größere Eile, sondern nur durch qualitativ bessere Hilfsmittel. Auf der Suche nach solchen mag einem dies und jenes imponieren, was dann bei längerer Erprobung nicht hält, was es anfänglich versprochen hat, oder erweist sich als ein Mittel, welches meiner Eigenart nicht zusagt, aber bei einem Fachkollegen, dem es besser liegt, wertvoll wird. Wir können uns für gewöhnlich erst nach mehrmonatigen, meist einjährigen Versuchen zu einem Urteil über ein diagnostisches Hilfsmittel entschließen. Die Begegnung mit dem *Baumthema* ließ uns nach wenigen Versuchen aufhorchen. Man stand erstaunt und oft fast erschrocken vor Erscheinungen, die wahr und rätselhaft in einem ansprachen. Dieser doppeldeutige Eindruck trifft zwar auf das Symbol ohnehin zu, das etwas zugleich aufschließt und verhüllt. Die Baumzeichnungen mit Intuition anzugehen ist reizvoll und unbefriedigend in einem. Eine auch noch so bescheidene Methode fehlte vollkommen. Aber die Idee ist großartig. Sie sprach an wie eine Wünschelrute über einer Quelle, die zu erschließen war. Am Uranfang der Methode steht die Frage: «Was bedeutet das?» Einmal: Was bedeutet die Erscheinung überhaupt, dann, was bedeutet dieses und jenes Merkmal. Phänomenologisch betrachtet, muß die Antwort aus der Natur der Baumzeichnung selber entstehen. Die Erscheinung eines Kreises läßt sich als umgrenzend, einschließend und trennend, in sich ruhend, aus seiner Natur beschreiben. Das ruhige Betrachten vieler Baumzeichnungen führt zur Vertrautheit mit dem Gegenstand. Allmählich wird das Wesen erschaut, doch ist das immer noch so etwas wie Intuition. Die Struktur wird klarer gesehen, Unterscheidungen sind möglich, Merkmale können ausgegliedert werden. Damit erscheinen Analogien zur Graphologie und Ausdruckswissenschaft überhaupt, an die man anknüpfen kann und die zugleich ein Umdenken erfordern. Aber immer begleitet das Erforschen eines vorläufigen Dunkels ein Fragen, ein Fragen, das Tage, Wochen, Monate und Jahre dauert, bis der Reifeprozeß des Sehens an einen Punkt gelangt, wo sich etwas vom Geheimnis lüftet, oft blitzartig aufspringt und herausquellt, so daß man, sofern man einen Schlüsselpunkt getroffen hat, die Früchte zusammenlesen und sortieren kann. Ob diese Entdeckungsfahrten eingeleitet werden mit systematischem Sammeln, Vergleichen, mit statistischen Verfahren oder sich der Notizen über den echten «Einfall» bedienen, die oft viel später nachkontrolliert werden können, bleibt Sache der Veranlagung und Schulung. Hier sind so ziemlich alle Verfahren zugleich im Spiel gestanden, eingerechnet Versuche in der Hypnose. Nur eine Methode ist lehrbar, und nur mit ihrer Hilfe kann ich mich verständigen. Einer Erscheinung gegenüber, die auch intuitiv zugänglich ist, gilt das Wort des großen russischen Regisseurs Stanislawski, das er seinen Schülern am Moskauer Künstlertheater zu sagen pflegte: «Wenn ihr inspiriert seid, so spielt ihr vollkommen, da die Inspiration aber nicht immer da ist, braucht ihr eine Technik, die so beherrscht werden muß, daß der Zuschauer nicht merkt, ob ihr inspiriert seid oder nicht.» Beim Diagnostiker geht es auch um den Krafthaushalt. Eine Methode spart Kraft und Zeit – methodische Arbeit weckt die Inspiration. Das müssen sich vor allem jene merken, die es oft zu eilig haben mit dem Anwenden eines Testes.

Wenn der Baumtest so stark anspricht, so liegt dies freilich vorerst nicht an der Methode, sondern an der überzeugenden Entsprechung von Erscheinung und Wirklichkeit.

Die Testsituation

ist eine denkbar günstige. Ein Blatt Papier, ein Bleistift und die Aufforderung: «Zeichne einen Obstbaum!» ist das Minimum dessen, was man materiell von einem Test verlangen kann. Die Versuchsperson tritt dem Versuch unvoreingenommen gegenüber in der Meinung, daß hier zeichnerische Begabungen untersucht werden. Dazu taugt der Test nicht viel. Das Zeichnen eines Baumes ist eine zeichentechnisch recht schwierige Aufgabe. Das Mißtrauen, welches manchen diagnostischen Hilfsmitteln entgegengesetzt wird, die man in ihrer Bedeutung nicht zu verstehen mag und als Fallen aufgefaßt werden, fällt hier dahin. Hemmend wirkt höchstens das Bewußtsein, nicht gut zeichnen zu können. Ein ermutigendes Wort hilft darüber hinweg. Sehr selten wird die Zeichnung verweigert, nach besserer Kontaktnahme aber dann doch noch ausgeführt. Selbst alte Leute sind bereit zu zeichnen. Bei einer nicht zum voraus belasteten Aufgabenstellung, welche die bewußte Kritik weitgehend ablenkt, muß ein Maximum an verwertbarem Spontanausdruck zustande kommen. Freilich hat das Bekanntwerden der Methode durch mehr oder weniger ernsthafte Zeitungsschreiber dazu geführt, daß manche Probanden wissen, um was es geht – und trotzdem interessiert mitmachen. Am meisten behindert sind Gärtner, denn für sie ist der Baum ein Objekt ihres Berufes. – Trotz der günstigen Testsituation ist eine totale Projektion der Person unwahrscheinlich. Die Ergebnisse sind selten ausreichend für ein volles Persönlichkeitsbild, aber sie liefern wertvolle Beiträge dazu. In Verbindung mit andern diagnostischen Verfahren liegt der eigentliche Wert. Die Ergebnisse sind nicht nur für sich genommen wertvoll, sondern deshalb auch wichtig, weil sie vielfach Licht in den Bedeutungsinhalt anderer Untersuchungsergebnisse bringen. Gerade die Tatsache, daß in relativ kurzer Zeit ein Material vorliegt, das den Stellenwert anderer und anders gewonnener Ergebnisse aufhellt (und wieder von diesen her selber aufgehellt wird), scheint diagnostisch wertvoll, ohne den Eigenwert der Ergebnisse zu tangieren.

Baum und Mensch

Wie der Baum einzeln und in seiner Vergesellschaftung als Wald und damit soziologische Erscheinung zu Analogien mit dem Mensch und zur menschlichen Gesellschaft reizt, hat der Afrikaforscher Henry M. *Stanley* in seinem Buch «Im dunkeln Afrika» auf unübertreffliche Weise geschildert: «Im Durchschnitt ist der Wald eine Mischung von Szenen. Dort steht vielleicht eine Gruppe von Bäumen, grau und feierlich wie die Säulen einer Kathedrale im Zwielicht, und in der Mitte erhebt sich ein dürrer, nackter, weißgebleichter Patriarch, um den eine neue Gemeinde sich gebildet hat, in welcher jeder junge Baum emporklimmt, um der Erbe des Gebietes von Licht und Sonnenschein zu werden, welches einst der Herr eingenommen hat. Hier gilt ebenfalls das Gesetz der Erstgeburt.

Der Tod infolge von Wunden, Krankheit, Verfall, Erbübeln und Alter sowie verschiedene Unfälle lichten den Wald und entfernen die Untauglichen und Schwachen, gerade wie bei den Menschen. Nehmen wir an, ein hoher Häuptling unter den Waldriesen sei wie ein frecher Enakssohn. Er ragt um Kopfeslänge über seine Gefährten empor und ist der Monarch dessen, was er überschaut; allein sein Stolz zieht den Blitz an, der ihn bis zu den Wurzeln zersplittert, er stürzt, sinkt und verwundet bei seinem Fall ein Dutzend andere Bäume. Das ist der Grund, weshalb man so viel geschwulstartige Auswüchse, große, kropfartige Anschwellungen, verunstaltete Stämme sieht. Ferner haben die Bäume oft die Schmarotzerpflanzen, welche sie halb erstickt hatten, überlebt, und man kann die tiefen Einschnitte des kräftigen Druckes bis zu den Ästen hinauf verfolgen. Einige Bäume haben infolge der starken Eifersucht anderer Arten gekränkelt und sind schon im unreifen Alter gestorben; andere sind mit einer starken Krümmung im Stamme aufgewachsen, die dadurch entstanden ist, daß ein schwerer Baum auf sie gefallen ist und sie schief gepreßt hat; noch andere sind durch im Sturm abgerissene Äste verletzt worden und deshalb zwerghaft geblieben. Wieder andere sind durch Nagetiere beschädigt oder von Elefanten verrenkt worden, welche sich dagegen gelehnt haben, um die juckende Haut zu reiben, und ebenso haben die Ameisen innerliche Verheerungen angerichtet. Einige Bäume sind auch von den Vögeln angepickt worden und zeigen infolgedessen geschwürartige Anschwellungen, welche große Gummitropfen ausschwitzen, und vielfach haben große und kleine Nomaden ihre Äxte, Speere und Messer an den Stämmen versucht. Man sieht also, daß Verfall und Tod ebenso geschäftig sind wie bei uns.

Der Wald ist typisch für das menschliche Leben. Man kann keinen Blick auf denselben werfen, ohne den Eindruck zu gewinnen, daß Verfall, Tod und Leben dort ebenso in Tätigkeit sind wie bei uns. Ich habe ihn nie mit Muße betrachten können, ohne mich unwillkürlich von einem Charakterzug überrascht zu finden, der mich an irgendeine Szene in der zivilisierten Welt gemahnte. Er erinnerte mich an einem Morgen, an welchem ich hingegangen war, um zwischen 7½ und 8½ Uhr den Menschenstrom über London Bridge in die City drängen, die blassen, überarbeiteten, im Wachstum zurückgebliebenen, von der Arbeit gekrümmten Leute auf dem Wege zu dem traurigen Kampfe ums Dasein zu sehen. Hier fand ich sie in ihrer Jugend, Kraft und Hinfälligkeit getreu wiedergegeben; der eine ist vorzeitig alt und bleich geworden, ein zweiter hat einen Kropf, ein dritter leidet an organischer Schwäche, ein vierter besitzt einen Höcker oder zeigt die Spuren mangelhafter Ernährung; viele sind blaß aus Mangel an Luft und Sonnenschein, andere werden wegen Hinfälligkeit des Körpers von den Nachbarn gestützt, und noch andere stürzen übereinander hin, als ob sie die unheilbaren Kranken eines Hospitals wären, und man wundert sich, wie sie überhaupt existieren. Einige sind bereits tot und liegen unter Blätterhaufen begraben, die Pflegestätte von ganzen Familien von Sträuchern und Schmarotzerpflanzen, oder werden von Horden zerstörender Insekten bewohnt; andere sind durch den lähmenden Donnerkeil weiß gebleicht, durch den Blitz zersplittert oder gar geköpft, noch andere Jahrhunderte alte Veteranen, welche schon geboren wurden, noch ehe ein Christ bis südlich vom Äquator gedrungen ist, sind in Mark und Leben verfallen. Dagegen hat die Mehrheit die Zuversichtlichkeit kecker Jünglinge mit der ganzen Anmut und Eleganz der Gestalt, der mächtigen Kraft in der Blüte des Lebens und dem gelassenen, ruhigen Selbstbewußtsein eisgrauer alter Aristokraten; und man sieht mit einem Blick die unbestreitbare Tatsache, daß sie sämtlich entschlossen sind, den Kampf ums Dasein, so lange, wie sie können, fortzusetzen. Man findet alle menschlichen Charaktere hier, außer dem Märtyrer und dem Selbstmörder, denn Opfer liegen nicht in der Natur des Baumes, der vielleicht nur von zwei Geboten gehört hat: ‚Gehorsam ist besser als Opfer' und ‚Lebet und mehret euch'.

Der Wald besitzt einige Geheimnisse, welche man mit der Zeit kennenlernt, ohne einen Mentor in der Forstwissenschaft zu haben. »

Man müßte eigentlich Stanley die Erfindung des Baumtestes zuschreiben, wie man Leonardo da Vinci als Vorläufer des Rorschachtestes betrachten kann. Hermann *Hiltbrunner* dringt noch stärker ein in diese Verwandtschaft von Baum und

Mensch: « Sagten wir nicht zu Anfang, daß zwischen Baumgestalt und Menschengestalt eine Beziehung bestehe, das Pflanzliche im Baum als in einem aufrechtstehenden Dauergebilde die höchste Menschenähnlichkeit erreiche und denkwürdige Begegnungen mit Bäumen recht eigentlich Selbstbegegnungen seien?... Worin aber beruht das Unterschiedliche, und was für Gründe heißen uns das Pflanzliche dem Tierisch-Menschlichen gegenüberstellen? Seht, die Pflanze ist ein offenes System; an ihr drängt alles nach außen; alles geschieht an der Peripherie, bildet sich unter der Rinde und am Ende der Sproßenachsen. Kein Pflanzentypus offenbart uns dies alles gründlicher als ein Baum und als ein Querschnitt durch dessen Stamm, der nur im Holzteil der jüngsten, äußersten Jahrringe Gefäße zeigt. Das Leibliche des Menschlich-Tierischen dagegen erweist sich als geschlossenes System, in dem alles nach innen verlegt ist und das von zentralen Organen ernährt und gesteuert wird. Pflanzliches Sein bedeutet also Hinausverlegung des Lebens, Fortstreben der Zonen des Wachstums vom Mark, diesem funktionslosen, mehr symbolischen Zentrum. Tierisches Sein dagegen heißt das physische Leben einwärtswenden und nach innen verlegen, es konzentrieren in einem Leib und im Innern des Leibes, der in allen seinen Teilen und Organen lebenslänglich vom gleichen Kraftstrom erfaßt und durchblutet ist. Was so in allen seinen Organen auf eine Mitte bezogen und gerichtet erscheint und so zentripetal funktioniert, muß von Anfang an fertig sein und schon im Jugendzustand vollendet, sozusagen ausgewachsen sein. Eine Pflanze dagegen ist im Grunde nie ausgewachsen; sie ist gleichsam jung bis an ihr Ende; sie bildet bis zu ihrem natürlichen Tod Knospen aus, die nach Maßgabe der Umstände zum Austreiben kommen können. Deutlich erkennen wir dies an einem Baum: seine Entwicklung steht nie still, er wächst auch im hohen Alter weiter, auch wenn wir kein Längen- und Dickenwachstum mehr feststellen können, so lebt er dennoch, treibt er dennoch Knospen und wechselt sein Kleid Jahr um Jahr, wie die Nadelhölzer Jahrdritt um Jahrdritt. »

Die Projektion

Für die Baumzeichnung ist der Baum nichts anderes als der Projektionsträger, das Objekt, welches wie ein Spiegel das Bild zurückwirft, welches hineinprojiziert wird. Das Objekt, der Baum, ist freilich kein eintrainiertes Schema analog dem Schriftgerüst, aber doch eine Wahrnehmung, die aus der Erfahrung hinreichend klar ist und im wesentlichen bestimmt ist durch eine nicht verwechselbare Struktur und Gestalt. Die Projektionswand « Baum » besitzt einen mehr oder weniger starken Aufforderungscharakter und evoziert damit im Zeichner subjektiv geformte Ausdruckserscheinungen, Bilder, die sich mit dem Objekt verschmelzen. Die projizierte Zeichnung enthält damit ein Stück Objektwelt (Alphons Rosenberg), welches freilich eine innere Verwandtschaft zum Raumschema der Seele besitzt. Die Projektion des Innern nach außen ist keine Angelegenheit des bewußten Wollens. Gewollt wird eigentlich nur die Darstellung des Objektes, denn dieses ist nicht schon vorgeformt wie eine Rorschachtafel, sondern im subjektiven Ausdruck, also im Projizierten, mitenthalten. Die Projektion ist trotzdem nicht willentlich, sondern sie passiert, sie geschieht. Die Abbilder der innern Wirklichkeit entstehen, sie sind nicht gewollt. Das Objekt ist der Haken, und wo kein Haken ist, da kann man nichts aufhängen (Rosenberg).

Trotzdem besteht ein Widerstreit in der Vorherrschaft der Objektdarstellung und des subjektiven Ausdrucks, der ja auch schon gegeben ist durch die Verschiedenheit der zeichnerischen Begabung und der mehr oder weniger bewußten Anlehnung an ein Schulvorbild, welches durchstoßen werden muß durch die Aufforderung, andere und andersgeartete Bäume zu zeichnen. Die Reagibilität der Versuchspersonen ist an sich verschieden. Die eine ist mehr angesprochen von der

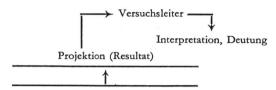
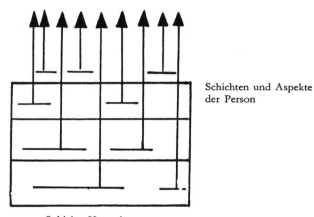

Aufgabe als die andere. Zudem wird keineswegs immer das Ganze angerufen. Das Objekt kann tiefere und oberflächlichere Schichten auslösen, da und dort nur inselhaft ansprechen und damit auch blinde Stellen aufzeigen. Es ist sehr fraglich, ob in einer Projektion der « ganze Mensch » in Erscheinung trete. Die Möglichkeit dazu besteht zwar.

Heiß weist überdies darauf hin, daß projizierte Testergebnisse aus zwei Komponenten zusammengesetzt sind, nämlich einer triebhaft-affektiven Tendenz und ihrer innerseelischen Formung, die zweite aus dem Kontrollbewußtsein, das die dranghafte und unbewußte Komponente ins Bewußtsein hebt und äußerungsfähig macht. So entsteht ein Mischgebilde aus einem unmittelbar projektiven Kern mit einer mehr oder minder starken Bewußtseinsformung.

Wesentlich ist die Feststellung, daß ein gegebenes Material, hier das Baumthema, von der Versuchsperson gemäß ihrer Eigenart umgeformt wird. Ein innerer Vorgang wird nach außen verlegt und bekommt dort Gestalt. Durch das Einfließen von Ausdrucksbewegungen, die ja auch ein Inneres ausdrücken, ohne daß wir gleich an Projektion denken, wird die Sache nicht einfacher, wird aber verständlich, wenn wir nach *Vetter* den erscheinungswissenschaftlichen Gegensatz von *Gestalt* und *Bewegung*, von Physiognomik und Ausdruckskunde herausheben. Sehen (Gestalt) und Lesen (Bewegung) gehen ähnlich ineinander wie in den Ideogrammen der Bilderschriften und der Schreibschrift. Die ein Inneres ausdrückende Schreibbewegung ist immer an die raumsymbolisch zu erfassende Bildform der Schriftzeichen gebunden. Im gleichen Sinne ist der relativ bescheidene Anteil graphologisch verwertbarer Ausdrucksbewegungen in der Baumzeichnung an die Raumsymbolik der Baumform gebunden. Die statische Prägung der Baumform, deren Stamm recht eigentlich den Charakter eines Grundstriches und damit der Führung hat, herrscht gegenüber der Dynamik der nach rechts abfließenden Schreibbewegung der Handschrift vor. Die Haltungsachse des senkrechten Baumes mit dem unvertauschbaren Unten und Oben behält ihr bewegliches Gleichgewicht in jedem Falle ausgeprägter als die Schrift, während die linke und die rechte Seite, ähnlich wie das linke und rechte Körperbild, nicht dieselbe Unvertauschbarkeit besitzen. Die Vergleichung mit der Körpergestalt, auf die jede Physiognomik zurückgeführt wird, hinkt ein wenig am Ineinander und an der Nichtunterscheidbarkeit einer Frontal- und einer Seitenansicht. An keiner Baumzeichnung ist ersichtlich, was Front und was Profil ist. So fließen das Gesicht des Tuns (Profil) und das Gesicht des Seins (Front) (Piccard) ungeschieden ineinander.

Die Symbolik des Kreuzes

Des Grundschema des Baumes ist das Kreuz. Das ist keine von außen hineingetragene Projektion. Oben und unten, links und rechts, das viergliedrige Kreuz entspricht dem Baum ebensosehr wie der Menschengestalt mit ausgestreckten Armen. Beiden liegt auch dieselbe Symbolik zugrunde und damit etwas, was weit über das Individuelle hinausgeht. Im Symbol ist das Sinnlich-Wahrnehmbare, ein Konkretes und Gestalthaftes, das zugleich etwas Geistiges ausdrückt. Symbole werden gefunden auf Grund der Analogie zwischen der sinnlichen und der geistigen Welt (Alphons Rosenberg). Sie sind vieldeutig und eigentlich ambivalent, ein Minus- und Pluszeichen gleichzeitig enthaltend. Der Baum, als ein Urding, ist an sich ein Symbol der Fruchtbarkeit, aber diese naturreligiös verstandene Symbolik enthält vom Uranfang an das Kreuzsymbol, dem nachzuspüren bis in die Verästelungen diagnostischer Schemata insofern reizvoll ist, als es das Konkrete, Sinnenhafte in eine höhere Ordnung fügt und ahnen läßt, wie der Weltraum und das Kraftfeld der Seele beschaffen ist. Das Nahe und Ferne, das Kleine und Große in einem vereinigt zu sehen, das damit scheinbar Paradoxe zu bejahen, mag gerade dem Psychodiagnostiker die nötige Weite geben und ihn vor allzu kleinlicher Haarspalterei schützen. Das Kreuzsymbol ist in der Ausdruckskunde nicht neu. In der Graphologie hat zuerst fast zaghaft die Französin *Duparchy-Jeannez* ein Achsenkreuz, sozusagen als Hilfslinie, in die Schrift hineingestellt, ohne eigentlich viel um die Bedeutung dieses Tuns zu wissen. Max *Pulver*, dessen bedeutendes

Wissen aus der Mythengeschichte der Allgemeinheit zwar kaum bekannt war, hat aus den dort gefundenen Bildern die Raumsymbolik des Schriftfeldes beschrieben und die sogenannte Zonentheorie geschaffen, die nichts anderes ist als eine Deutung des Kreuzes.

In den Niederungen des Aberglaubens ist die Kreuzform die unheilabwendende Gebärde. Kreuzweise gesteckte Messer oder Nadeln, die gabelförmige Haltung der Finger sollen Unheil abwenden. Kreuzweise gesteckte oder gelegte Zweige oder Besen haben Zauberwirkung, teils sind sie Verbotszeichen und Sperrzeichen (die Nachfahren erkennen wir heute auf Straßenverkehrstafeln).

Das Kreuz ist das Symbol der Vereinigung der Gegensätze, des Männlichen und Weiblichen zur Ganzheit. Im Kreuz ist alles vereinigt und zugleich aufgehoben in einem Neuen. Seine Vieldeutigkeit drückt sein Lebendiges aus. Das Sinnfällige am Symbol ist niemals imstande, das geistig Gemeinte voll anzudeuten und auszuschöpfen. (Wir folgen hier den Arbeiten von *Hugo Rahner*.) Das Symbol hat noch seine geheimen Hintergründe, es ist wie ein Kleid, das die Körperformen anzeigt und zugleich verhüllt. Dieses sinnhafte Wesen des Symbols ist geradezu notwendig, um den Glanz des Jenseitigen des Symbols zu verbergen und nur denen zu öffnen, die dafür die Augen erhielten.

Der gläubig erleuchtet gewordene Blick des christlichen Mysten geht vom Kreuz, an dem der Weltenschöpfer und Logos gestorben ist, hinauf zum gestirnten Himmel, an dem Helios und Selene kreisen, geht hinein in die tiefsten Strukturen, der der kosmischen Weltgestaltung, dringt in die Gesetzlichkeiten des menschlichen Körperbaues, ja bis in die Formen der alltäglichen Dinge, die ihm zu Dienst sind: und überall sieht er in allen Dingen die Form des Kreuzes ausgeprägt. – Die Kreuzform ist ihm (dem christlichen Mysten) zunächst das von Gott (der von Uranfang heimlich auf das kommende Kreuz seines Sohnes sah) dem Kosmos aufgeprägte Grundschema, das Weltbaugesetz. Die beiden großen Himmelskreise, der Äquator und die Ekliptik, die sich in der Form eines liegenden Chi schneiden und um die sich im wundervollen Rhythmus das ganze Gewölbe des gestirnten Himmels schwingt, werden dem christlichen Blick zum Himmelskreuz. Das geringe Zeichen des Kreuzes ist Inbegriff und Sichtbarwerdung alles kosmischen Geschehens, denn auch die Natur aller Dinge soll in das Drama der Welterlösung am Kreuz hineingenommen werden, und in den vier Dimensionen der sich querenden Kreuzhölzer sieht der antike Christ in kühnem Weiterdenken des Paulinischen Wortes (Eph. 3, 18) die vier Dimensionen des Kosmos wie in einem mystischen Symbol angedeutet. Das Kreuz ist die « Rekapitulation » des schöpferischen Werkes, das heißt der Abriß, das schlichte Zeichen, das sinnfällige Symbol von etwas Unerhörtem – eben Mysterium.

Gregor von Nyssa preist das Kreuz als das kosmische Prägezeichen, das da aufgedrückt ist dem Himmel und den Erdtiefen.

Es ist dann besonders die byzantinische Frömmigkeit, in der das kosmische Verständnis des Kreuzmysteriums weiterlebt. « O Kreuz, du Versöhnung des Kosmos », heißt es in einem dieser Panegyriken, « du Umgrenzung der Erdweiten, du Höhe des Himmels, du Tiefe der Erde, du bindendes Band der Schöpfung, du Weite alles Sichtbaren, du Breite der Oikumene. »

« Das Zeichen eines Kreuzholzes hält die Himmelsmaschine zusammen, stärkt die Fundamente der Erde, führt die Menschen, die an ihm hängen zum Leben » (Firmicus Maternus).

« Ich kenne dein Mysterium, o Kreuz, um dessentwillen du auch errichtet bist. Denn du bist festgerammt in der Welt, um das Unstete zu befestigen. Und du reichst bis in den Himmel, um den von oben kommenden Logos anzuzeigen. Du bist ausgebreitet zur Rechten und zur Linken, auf daß du die furchtbare feindliche Macht in die Flucht jagest und die Welt zusammenbringst. Und du bist in der Erdentiefe festgefügt, damit du das, was auf der Erde und unter der Erde ist, mit dem Himmel verbindest » (Apokryphe Andreasakten).

« Betrachtet denn alles, was im Kosmos ist, ob es denn ohne diese Figur des Kreuzes gehandhabt werden oder Bestand haben kann. Das Meer kann nicht durchquert werden, wenn nicht das Tropaion, das ist die Segelstange, auf dem Schiff unversehrt bleibt. Die Erde wird nicht gepflügt ohne das Kreuz. Grabende und Handwerker verrichten ihre Arbeit nicht ohne Werkzeuge, die diese Form haben. Die menschliche Körpergestalt unterscheidet sich in nichts anderem von der Gestalt vernunftloser Tiere als dadurch, daß sie aufrecht ist, die Hände ausspannen kann... » (Justin).

Es gehört zu den fundamentalen Sätzen der urchristlichen Symboltheologie, daß alles, was Gott im Alten Testament geoffenbart hat, angefangen vom « Baum des Lebens » (Gen. 2, 9) bis zur persönlichen Weisheit Gottes, in der sich dieser Baum des Lebens verkörpert (Prov. 3, 18), nur gesprochen wurde im Blick auf das kommende Heilsgeschehen, im Kreuztod der menschgewordenen Weisheit. Zwischen dem Lebensbaum des Paradieses und dem Lebensbaum des neuen Himmels sieht der antike Christ nun einen Lebensbaum aufragen, an dem sich das Geschick der Adamsfamilie entscheidet: das Kreuz. Der Paradiesbaum ist nur eine Vordeutung des Kreuzes, und dieses Kreuz ist der Mittelpunkt der Welt und des Heilsdramas der Menschen. Aus dem Legendenkranz, der um das Holz des Lebensbaumes rankt, ist die Geschichte zu erwähnen vom todkranken Adam, der seinen Sohn Seth zum Paradies schickt, um eine Frucht der Unsterblichkeit vom Baum des Lebens zu holen. Aber der Engel, der das Paradies hütet, gibt ihm nur drei Kerne, und aus diesen wächst das dreifache Holz aus Zeder, Pinie und Zypresse, es wächst aus dem Mund des toten Adam, und in einer wundersamen und wechselreichen Geschichte durch das ganze Alte Testament hindurch erhält sich dieses Holz, bis daß die Schergen daraus den Kreuzbaum für Christus fertigen.

Das Kreuz ist Lebensbaum und Lichtträger zugleich. Wenn darum in der heute noch lebendigen römischen Liturgie der Taufwasserweihe der Priester das Wasser anhaucht in der Figur eines griechischen Ψ, so hat dies nichts zu tun mit einem unverstandenen hellenistischen Lebenszeichen, sondern ist einfach das Symbolzeichen des Lebensbaumes, des Kreuzes (Hugo *Rahner*, « Das christliche Mysterium und die heidnischen Mysterien ». Eranos-Jahrbuch 1944, Band 11, S. 347 f.).

Das Kreuz ist aber auch der Opferpfahl, an dem sich Christus geopfert hat. Vom Sinn dieses Opfers und das der Kreuztragung als Aufgabe an uns sagt C. G. *Jung*: « Wenn Gott als Mensch geboren werden und er die Menschheit in der Gemeinschaft des Heiligen Geistes vereinigen will, so leidet er die furchtbare Qual, die Welt in ihrer Realität tragen zu müssen. Es ist eine Crux, ja er ist in sich selber ein Kreuz. Die Welt ist das Leiden Gottes, und jeder einzelne Mensch, der auch nur andeutungsweise eine eigene Ganzheit sein möchte, weiß genau, daß es eine Kreuztragung ist. Aber die ewige Verheißung der Kreuztragung ist der Paraklet.»

Das Kreuz als die Synthese absoluter Gegensätze ist das Symbol des Selbst. Gebhard *Frei*: « Das Selbst ist das Ziel des Menschen: er soll ganz werden, ein ganzer Mensch in der sinnvollen kreatürlichen Verbindung von Trieb und Geist. Hier liegt die menschlich-mythische Bedeutung des Kreuzes: sein Kreuz bejahen, d. h. das Kreuz seines Ausgespanntseins zwischen Geist und Fleisch. – Ausgespannt zwischen Fleisch und Geist, zwischen Himmel und Erde, zwischen Vergangenheit und Zukunft, zwischen dem Ich und der Gemeinschaft – das ist das Kreuz; in der Spannung seiner Kräfte leben wir, um den Ausgleich dieser Vielfalt, um die Bejahung dieser polaren Gegensätze ringen wir, in deren sinnvollen Verbindung finden wir unser Ziel, das Selbst. »

Max *Pulver* benutzt das Kreuz als Raumschema für seine Zonentheorie. Er stellt das Schriftband auf den waagrechten Kreuzbalken, so daß die Oberlänge in der Richtung des aufstrebenden, die Unterlänge der Schrift in der Richtung des untern Kreuzbalkens weist. So entstehen: eine obere Zone O, eine untere Zone U, vom Kreuzungspunkt C aus das Mittelband nach links und nach rechts mit folgendem Bedeutungsschema:

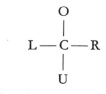

C–L: Ich- und Vergangenheitsbeziehungen der sensiblen Sphäre. Introversion. Vergangenes, « Aufgehobenes », Vergessenes
C–R: Du- und Zukunfts- (Ziel-) Beziehungen der sensiblen Sphäre. Extraversion. Zukünftiges, Angestrebtes, Gebotenes
Bedeutungsgruppe nach der Form des Bewußtseins:
O: überindividuelles Bewußtsein, Form oder Gestalt der Intellektualität
L–C–R: individuelles Tagesbewußtsein, empirische Ichsphäre
U: Unterbewußtsein, tiefer gelegen das Unbewußte
Bedeutungsgruppe nach dem Inhalt des Bewußtseins:
O: intellektuelle, geistige, ethisch-religiöse Zone, geistige Gefühle
L–C–R: Sensibilität, Egoismus-Altruismus, bewußtes Innenleben, seelische und zuständliche Gefühle
U: Materielles, Physisches, Erotisch-Sexuelles, Produktion kollektiver Symbole, Traum und verwandte Zustände

Man kann sich fragen, ob die Topographie, die schematische Ortsbestimmung der verschiedenen Bewußtseinszonen, wie *Pulver* seine Zonentheorie bezeichnet, genügt. Die Ausdifferenzierung des Projektionsschemas über die zwei Richtungspaare des Achsenkreuzes hinaus erfolgt bei Pulver durch Einschiebung der sogenannten i-Zone, der Kleinbuchstabenhöhe; damit findet er die alte Dreiteilung

Geist, Seele, Leib in der Schriftbetrachtung wieder, das heißt, die Oberlänge entspricht der Zone des Geistes, die Kurzbuchstabenhöhe der Zone des Seelischen, die Unterlänge der Zone des Leibes. Die Dreiteilung der Vertikalen, die so sehr auf das Schriftgerüst paßt, läßt sich keineswegs ohne weiteres auf ein anderes Ausdrucks- und Projektionsmaterial übertragen.

Schon in der Schrift liegen die Richtungen nicht eindeutig vertikal oder horizontal, sondern *diagonal* nach dem Schema der Windrose. *Hertz* kommt so zu einer Differenzierung der Zonen, die sich an Versuche anzulehnen scheint, die außerhalb der Graphologie entstanden sind.

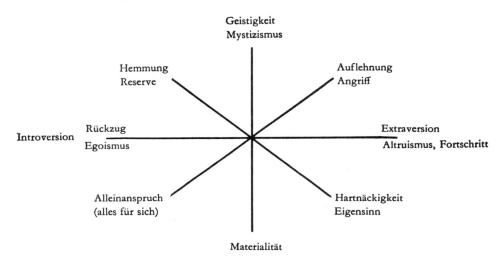

Das Schema, das wohl vielfältige Erfahrung zur Grundlage hat, aber trotz einleuchtenden Richtigkeiten vom Standpunkt des Schriftenurhebers aus so wenig kontrollierbar ist wie die Kreuzsymbolik, findet auf einer greifbaren Ebene eine leise Entsprechung im Projektionsschema zum Dorftest nach Arthus. In diesem Test, der mit Hilfe vorhandener Figuren (Häuser, Kirchen, Fabriken, Bäume, Menschen, Brücken usw.) ein Gestalten eines Dorfbildes auf einem meist rechteckigen Tisch erlaubt, lassen sich vor allem in der Besprechung mit der Versuchsperson Zonen bezeichnen, denen eine besondere Bedeutung zukommt, die durch wiederholte Aussagen der Versuchspersonen erhärtet werden.

Das Schema zum Dorftest hat den Vorteil, daß es weniger konstruiert als durch Erfahrungen begründet ist. Man darf mit Vorteil mehr oder weniger gescheite Konstruktionen deutscher und französischer Herkunft unerwähnt lassen, weil sie zuwenig verifizierbar sind oder überhaupt keine anordnende Kraft erkennen lassen. Betrachten wir die Gesten eines Menschen genauer, entdecken wir, wie sehr sich diese ganz natürlich in den Richtungen der Windrose bewegen und nicht nach einem allzu einfachen Kreuzschema. Es läßt sich im Experiment nachweisen, daß mindestens die Ansicht, der Ursprung liege links und die Zukunft rechts, gewissermaßen auf einer Horizontalen, eine Verbiegung darstellt. Es ist das Verdienst des aus der Kunsthistorik herkommenden Michael *Grünwald*, an Hand eines Legetestes den Nachweis für eine Raumsymbolik erbracht zu haben, die sich in der darstellenden Kunst wie in den Spontanaussagen von Versuchspersonen immer wieder als natürlich empfunden erweist. Es geht hier nicht darum, den leider noch unveröffentlichten Test wiederzugeben, der zehn verschiedene Versuche umfaßt. Greifen wir einen einzigen Versuch heraus: Vor der Versuchsperson liegt ein rechteckiges Blatt (goldener Schnitt) quer, also nicht hochkant. Gebe ich der Versuchsperson eine kleine runde Scheibe in die Hand mit dem Hinweis, daß das Scheibchen sie selbst bedeute, die Unterlage aber ihr Leben, und

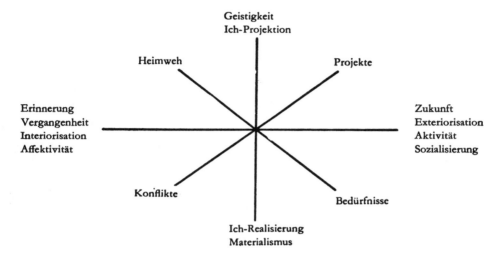

Schema zum Dorftest

stelle die Aufgabe, die Scheibe, also sich selbst, an den Punkt zu legen, wo sie sich nach ihrer Meinung jetzt im Leben befinde, so entsteht eine Legung, die nach Alter und Reife recht ungleich ausfallen kann. Angenommen, die Legung befinde sich im ersten Drittel auf der Diagonale Links-unten-rechts-oben. Diese Stellung ist in ihrem Sinn nur erfaßbar, wenn die Bedeutung der übrigen Orte im Raum bekannt ist. Auf die Frage: *woher* kommt die Scheibe auf den gegenwärtigen Punkt, und auf die Frage: *wohin* kommt sie, wenn sie Gelegenheit hat weiterzugehen, erhalten wir bereits eine Linie und Richtung, die beim überwiegenden Teil der Versuchspersonen von links unten nach rechts oben führt. Diese Linie wird als Lebenslinie bezeichnet. Fragen wir etwa nach der Bedeutung, so erhalten wir etwa zur Antwort: Links unten: Anfang, Ursprung, dort war ich klein und ganz jung, da war ich noch niemand. Rechts oben: das ist das Ziel, dort wäre das fruchtbare Leben, das Ende, der Erfolg. Rechts unten: heruntergekommen, auf dem Hund, mittellos, unangenehm, verdammt und verloren. Links oben: ein König oder Kapitalist, einer der unrechtmäßig hochgekommen ist, Hochstapler, auf die Seite gestellt, inaktiv, zuschauend.

Reduziert auf das einfachste Schema, evoziert ein bloßes Rechteck, welches ja recht eigentlich der Rahmen ist, in dem wir unser Raumgefühl unterbringen, eine Menge von Bedeutungen, die bei über 80% der Versuchspersonen sinngemäß übereinstimmen. In der einfachsten Form stellt sich die Raumprojektion in einem Koordinatensystem dar, in welchem der Nullpunkt als Anfang gedacht wird, die Abzisse nach rechts als Zeit, die Ordinate als Höhe des erreichten Niveaus, der Leistung, des Erfolges, des Standes; die Resultante jedoch aus Erfolg und Zeit entspricht der Lebenslinie, die in unseren Breitengraden angibt, ob das Erreichte mit dem Zeitaufwand in einem gesunden Verhältnis steht.

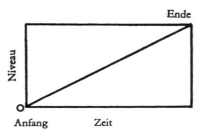

Die Lebenslinie mutet an wie eine Leistungskurve, die, zwischen Anfang und Ende gelegt, die unbewußt-bewußte Projektion erfahrener und vorgestellter Lebensbahn darstellt. Nebenbei sei daran erinnert, daß die Fragen, *woher* eine Linie komme und *wohin* eine Linie gehe, der Maler Paul *Klee* gestellt hat, vielleicht zum erstenmal bewußt, nachdem andere, Heutige und Gestrige, unbewußt diesem

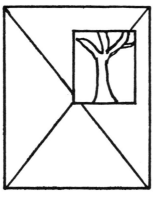
Fig. a

Fig. b

Woher und Wohin gefolgt sind. In einem Schema, in welchem fast eine direkte, durch fast kein eigentliches Medium gestörte Projektion stattfinden kann, sind die Ergebnisse sicher reiner als bei einer Einschiebung eines noch so körperähnlichen Projektionsmaterials. Schließlich ist das Körperschema nur sehr bedingt als Grundlage der Raumprojektion anzusehen, denn der Körper steht ja in einem Raum, der, wenn wir ihn darstellen, fast immer ein Viereck ist. Grünwald will das Rechteck teils als Bewegungsfeld, teils als Kraftfeld oder Raumempfindungsfeld verstehen. Denkt man sich den Dynamismus des Woher und Wohin weg, erscheint ein Kraftfeld, das in einer komplexen Wechselwirkung seiner Lokalisationen steht. Was in dieses Kraftfeld, in diesen Kosmos hineingestellt ist, sei es ein Schriftbild oder eine Baumzeichnung, wird, freilich im Sinne eines Gleichnisses zur Menschengestalt gemeint, zum Menschen, der vom eigenen Selbst aus einen Beziehungsversuch zu diesem Raum schaffen will, ein Raum, den er sich als außen vorstellt und den er zugleich in sich selber trägt.

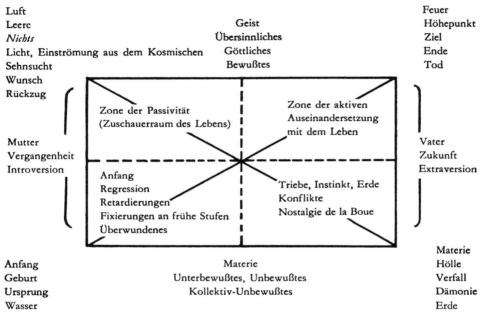

Raumschema nach Grünwald

Figur a zeigt einen Baum, der auf besondere Art in den Zeichenraum gestellt, durch diese Stellung einen bestimmten Sinn bekommt; zugleich ist dem Baum an sich wiederum eine Gestalt und ein Bewegungsbild eigen. So steht gewissermaßen ein Raumgebilde in einem andern. Figur b beansprucht den Zeichenraum ganz für sich. Aus der Überbetonung oder Raumbesetzung einer Zone erscheint die Physiognomie des Baumes von einer Richtung her bestimmt, so daß anzunehmen ist, der äußere Raum, das Feld, in das der Baum gestellt ist, und das Feld, das er für sich selbst beansprucht, würden sich decken. Die Bedeutung der Zielstrebigkeit und der Aktivität ist für die Darstellung in Figur b glaubwürdiger als in Figur a, außer es ergäbe sich aus der Besprechung, Figur a sei nicht bloß aus Raumscheu rechts oben gesetzt, sondern einer Ich-Punkt-Legung entsprechend im Projektionsfeld in die Zone der aktiven Auseinandersetzung gerückt. Das Ineinander von Ausdrucksbewegung und Gestalt wird damit offenbar.

Das Projektionsschema nach Grünwald, welches hier sehr vereinfacht von mir aus Vorträgen und persönlichen Mitteilungen des Urhebers herauskristallisiert wurde, zeigt die Struktur der Lokalisationen, welche untereinander in vielfältiger Beziehung stehen können. Alle Richtungen können vom Rand her und zum Rand hin gemeint sein, aber auch vom Zentrum aus laufen, zum Zentrum hingehen oder irgendeinen Bezugspunkt im Raum ansteuern.

Insofern Zeichenfeld (Blatt) und Lebensraum bewußt oder unbewußt identifiziert werden, also zusammenfallen, läßt sich die Raumsymbolik nach Grünwald auf die Baumzeichnung anwenden. Wenn aber das Zeichenfeld nur ein Ausschnitt aus einem viel weiter und größer gedachten Raum (erweiterter Raum) bedeutet, vermindert sich ihr Wert. Ein Mädchen sagt über den von ihm gezeichneten Baum: « Er steht auf einer endlos-weiten Wiese »; damit ist die Begrenzung durch das Blatt aufgehoben. Die Raumsymbolik ist dadurch nicht illusorisch geworden, denn Weite, Endlosigkeit, Grenzenlosigkeit, Vereinzelung und Verlorenheit im Raum haben Sinngehalt und Bedeutung so gut wie eine Stellung im begrenzten Raum.

Mit diesen vorerst schematisch dargestellten Bewegungsrichtungen gewinnen wir einiges zum Verständnis des graphischen Ausdrucks in der Baumzeichnung, der aber in das mehr oder weniger klare Gerüst der dringlichen Darstellung hineinlegiert ist. So sind zum Beispiel nicht alle diagonalen Kreuzungen gleich bedeutungsvoll. Zum Beispiel ist ein Winkelast einer schematisierenden Zeichenphase zugehörig, eine Astkreuzung ist meist als Überlagerung gedacht, während die plötzliche Veränderung der Richtung, wie sie der Ast auf Figur c zeigt, in der Verlängerung der Richtungsachsen fast immer ein Diagonalkreuz, genauer das Symbol des Sperrkreuzes ergibt. Zum Verkrampften, wie aus dem Ausdruck her zu deuten ist, kommt das Symbol der Sperrung, der seelischen Lähmung.

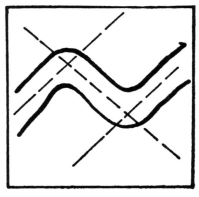

Fig. c

Man darf sich fragen, ob die Raumsymbolik des Vierecks mit dem Kreuz und dem Diagonalkreuz archetypische Grundlagen habe, Archetypen als anordnende Kräfte unserer Vorstellungen. Die von C. G. Jung gefundenen Mandala-Strukturen erscheinen oft erstaunlich ähnlich einem Projektionsschema, das ja seinerseits auch ein Versuch ist, vieles in einem darzustellen. Freilich ist jedes Mandala auf das Zentrum hin angelegt, während die Peripherie alles in sich enthält, was zum Selbst gehört, nämlich die Gegensatzpaare, welche das Ganze der Persönlichkeit ausmachen (C. G. Jung). Die Wahrscheinlichkeit ist nicht gering, daß unsere Raumvorstellung ihre Wurzeln im Kollektivunbewußten hat. Man versteht aber Unterschiede in der Vereinfachung oder Differenzierung einer Raumsymbolik aus der ungleich entwickelten Fähigkeit, Lokalisationen spontan herauszuspüren. Ob jene Menschen, die mit den Urbildern verbunden sind, diese differenziert bewußt machen, sich in Schrift und Zeichnung ergiebiger ausdrücken als Menschen, deren Raumbild primitiv anmutet, ist wahrscheinlich, aber nicht sicher erwiesen. Die archetypischen Bilder sind keineswegs unabhängig von der Erscheinungswelt, die sie viel mehr assimiliert haben. Man kann sich sogar fragen, ob sich unter dem Eindruck neuer wissenschaftlicher Weltbilder mit der Zeit nicht eine Veränderung unserer Raumvorstellung anbahnt. Raumschemas sind gewiß relative Größen, aber doch wieder nicht so unbestimmt, daß ihre Rolle als Orientierungsmittel in den Seelenlandschaften ohne Nutzen wäre.

Schema der Bildbetrachtung

Die Baumzeichnung mit Rahmen, Achsenkreuz und Diagonalkreuz im Zeichenfeld oder Blatt. Wurzelzeichnungen gehören außerhalb des Rahmens, indem die Stammbasis als Meßbasis genommen wird. Hingegen gilt für die Berechnung des Wittgenstein-Indexes die totale Höhe von der Wurzelbasis bis zum Scheitelpunkt der Krone.

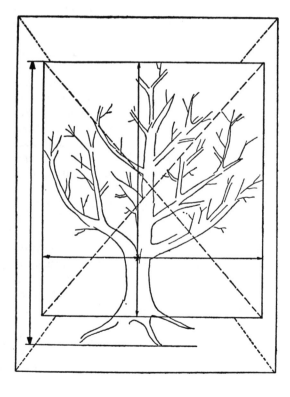

Oben:
Entfaltung, Auszeugung, Differenzierung

Späte Erlebnisspuren

Übergangslinie Stamm-Krone

Unten:
Frühe Erlebnisspuren

Boden, Landschaft angedeutet,
oft Trennungslinie gegen die Wurzel

Zur Untersuchung des Raumbildes empfiehlt sich das Einzeichnen des Achsenkreuzes und des Rahmens. Die Mitte des Stammes beim Übergang Stamm/Krone ist als Schnittpunkt zu nehmen. Auf diese Weise bekommt man einheitliche Messungen, selbst bei Schrägstellung des Stammes.

Die obere Zone (Krone) der Bewußtseinsschicht zuzuordnen, ist (mit allen Vorbehalten, die man allgemein äußern kann) nur zulässig, solange die Kronenhöhe nicht mehr als zwei Drittel der Baumhöhe beträgt und die Stammhöhe nicht weniger als ein Drittel der Totalhöhe. Die Totalhöhe für die Berechnung des Indexes nach Wittgenstein (Seite 45) umfaßt auch Wurzel- und Bodenlinien.

Mit Kreuz und Rahmen sind die folgenden Messungen leicht auszuführen: die absolute Größe des Baumes, die relativen Größenverhältnisse (Verhältnis von Stammhöhe und Kronenhöhe), die Kronenbreite, linke und rechte Kronenhälfte, Verhältnis von Kronenbreite zur Kronenhöhe, Anteile, welche unter die Horizontale fallen, die Schräglagen. Allgemein ist die räumliche Gliederung mit dem Hilfsschema leichter zu erfassen, ebenso die Richtungen. Mitunter ist eine scharfe Unterscheidung von Stamm und Krone gar nicht möglich. Oft scheinen Stamm und Krone eher ineinandergeschoben als getrennt, was die Vergleichbarkeit der Messungen nicht gerade begünstigt. Der Gesamtrahmen ist durch ein gestricheltes Kreuz und zwei Diagonalen noch einmal geteilt. Man kann diese Anordnung als Schema der Raumsymbolik nehmen. Selbstverständlich geht es nicht an, ausschließlich unter dem Gesichtspunkt der Raumsymbolik zu deuten. Es gilt klar zu unterscheiden zwischen der Gegenstandsabbildung und dem Ausdruck. Als Zeichnung fehlt das der Handschrift eigene «Wortbild» und die «Verlaufsgestalt». Das Gegenstandsbild, die Baumdarstellung, betont auch mehr die Vertikale, während die Schrift vorwiegend horizontale Bewegungen verlangt. Was unbeabsichtigt vom Eigenen, Persönlichen mit in die Zeichnung einfließt, ist Ausdruck, das heißt sinnhafte Veranschaulichung des Innern. Der Ausdruck hat eher Zusammenhang mit dem Wie als mit dem Was der Zeichnung. Die raumsymbolische Betrachtung bedeutet eine Hilfe, aber nur wenn nicht allzu dogmatisch verfahren wird. Unbewußtes und Bewußtes ist im Ganzen wirksam, aber die raumsymbolischen Lokalisationen weisen darauf hin, *woher* ein Zustand beeinflußt wird und *wohin* etwas gerichtet ist. Mit Sicherheit läßt sich aber behaupten, daß die untern Regionen der Baumzeichnung die frühern, die obern die spätern Altersschichten des Zeichners symbolisieren. Daß darüber hinaus das Ursprüngliche, Primitive, Unbewußte unten gemeint ist und das Bewußte, Entfaltete oben usw., ist durchaus sinnvoll. Man darf überdies nicht übersehen, daß die Raumdimensionen eine Ergänzung erfahren durch das Vorne und Hinten, wie es in Baumzeichnungen durch vielfältige zeichnerische Mittel angedeutet wird, auch durch den Druck und die Unterbrechungen. Ferner kommt dem Blattrand Bedeutung zu als Grenze, unten als Boden; oft als Mauer, an die man zurückweicht, an welche man gedrückt wird oder die zur Neugierde reizt, die man auch überspringt oder bei der man tut, als wäre sie nicht da.

Das Projektionsschema nach Grünwald, dem ein Koordinatensystem zugrunde liegt, welches Zeit und erreichtes Niveau zueinander in Beziehung bringt, läßt sich nicht ohne weiteres auf die Baumzeichnung übertragen. Ordinate und Abszisse sind in der Baumzeichnung gewissermaßen in die Senkrechte zusammengeschmolzen. Anderseits verlockt die Stellung der Baumzeichnung im Zeichenfeld zu einer Übertragung, und die Betonung oder Unterdrückung von Ausdrucksbewegungen in der Kronenzeichnung erlauben ebenfalls eine Berücksichtigung des Grünwaldschen Schemas, sofern die Übertragung sinngemäß und mit aller Vorsicht geschieht. Es ist gewiß nicht leicht, sich auf dem Glatteis von ineinandergeschachtelten Schemas zurechtzufinden. Trotzdem mögen die Ausführungen dazu beitragen, die bisher etwas festgefahrenen Betrachtungen über das Kapitel «Raumschema» in Fluß zu bringen. Es ist in dieser Sache noch viel zu tun und durch das Experiment zu klären.

Die Gestalt des Baumes

Wurzel, Stamm und Krone sind die Hauptteile des Baumes. Die Wurzel ist dem Betrachter meist verborgen oder nur als Ansatz sichtbar. Jedermann weiß, daß die Wurzel da ist, sogar kleine Kinder wissen es bald.

Der Stamm bildet die Mitte und hält das Gleichgewicht zwischen links und rechts. Die Mittelfunktion des Stammes, zusammen mit der Aufgabe, Stütze und Träger der Krone zu sein, machen den Stamm zum stabilsten Element im Baumskelett, zu dem auch die Äste gehören.

Stamm und Äste bilden das «Holz», die Substanz. Der Stamm ist Zentrum, zudem das Aufrechte, Mitte, Träger, das Skelett, das Substantielle, das Dauerhafte, stabile, Unverlierbare – im Gegensatz zum Baumkleid mit seinem Schmuck. Es ist anzunehmen, daß beim Baumzeichnen aus einer Art Wissen um das Wesen des Holzes alles Anlagemäßige deutlicher projiziert wird als etwa das Baumkleid, welches doch auch umhüllt und oft verdeckt. «Er ist aus gutem Holz geschnitzt», «Das Holz ist gut», «Aus schlechtem Holz kann man keine guten Pfeifen schnitzen» und ähnliche Ausdrücke pflegen wir auf die Anlage zu beziehen.

Die Außenteile der Krone, die Extremitäten, bilden die Berührungszone gegen die Umgebung, die Zone der Wechselbeziehung zwischen innen und außen, die Zone des Stoffwechsels, der Atmung. Hier verfeinert sich das Geäst. Die Krone ist zugleich Träger des Laubkleides, der Blüten und Früchte, dann häufig genug imponierend durch die Pracht der Erscheinung. Aber: das Skelett ist immer da, Blüten, Blätter und Früchte können abfallen. Sie bilden das unstabilste Element, ein kurzlebiges, rasch vergängliches wie die Blüte, die als Erscheinung am meisten auffällt und imponiert.

«Blüten können Schein sein. Laub kann Maske sein; aber ein entlaubter Baum will nicht mehr scheinen, kann keine Maske tragen. Kahlheit, Leere und Schmucklosigkeit sind die Voraussetzungen der wahren Erkenntnisse dieses Baumes aller Bäume. Die Wintergestalt ist die wahre Gestalt. Weder vor dem endgültigen noch vor dem zeitweiligen Tod gibt es irgendwelche Ziererei» (Hermann Hiltbrunner).

Die Krone umreißt eine Fläche, einen Raum, dessen Zentrum etwa in der Längsachse oberhalb des Stammes zu liegen scheint, das Herz, um das sich die Masse der Krone gruppiert, von dem aus die Fühler ausgestreckt ins Licht treiben und dieses hineinholen.

Bald fächert sich die Krone reichhaltig auf, oft bleibt nur dünnes, karges Geäst. Oft fehlt dieses Gerippe oder wird dort, wo es sich mit der Umwelt berühren könnte, wie in einen Wattebausch gehüllt – oder: der Zeichner setzt die Krone auf den Stamm, wie die Fassung einer Monstranz, oft mit Leben erfüllt, manchmal denkmalhaft und ohne das lebendige Spiel der Flächenverlagerungen nach links oder nach rechts. Manche Kronen liegen wie Ballen, Kugeln oder Kreise auf dem Stamm; Kreise, die, wie aus zwei hohlen gewölbten Händen geformt, auf die Mitte hin zusammenhalten, zentrieren und konzentrieren oder wie eine nichtssagende Leere auf dem Stamm liegen, manchmal schattiert, wie das Helldunkel der Wolken gestimmt, auf einer Seite oft stärker als auf der andern. In diesem Raum der Krone tummelt eine Vielfalt an Gebärden und Formen. Hier ist das Ausdrucksfeld par excellence, und wir haben alles Interesse, dieses so groß werden zu lassen, daß darin möglichst viel vom menschlichen Ausdruck spielen kann.

Die Menschenähnlichkeit der Baumgestalt, auf welche schon Stanley hingewiesen hat, ist sicher diskutabel. *Vetter* weist überzeugend nach, wieviel mehr die aufwärts sprossende und nach abwärts wurzelnde Pflanze andeutet, was in der aufrechten Haltung des Menschen vollendet zum Ausdruck kommt und diesen wesentlich und urbildlich vom horizontalen Körperbau des Tieres unterscheidet. Für Vetter erweist sich «die Horizontale als raumbildlicher Inbegriff der Tätigkeit und der Lebensunmittelbarkeit, die Vertikale dagegen als das haltgebende und gestaltbildende Grundmerkmal der Erscheinung, die zugleich die Bewußtseinshaltung zum Ausdruck bringt. Der aufrechte Stand enthebt den Menschen der ruhelosen Bewegungsflut, in der das Tier lebt. In der stehenden Leibesgestalt versinnlicht sich keine Tat, sondern nur der Sinn seines beständigen Selbstbewußtseins». In diesem Sinne zeigt auch die Handschrift eine Vorherrschaft der Vertikalen im Grundstrich, während die Waagrechte gar nicht so widerspruchslos als Zeichen des Tuns hingenommen werden kann. In der Zeile verliert der Einzelbuchstabe an Selbständigkeit, er wird zum Glied einer Kette, die das Sehen zum Lesen verzeitlicht, wie Vetter überzeugend feststellt. Mit Ausnahme der Querstriche sind waagrechte Linien in der Schrift nicht häufiger als in einer Baumzeichnung, das heißt, sie sind selten. Rechts- oder Linksläufigkeiten sind nicht ohne weiteres mit Bewegungen auf der Horizontalen gleichzusetzen, indem die meisten davon in einer diagonalen Richtung verlaufen.

Thurner berichtet, daß Angehörige des schizophrenen Formenkreises gerne große Bäume zeichnen. Er meint, es wäre mehr als bloße Wortspielerei, wenn diese Tatsache mit den Größenideen dieser Gruppe in Zusammenhang gebracht würde. Fast alle endogen Depressiven zeichnen hingegen kleine, oft sogar winzige Bäumchen. – Eine in Rio de Janeiro erschienene größere Arbeit von *Aruda* über die Baumzeichnung in der Psychiatrie (Habilitationsschrift) darf aus administrativen Gründen wohl erst nach Erscheinen dieser Auflage verwertet werden.

Hermann *Städeli* hat in seiner Dissertation: «Der Baumtest nach Koch als Hilfsmittel bei der medizinisch-psychologischen Pilotenselektion und ähnlichen Verfahren» auch das Problem der Neuroseverdächtigen untersucht. Als Neurosesymptome benutzt er die groben Aufbaustörungen des Baumes, die im wesentlichen mit unseren Frühsymptomen oder Regressionssymptomen zusammenfallen. Er nennt diese Gruppe Kardinalsymptome, ergänzt sie aber durch die sogenannten Auswirkungs- oder Hinweissymptome, die die gestörten Umweltsbeziehungen des Neurotikers veranschaulichen sollen. Es handelt sich um Störungen im harmonischen Aufbau des Baumes und seiner Beziehung zur Umwelt. Man beachte die Tabelle der Frühsymptome auf Seite 59.

Auswirkungs- und Hinweissymptome

a) Störungen in der Verankerung des Baumes: wurzelförmig gestaltete Stammbasis; unverhältnismäßig lange, offene Wurzeln; angeklebte Wurzeln (Lötwurzeln), Strichwurzeln; Stammbasis geht direkt in Bodenlinie über; Stamm wie ein Stock in den Boden gesteckt; Stammbasis breit offen, fehlende Grundlinie; Stammbasis breit, offen, Grundlinie erhöht.
b) Störungen der Stammgestaltung: Parallelstamm; Stamm nicht gestaltet, nur Stammkontur.
c) Störungen beim Abgang der Äste vom Stamm.
d) Störungen in der Kronengestaltung: Viel zu große Krone im Verhältnis zum Stamm; unkoordinierte Äste beziehungsweise Kronenelemente; überlange, im Raum herumflatternde Äste; verbogene Äste; plumpe, formlose Äste; Astenden ausgefranst, abgestumpft, blattartig; kolbige Auftreibungen beziehungsweise Verengungen im Astwerk; Krone nicht gestaltet.

Wir reproduzieren im folgenden zwei Aufstellungen aus der Arbeit von Städeli.
I: Kinderneurose, II: klinischer Befund, III: Rorschachtest, IV: Jungtest, V: Baumtest.

Kandidaten mit mehrheitlich Kinderneurosen, die auch klinisch deutlich neuroseverdächtig erscheinen

	Kinderneurose	Klinisch	Rorschach-	Jung-	Baumtest
24	Onychophagie bis ins 10. Jahr, Pavor nocturnus bis ins 12. Jahr	unruhig, versteckt sich hinter Redeschwall und strahlendes Lächeln	Farbschock, Versager bei Tafel V, Verstimmbarkeit	Sehr viele Komplexantworten	Unkoordinierter Astabgang vom Stamm*, eingestreute Äste dicker als der Stamm, Krone grau, Stamm hell*
17	Onychophagie bis ins 8. Jahr	Unsicher, Blutphobie Erythrophobie	Primitiv, unstabilisierte Affekte	Sehr viele Komplexantworten, allgemein verlängerte Reaktionszeit	Stammbasis breit, offen, fehlende Grundlinie*, Stamm und Äste dunkel, Krone hell, Krone nicht durchgestaltet*

63	Enuresis bis ins 5. Jahr, Pavor nocturnus bis ins 14. Jahr	Unausgeglichen, unruhig gehemmt	Affektlabilität, Verstimmbarkeit	Viele Komplexantworten	Verbogener Halb-T-Stamm unkoordinierter Astabgang vom Stamm*, Strichäste*, Krone leer, nicht gestaltet*
5	Nicht gesichert	Unsicher, ängstlich, gespannt	Angedeuteter Farbschock, dysphorische Verstimmungen	Viele Komplexantworten	Primitiver Baum*. Stammbasis breit, offen, Grundlinie über Stammbasis*. Stamm und Kroneninneres nicht gestaltet*, eingestreute Äpfel
21	Nicht gesichert	Gehemmt, schüchtern, Minderwertigkeitsgefühle, vaterabhängig	Rotschock, Versager in Tafel II/III, verlängerte Versuchsdauer	Einige Komplexantworten	Radiäre Krone*, Krone/Stamm beziehungslos zueinander*, Lötwurzeln*
67	Enuresis bis ins 10. Jahr, Stottern bei Schulbeginn	Nervösängstlich, affektlabil, Erythrophobie	Dunkelschock, allgemeine Angstsymptome, Komplexdeutungen	Wenige fragliche Komplexantworten	Hoher schlanker Stamm, kleine Kugelkrone. Explosiver Abgang der Hauptäste vom Stamm*. Unkoordinierte Äste, Strichäste. Stamm hell, Krone sehr dunkel*
22	Nicht gesichert	Unsicher, gehemmt, gespannt, gestörte Mutterbeziehung	Verlängerte Reaktionszeit, neurotische Koartation, dysphorische Verstimmbarkeit. Aggressive, makabre Inhalte	Viele Komplexantworten, einige abnorme Inhalte	Sehr kleiner Stamm, übermächtige Krone*. Dunkelschwarzer Stamm und schwarze Äste. Unkoordinierter Astabgang vom Stamm*. Kropfbildungen an den Verzweigungsstellen, aufgestockte Äste, im Leeren hangende Äpfel (in einer Birnbaumkrone), Krone nicht durchgestaltet*
27	Kellerfurcht, Angstträume bis ins 6. Jahr	Primitiv, gehemmt, Affektverdrängung	Verlängerte Reaktionszeit, Affektverdrängung	Nicht gemacht	Stamm wie ein Stecken in die Erde gesteckt*, Grundlinie erhöht*. Gestörter Abgang vom Stamm*, unkoordinierte Äste, Strichäste

33	Pavor nocturnus bis ins 13. Jahr	Gehemmt, ängstlich schüchtern	Farbschock, Affektverdrängung, dysphorische Verstimmbarkeit, Vermehrung der Hd. und Zw.	Viele Komplexantworten	Unkoordinierter Astabgang vom Stamm*, Ausbuchtungen und Verengerungen im Astwerk, unkoordinierte Äste, Strichäste
40	Pavor nocturnus und Daumenlutschen bis ins 7. Jahr	Infantil, weich, gehemmt, Minderwertigkeitsgefühle, anankastische Tendenzen	Rotschock, Dunkelschock	Viele Komplexantworten	Stammbasis breit, offen, fehlende Grundlinie*. Stamm diffus schwarz, T-Stamm, Lötäste, Stereotypien
46	Onychophagie bis ins 15. Jahr	Gehemmt, verschlossen, affektiv, wenig ansprechbar	Verlängerte Reaktionszeit, Farbschock, Versager bei Tafel VI	Viele Komplexantworten	Stamm in eine schwarze Insel hineingesteckt*, Stammbasis verbreitert, offen*, angesetzte Strichwurzeln, unkoordinierter Astabgang vom Stamm*, unkoordinierte Äste, radiäre Äste, Strichäste, Zeichnung grau in grau*
54	Konnte in der ersten Klasse das R nicht sagen, Schlafstörungen bis ins 13. Jahr	Unreif, unsicher, stark gehemmt, Minderwertigkeitsgefühle	Dunkelschock, neurotische Koartation, Hintergrundsverschmelzung	Einige Komplexantworten	Kleiner Stamm, mächtige Krone*, T-Stamm, unkoordinierter Astabgang vom Stamm*, unkoordinierte Äste, Strichäste, Stereotypien, Zeichnung sehr dunkel*

Kandidaten mit Kinderneurosen, bei denen nach der klinischen Kurzexploration allein schon eine Neurose wahrscheinlich wurde

73	Enuresis bis ins 11. Jahr, Zähneknirschen bis ins 10. Jahr, Alpdrücken bis ins 12. Jahr	Examenstupor, Erythrophobie, Selbstentwertung, bruderanhängig, gibt unter Druck klein bei	Verlängerte Reaktionszeit, neurotische Koartation, sehr viele Dd.	Unauffällig	Stammbasis breit, offen, Grundlinie oberhalb der Stammbasis*, Parallelstamm, Äste z. T. breiter als Stamm*, Astenden zerfranst, plump, formlos, keine Ausdifferenzierung von Stamm und Ästen (die wie hilfeflehende, erhobene Hände aussehen)*

43

58	Enuresis bis ins 12. Jahr, Onychophagie bis heute	Examenstupor, Erythrophobie, vaterabhängig, stark gehemmt, verstimmbar	Neurotische Koartation, Überkompensation bei den farbigen Tafeln (schlechte Formen, Dd, keine Farben)	Viele Komplexantworten	T-Stamm, unkoordinierter Astabgang vom Stamm*, entlaubter Baum mit wenigen welken Blättern*, Verstopfungen der Äste durch fleckenförmige Schattierungen, Strichäste, abgesägte Äste, zerfranste Astenden
23	Sei in der körperlichen und geistigen Entwicklung immer hinter seiner Zwillingsschwester zurückgeblieben	Gehemmt, unsicher, verstimmbar, Selbstentwertung	Verlängerte Reaktionszeit, wenige Antworten, neurotische Koartation, niedriges F + %	Viele Komplexantworten, einige abnorme Inhalte	Stark verwurzelter, sehr jugendlicher Stamm*, T-Stamm, Astabgang vom Stamm gestört*, Ausbuchtungen und Verengerungen im Astwerk. Ausgefranste Astenden. Dichte Zeichnung*
56	Enuresis bis ins 6. Jahr	Examenstupor, gehemmt, infantil	Neurotische Koartation, Farbschock, Versager bei Tafel X	Viele Komplexantworten, einige abnorme Inhalte	Primitiver Baum*, T-Stamm, Stamm steht beziehungslos auf der Grundlinie, Stamm nicht gestaltet*, Stereotypien, steife, unlebendige Zeichnung*

* von Städeli als neu bezeichnete Merkmale (im Vergleich zur 1. Auflage des Baumtestes)

Städeli findet in keinem Falle ein Versagen des Baumtestes bei neuroseverdächtigen Kandidaten. Auffallend findet er auch die gute Ergänzung zwischen Rorschach- und Baumtest; häufig finden sich nämlich bei einem stark neurotischen Rorschachbefund nur mäßig viele neurotische Symptome im Baumtest und umgekehrt. Übereinstimmend mit den Komplexantworten im Rorschach- und Jungtest sehen wir in einigen Fällen auch in der Baumzeichnung die Komplexhaftigkeit ausgedrückt, zum Beispiel bei einem zur Selbstentwertung neigenden Kandidaten, dessen jugendlicher, stark verwurzelter Baum vor der akzentuierten Umgebung verblaßt. In einem andern Fall zeichnet die zur Selbstentwertung neigende Versuchsperson einen Baum, der bis auf einige verwelkte Blätter fast restlos entlaubt ist, während welke Blätter abfallen und der Boden von solchen übersät ist. Ein anderer Kandidat stellt seine neurotische Hilflosigkeit mittels an hilfeflehende Hände erinnernde Äste seines sonst ganz ungestalteten Baumes dar. Auffallend häufig findet man bei Kandidaten, die zu Verstimmungen neigen und/oder im Rorschachtest einen Dunkelschock zeigen, dunkle Kronen mit hellem Stamm oder umgekehrt dunkle Stämme mit heller Krone.

Es zeigt sich auch, daß primitive Neurotiker ihre unkoordinierte Primitivität im Baum ausprägen, während der primitive Normale sehr wohl differenzierte und harmonische Bäume zu zeichnen vermag.

Die Untersuchung von Städeli kommt ferner zur Feststellung, daß bei nicht mehr neurotischen Fällen, also solchen mit einer abgelaufenen Kinderneurose, pathologische Stamm-Merkmale (durch Grasbüschel zugedeckte Stammbasis, hinter einem Hügel versteckte Stammbasis, Ausbuchtungen und Knorren am Stamm) auftreten, während bei aktuellen Neurosen keine solchen Stamm-Merkmale anzutreffen sind. Die Redeweise, es sei über etwas Gras gewachsen, also ausgewachsen, treffe für die überwundenen Neurosen zu. Interessant ist, daß normal gereifte Versuchspersonen ihre seelischen Störungen in der Entwicklung im Baumtest zeichnerisch verarbeitet haben, während jetzt noch schwer neurotische Fälle diese Störungen zeichnerisch nicht ausdrücken.

Egozentrische, geltungssüchtige, nur oberflächlich-kontaktfähige Versuchspersonen zeigen in den Baumzeichnungen eine deutliche Diskrepanz zwischen der verbindlichen, großartigen äußeren Erscheinung des Baumes und seiner inneren Gestaltung, seinen Proportionen und seiner Beziehung zum Grunde und zur Umgebung, ein Kontrast, welcher das übrige psychopathologische Bild gleichfalls beherrscht.

In der Erotik gehemmte Kandidaten fallen durch ein – meist pathologisches – Syndrom auf: Erstens eine gleichmäßige, fast homogene, jedenfalls kontrastarme Dichte der Zeichentechnik. Zweitens wirkt das Kroneninnere zwar ausgestaltet, anderseits zeigt es aber inhaltlich und koordinativ Störungen (Plastik und Umriß der Kronen auffällig, dazu deformierte und ungeordnete Astbildungen). Drittens besteht eine Stammanomalie im Sinne eines T-Stammes oder eines explosiven Abganges der Hauptäste vom Stamm. Im weiteren fehlen Früchte vollständig, obwohl mehrere Laubbäume gezeichnet wurden. (Früchte spielen bei einem Drittel des Untersuchungsmaterials [total 82 Fälle] eine Rolle, bei den Laubbäumen der sexuell nicht gehemmten Versuchspersonen fehlen Früchte nie.)

Gesamthaft zeigt die Untersuchung, daß die Kardinalsymptome (Frühformen) bedeutend neurosespezifischer anzeigen als die sogenannten Hinweissymptome, welche für die psychiatrische Querschnittsdiagnose wichtig sind, während die gröbern regressiven Aufbaustörungen des Baumes mehr bei der Längsschnittdiagnose mithelfen können. Hingegen können mit dem Baumtest allein seelische Gesundheit oder gar einzelne psychopathologische Zustandsbilder (Neurose, Psychopathie, Primitivität usw.) nicht befriedigend ausgegliedert werden. So weit die Untersuchung von H. Städeli.

Der Wittgenstein-Index

Die intensive Beschäftigung mit dem Baumtest hat den deutschen Nervenarzt Dr. Graf Wittgenstein eine erstaunliche Entdeckung machen lassen. Er ging vom Gedanken aus, daß entweder der Baumtest insgesamt stimmen müsse oder gar nicht stimmen kann, gemäß dem Alles-oder-nichts-Gesetz. In einer persönlichen ersten Mitteilung schreibt Dr. Graf Wittgenstein: «Nach der Überlegung, daß der im Augenblick gezeichnete Baum auch nur der augenblicklichen Situation des Zeichners entsprechen kann, müßte man einen Maßstab finden, der sich sowohl im Baum als auch im Leben ausdrückt. Schon der erste Versuch dieser Art bestätigte meine Vermutung.

Die Höhe des Baumes (h) in Millimetern wird in Relationen zu dem Alter (a) des Zeichners in Jahre und Monate umgerechnet. Daraus ergibt sich eine Indexzahl (i). Dieses zugrundelegend, kann man vielfach gravierende, zum Teil vergessene Daten aus dem Leben des betreffenden Patienten am Baum ablesen. Zum Beispiel: Ein Vierzigjähriger zeichnete einen Baum von 120 mm Höhe, das ergibt einen Index = 3: in einem Abstand von der Erdbegrenzung von fast 13 mm ist der linke Stammrand unterbrochen (in andern Fällen befand sich in der jeweils entsprechenden Höhe ein durchbrochener dicker Ast). Auf die Frage, was in seinem weiblich-mütterlich erlebenden Bereich ihm mit 4 Jahren und 4 Monaten (12,9 : 3 = 4,3 = 4 Jahre und 4 Monate) geschehen sei, erblaßte der Patient und sagte, genau in diesem seinem Alter wäre seine Mutter gestorben. – In einem anderen klassischen Beispiel gab eine Patientin an, daß sie mit 22,5 Jahren geheiratet habe. Aus der im Gegensatz zur sonstigen Strichführung betonten Gabelung ergab sich aber aus dieser ein Alter von 18 Jahren, während an der im Alter von 22,5 entsprechenden Höhe keine besonderen Merkmale am Baum auftraten. Daraufhin befragt, gab die Patientin errötend zu, daß sie mit 18 Jahren ihren ersten Mann erlebt habe und über dieses Erleben trotz ihrer mit zwei Kindern gesegneten Ehe bis heute nicht hinweggekommen sei.»

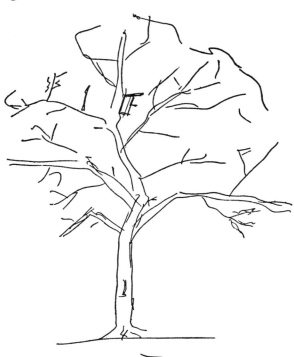

Alter 38: Index 225 : 38 = 6 1. Knick bei 99 mm = Alter 99 : 6 = 16,5 Jahre; 2. Knick 145 : 6 = 24,2 Jahre

Diese Feststellungen galt es zu überprüfen. Sie bestätigten die Vermutung, daß die Baumhöhe, das heißt die Strecke von der Basis bis zur Spitze, die Lebensgeschichte enthält und die Teilstriche des zeitlichen Ablaufes erstaunlich exakt markieren können. Die folgenden drei Beispiele bestätigen die Richtigkeit der Wittgensteinschen Entdeckung und der von ihm gefundenen Formel. Freilich scheint mir, daß die bewußten oder vergessenen Traumen einige Jahre zurückliegen müssen, damit die Rechnung stimmt. Ferner ist auch mit Fällen zu rechnen, die ohne traumatische Spüren in der Baumzeichnung ablaufen.

Fall 1 (siehe Fig. S.46): Meisteranwärter für die Unterhaltsabteilung eines chemischen Werkes. Alter 38 Jahre. Totalhöhe des gezeichneten Baumes 225 mm. Index: 225 : 38 = 6. Die erste deutliche Knickung im bisher nach rechts oben laufenden Stamm erfolgt auf der Höhe von 99 mm. 99 : 6 = 16,5 Jahre. Vom Punkt 99 macht der Leitast eine Linkswendung, eine Abwendung bis zum nächsten Richtungswechsel auf der Höhe von 145 mm. Von da an steigt der Ast senkrecht hoch. 145 : 6 = 24,2 Jahre. Der Proband wollte ursprünglich Baumeister werden und nach Kanada auswandern. Gegen seinen Willen wurde er mit 16,5 Jahren in einen Zwangsberuf gesteckt, in dem er unglücklich war (Ausweichen nach links oben). Mit genau 24,2 Jahren Eintritt in die gegenwärtige Arbeitsstelle, wo er sozusagen eine Konversion in bezug auf die Einstellung zu seinem Beruf erlebt, plötzlich an der Arbeit, die ihm vorher verhaßt war, Gefallen findet und nun eine positive Aufwärtsentwicklung einleitet und nach einiger Zeit heiratet und eigenhändig ein Haus baut, obwohl er nicht Maurer ist. Das gezeichnete Vogelhäuschen scheint das Symbol für den Nestbau.

Freilich ist links unten auch noch eine Knickung nachzuweisen, über die ich nicht speziell fragen konnte, weil die Zeichnung lange vor dem Bekanntwerden des Wittgenstein-Indexes ausgeführt worden ist.

Etwas schwieriger war folgender Fall zu beurteilen. Ein 38jähriger ehemaliger Maler mußte mit gut 24 Jahren wegen einer Farbenvergiftung den Neigungsberuf aufgeben. Aus der Anamnese war dies bekannt. Der Proband zeichnete den Baum über den oberen Blattrand hinaus, das heißt, die meßbare Höhe des gezeichneten Baumes entsprach jedenfalls nicht der gemeinten Höhe. Ich bat deshalb die Versuchsperson, mit dem Bleistift jenseits des oberen Blattrandes die ungefähre Stelle zu zeigen, wo er sich den Baumgipfel vorstelle. Dieser Endpunkt wurde als Meßbasis bis zur Erdbegrenzung genommen. Die Rechnung: Totalhöhe 265 mm : 38 (Alter) = Index 7. Scharfe Astknickung auf der Höhe von 170 mm. 170 : 7 = 24,3 Jahre. Mit 24 Jahren wurde der Berufswechsel vollzogen.

Technisch eigenartig war folgender Fall zu lösen. Eine Tochter, 19,3 Jahre alt, wurde von der Nervenheilanstalt zur Berufsberatung geschickt. Sie äußerte, im Sanatorium hätte sie auch einen Baum zeichnen sollen, wäre aber beim Versuch, die Krone von links nach rechts herum zu formen, einfach an einem bestimmten Punkt steckengeblieben, während der Arzt ihr energisch zusprach, den Strich fortzusetzen. Die Patientin erzählte, sie hätte « ihre Geschichte » dem Arzt mehrmals zu schreiben versucht, sei aber nie über einen gewissen Punkt hinausgekommen. Sie hätte diese Geschichte auch nie erzählen können. Offenbar konnte die Patientin ihre Hemmung nicht überwinden, weil ein Trauma sie daran hinderte. Freilich zeichnete sie bei mir ohne weiteres einen Baum. Sie hatte nämlich Vertrauen gefaßt. Bei der Aufnahme der Personalien stellte ich die Frage, an was ihre Eltern gestorben seien, worauf sie reagierte: « Muß ich das denn sagen? ... » und ich: « Nein, das müssen Sie nicht », worauf sie den Suizid beider Eltern sofort zugab. Mich interessierte, ob das plötzliche Nichtweiterkommen beim Baumzeichnen ein Hinweis auf ein früheres Trauma sei. So bat ich die Patientin, ungefähr ähnlich wie beim Arzt einen Baum zu zeichnen und dort anzuhalten, wo sie seinerzeit nicht mehr weiterkonnte. Das geschah, aber ich mußte mir den Punkt merken, denn sie zeichnete den Baum ohne jede Hemmung und im ganzen ohne den geringsten Hinweis auf eine Störung fertig. Die Baumhöhe beträgt 287 mm. Der Index: $287 : 19,3 = 15$. Die Höhe der Stricharretierung 191. $191 : 15 = 12,8$ *Jahre*. In genau diesem Alter wurde die Tochter das Opfer eines sexuellen Mißbrauches, dem eine Kette von Versagen folgte bis zum Suizidversuch mit 19 Jahren. In der Heilanstalt war es während zweieinhalb Monaten nicht gelungen, etwas aus der Tochter herauszubringen. Nach dem immerhin fast gespielten Zeichenexperiment sagte ich bloß: « Zwischen dem 12. und dem 13. Lebensjahr haben Sie etwas Besonderes erlebt »... und schon sprudelte die Geschichte wie ein Sturzbach aus der Patientin. – Das Beispiel ist ein Hinweis, die Probanden beim Zeichnen zu beobachten. Die Sperrungen oder der Punkt, über den man nicht hinauskommt, sind mindestens so wichtig wie graphisch nachweisbare Störungen. – Die Entdeckung von Graf Dr. Wittgenstein mag vorerst unglaubhaft anmuten, um so mehr, als man nicht geneigt ist, der Psyche eine so exakt registrierende Uhr zuzumuten.

Kurz vor der Drucklegung dieses Buches erfahre ich von holländischen Kollegen, daß in einer Amsterdamer Klinik, unabhängig von Wittgenstein, folgende Versuchsanordnung angegeben wurde: Der Patient zeichnet einen Baum; dann muß er denselben quer durchstreichen, wo es ihm gerade paßt. Die Höhe des Baumes entspricht auch hier dem Alter des Patienten. Die Querstreichung bezeichnet die Stelle im Lebensablauf, wo etwas passiert ist oder passiert sein könnte. Die Ausrechnung erfolgt etwas umständlich durch Vergleichung der untern und obern Strecke. Die systematische Überprüfung soll erstaunlich zutreffende Ergebnisse gezeitigt haben, die nicht veröffentlicht worden sind. Es ist mir nicht gelungen, den Urheber der Methode zu eruieren.

Der Baumtest als Entwicklungstest

Die Entwicklung des zeichnerischen Ausdruckes

Die erste Stufe des graphischen Ausdruckes beim Kinde finden wir in den Kritzeleien des Kleinkindes, die *Minna Becker* bereits 1926 graphologisch auszudeuten versuchte. Innerhalb des Kritzelstadiums wird eine Entwicklung der langstrichigen ungelenken Bewegungen des Armes bis zu den feinern Bewegungen des Handgelenkes festgestellt. Das Kritzeln entspricht gleichsam dem Lallen mit dem Zeichenstift. Später beginnt das Kind eine Bedeutung in seine Kritzeleien hineinzulegen, es benennt die Figuren, meist allerdings nachträglich. Erst von da aus beginnt das Kind schon mit Beginn des Zeichnens eine Absicht in bezug auf einen darzustellenden Gegenstand zu verbinden, und damit setzt das eigentliche Zeichnen ein.

Hildegard Hetzers Untersuchungen an Drei- bis Sechsjährigen ergaben über den Übergang vom Kritzeln zum Darstellen folgendes: Dreijährige sind noch fast durchwegs im Kritzelstadium; nur 10 % geben wenigstens nachträglich ihrem Erzeugnis eine Benennung. Von den Vierjährigen hat der dritte Teil *während* des Zeichnens, ein anderes Drittel schon *vor* dem Zeichnen die entstehende Darstellung benannt. Die höchste Stufe der Darstellungsabsicht findet sich bei 80 % der Fünfjährigen, wobei die Mädchen vor den Knaben und die Kinder der sozial höheren Schichten vor denen tieferer Schichten einen deutlichen Vorsprung zeigen (100 % gegen 60 %). Bei den Sechsjährigen ist das Zeichnen schon durchwegs eigentliches Darstellen.

Aus einer amerikanischen Sammlung der Golden Gate Nursery Schools, San Franzisco, geben sich aus einer großen Versuchsreihe folgende Bilder: Das anderthalbjährige Kind kritzelt Striche auf und ab. Später (bis 3 Jahre) entwickeln sich Kreise, und es entstehen Kreuze, die mit drei Jahren bereits absichtlich dargestellt werden. Gleichzeitig mit den Kreuzgebilden, die auch stereotyp mehrfach gekreuzte Linien darstellen können, entsteht das Viereck, ferner das kreuzweise dargestellte Viereck. Es folgt als höhere Stufe die Verbindung von Kreis und geradem Strich zu einem Sonnenrad und im 4. Jahr die Entwicklung dieses Sonnenrades zum sogenannten Kopffüßler, also jener ersten primitiven Menschendarstellung, die aus Kopf und Extremitäten besteht, aber keinen Rumpf besitzt. Die altersgemäße Zuordnung scheint freilich zufolge ungleicher Zeichenbegabung erheblichen Schwankungen unterworfen. Nach europäischen Quellen kommt die Kopffüßlerdarstellung schon mit drei Jahren vor.

J. Jakobi neigt dazu, gemäß der Mandala-Symbolik die geschlossenen Formen des Vierecks und der viergeteilten Quadrate und Kreise, des Sonnenrades als Mandala-Figuren zu bezeichnen (« ritueller oder magischer Kreis », « das innere Bild », « eine autonome psychische Tatsache durch eine sich immer wiederholende und überall identische Phänomenologie »). « Es scheint eine Art Kernatom zu sein, über dessen innerste Struktur und letzte Bedeutung wir nichts wissen » (*C. G. Jung*: «Psychologie und Alchemie,» S. 255). So gesehen, würden freilich die biologischen Formen der Natur und die Konstruktionselemente überhaupt zum großen Teil auf diese letzten Bilder zurückgehen, so daß man hier die Frage offenlassen kann, wieweit die außerhalb liegenden Vorbilder zur Gestaltung verhelfen.

In diesem Zusammenhang ist aber doch auf die Äußerung *Kerschensteiners* hinzuweisen, der die erste Stufe des sinnvollen Zeichnens als die *Stufe des Schemas* bezeichnet. « Schema ist demnach ein solches optisches Gebilde, in dem ein Denkinhalt durch natürliche optische Symbole repräsentiert wird. – Natürlich nennen wir die Symbole deshalb, weil sie nicht erst (wie die Buchstaben oder mathematischen Symbole) in ihrer Bedeutung gelernt werden müssen, sondern dem Kinde unmittelbar einleuchten und mit Selbstverständlichkeit von ihm erzeugt werden. » Damit ist etwas von der Deutung Jakobis vorweggenommen.

Für das frühkindliche Zeichnen ist symptomatisch die Schwierigkeit, eine vorerst vorhandene Absicht während der Darstellung durchzuhalten. Es entsteht eine Sprunghaftigkeit, die zum Themawechsel führt. Dazu kommt eine mangelhafte Koordinierung der zusammengehörenden Teile und Größenverhältnisse, die eher nach der Wichtigkeit eingesetzt werden, die ihnen das Kind beimißt, und weniger nach der realen Proportion.

Das Interesse des Kindes richtet sich vorerst beim zeichnerischen Darstellen auf die menschliche Gestalt, ferner auf Tiere, Häuser, Blumen, Landschaften mit Sonne und Wolken, dann auch auf den Baum, letztes meist in Verbindung mit etwas anderem.

Offensichtlich wird die Blume vor dem Baum gezeichnet. Sie liegt dem Kind irgendwie näher.

Spontanzeichnungen von Bäumen wird man normalerweise nicht vor dem vierten Lebensjahr erhalten, und dann wird es sich um Ausnahmen handeln. Etwas anderes ist die nach Auftrag ausgeführte Baumzeichnung. Derart wird man eher Gebilde provozieren, die zwar spontan anmuten im Sinne des Ausdrucks, aber nicht spontan gewollt sind. Für diagnostische Zwecke spielt die kindliche Ausdrucksform der Baumzeichnung im Alter der ersten Kindheit kaum eine Rolle, und es ist auch nicht einzusehen, warum man bessere Hilfsmittel zugunsten eines Zeichenthemas opfern sollte, dessen Bedeutung später viel wichtiger wird.

Trotzdem sind systematische Untersuchungen von Frühformen von größtem Wert. Die Kenntnis der Entwicklung zeichnerischer Gebilde, deren Thema sich gleich bleibt, ist einmal für die formale Beurteilung des psychischen Reifezustandes für die Aufdeckung der sogenannten Retardierungen und von Regressionen. Naturgemäß entsteht durch die Entwicklungsreihen auch so etwas wie eine Eichung des Tests. Die geschauten und beobachteten Merkmale werden der Zufälligkeit des bloßen Meinens und Beeindrucktseins entzogen und gewissermaßen mit Maßstäben beurteilt, womit nichts gesagt ist über den Wert einer intuitiven Ganzheitsbetrachtung.

Bis zu einem gewissen Grade mögen Landschaft und Klima auf die Baumform in der Zeichnung Einfluß haben. Bei den Frühformen mit ihren schematischen

Formen hat dies weniger zu sagen. Später ist wohl zu unterscheiden, indem die in der Landschaft vorherrschenden Baumformen einen Einfluß haben, wobei freilich der ganze europäische Norden verhältnismäßig einheitlich scheint, während die südländischen Gebilde, wie sie bereits in der italienischen Schweiz auftauchen, ein gewisses Umdenken erfordern, aber nicht so, daß eine grundsätzlich andere Symbolik anzuwenden wäre, sondern viel eher in dem Sinne, als der Ausdruck von der Ebene der jeweiligen psychischen Eigenart aus verstanden werden muß.

Die Methoden zur Aufnahme der Entwicklungsreihen und der Frühformen beschränken sich im wesentlichen auf drei Wege. Einmal lassen sich aus dem laufenden Untersuchungsmaterial einer Praxis Erfahrungswerte herausschälen, die noch nicht durch große Zahlen belegt sind, aber an sich symptomatisch genug wirken. Zweitens lassen sich Versuchsreihen in den verschiedenen Lebensaltern aufnehmen und statistisch verarbeiten, eine Methode, die zweifellos eine gewisse Notlösung darstellt, weil der bessere Weg darin bestehen würde, dieselbe Person mit ihren zeichnerischen Leistungen während vieler Jahre zu verfolgen. So beschränkt man sich auf die Gewinnung eines Querschnittes durch jede Altersstufe. Die relativ große Variationsbreite der Baumzeichnung erschwert allerdings die statistische Verarbeitung, was verständlich wird aus der Tatsache, daß eine Spontanzeichnung als Astbaum, als Laubkronenbaum, als Mischform und schließlich als Nachahmung einer Schulform gezeichnet werden kann, abgesehen von der Vielfalt, die entstehen würde, wenn die Aufgabe nicht bewußt auf das Thema Obstbaum beschränkt würde.

Zum Verständnis gewisser Einzelprobleme haben wir das Zeichnen in der Hypnose benutzt. Die Methode scheint gerechtfertigt durch die großen Möglichkeiten, die sie in sich birgt. *Klages* hat in seiner « Einführung in die Psychologie der Handschrift », S. 46, die Veränderung einer Handschrift unter Einwirkung einer Suggestion in der Hypnose beschrieben und illustriert, offensichtlich zum Nachweis der Richtigkeit ausdrucksgesetzlicher Grundlagen. Dasselbe Beispiel ist auch im Werk « Ausdrucksbewegung und Gestaltungskraft », S. 40, 1923, veröffentlicht freilich ohne Angabe, daß es sich um eine Suggestion in der Hypnose handelt. Über die Gültigkeit derartiger Versuche kann man Vorbehalte anbringen. Sie sind sehr von der Eignung des Mediums abhängig und vom Können des Versuchsleiters. Gegenüber den Leistungen im Wachzustand mögen sich geringe Verschiebungen ergeben, besonders durch die Ermüdung. Ferner fällt auf, daß in der Hypnose der Zeitbegriff fließender wird, soweit es den Ausdruck betrifft, während gleichzeitig gemachte Angaben in bezug auf eine bestimmte Zeit genau stimmen. In der Hypnose ist die Möglichkeit gegeben, das Medium nicht nur in gewollte seelische Zustände zu versetzen, sondern die Auswirkungen davon in verschiedenen « Lebensaltern » zu kontrollieren.

Die Versuchsperson, die sich für die meisten hier veröffentlichten Versuche zur Verfügung stellte, wurde zuerst im Alter von 18 Jahren, dann nach einem Unterbruch mit 21 Jahren verwendet. Beruf: Kaufmännischer Angestellter, im Militär Offizier, völlig gesund, charakterlich gesund und von kräftigem Willen und großer Zuverlässigkeit. Der Versuchsleiter (Vl) E. Widrig versetzte die Versuchsperson (Vp) in Hypnose und gab die vereinbarten Suggestionen. Der Vl ist mit dem Baumtest vertraut. Über die nähere Technik brauchen hier keine Angaben gemacht zu werden, höchstens die, daß dem Vl die Versuchsperson hinreichend vertraut ist und zwischen beiden ein Vertrauensverhältnis besteht.

Die Vp ist kein guter Zeichner und äußert auch im Wachzustand eine gewisse Abneigung gegen das Zeichnen. Immerhin ist die zeichnerische Begabung nicht unter dem Durchschnitt.

Zum folgenden Versuch werden die zugleich aufgenommenen Protokolle veröffentlicht. Es sind vorwiegend Antworten auf Fragen, die sich meist aus der Antwort ergeben und die ihre besondere Färbung aus dem Datum der Untersuchung erklären lassen (8. Dezember).

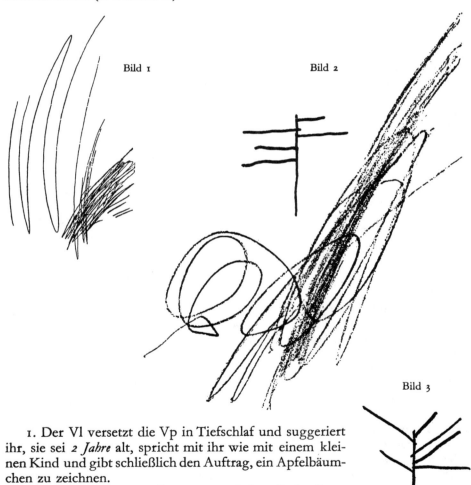

Bild 1 Bild 2 Bild 3

1. Der Vl versetzt die Vp in Tiefschlaf und suggeriert ihr, sie sei *2 Jahre* alt, spricht mit ihr wie mit einem kleinen Kind und gibt schließlich den Auftrag, ein Apfelbäumchen zu zeichnen.

Die Vp greift nach allem, was auf dem Pulte liegt. Ist sprunghaft kindlich unruhig. Kritzelt schnell auf dem Papier auf und ab. Nimmt wieder Gegenstände und bekritzelt diese. Kritzelt heftig und unbeherrscht, aber versteht offenbar nicht, was ein Apfelbäumchen ist und was gezeichnet werden soll (Bild 1).

2. Suggestion: Du bist nun *3 Jahre* alt, kannst du schon zeichnen? «Kann ein Hüsli (Häuschen) zeichnen.» Zeichnet ein Häuschen. Spielt sprunghaft und heftig mit allem, was auf dem Tische liegt. Greift nach einer Taschenuhr und sagt: «Tic, tac, tic, tac» – «Will nicht zeichnen... ich kann nicht zeichnen.» Zeichnet dann doch rechts unten auf das Blatt einen Baum. Hält den Bleistift sehr kurz und drückt sehr stark. Zuletzt kritzelt er heftig über das Blatt (Bild 2).

3. Suggestion: Du bist nun *4 Jahre* alt... wie alt bist du? «Ich bin vier Jahre alt, Mama hat mir gesagt... Ich will Hauptmann werden.» Zeichnet ein Bäumchen und sagt dann: «Ich kann nicht zeichnen» (Bild 3).

4. Suggestion: Du bist nun *5 Jahre* alt... was hat dir der Samichlaus (St. Nikolaus) gebracht? «Der Samichlaus hat Nüsse und Birnen gebracht... und eine Rute... die Mama hat sie... bekomme manchmal damit... Bekomme einen Baukasten zum Christkindli... habe einen Zettel geschrieben... ein Hüsli gezeichnet.» Als man ihn auffordert, nochmals ein Häuschen zu zeichnen und einen Baum dazu, meint er: «Bekomme ich dann nochmals etwas vom Christkindli?» – Bricht zweimal die Bleistiftspitze ab wegen zu starken Druckes. Bleistifthaltung sehr kurz (Bild 4).

5. Suggestion: Du bist nun *6 Jahre* alt. «Ich kann Buchstaben schreiben, das m und das r.» Zeichnet nun den Baum auf dem Blatt höher hinauf (Bild 5).

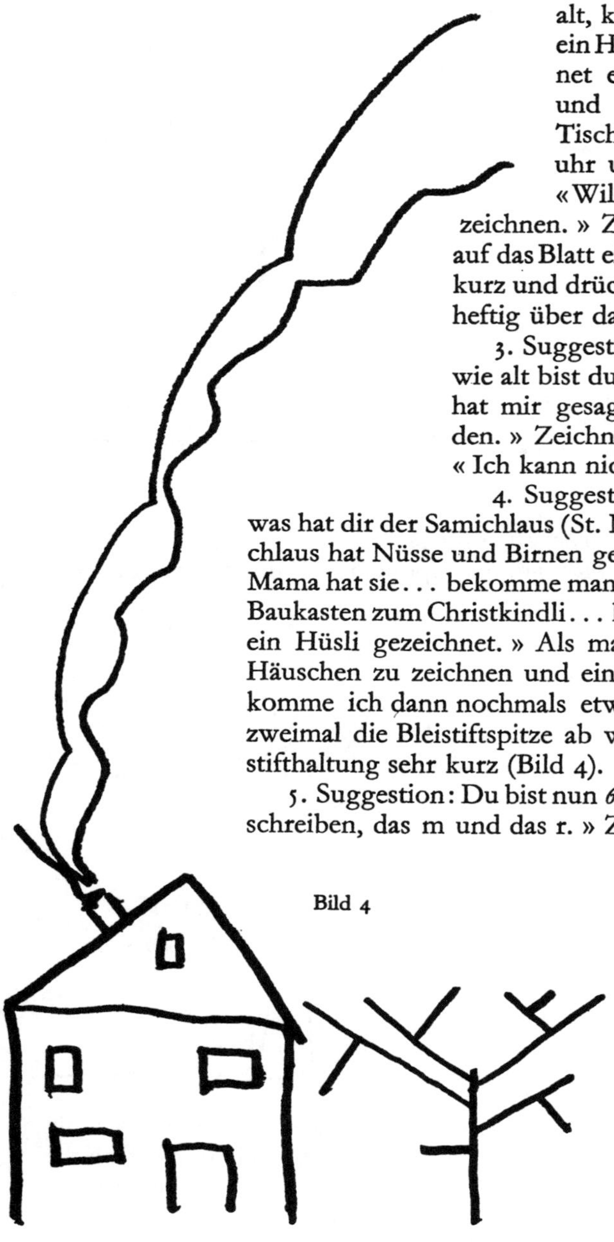

Bild 4

6. Suggestion: Du bist nun *7 Jahre* alt. «Ich gehe zur Schule... mußte turnen und Arme ausstrecken, dann wurde ein Geschichtchen erzählt.» Nach dem Befehl, seinen Namen zu schreiben, sagt er: «Ich kann nur mit den großen Buchstaben schreiben, die kleinen haben wir noch nicht gehabt.» Schreibt dann sorgfältig den Vornamen hin. Auf die Frage, was

er nun einmal werden möchte, antwortet er: « Bankdirektor. » Eine hingelegte Fünffrankennote kennt er nicht so weit, daß er sagen könnte, wieviel Geld das wäre (Bild 6).

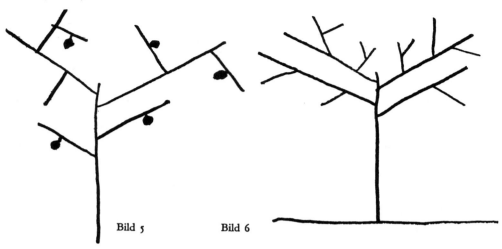

Bild 5   Bild 6

7. Suggestion: Du bist nun *8 Jahre* alt (Bild 7).
8. Suggestion: Du bist nun *9 Jahre* alt. Sagt spontan: « Kann nicht zeichnen » (Bild 8).

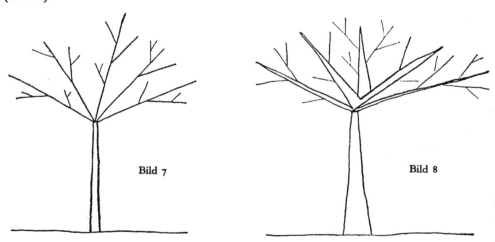

Bild 7   Bild 8

Der graphische Ausdruck der Vp, die in der Hypnose die Lebensalter zwei bis neun Jahre suggeriert bekam, ist naturgemäß nicht allgemeingültig und entspricht dem persönlichen Ausdruck. Eine andere Vp könnte demnach andere Formen zeichnen. Die Formen sind jedoch symptomatisch und entsprechen auffallend den Stufen, welche von Kindern gewonnen werden.

Bild 1: Mit 2 Jahren entsteht eine Kritzelei. Es sind auf- und abstreichende, teilweise weiträumige, teils kürzere Bewegungen von einiger Intensität und Konzentration. Die Fähigkeit zum sinnvollen Darstellen fehlt, vor allem aus Mangel an Verständnis für die gestellte Aufgabe. Das heißt: Die Aufgabestellung ist gar nicht auf das Vermögen des Alters abgestimmt.

Bild 2 (3. Jahr): Rechts unten wird im Zeichenraum mit starker Druckbetonung ein Baum gezeichnet. Er mutet schematisch an durch den senkrechten Strichstamm und die genau *waagrecht gezogenen Strichäste*. Als Frühform ist die Zeichnung insofern von größtem Interesse, als die gleiche Vp bei andern Versuchen in einem höhern Alter bei suggerierten Konfliktsituationen auf die waagrechte Lage der Äste zurückkommt und damit offensichtlich eine Regression auslöst (siehe Seite 108). Das Kritzelstadium ist noch keineswegs überwunden. Die Vp verfällt nach dem Baumzeichnen rasch ins Kritzeln, erreicht darin aber die fortgeschrittene Stufe der kreisenden Bewegung. Der Versuch bestätigt, daß mit drei Jahren Kreisformen, Senkrechte und Waagrechte, also auch Kreuze, entstehen.

Bild 3 (4. Jahr): Die Baumzeichnung wird im Zeichenraum höher, aber immer noch rechtsseitig angesetzt. Strichstamm und Strichast bleiben, aber die Äste werden, mit einer Ausnahme, die waagrecht bleibt, schräg nach oben gezeichnet. Offenbar ist in der *aufstrebenden* Tendenz bereits eine größere Reifestufe erreicht und der anfängliche Schematismus überwunden.

Bild 4 (5. Jahr): Zur Überwindung der Zeichenhemmung wird vorerst ein Häuschen gezeichnet, dessen rechtwinklig zum Dach aufgesetzter Kamin durchaus kindertümlich, d. h. hier schematisch, anmutet. Der Baum ist immer noch ein Strichstamm- und Strichastbaum, doch treten als neu hinzu: rechtwinklig angesetzte Zweige. Wir nennen diese Form *Winkelastbaum*. Die Differenzierung ist damit ein Stück fortgeschritten. Die Zeichnung rückt auch mehr auf die Blattmitte zu.

Bild 5 (6. Jahr): Der Winkelastbaum wird nun mehr als einmal größer als im 5. Altersjahr, dies offenbar im Zusammenhang mit dem größern seelischen Lebensraum mit sechs Jahren. Dazu werden *Früchte* gezeichnet an den Zweigen, und zwar nicht bloß unterhalb, sondern auch über dem Zweig. Man hat zu beachten, daß die Früchte schwarz gezeichnet und gefüllt sind. Schwärze ergibt sich auch durch die starke Druckgebung in der ersten Kindheit. Ich glaube nicht, daß der starke Druck primär wichtig ist, sondern in erster Linie die satte *Schwarzfärbung*, die wir in anderm Zusammenhang als Frühsymptom kennenlernen.

Bild 6 (7. Jahr): In diesem Strichstamm- und Strichastbaum mit Zweigen finden wir nur noch ein einziges Winkelastzeichen. Im übrigen sind die *Zweige nun in der Wachstumsrichtung*, also schräg zum Leitast, gezeichnet. Als weiteres Merkmal tritt die Bodenlinie auf, welche jedoch ein stark persönliches Merkmal der Vp ist und immer vorhanden ist, außer man suggeriere Unbestimmtheit, Mangel an Orientierung, womit angezeigt ist, daß der gezeichnete Boden nicht nur Standfestigkeit, sondern auch Orientierung bedeutet, sozusagen der fixe Punkt, der Standpunkt. Es ist indessen nicht allzu häufig eine Bodenlinie im 7. Altersjahr zu finden. Es gibt aber verwandte Ausdrucksformen, wie Zeichnen auf den Blattrand, Wurzelbildung oder angedeutete Wurzelbildung, Merkmale, die aber viel früher auftreten können.

Vom 3. bis inkl. 7. Lebensjahr fällt als weiteres Merkmal auf: die Abzweigung von der Stammlinie aus, welche senkrecht aufsteigt. In Anlehnung an die Tannenform, welche alle Äste seitlich abzweigen läßt, haben wir das Merkmal *T-Stamm* (Tannenstamm) genannt. Offensichtlich ist im T-Stamm etwas von einer Frühform enthalten.

Bild 7 (8. Jahr): Die Strichäste sind noch vorhanden, aber frei von Winkelästen. Hingegen sind nun neu entstanden: der *Doppelstrichstamm* und die *Entfaltung der Krone vom obern Stammende aus*. Krone und Stamm sind deutlich unterscheidbare Teile, welche nun die Struktur des Baumes bestimmen. Mäßig sichtbar ist das neue Merkmal des sogenannten *Lötstammes*. Das Stammende wird durch einen waagrechten Strich geschlossen. Die räumliche Ausdehnung ist nochmals größer geworden. Das Merkmal ist nicht etwa symptomatisch für das Alter von acht Jahren, sondern kommt viel früher vor.

Bild 8 (9. Jahr): Die zeichnerische Reife erscheint jetzt einigermaßen erreicht, indem der Strichast verschwunden ist. Stamm und Leitäste sind als Doppelstrich ausgeführt. Die vorläufig letzte Entwicklung zeigt also das Auftreten des *Doppelstrichastes*.

Hier wird der Versuch unterbrochen und nur noch der Sprung auf 14 und 21 Jahre gezeichnet, wobei die Ergebnisse wegen zunehmender Ermüdung der Vp zwar noch symptomatisch, aber in diesem Zusammenhang vorläufig unwichtig sind.

Die Serie von drei bis neun Jahren zeigt den Weg bis zum Punkt, wo sich die letzten Reste des Schematismus abzulösen beginnen. Ein Rest ist indessen noch vorhanden, nämlich die durchwegs *geraden Astformen*, die als relative Frühformen und als Verwandte der Schemaform geblieben sind, sich aber auf der nächsten Stufe auflösen und reicher moduliert werden.

Die Zusammenfassung der Entwicklungsstufen aus diesem einzigen Beispiel ergibt folgendes Bild:

2. Jahr	3. Jahr	4. Jahr	5. Jahr	6. Jahr	7. Jahr	8. Jahr	9. Jahr
Kritzeln auf und ab	Kritzeln auf und ab und kreisend					Lötstamm	Lötstamm
	Strichstamm	Strichstamm	Strichstamm	Strichstamm	Strichstamm	Doppelstrichstamm	Doppelstrichstamm
	Strichast	Strichast	Strichast	Strichast	Strichast	Strichast	Doppelstrichast
	T-Stamm	T-Stamm	T-Stamm	T-Stamm	T-Stamm	Krone Stamm getrennt	Krone Stamm getrennt
	waagrechte Äste	teilweise waagrechte Äste			Zweige in Wachstumsrichtung	Zweige in Wachstumsrichtung	Zweige in Wachstumsrichtung

2. Jahr	3. Jahr	4. Jahr	5. Jahr	6. Jahr	7. Jahr	8. Jahr	9. Jahr
	gerader Strich	gerader Strich	gerader Strich	gerader Strich	gerader Strich	gerader Strich	gerader Strich
		Äste aufstrebend	Äste aufstrebend	Äste aufstrebend	Äste aufstrebend	Äste aufstrebend	Äste aufstrebend
			Winkelast Zweige	Winkelast Zweige			Winkelast Zweige
				Früchte	Bodenlinie	Bodenlinie	Bodenlinie
				Schwarzfärbung			

Die Ausgliederung einer Entwicklungsreihe nach dem vorliegenden Muster darf indessen nicht zur Annahme verleiten, es handle sich um Fixierungen, die sich genau stufenweise ablösen. Ohne das Experiment in Zweifel zu ziehen, ist doch zu sagen, daß sich keine Entwicklung in derart starren Formen abspielt. Der jeweilige psychische Zustand einer Stufe ist in sich lebendig, bewegt und schwingt, je nach Stimmung, je nach Erlebnis, zurück in frühere zurückliegende Stufen, und erst in einem ständigen Hin und Her innerhalb einer Phase, die manchmal zwei und drei Jahre in selbst gesunden Anlagen umfaßt, flutet die Entwicklung vorwärts und löst eine frühere Schicht ab. Die ruhigste Entwicklung scheint zwischen neun und zwölf Jahren zu liegen, während die eigentlichen Wendepunkte vorher und nachher auftreten.

Der Einfluß der *zeichnerischen Begabung* auf die Zeichnung und damit auf die Reife ist nicht ganz zu unterschätzen. Zur Kontrolle wurde eine zweite Vp, achtzehnjährig, in der Hypnose auf das Alter von vier Jahren suggeriert. Diese Vp ist wirklich zeichnerisch begabt und zeigt Neigung zum Zeichnen, ganz im Gegensatz zur ersten Vp.

Die erste Vp (R) zeichnet mit vier Jahren: Strichstamm, Strichast, T-Stamm, teilweise noch waagrechte Äste, gerade Striche, aufstrebende Äste.

Die zweite Vp (F) hingegen: Doppelstrichstamm, Strichäste, Winkelast und bereits nicht mehr eindeutig gerade Striche, sondern leicht geschwungene.

Das Verhältnis ist so, daß die Vp R, die zeichnerisch nicht besonders begabt ist und Abneigung gegen das Zeichnen zeigt, erst mit acht Jahren den Doppelstrichstamm zeichnet, aber bereits mit sechs Jahren Winkeläste.

Anderseits läßt sich diese Eindeutigkeit wiederum umstoßen durch die Tatsache, daß die Vp R in einem frühern Versuch mit 4 Jahren einen Doppelstrichstamm gezeichnet hat, aber in Verbindung mit einer Laubkrone, ferner innerhalb desselben Versuches einen Winkelastbaum mit Strichstamm. Man könnte den Einwand erheben, daß es sich eben um Versuche in der Hypnose handelt, die wenig genaue Objektivität beanspruchen können. Doch treten bei Kindern genau dieselben *Variationen* gleichzeitig und womöglich noch stärker auf.

Ein Mädchen von vier Jahren und neun Monaten zeichnet z. B. innerhalb derselben Stunde die folgenden Formen:

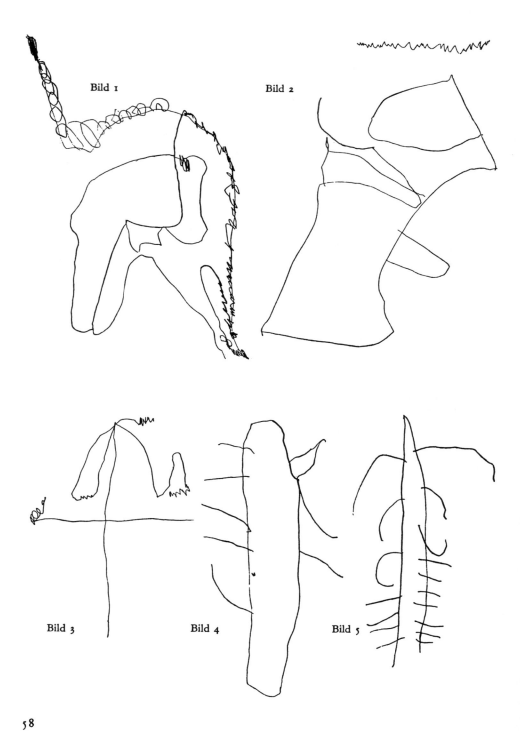

1. Ein Gebilde, welches als Baum nicht erkennbar ist und auch keine reine Kritzelei, wohl aber eine Art Spielerei ist.

2. Baum mit Doppelstrichstamm, Strichästen und einer Andeutung von Laub in Kritzelmanier.

3. Vor die Aufgabe gestellt, einen Baum zu zeichnen, setzt das Mädchen ein großes Kreuz hin und sagt: «Das ist ein Kreuz.» Nachher zeichnet es, vom obern Ende des Stammes ausgehend, eine herabhängende Fahne und halb schweifende Linien, links am Querbalken des Kreuzes ein kreisendes Gekritzel. Erstaunlich ist die spontane Reaktion auf die Aufgabe: Das Kreuz als das Urschema des Baumes.

4. Eine Tanne «voll Nüsse, aber man sieht nur eine». Massiver, unten und oben geschlossener Doppelstrichstamm mit seitlichen magern Strichästen.

5. «Ein ganz junger Tannenbaum.» Spitz zulaufender Doppelstrichstamm, unten offen, runde und gerade Strichäste bis auf den Boden.

Es hat keinen Sinn, hier Tatsachen zu beschönigen und die vorhandene große Streuung wegzudiskutieren. Freilich wäre es an sich möglich, die Streuung zum Maß einer vorhandenen Lebendigkeit oder Labilität zu nehmen. Es hält nicht schwer, Beispiele zu bringen, die fortgesetzt dieselben Formen zeigen und damit

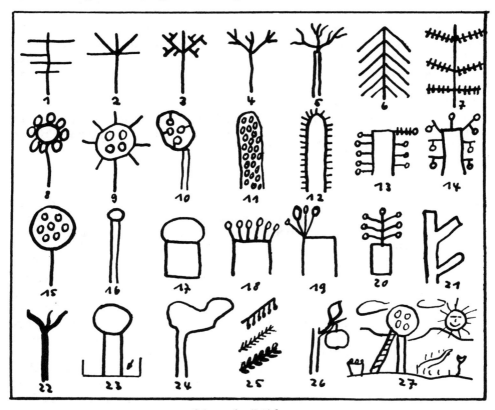

Schema der Frühformen

der Untersuchung viel weniger Sorgen bereiten. Im wesentlichen geht es darum, das Verständnis und die kritische Einstellung den zeichnerischen Erscheinungen gegenüber zu schulen.

Die Frühformen

Die Hypnoseexperimente versuchten eine Idee von der ersten graphischen Entwicklung zu geben. In der graphischen Darstellung und folgenden Aufzählung sind Frühformen zusammengefaßt, wie sie zwischen dem dritten und siebenten Lebensjahr entstehen. Nach dem siebenten Altersjahr verschwinden die am kindlichsten und am unbeholfensten wirkenden Bilder unter dem Einfluß des Schulunterrichtes und vor allem wegen der zunehmenden natürlichen Reife. Die Frühformen sind nicht, wie es eine unsachliche Kritik behauptet hat, Verabsolutierungen von hypnotischen Versuchen, sondern das Ergebnis aus vielen hundert Untersuchungen.

Nrn. 1–4 Strichstamm und Strichast; Nr. 1 waagrechte Formen; Nrn. 1, 2 und 7 enthalten Kreuzformen; Nrn. 1, 2, 6, 7, 13 und 14 gerade Formen. Nr. 3 Winkelast; Nr. 4 Äste in Wachstumsrichtung; Nr. 5 Doppelstrichstamm; Äste geschweift; Nr. 6 Tannenform mit Ästen bis zum Boden; Nrn. 8 und 9 Blumen- und Sonnenblumenform; Nr. 10 Raumverlagerungen; Nr. 11 Stamm mit Blättern und Früchten im Stamm; Nr. 12 Stamm ohne Krone mit kurzen Ästen; Nrn. 13 und 14 Lötstamm; waagrechte Äste; Raumverlagerungen; Nrn. 15 und 16 überlanger Stamm mit kleiner Krone, Nrn. 17, 18, 19, 20, 21 kurze, dicke Stämme mit kleiner Krone, alles Lötstämme; Nr. 22 Dunkelfärbung Stamm und Ast; Nr. 23 Stammbasis gerade, Stammbasis auf Blattrand; Nrn. 24 und 25 additive Formen, Aufstockungen; Nrn. 26, 27 und 28 Schweifungen; Nr. 29 mangelnde Koordination (gel. Kritzelei); Nr. 30 Stereotypien; Nr. 31 Wurzeln (nur bedingt ein Frühmerkmal); Nr. 32 viel Landschaft; Nr. 33 übergroße Früchte und Blätter. Zeichnen mehrerer Bäume.

Die statistischen Unterlagen

Das Untersuchungsmaterial, welches als Grundlage zu den hier veröffentlichten Tabellen dient, wurde vom Januar bis März 1953 gesammelt. Die Angabe des Datums ist deshalb wichtig, weil der Einfluß der Jahreszeit unter Umständen von Bedeutung sein kann. Trotz reichlichem Schneewetter wurden doch auffallend viel Bäume mit Laub und Früchten gezeichnet, oft auch mit Leitern, die auf die Ernte hinweisen. Eine Schulklasse zeichnete während eines heftigen Schneetreibens, und dies fand seinen Niederschlag unmittelbar in den Zeichnungen. Mehrere Bäume wurden mit Schnee bedeckt gezeichnet, andere Zeichnungen zeigen das Schneetreiben. Diesem momentanen Einfluß erlagen übrigens nur die ältern Schüler, während jüngere viel weniger von der Witterung und Jahreszeit beeinflußt scheinen. Im Gebiete der Stadt Zürich wurden aufgenommen:

255 Schüler aus Kindergärten. Davon wurden 98 Mädchen und 126 Knaben gesondert ausgewertet, der Rest in der Gesamtdarstellung. 1 Baum pro Schüler.

592 Knaben der 1.–8. Primarklasse und der 1.–3. Sekundarklasse mit je 2 Baumzeichnungen, also 1184 Zeichnungen.

601 Mädchen der 1.–8. Primarklasse und der 1.–3. Sekundarklasse mit je 2 Bäumen, also 1202 Zeichnungen.

Total wurden 2641 Zeichnungen aufgenommen, alle auf Normalformat A 4 (210 × 297 mm), unter Verwendung eines mittelweichen Bleistiftes. Die Aufnahmen wurden in verschiedenen Schulkreisen durchgeführt, so daß auch sozial verschiedene Schichten angesprochen wurden und damit jede Einseitigkeit vermieden ist. Für den Versuch wurde eine Stunde zur Verfügung gestellt. Die Schulordnung erlaubt naturgemäß keine beliebige Ausdehnung eines solchen Versuches. Negativ hat dies zur Folge, daß der zweite Baum gelegentlich nicht fertig wurde (und dann nicht mitgezählt ist) oder: der Schüler hätte noch allerhand ausgeschmückt und wahrscheinlich mehr Landschaft gezeichnet, wenn er nicht hätte abbrechen müssen. Die Lehrerschaft wurde instruiert, die Schüler nicht zu korrigieren oder sie zu beeinflussen. Die Aufnahmen und Instruktionen wurden ausnahmslos von Frau *Alice Waeger* durchgeführt, die es als erfahrene Lehrerin verstanden hat, eine dem Versuch günstige Atmosphäre zu schaffen, und überall die gleichen Versuchsbedingungen eingehalten hat.

Die Untersuchungen an *Debilen* hat *Beat Imhof* vom Heilpädagogischen Institut der Universität Freiburg (Prof. Montalta) im Rahmen einer Diplomarbeit durchgeführt. Aufgenommen wurden 822 Zeichnungen von 411 Debilen an den Hilfsschulen der Stadt Bern, der Stadt Freiburg und des St.-Josef-Heims in Bremgarten, Aargau. Für die Stufen von 7 bis 17 Jahren standen ihm pro Altersstufe durchschnittlich 40 Fälle zur Verfügung, gegenüber durchschnittlich 120 bei meinen Normalschülern.

Die Debilen haben allerdings meist mehr als zwei Bäume gezeichnet. In vielen Fällen führte die Äußerungslust bis zu zehn Proben auf demselben Blatt, ein Merkmal, welches auch bei den Imbezillen nicht anders ist.

Beat Imhof hat das Material seinem Zwecke gemäß bearbeitet und mir dann zur Verfügung gestellt. Sämtliche Angaben über die Debilen sind demnach nach demselben Maßstab beurteilt wie bei den Normalschülern. Die ungleiche Erfahrung über eine Ausdruckserscheinung bildet eine Fehlerquelle, die in diesem Falle vermieden wurde.

Die *Basler Webstube* hat 56 Baumzeichnungen von 29 Zeichnern zur Verfügung gestellt. Es handelt sich um Schwachbegabte, die als schwer debil bis imbezill zu bezeichnen sind.

Von 22 Missionsschülern wurden mir Baumzeichnungen zur Verfügung gestellt von der *St.-Benedicts-Mission* in P.O. Umfeseri, Südrhodesien. Leider ist die Zahl gering, und die Ergebnisse sind deswegen mehr als Kuriosum zu betrachten. Die Schüler haben übrigens alle mit Tinte gezeichnet, weil der Staat Tinte und Federn gratis gibt, Bleistifte aber nicht!

Von einem Großbetrieb stehen 598 Zeichnungen von 598 angelernten Arbeitern und Arbeiterinnen zur Verfügung, also rund 200 pro Altersgruppe. Die Zeichnungen sind während der vor der Einstellung durchgeführten Eignungsuntersuchungen aufgenommen worden.

Aus einem andern Großbetrieb stammen 66 Zeichnungen von 66 kaufmännischen Angestellten.

Die Altersgliederung und die Verteilung auf die Geschlechter, soweit diese durchgeführt wurde, ist aus den Tabellen im Anhang ersichtlich.

Die Bedingungen, unter denen das Material zustande gekommen ist, können für die große Masse des Materials als befriedigend bezeichnet werden. Projektionsteste reagieren indessen derart empfindlich, daß jedes Material als relativ gut zu bezeichnen ist, abgesehen davon, daß niemand zu sagen wüßte, welche Bedingungen als optimal günstig zu bezeichnen wären, da ja nur die äußern Faktoren, nicht aber die Einstellung zum Versuch bekannt sein können.

Die Instruktion der Schüler lautete: « Zeichne einen Obstbaum, du darfst das ganze Blatt benützen. » Für den zweiten Baum: « Zeichne einen andern Baum als den ersten, auf jeden Fall eine Astkrone, wenn zuerst eine Kugelkrone ohne Äste gezeichnet wurde. »

Von der Möglichkeit, einen andersartigen Baum zu zeichnen, wurde merkwürdig wenig Gebrauch gemacht. Das Schulschema ist zeitweilig deutlich hervorgetreten, in den untern Klassen besonders die sogenannten Witzig-Bäume mit Strichästen und fast übergroßen länglichen Blättern. Auf dem Gebiete der Stadt Zürich mit seiner stark entwickelten pädagogischen Aktivität, auch auf dem Gebiete des Schulzeichnens, erwecken die Baumzeichnungen noch bald den Eindruck einer Kultiviertheit, die in andern Gegenden nicht so ausgeprägt ist. Angesichts dieser Einschränkungen ist es doch wieder erstaunlich, mit welcher Gesetzmäßigkeit die Merkmale auftreten und streuen, selbst im Vergleich zu Ergebnissen, die anderswo gewonnen wurden.

Die Auszählung und vor allem die Prozentansätze beziehen sich immer auf die Gesamtzahlen einer Altersstufe oder Gruppe. In bezug auf die Strichäste und Doppelstrichäste gibt demnach die Summe beider Werte nicht 100, da auch Kugelkronen ohne Äste gezeichnet werden, allerdings in jeder Vergleichsgruppe nicht deutlich ungleich viel, so daß die Relativwerte trotzdem vergleichbar sind. Die Anwendung von zwei verschiedenen Bezugsgrößen bei der Prozentrechnung schien nicht angebracht.

Die Exaktheit der Rechnungen entspricht einer Rechenschiebergenauigkeit. Überdies sind alle zweiten Stellen nach dem Komma auf- oder abgerundet. Bei einem Material, welches in sich schon stark streut, wird ein Rechnen mit mehreren Kommastellen sinnlos. Überdies erschwert es die Lesbarkeit. Tabellen werden ohnehin ungern gelesen. Indessen ist ihr Studium nicht zu umgehen. Die Gesamtübersicht liefern die großen Tabellen im Anhang. Dort sind die Angelernten auch nach dem Geschlecht getrennt. Soweit graphische Darstellungen etwas sagen, wurden sie verwendet, weniger sprechende Bilder dagegen aus Kostengründen weggelassen.

Die Tabellen sind teilweise bei den charakterologischen Tabellen gesetzt, andere bei den folgenden Frühformen.

Neben dem Alter sind in den Tabellen für die Normalschüler die Klassen angegeben: Kindergarten (Fröbel und Montessori), 1.-8. Primarklassen und 1.-3. Sekundarklassen. Die 7. und 8. Primarklassen sind in den Städten aus Schülern zusammengesetzt, die keine Sekundarschule besuchen wollen und meist auch nicht können. Die Sekundarschule ist ein Mittelding zwischen Volksschule und Mittelschule. Sie ist die normale Vorbereitung für kaufmännische und technische

Berufe. Das Niveau ist höher als in der 7. und 8. Klasse, welche meist Werkcharakter hat. Der Übergang in die Sekundarschule erfolgt nach der 6. Primarklasse, selten nach der 7. Klasse. Bei den Debilen mit Hilfsschulung erübrigt sich eine Klassenangabe, weil eine scharfe Klassentrennung meist nicht möglich ist und oft nur zwischen einer Unter- und Oberstufe unterschieden wird.

Der Strichstamm (Fig. 1, 2, 3, 4, 6, 7, Seite 59)

Der Stamm wird als senkrechter Strich gezeichnet. Bereits mit dem Eintritt in den Kindergarten verschwindet das Merkmal bei Normalen fast vollständig. Vorher ist es häufiger und muß als echte Frühform angesprochen werden. Debile zeichnen den Strichstamm mit acht Jahren noch 42 %, mit fünfzehn Jahren ist auch bei ihnen das Merkmal verschwunden, während Imbezille mit rund 18 % dem Merkmal im Erwachsenenalter treu bleiben. Für die Beurteilung einer Entwicklungshemmung, Retardierung oder Regression ist das Merkmal recht gewichtig.

Merkmal: *Strichstamm*													Nr. 1
Schule		K	1.	2.	3.	4.	5.	6.	7.	8. P	1. S	2. S	3. S
Alter		6–7	–8	–9	–10	–11	–12	–13	–14	–15	–14	–15	–16
Knaben	%	1,6	0,0	0,0	0,0	1,9	0,0	0,9	0,0	0,0	0,0	0,0	1,0
Mädchen	%	0,0	1,9	1,9	0,0	0,9	0,0	0,9	0,0	0,0	0,0	0,0	0,0
Zusammen	%	0,8	0,9	0,9	0,0	1,4	0,0	0,9	0,0	0,0	0,0	0,0	0,5
Alter			–8	–9	–10	–11	–12	–13	–14	–15	–16	–17	Deb.-Imbez. Mittel 29 J.
Debile	%		42,0	29,6	11,2	6,1	3,6	5,9	5,8	0,0	0,0	0,0	17,8

Angelernte Arbeiter(innen) mit 8 Primarklassen				Kaufm. Ang.	afrik. Missionsschüler
Alter		15–16	17–19	+ 20	19–32	im Mittel 15,5 J.
	%	1,9	0,0	2,6	0,0	0,0

Der Strichast (Fig. 1–7, Seite 59)

Das Merkmal tritt bis zum zehnten Jahr relativ häufig auf, und der Anteil sinkt bei Normalen von 60 % auf 20 %, bei Sekundarschülern bis auf durchschnittlich 10 %. Mädchen zeichnen es häufiger als Knaben. Auch in andern Fällen gehört es zur Eigenart der Mädchen, daß sie im Verhältnis zu den Knaben deutlicher in der schematisierenden Phase verweilen, allerdings nur so weit, als bei ihnen das stabilisierende Element stärker ist, während die Knaben durchwegs die unruhigeren Naturen sind. Der Strichast hat als richtunggebender Ausdruck und in seiner Eigenschaft als Frühform nicht dasselbe retardierende Gewicht wie der Strichstamm. Die Tatsache, daß Debile erst mit vierzehn Jahren ihr Maximum erreichen, hängt mit der Vorliebe zum Zeichnen von Kugelbäumen im frühern Alter zusammen. Erstaunlich ist der relativ hohe Anteil von Strichästen bei den kaufmännischen Angestellten. Er ist nämlich deutlich höher mit 23 % als bei den Sekundarschülern, die durchschnittlich 10 % Strichäste haben. Dabei ist unwahrscheinlich, daß sie zunehmend primitiver werden, obwohl dies bei den Angelernten fast der Fall zu sein scheint. Vielmehr ist folgendes zu berücksichtigen: Sowohl die kaufmännischen Angestellten wie die Angelernten haben den Baum während einer Eignungsuntersuchung gezeichnet. Der Widerstand gegen eine solche Untersuchung wächst mit zunehmendem Alter. Die Aufgabe, einen Baum zu zeichnen, kann unter Umständen als sinnlos empfunden werden, da jeder kaufmännische Angestellte weiß, daß er sich nicht als Zeichner meldet. Das Unwichtignehmen ist ein Punkt, der die Zeichnung verarmen läßt; dazu kommt die mehr oder weniger bewußte Tendenz, die Karten nicht aufzudecken. Die Flucht ins Nichtssagende wirkt als Maske, in gesundem Sinne auch als Schamhaftigkeit gegenüber

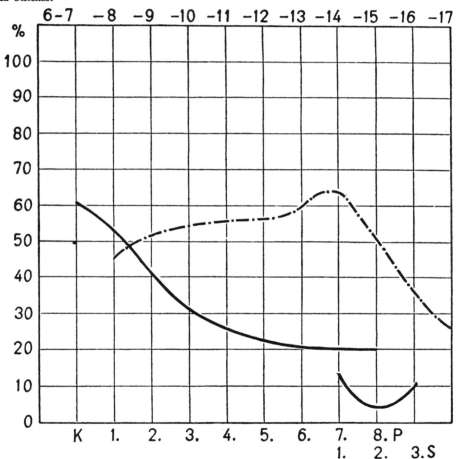

2a Strichast

Legende: voller Strich: Normalschüler, strichpunktiert: Debile
K = Kindergartenschüler P = Primarschüler S = Sekundarschüler
Über dem Quadratnetz ist das Alter angegeben. Unter dem Quadratnetz ist die Schulklasse angegeben

einer möglichen Exhibition des Seelischen. Damit soll nicht abgestritten werden, daß gerade der intellektuell Tätige der Gefahr einer affektiven Unterentwicklung ausgesetzt ist.

Merkmal: *Strichast* Nr. 2

Schule		K	1.	2.	3.	4.	5.	6.	7.	8. P	1. S	2. S	3. S
Alter		6–7	–8	–9	–10	–11	–12	–13	–14	–15	–14	–15	–16
Knaben	%	53,0	42,5	16,6	17,6	21,5	2,9	21,3	8,8	6,0	1,9	1,0	12,9
Mädchen	%	68,0	63,4	66,0	34,5	38,0	17,0	42,0	20,4	33,8	20,0	7,6	7,7
Zusammen	%	60,5	53,1	41,3	26,0	29,2	10,0	26,7	14,6	19,9	11,0	4,3	10,3
Alter			–8	–9	–10	–11	–12	–13	–14	–15	–16	–17	Deb.-Imbez. Mittel 29 J.
Debile	%		46,0	57,0	50,0	57,0	55,0	58,0	64,0	52,5	37,0	26,8	62,5

Angelernte Arbeiter(innen) mit 8 Primarklassen				Kaufm. Ang.	afrik. Missionsschüler
Alter		15–16	17–19	+20	19–32	im Mittel 15,5 J.
	%	18,4	20,8	32,7	23,0	59,0

In Doppelstrichastbäumen sind mitunter reine Strichäste eingestreut. Die statistische Aufnahme zeigt, daß der Debile einer einmal eingeschlagenen Manier treuer bleibt als der Normale, der seelisch viel stärker streut, was seine Weite ausmacht.

Merkmal: *Strichasteinschläge* Nr. 3

Schule		K	1.	2.	3.	4.	5.	6.	7.	8. P	1. S	2. S	3. S
Alter		6–7	–8	–9	–10	–11	–12	–13	–14	–15	–14	–15	–16
Knaben	%	3,2	1,8	1,6	0,0	5,8	1,9	4,7	5,5	4,0	3,8	1,9	4,9
Mädchen	%	1,0	1,9	2,9	7,1	1,8	1,8	4,5	2,6	13,2	10,7	7,6	8,5
Zusammen	%	2,1	1,6	2,2	3,6	3,8	1,8	4,6	4,0	8,6	7,2	4,6	6,7
Alter			–8	–9	–10	–11	–12	–13	–14	–15	–16	–17	Deb.-Imbez. Mittel 29 J.
Debile	%		0,0	0,0	1,3	0,0	0,0	0,0	0,0	0,8	1,7	0,0	1,8

Angelernte Arbeiter(innen) mit 8 Primarklassen				Kaufm. Ang.	afrik. Missionsschüler
Alter		15–16	17–19	+20	19–32	im Mittel 15,5 J.
	%	6,2	3,2	5,6	1,5	5,0

Der Doppelstrichast

Er stellt die Normalform des Astes dar und entspricht auch optisch dem Vorbild in der Natur. Ein Blick auf die graphische Darstellung und die Tabelle genügt zur Feststellung des enormen Abstandes zwischen den Normalen und den Debilen.

Der Doppelstrichast ist die spätere und reifere Form als der Strichast. Die Entwicklungshemmung des Debilen ist offensichtlich, soweit man ganze Gruppen untersucht. Im Einzelfall ist zu untersuchen, ob ein Strichast auf eine mehr intellektuelle oder mehr affektive Retardierung oder Regression zurückgeht. In seltenen Fällen gibt absolute Unbegabung im Zeichnen dasselbe Bild. Selbst darin ist eine Täuschung möglich. In mehreren Fällen wiesen die Lehrer auf einzelne Schüler, die vom Baumzeichenversuch dispensiert werden sollten wegen völliger Unbegabung im Zeichnen. Trotzdem wurde der Versuch durchgeführt mit dem erstaunlichen Ergebnis, daß diese Schüler nicht nur normal gezeichnet haben, sondern in keinem Falle ein Unvermögen erraten ließen. Oft ist es doch mit dem Nichtzeichnenkönnen wie mit dem Nichtsingenkönnen. Es steckt eine meist massive Hemmung im Hintergrund, die therapeutisch anzugehen wäre.

4a Doppelstrichast

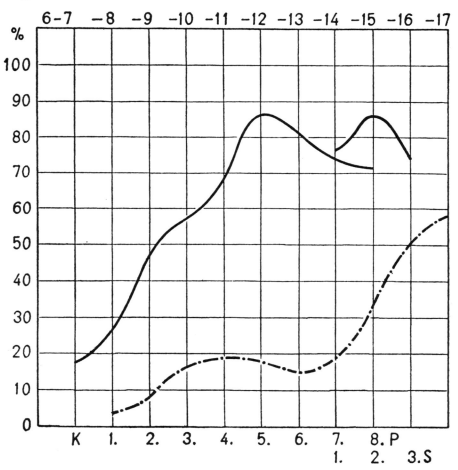

Merkmal: *Doppelstrichast*												Nr. 4
Schule		K	1.	2.	3.	4.	5.	6.	7.	8. P	1. S	2. S	3. S
Alter		6–7	–8	–9	–10	–11	–12	–13	–14	–15	–14	–15	–16
Knaben	%	17,4	33,0	73,0	78,5	78,0	97,0	79,0	91,0	81,0	75,0	91,0	77,0
Mädchen	%	18,4	15,5	23,4	65,0	56,0	77,0	64,0	74,0	61,0	77,0	84,0	70,0
Zusammen	%	17,9	24,2	48,2	71,7	67,0	87,0	71,5	82,5	71,0	76,5	87,5	73,5
Alter			–8	–9	–10	–11	–12	–13	–14	–15	–16	–17	Deb.-Imbez. Mittel 29 J.
Debile	%		4,3	8,2	17,7	16,0	21,5	14,8	17,4	35,3	52,0	58,5	14,3

Angelernte Arbeiter(innen) mit 8 Primarklassen				Kaufm. Ang.	afrik. Missionsschüler
Alter		15–16	17–19	+20	19–32	im Mittel 15,5 J.
	%	77,0	73,5	62,0	59,0	41,0

Gerade Äste (Fig. 1 und 2, Seite 59)

Äste mit geraden Strichen ausgeführt zeigen nicht nur das Richtungweisende, sondern enthalten etwas vom Schematismus der Frühform. Die Gerade ist das Schema, welches anstelle entweder des Naturvorbildes oder anstelle eines frei spielenden Ausdruckes tritt. Das Merkmal ist in der Regel in der strahligen Krone vorhanden oder bei waagrechten Ästen, Winkelästen und Tannenformen. Die Tafel der Frühformen zeigt eine Entwicklung, wie sie bei derselben Versuchsperson in der Hypnose gezeichnet wurden. Die Übergänge spielen von der geraden Waagrechten zu strahligen Geraden zum Winkelast mit geraden Formen, von da zu den geraden Ästen mit Zweigen, die in der Wachstumsrichtung liegen bis zum Strichast mit geschwungenen Linien. Diese Entwicklung ist durchaus nicht in jedem Falle ähnlich. Man könnte auch von der Kritzelei direkt auf die geschwungene Linie kommen.

Merkmal: *Gerade Äste*												Nr. 5
Schule		K	1.	2.	3.	4.	5.	6.	7.	8. P	1. S	2. S	3. S
Alter		6–7	–8	–9	–10	–11	–12	–13	–14	–15	–14	–15	–16
Knaben	%	34,0	7,1	7,3	3,1	1,0	0,9	0,8	4,4	0,0	1,9	3,8	2,0
Mädchen	%	25,4	3,9	14,8	5,3	2,7	2,7	0,9	0,9	0,0	0,0	1,0	0,8
Zusammen	%	28,7	5,5	11,0	4,2	1,9	1,8	0,8	2,7	0,0	0,9	2,4	1,4
Alter			–8	–9	–10	–11	–12	–13	–14	–15	–16	–17	Deb.-Imbez. Mittel 29 J.
Debile	%		—	21,5	19,0	10,7	14,4	11,8	12,4	3,6	9,4	4,9	32,0

Angelernte Arbeiter(innen) mit 8 Primarklassen				Kaufm. Ang.	afrik. Missionsschüler
Alter		15–16	17–19	+20	19–32	im Mittel 15,5 J.
	%	2,5	0,3	0,5	1,5	5,0

Die Tabelle zeigt ein Überwiegen der geraden Äste im Kindergartenalter gegenüber den spätern Entwicklungsstufen, die vom elften Jahr an recht unbedeutend sind. Die Debilen sinken langsamer ab, entsprechend ihrer gehemmten Entwicklung, nach welchem jedes frühe Merkmal sozusagen perseveriert. Bei den Imbezillen ist der Anteil gerader Äste hoch mit 32%, paßt aber gut ins Bild. Das Merkmal ist als echte Frühform zu betrachten.

Waagrechte Äste (Fig. 1 und 13, Seite 59)

Die Werte in der Gesamtaufstellung im Anhang sind zu unbestimmt, also nicht geeignet, auf statistischer Basis Schlüsse zu ziehen. Das Merkmal wird indessen als sehr frühe Form vereinzelt beobachtet, und in Reinkultur weist es bei Erwachsenen und Jugendlichen auf einen außerordentlich primitiven Zustand. Das Merkmal läßt sich auch als Vorform zum Winkelast verstehen und bildet überdies eines der Elemente für die Kreuzformen.

Kreuzformen (in Fig. 1, 2, 7, Seite 59)

Reine Kreuzformen findet man in Zeichnungen von Kindern unter sechs Jahren eher als nachher. Imbezille zeichnen sie auffallend häufig. Die Kreuzformen, welche nach dem achten Jahr auftreten, sind bei Normalen nicht mehr derart schematisch wie bei den jüngern Kindern oder wie bei den Imbezillen. Da der Baum ohnehin die Grundform des Kreuzes aufweist, entsteht bei flachgedrückten Seitenästen ein Kreuz.

Merkmal: *Kreuzformen*												Nr. 6
Schule		K	1.	2.	3.	4.	5.	6.	7.	8. P	1. S	2. S	3. S
Alter		6–7	–8	–9	–10	–11	–12	–13	–14	–15	–14	–15	–16
Knaben	%	14,3	9,3	8,0	2,7	5,8	4,8	10,1	3,3	2,0	2,9	0,0	1,0
Mädchen	%	6,2	10,7	4,3	3,5	2,7	2,7	9,0	2,6	1,5	3,6	1,9	0,8
Zusammen	%	10,2	10,0	6,2	3,1	4,2	3,7	9,5	2,8	1,6	3,2	0,8	0,9
Alter			–8	–9	–10	–11	–12	–13	–14	–15	–16	–17	Deb.-Imbez. Mittel 29 J.
Debile	%		4,3	12,2	6,3	0,8	1,8	2,2	4,1	2,5	4,3	0,0	32,0

Angelernte Arbeiter(innen) mit 8 Primarklassen					Kaufm. Ang.	afrik. Missionsschüler
Alter		15–16	17–19	+20	19–32	im Mittel 15,5 J.
	%	1,1	0,3	0,0	0,0	5,0

Raumverlagerungen (Fig. 10, 11, 13, 14, 18–20, Seite 59)

Verlagerungen hat schon *William Stern* in seiner «Psychologie der frühen Kindheit», S. 318, beschrieben: «Die Unbekümmertheit und mangelnde räumliche Zuordnungsfähigkeit zeigt sich auch in den merkwürdigsten Verlagerungen, die in den frühesten Stadien nicht allzu selten vorkommen. Oben und unten, vertikal und horizontal, rechts und links werden miteinander vertauscht, ohne daß das Kind es als Störung empfände oder es auch nur merkte.» Ferner wird die Tatsache der Verlagerung als eine Parallelerscheinung zu dem Erkennen von Bildern bei verkehrter Lage betrachtet (*Stern* und *Heinz Burkhardt*). Das Kind sieht die Dinge und ihre Lagebeziehungen zu sich selbst und zu den umgebenden Dingen anders als der Erwachsene. Früchte stehen aufwärts oder seitwärts wie eine ausgestreckte Hand, oder (Fig. 10) sie streben von der Kreiskontur her nach innen; Blätter oder Früchte sind im Stamminnern placiert (Fig. 11).

Die Tabelle zeigt nur für das Kindergartenalter auffallende Prozentsätze. Bei Debilen wird das Maximum erst mit zehn Jahren erreicht, und das Merkmal perseveriert dann, ohne wirklich abzusinken. Imbezille stehen prozentmäßig auf der Stufe der Kindergartenschüler.

Merkmal: *Raumverlagerungen* — Nr. 7

Schule		K	1.	2.	3.	4.	5.	6.	7.	8. P	1. S	2. S	3. S
Alter		6–7	–8	–9	–10	–11	–12	–13	–14	–15	–14	–15	–16
Knaben	%	15,0	1,8	4,0	0,9	1,0	0,0	2,4	2,2	0,0	0,0	0,0	0,0
Mädchen	%	21,5	1,9	3,9	3,5	0,9	0,9	0,0	0,9	0,0	0,0	0,0	0,0
Zusammen	%	18,2	1,9	4,0	2,2	1,0	0,5	2,2	1,6	0,0	0,0	0,0	0,0

Alter		–8	–9	–10	–11	–12	–13	–14	–15	–16	–17	Deb.-Imbez. Mittel 29 J.
Debile	%	4,3	8,1	20,2	6,1	9,8	4,5	7,5	7,3	3,4	9,8	19,6

Angelernte Arbeiter(innen) mit 8 Primarklassen				Kaufm. Ang.	afrik. Missionsschüler
Alter		15–16	17–19	+20	19–32	im Mittel 15,5 J.
	%	3,2	2,3	0,9	3,0	15,0

Merkmal: *Sonnenrad und Blumenform* — Nr. 8

Schule		K	1.	2.	3.	4.	5.	6.	7.	8. P	1. S	2. S	3. S
Alter		6–7	–8	–9	–10	–11	–12	–13	–14	–15	–14	–15	–16
Knaben	%	12,0	0,0	0,0	0,0	0,0	0,0	0,0	0,0	0,0	0,0	0,0	0,0
Mädchen	%	1,0	0,0	0,0	0,0	0,0	0,0	0,0	0,0	0,0	0,0	0,0	0,0
Zusammen	%	6,5	0,0	0,0	0,0	0,0	0,0	0,0	0,0	0,0	0,0	0,0	0,0

Alter		–8	–9	–10	–11	–12	–13	–14	–15	–16	–17	Deb.-Imbez. Mittel 29 J.
Debile	%	10,0	4,0	5,0	4,6	3,6	2,2	0,0	0,0	0,0	0,0	5,4

Angelernte Arbeiter(innen) mit 8 Primarklassen				Kaufm. Ang.	afrik. Missionsschüler
Alter		15–16	17–19	+20	19–32	im Mittel 15,5 J.
	%	0,0	0,0	0,0	0,0	0,0

Sonnenrad und Blumenform (Fig. 8, 9, Seite 59)

Blume und Baum haben hier eine Verschmelzung erfahren. Zugleich mögen einzelne Formen mandala-ähnliche Urbilder zum Schema haben. Als ausgesprochene Frühform bei Normalen im Kindergartenalter (sechs bis sieben) noch vorhanden, verschwindet es vollkommen vom ersten Schuljahr an. Bei Debilen hält das Merkmal länger und verschwindet erst mit dem 14. Lebensjahr, ein Zeichen, daß ein klares unterscheidendes Schema für Blume und Baum doch oft recht spät eintritt. Imbezille behalten das Merkmal durchs ganze Leben. Die etwas auffallende Form eignet sich wenig zu einem Wiederauftauchen bei Regressionen, die sich unauffälliger Ausdrucksformen bedienen.

Tiefliegende Äste (Fig. 6, 7, 12, 13, Seite 59)

Äste, die bis zum Boden reichen, zeigen vor allem Tannenzeichnungen. Doch kommen andere Formen auch vor. Bis zu einem gewissen Grade korrelieren die Wachstumsgesetze in der Natur mit jenen, die für die Baumzeichnung beobachtet werden. Junge Tannen haben Äste bis zum Boden. Später fallen die untern ab, oder der Förster hilft nach. Der Gärtner hat es sogar in der Hand, kurz- oder langstämmige Bäume zu züchten, je nach dem Eingriff bei bodennahen Zweigen. Das Kind hat das Schema des Baumes mit tiefliegenden Ästen nicht der Natur abgeschaut (selbst Erwachsene wissen meist nicht viel um die Wachstumsgesetze der Natur). Es handelt sich um eine Parallelität von Natur und menschlichem Ausdruck – und damit ist auch dem modernen Menschen nicht mehr ganz unverständlich, wenn frühere Generationen bei der Geburt eines Kindes einen Baum pflanzten und an seiner Entwicklung die des Kindes glaubten verfolgen zu können. Heute stellen wir eine Parallelität der Erscheinungen fest, ohne das Schicksal des Menschen von dem eines Baumes abhängig zu wähnen. Immerhin: man erkennt doch das Körnchen Wahrheit im alten Volksglauben oder «Aberglauben». Bodennahe Äste sind ein Frühmerkmal, dies so sehr, daß es mit dem Schuleintritt praktisch verschwunden ist. Debile halten mit zwar geringen Prozenten bis zum 13. Jahre durch, und Imbezille überragen mit 41,5 % alle andern. Beim Auftreten

Merkmal: *Äste bis zum Boden*   Nr. 9

Schule		K	1.	2.	3.	4.	5.	6.	7.	8. P	1. S	2. S	3. S
Alter		6–7	–8	–9	–10	–11	–12	–13	–14	–15	–14	–15	–16
Knaben	%	0,8	0,9	0,8	0,0	1,9	0,0	0,8	0,0	1,0	0,0	0,0	0,0
Mädchen	%	13,2	1,0	0,0	0,0	0,0	0,0	0,9	0,0	0,0	0,0	0,0	0,0
Zusammen	%	7,0	1,0	0,4	0,0	1,0	0,0	0,9	0,0	0,5	0,0	0,0	0,0

Alter		–8	–9	–10	–11	–12	–13	–14	–15	–16	–17	Deb.-Imbez. Mittel 29 J.
Debile	%	8,5	20,3	3,8	3,8	3,6	4,5	0,8	0,0	0,0	0,0	41,5

Angelernte Arbeiter(innen) mit 8 Primarklassen				Kaufm. Ang.	afrik. Missionsschüler im Mittel 15,5 J.
Alter		15–16	17–19	+20	19–32	
	%	1,3	0,5	0,0	0,0	0,0

des Merkmals bei Normalen nach dem 8. Lebensjahr sind schwerwiegende Retardierungen außer Zweifel. Die Natur zeigt übrigens den *alleinstehenden Baum* häufig mit bis auf den Boden reichenden Ästen. Der Baum in der Waldgemeinschaft verliert die untern Äste aus Lichtmangel. Die Alleingänger unter den Bäumen, die nicht dem Gärtner oder Förster unter das Messer geraten sind, können zufolge ausreichender Belichtung das tiefliegende Astkleid behalten. Man darf sich fragen, ob nicht manche Baumzeichnungen mit tiefliegenden Ästen Einzelgänger, Isolierte oder sonstwie Herausgehobene zum Urheber haben.

Vereinzelt tiefliegende Äste kommen in allen Lebensaltern vor. Während der Vorpubertät und Pubertät ist ein leichtes Ansteigen festzustellen. Debile und Imbezille bleiben prozentmäßig eher unter den Normalen, womit sich mäßig die geringere Lebendigkeit ausdrückt. Die afrikanischen Missionsschüler zeigen einen erstaunlich hohen Prozentsatz.

Merkmal: *Vereinzelt tiefliegende Äste* — Nr. 10

Schule		K	1.	2.	3.	4.	5.	6.	7.	8. P	1. S	2. S	3. S
Alter		6–7	–8	–9	–10	–11	–12	–13	–14	–15	–14	–15	–16
Knaben	%	5,5	9,3	7,3	7,4	8,7	8,6	7,1	6,6	15,0	8,6	13,2	8,9
Mädchen	%	5,6	2,9	2,9	6,2	3,7	9,8	5,4	5,3	4,8	10,7	6,6	8,5
Zusammen	%	5,5	6,1	5,1	6,8	7,6	9,2	6,2	5,8	9,9	9,6	9,9	8,7
Alter		–8	–9	–10	–11	–12	–13	–14	–15	–16	–17	Deb.-Imbez. Mittel 29 J.	
Debile	%	0,0	1,3	0,0	2,3	4,5	2,2	1,7	2,5	6,0	0,0	3,6	

	Angelernte Arbeiter(innen) mit 8 Primarklassen			Kaufm. Ang.	afrik. Missionsschüler
Alter	15–16	17–19	+20	19–32	im Mittel 15,5 J.
%	8,0	7,2	3,9	3,0	27,0

Die charakterologische Auswertung der *vereinzelt tiefliegenden Äste* muß vom Begriff der Teilretardierung ausgehen. So wie in der Natur ein stehengebliebener Ast unterhalb der Krone nicht abgeworfen wurde und damit ein Restbestand aus einer frühern Entwicklungsstufe darstellt, ist der tiefliegende einzelne Ast ein Indiz für eine Teilregression und Teilretardierung. Der unebene und disharmonische Zustand führt zu entsprechenden Verhaltensweisen. Was man darüber sagen kann, gilt eigentlich für jedes stehengebliebene Frühsymptom. Hier fällt es bloß deutlicher auf.

Ein Schüler der 2. Realklasse (15 Jahre) zeichnet einen vereinzelt tiefliegenden Ast. Zugleich macht sein Lehrer zu einem Aufsatz folgende Bemerkung: «Die Beschreibung paßt nicht auf den Tatbestand.» In einem Intelligenztest wurde die Frage nach dem Namen von Fischen gestellt. Antwort: Hecht, Forelle, Antilope..., also wieder eine Aussage, die ganz und gar nicht zum Tatbestand paßt. Nach dem Bildungsniveau müßte der Schüler wissen, was eine Antilope ist. Dieser Teilausfall hat folgende Geschichte: Der Junge hatte als kleines Kind ein

Augenleiden und mußte als Zweijähriger eine Brille tragen. Das ist bei einem sonst gesunden Kind recht schwierig zu verwirklichen, und man mußte ihn vor allem zurückhalten, was zu einem Unfall hätte führen können. Das Kind durfte nicht klettern, sich nicht balgen und alles das nicht tun, was sonst ein Kind gerne übt. Ein Teil seines Wesens konnte sich nicht entwickeln. Es handelt sich um eine erworbene Teilretardierung. *Adler* würde als Ursache Organminderwertigkeit angeben. – Ein erwachsener kaufmännischer Angestellter, der in einer Großhandelsfirma einen recht bescheidenen Posten innehatte, aber zufällig sein Büro so placiert hatte, daß hie und da auswärtige « hohe Besuche » bei ihm einfielen, hatte die etwas deplacierte Gewohnheit, sich in solchen Momenten als Direktor aufzuspielen und entsprechende Verhandlungen einzuleiten, bis man jeweils die Fehlleitung entdeckte und der gute Mann einen Rüffel einstecken konnte. Er zeichnete den Baum mit einem einzelnen tiefliegenden Ast.

Vereinzelt tiefliegende Äste

Teilregression	Teilretardierung, Teilentwicklungshemmung
deplaciertes Verhalten	Infantilismen, primitive Residuen
« Dummheit »	plötzlich eine Ungereimtheit begehen
« jung » oder « kindlich »	unberechenbar
praktisch-unpraktisch	das Kleinkind im Erwachsenen
gelegentlich fabulieren	Aussagen, die nicht auf den Tatbestand passen

Oben geschlossener Stamm mit keiner oder geringer Verzweigung (Fig. 11 und 12, S. 59)

Zu Figur 11 sagte der fünfjährige Zeichner: «Die Blätter sind im Stamm drinn.» Fig. 12 hat der gleiche Knabe gezeichnet. Die Äste gleichen eher einer Behaarung und reichen bis zum Boden. Der Stamm ist als Lötstamm zu betrachten, wie er sonst am Übergang vom flachen Abschluß zum Normalstamm entsteht. Erscheinungsmäßig sind beide Formen symbolisch für das Unausgezeugte, für den Knopf, der nicht aufgegangen ist, sozusagen das Nichtfertiggeborene. Die konzentrierte, zugleich auch verlagerte Form ist zwar selten und bleibt auch dann nicht konstant. Bei einer Aufnahme in einem Kindergarten wird man solche Formen vergeblich suchen. Man muß sie aus spontanem Material entdecken.

Der Lötstamm (Fig. 13, 14, 17, 18, 19, 20, 21, Seite 59)

Oben geschlossener Stamm, im Kapitel über den Lötstamm, S. 154, eingehend behandelt. Es handelt sich um eine ausgesprochene Frühform.

Stammbasis auf Blattrand (Fig. 23, Seite 59)

Das Bedürfnis, den Baum auf einen Boden zu stellen, ist beim Kind recht groß. Doch ist es im frühen Alter selten fähig, eine Bodenlinie zu zeichnen. Es hält sich an den gegenständlichen Boden, an den Blattrand. Normale Kinder beginnen mit 74,3 %, und erst nach dem 11. Lebensjahr fällt der Prozentsatz auf einen ungefähr gleichbleibenden Rest. Der Debile erreicht das Maximum erst mit zehn Jahren; offenbar findet er vorher den naheliegenden « Boden » nicht so gut wie normale

Merkmal: *Stammbasis auf Blattrand*   Nr. 11

Schule		K	1.	2.	3.	4.	5.	6.	7.	8. P	1. S	2. S	3. S
Alter		6–7	–8	–9	–10	–11	–12	–13	–14	–15	–14	–15	–16
Knaben	%	75,0	40,0	54,0	40,5	23,4	4,8	0,8	7,7	1,0	2,9	1,0	0,0
Mädchen	%	73,5	56,5	29,3	22,0	13,8	1,8	0,9	10,3	9,6	3,6	3,8	0,0
Zusammen	%	74,3	48,2	41,7	31,2	18,6	3,3	0,8	9,0	5,3	3,2	2,4	0,0

Alter			–8	–9	–10	–11	–12	–13	–14	–15	–16	–17	Deb.-Imbez. Mittel 29 J.
Debile	%		37,0	38,0	52,0	50,0	34,0	38,5	27,4	37,7	27,5	22,0	12,5

Angelernte Arbeiter(innen) mit 8 Primarklassen				Kaufm. Ang.	afrik. Missionsschüler
Alter	15–16	17–19	+20	19–32	im Mittel 15,5 J.
%	9,1	2,8	5,6	7,5	27,0

11a Stammbasis auf Blattrand

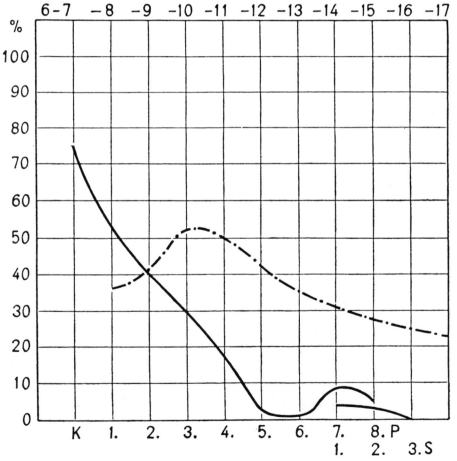

Kinder. Dafür hält er das Merkmal mit einem erheblichen Prozentsatz bis zum 17. Jahr. Imbezille reagieren schwächer, offenbar aus dem gleichen Grund wie die jungen Debilen und der größern Unbekümmertheit gegenüber einer Raumgestaltung. Das Merkmal hat seinen Sinn nicht vom debilen Ausdruck her, sondern vom normalen. Das Finden eines Blattrandes als Boden ist doch schon eine Leistung, die geringere Findigkeit des Debilen im frühen Alter und die chronische beim Imbezillen eine geringere. Zwar ist das Merkmal unzweifelhaft unter die Frühformen einzureihen, aber es greift doch nicht in eine tiefere Primitivschicht, vor allem hat es nicht ausschließlich mit einer intellektuellen Retardierung zu tun.

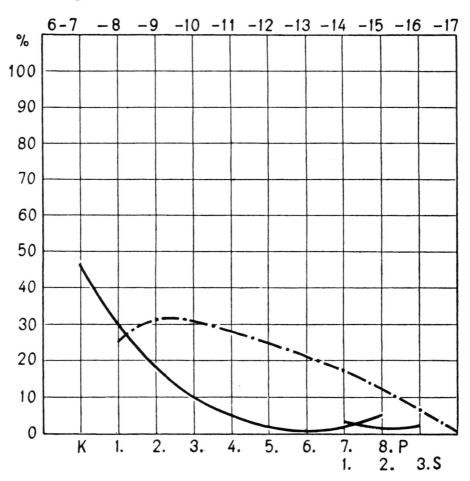

12a Stammbasis gerade

Gerade Stammbasis (Fig. 23, S. 59)

Die gerade Stammbasis ist naturgemäß nur an Doppelstrichstämmen nachweisbar, die meist oben und unten gleich dick, parallel und damit schematisch ausfallen. Bei einer reifen Gestaltung wird die Stammbasis beidseitig leicht ausgerundet. Das Merkmal spielt ähnlich wie bei der « Stammbasis auf dem Blattrand ». Die Häufigkeit sinkt gleichmäßig ab, bei Normalen schneller als bei Debilen, die wiederum nicht mit dem Maximalwert beginnen, hier allerdings wegen der größern Häufigkeit der Strichstämme. Als gut spielende Frühform, die aber kaum tiefere Schichten anspricht, hat es seine Bedeutung beim Nachweis leichter Retardierungen.

Merkmal: *Stammbasis gerade*													Nr. 12
Schule		K	1.	2.	3.	4.	5.	6.	7.	8. P	1. S	2. S	3. S
Alter		6–7	–8	–9	–10	–11	–12	–13	–14	–15	–14	–15	–16
Knaben	%	40,0	25,0	9,6	5,5	5,8	1,9	4,7	0,0	2,0	3,8	3,8	2,0
Mädchen	%	52,0	36,0	28,2	8,8	12,0	2,7	3,6	0,0	7,2	4,5	1,9	2,3
Zusammen	%	46,0	30,5	18,9	7,2	8,9	2,3	4,2	0,0	4,6	4,2	2,8	2,1
Alter			–8	–9	–10	–11	–12	–13	–14	–15	–16	–17	Deb.-Imbez. Mittel 29 J.
Debile	%		24,2	31,0	28,0	23,0	27,6	22,3	17,4	13,4	6,8	0,0	32,0

Angelernte Arbeiter(innen) mit 8 Primarklassen				Kaufm. Ang.	afrik. Missionsschüler
Alter		15–16	17–19	+20	19–32	im Mittel 15,5 J.
	%	7,1	3,7	3,9	7,5	0,0

Die Stammbasis kann bei jungen Kindern andere, nur für dieses Alter (bei Normalen) typische Formen annehmen, die teilweise bei Imbezillen und Debilen nachzuweisen sind. Die folgende Tafel zeigt eine Zusammenstellung einiger Formen.

Stammbasis bei Sechs- bis Siebenjährigen

Dunkelfärbung des Stammes (Fig. 22) wird unter dem entsprechenden Abschnitt auf Seite 168 behandelt.

Stereotypien (Fig. 25) sind unter dem Abschnitt Seite 164 behandelt.

Früchte, besonders die als Frühform übergroßen Früchte und Blätter, ferner die Dunkelfärbung der Früchte und die « Früchte frei im Raum » sind unter dem Abschnitt auf Seite 205 behandelt.

Bis zu einem gewissen Grade sind als Frühformen zu behandeln: Schweifungen, Aufstockungen, mangelnde Koordinierung, Landschaft und Wurzeln. Soweit eine Berechtigung nachzuweisen ist, ein Symptom auch als Frühform zu behandeln, wird es in den entsprechenden Abschnitten getan.

Das Zeichnen mehrerer Bäume

Kinder zeichnen gelegentlich bei klarer Instruktion, *einen* Baum zu zeichnen, deren mehrere. Die Hamburger Graphologin Gertrud Beschel hat in einer persönlichen Mitteilung auf die Erfahrung hingewiesen, daß die Mehrzahlzeichner, die nicht zu verwechseln seien mit den spätern Zwei-Baum-Zeichnern, die einen großen und kleinen Baum zeichnen, immer wieder den Verdacht unzureichender Schulreife erwecken. Dies zufolge mangelnden Aufgabenbewußtseins, einem Abgleiten in die kindliche Spielwelt. Die Untersuchung an unserm Material ergibt:

Von 237 Kindergartenschülern (6- bis 7jährig) zeichnen 27 mehr als einen Baum, davon begnügen sich 22 mit 2 Bäumen, und nur 5 zeichnen 3 Bäume.

Von 216 Schülern der 1. Primarklasse zeichnen 6 2 Bäume, in der 2. Klasse noch 3, in der 3. Klasse noch einer.

Hingegen produzieren von 411 Hilfsschülern aller Altersstufen deren 66 zusammen 441 Bäume mehr, als verlangt werden; 26 davon zeichnen 2 Bäume, 40 mehr als 2, wobei das Maximum 39 Bäume bei einem einzigen Zeichner ausmacht.

Karl-Heinz Bönner hat 1956 in einer Diplomarbeit der Pädagogischen Akademie Essen für die Kindergärten Mühlheim a. d. Ruhr in einem Falle 20%, in einem 78%, dann 00% und 23% gefunden, die mehrere Bäume zeichnen. Die 78% stammen aus einem Montessori-Kindergarten, wo die Kinder zeichen- und malfreudiger sind als in Fröbel-Kindergärten, eine Erscheinung, die auch in Zürich auffiel. Bönner findet die Mehrfachzeichner nicht generell unter den Schulunreifen. Die Ergebnisse seiner Untersuchung in bezug auf die Baumzeichnung formuliert er so: Nicht schulreif ist ein Kind, das entweder zu kritzeln beginnt oder etwas anderes zeichnet als einen Baum oder die Aufgabe ablehnt und nicht zeichnet. Da der Kindergarten nicht wenig zur Schulreife beiträgt, kann man sich fragen, ob den Ergebnissen allgemeine Gültigkeit zukommt. Wahrscheinlich hat Gertrud Beschel recht, wenn sie als Mehrfachzeichner solche bezeichnet, die mehr als zwei Bäume produzieren. Die oft übermäßige Produktion mancher Hilfsschüler weist doch darauf hin, daß das Zeichnen mehrerer Bäume ein Frühsymptom ist und dieses unter anderm bei der Beurteilung der Schulreife mit berücksichtigt werden darf.

Die Größenverhältnisse

Für die Reife spielen die Größenverhältnisse eine nicht geringe Rolle. Sie sind zwar aus der bloßen Erfahrung einigermaßen bekannt, doch gibt die Statistik viel differenziertere Angaben, die zum Teil überraschen. Als Frühform ist erfahrungsmäßig der überlange Stamm typisch, aber auch der Gegensatz: kurzer, dicker Stamm mit kleiner Pilzkrone, letzterer freilich sehr selten und meist nur vor dem Schulalter sichtbar. Wir müssen den Leser notgedrungen mit einer Reihe Tabellen bedrängen, welche indessen so übersichtlich als nur möglich gehalten sind.

Durchschnittshöhen von Stamm und Krone

Vorgehen: Sämtliche Stammhöhen jeder Altersstufe werden der Größe nach geordnet, für Knaben und Mädchen getrennt. Dasselbe wird mit der Kronenhöhe getan. Die Werte sind in Quartile eingeteilt und diesen der Minimalwert und der Maximalwert (1 und 5) beigestellt. Der Zentralwert, also jener Wert, welcher in einer nach der Größe geordneten Reihe in der Mitte steht, wird als mittlere Höhe angenommen. So entsteht die Tabelle A.

Tabelle A Stammhöhe (St) und Kronenhöhe (K), Quartile. 3 = Zentralwert, K = Knaben, M = Mädchen

	1		2		3		4		5		
1	St	K	St	K	St	K	St	K	St	K	
Kdg.	30	0	102	39	138	60	177	91	283	220	K
	28	0	108	54	139	71	172	100	296	168	M
P	37	0	100	65	130	91	153	110	260	205	K
	68	23	106	64	136	88	168	102	245	135	M
P	25	13	99	81	128	103	146	120	220	215	K
	49	17	114	75	140	95	171	115	249	190	M
P	22	51	104	101	122	125	151	145	236	234	K
	18	27	100	81	126	98	144	117	190	207	M
P	45	37	85	87	108	114	139	139	202	210	K
	47	43	92	91	108	112	128	129	183	170	M
P	31	0	80	104	97	122	117	142	162	205	K
	18	47	88	95	112	113	125	132	154	232	M
P	20	47	56	96	74	117	105	148	211	253	K
	17	54	78	88	98	105	119	131	177	210	M
P	33	36	72	98	90	115	109	145	150	210	K
	32	55	92	107	110	117	118	130	174	175	M
P	35	21	75	87	89	111	109	138	265	191	K
	24	28	84	78	100	93	118	115	161	228	M

	1		2		3		4		5		
	St	K	St	K	St	K	St	K	St	K	
1. S	23	47	64	98	80	118	99	134	138	191	K
	32	59	77	102	95	122	112	144	163	179	M
2. S	27	43	59	120	68	137	87	167	150	228	K
	26	56	63	101	78	115	110	138	150	177	M
3. S	24	34	60	103	75	120	91	148	123	193	K
	45	47	78	102	90	120	105	140	150	171	M
											Jahre
Debile	19	9	32	25	45	34	75	62	173	127	8
	30	18	70	31	100	55	125	80	197	160	9
	17	10	63	36	95	54	134	67	242	163	10
	20	14	65	58	110	80	143	108	209	188	11
	23	30	75	64	116	88	133	115	195	201	12
	34	20	80	68	105	95	132	128	194	184	13
	32	27	70	67	94	89	121	107	211	197	14
	30	25	74	69	103	95	140	122	211	175	15
	29	50	79	80	106	104	134	125	194	197	16
	71	55	88	77	100	93	129	117	186	202	17

Tafel B   Durchschnittshöhen (Zentralwerte) von Stamm und Krone

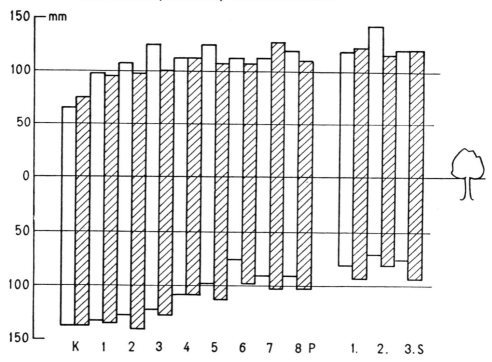

Die Tafel B zeigt den statistisch konstruierten Normalbaum für jedes Alter des Versuchsmaterials. Die gestrichelten Säulen betreffen Bäume von Mädchen, die

ungestrichelten die von Knaben. Über der Mittellinie liegt die durchschnittliche Kronenhöhe, unter der Linie die Stammhöhe.

In Zahlen ausgedrückt und Stamm/Krone in ein Verhältnis gesetzt, ergibt sich folgendes:

Tabelle C   Verhältnis von Stammhöhe zu Kronenhöhe

	Stamm		Krone		Verhältnis	
	Knaben	Mädchen	Knaben	Mädchen	Knaben	Mädchen
K	138	139	60	71	23 : 10	20 : 10
		Kindergarten-Durchschnitt 21,5 : 10				
1. P	130	138	91	88	14 : 10	15 : 10
2. P	128	140	103	95	12 : 10	15 : 10
3. P	122	126	125	98	10 : 10	13 : 10
4. P	108	108	114	112	9 : 10	10 : 10
5. P	97	112	122	113	8 : 10	10 : 10
6. P	74	98	117	105	6 : 10	9 : 10
7. P	90	110	115	117	8 : 10	9 : 10
8. P	89	100	111	93	8 : 10	11 : 10
		Primarschüler-Durchschnitt 10,4 : 10				
1. S	80	95	118	122	7 : 10	8 : 10
2. S	68	78	137	115	5 : 10	7 : 10
3. S	75	90	120	120	6 : 10	7 : 10
		Sekundarschüler-Durchschnitt 6,7 : 10				

Debile	Stamm	Krone	Verhältnis	Jahre	Stamm	Krone	Verhältnis	Jahre
	45	34	13 : 10	8	105	95	11 : 10	13
	100	55	18 : 10	9	94	89	10 : 10	14
	95	54	18 : 10	10	103	95	11 : 10	15
	110	80	14 : 10	11	106	104	10 : 10	16
	116	88	13 : 10	12	100	93	11 : 10	17
			Debile, Durchschnitt 12,9 : 10					

Tafel B und Tabelle C zeigen: Die Stammhöhe ist im Kindergartenalter (sechs bis sieben Jahre) am größten und nimmt dann rasch ab. Primarschüler zeichnen im Durchschnitt Stamm und Krone gleich hoch, Sekundarschüler zeichnen die Krone wesentlich höher als den Stamm. Debile zeigen einen längern Stamm, als der Kronenhöhe entspricht. Mädchen zeichnen den Stamm fast durchwegs etwas länger als die Knaben, ein Merkmal, welches später noch plastischer herausgehoben wird. Zur Beurteilung eines Einzelfalles wird man die Größenverhältnisse jedes Alters als Basis nehmen müssen, mindestens jedoch die Zusammenfassung der Gruppen Kindergarten, Primarschule, Sekundarschule, Debile.

Die mittlere Streuung der Stamm- und Kronenhöhen

Die mittlere Variation ist nach einer vereinfachten Methode gewonnen: Summe der mittleren Abweichungen der Quartile vom Zentralwert geteilt durch fünf ergibt die mittlere Streuung in Millimetern. Diese Streuung geteilt durch den Zentralwert ergibt die Streuung in Prozenten, wie sie die Tabelle D zeigt. Interessant ist vor allem die Differenzierung nach Gruppen. Im Kindergartenalter ist die Streuung am größten, und zwar schwankt die Kronenhöhe mehr als die Stammhöhe. Die Knaben streuen bei der Kronenhöhe mehr als die Mädchen, in leichtem Maße auch bei den Sekundarschülern. Abgesehen von den sehr ausgeprägten Schwankungen im Kindergarten, ist für die Primar- und Sekundarschule typisch eine Streuung der Stammhöhe und Kronenhöhe um ein gutes Drittel der mittleren Größen. Daß die Debilen nicht mehr streuen als die Normalschüler (ausgenommen bei der Kronenhöhe), verwundert weiter nicht. Unbekümmertheit und Enge heben sich oft fast auf. Beim sechs- bis siebenjährigen Normalen (Kindergarten) ist die kindliche Unbekümmertheit großartig, nachher wird sie in Fesseln gelegt, was merkwürdige Sprünge (91 % für Kronenhöhe bei Mädchen in der 2. Primarklasse, Schwankungen in der 8. Klasse) nicht ausschließt.

Tabelle D   Mittlere Variation der Quartile um den Zentralwert
K = Knaben, M = Mädchen, D = Debile, J = Alter der Debilen

	Stammhöhe				Kronenhöhe				Stammhöhe				Kronenhöhe		
	K	M	D	J	K	M	D		K	M	D	J	K	M	D
	%	%	%		%	%	%		%	%	%		%	%	%
Kdg.	48	48	—		90	60	—	6. P	65	37	40	13	29	37	43
1. P	42	35	106	8	55	34	91	7. P	32	29	37	14	35	25	43
2. P	37	36	40	9	27	91	69	8. P	55	31	47	15	40	54	43
3. P	42	34	59	10	36	45	67	1. S	32	27	32	16	31	26	37
4. P	33	30	42	11	39	28	49	2. S	41	43	25	17	33	27	40
5. P	31	29	39	12	39	40	50	3. S	35	26	—		34	27	—
Mittel	41	35	37		41	41	53								
Mittel	48	48	Kindergarten		90	60									
	42	33	Primarschule		37	44									
	36	32	Sekundarsch.		33	27									

Zentralwerte der Stammhöhe-Kronenhöhe-Quotienten

Bisher wurde das Verhältnis Stamm/Krone nach getrennt geordneten Maßen für Stamm und Krone betrachtet. Damit werden bei aller Korrektheit doch wirkliche Verhältnisse etwas verschoben. Wir haben deshalb die Quotienten von Stammhöhe/Kronenhöhe errechnet und diese der Größe nach geordnet. Den Verlauf der Zentralwerte für jede Altersstufe bei Normalschülern (Knaben und Mädchen) und bei Debilen zeigt Tafel E.

Die Werte unter dem Strich weisen auf Bäume mit größerer Stammlänge als Kronenhöhe, jene über dem Strich auf solche mit größerer Kronenhöhe als Stamm-

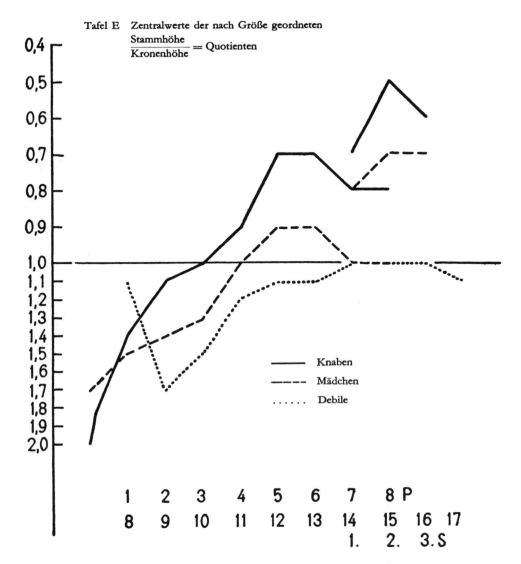

Tafel E Zentralwerte der nach Größe geordneten $\frac{\text{Stammhöhe}}{\text{Kronenhöhe}}$ = Quotienten

——— Knaben
– – – Mädchen
······ Debile

länge. Erstaunlich ist der mäßige Anfangswert bei den Debilen, welcher erst vom neunten Jahr an nach den Erwartungen spielt, wie man sie von der Kurve der Normalschüler ableiten könnte. Ob die Fähigkeit, sich in dieser graphischen Art seelisch auszudrücken, erst eingespielt werden muß? Daß hier vorerst beim Debilen eine Barriere bestehen kann, ist durchaus möglich und kommt auch in andern Zusammenhängen zum Vorschein. Mädchen bleiben im Aufschwung nach oben im Primarschulalter eindeutig hinter den Knaben zurück. In der Sekundarschule steigt die Kurve zwar stark, wird aber immer noch von derjenigen der Knaben überhöht.

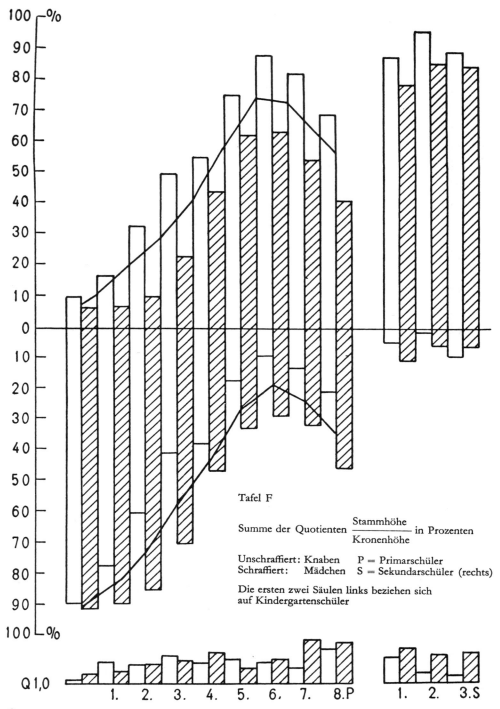

Tafel F

Summe der Quotienten $\dfrac{\text{Stammhöhe}}{\text{Kronenhöhe}}$ in Prozenten

Unschraffiert: Knaben   P = Primarschüler
Schraffiert: Mädchen   S = Sekundarschüler (rechts)

Die ersten zwei Säulen links beziehen sich auf Kindergartenschüler

Summe der Quotienten Stammhöhe/Kronenhöhe in Prozenten

Die Kurve der Zentralwerte der Quotienten gibt an sich ein anschauliches Bild der Verhältnisse Stamm/Krone. Indessen sind darin die Exkursionen nach oben und unten nicht enthalten. Jede Altersgruppe zeigt nicht nur ein Überwiegen der Krone oder des Stammes, sondern es sind überlange Stämme und überlange Kronen auf derselben Altersstufe möglich. Uns interessiert, mit welchem Gewicht die überlangen Stämme oder Kronen vertreten sind. Die bloße Aufzählung der längern oder kürzern Stämme sagt nicht viel wegen der oft großen Häufigkeit der nahe bei 1,0 liegenden Quotienten. So wiegen nur die Summen der Quotienten. Unter dem Strich ist das Gewicht der überlangen Stämme, über dem Strich jenes der überlangen Kronen. Die Quotienten 1,0 sind unten speziell eingezeichnet, wobei die geringe Abweichung der Anteile in den verschiedenen Lebensaltern auffallend ist. Die gestrichelten Säulen betreffen Mädchen.

Vorerst fällt das gleichmäßige Ansteigen der Säulen bis zur 6. Primarklasse bei Knaben und Mädchen auf. Die Mädchen bleiben während des ganzen Primarschulalters tiefer als die Knaben, d. h. teils zeichnen sie längere Stämme als die Knaben, teils neigen sie nicht so heftig dazu, die Kronenhöhe zu betonen. Sie bleiben in bezug auf das Aufschwingen in die Höhe gemäßigter. Erst im Sekundarschulalter erfolgt eine gewisse Angleichung, wahrscheinlich unter dem Eindruck der für Knaben und Mädchen größern Anforderungen der Schule. Kräftige Anforderungen vermögen oft Reiferückstände auszugleichen. Die Betonung der Kronenhöhe bei den Sekundarschülern ist deutlicher als auf jeder Stufe der Primarschule, am ähnlichsten noch zum Niveau der 6. Klasse, an welche die Sekundarschule anschließt. Die Schüler der 7. und 8. Primarklasse fallen gegenüber der 6. Klasse leicht, aber deutlich zurück, die Mädchen gleich auf ein Niveau, welches der 4. Klasse entspricht. Die Schüler der 7. und 8. Klasse sind etwas weniger begabt, vor allem im Abstrakten und Sprachlichen weniger begabt als die Sekundarschüler. Sie leben sich im Praktischen besser aus, doch gibt es immer Anteile von Erziehungsschwierigen, Gehemmten, Konstitutionsschwachen neben dem robusten Typ des spätern Muskelarbeiters und durchaus brauchbaren Handwerkers.

Die kontinuierliche Linie der graphischen Darstellung zeigt den Mittelwert von Knaben und Mädchen.

Die Ausgiebigkeit nach oben und unten reizt, den Tatbestand von der graphologischen Seite zu betrachten, nämlich als Ober- oder Unterlängenbetonung (Unterlänge: Stamm, Oberlänge: Krone). Dies im Bewußtsein der Fragwürdigkeit der Anwendung auf den Ausdruck von Gruppenresultaten.

Die Betonung der Oberlänge (Kronenhöhe)

Die Oberlängenbetonung ist mit einer gewissen Einschränkung zu verwerten. Wenn die Stammhöhe weniger als die halbe Kronenhöhe ausmacht, rückt die Erscheinung eher in die Nähe seltener Frühformen, würde also bereits im spätern Schulalter auf eine Retardierung hinweisen. – Die Betonung der Oberlänge spricht graphologisch für intellektuell-geistige Lebhaftigkeit, für das Interesse am Kosmischen, Übersinnlichen, an Ideen. In den einzelnen Bedeutungen:

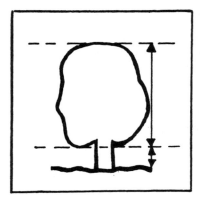

Hingabe an das Übersinnliche
Überwiegen des Intellekts
geistige Neigungen
Idealismus
Betonung der Wunschwelt
Geltungsbedürfnis
Selbstbewußtsein
Stolz, « Einbildung »
Begeisterungsfähigkeit
Eifer, Fanatismus
leidenschaftlich (bei flammenförmigen Ästen)
Ehrgeiz
Größenwahn

Mangel an Realitätssinn
Evtl. Verkümmerung des Vitalen, Instinktiven, Sexuellen wenig aus dem Unbewußten schöpfend
Oberflächlichkeit
Flüchtigkeit

In einzelnen Fällen von übertriebener Kronenhöhe hat das Merkmal auch regressiven Charakter

Die Betonung der Unterlänge (Stammhöhe)

Die Betonung der Unterlänge drückt Lebhaftigkeit dem Physischen und Materiellen gegenüber aus, Wirksamkeit des Instinktiven und Unbewußten. Praktische Neigungen stehen im Vordergrund. Indessen riskieren wir nicht die in der Graphologie üblichen Bedeutungen anzugeben, denn ein Siebenjähriger mit überlangem Stamm, also Unterlängenbetonung, wird doch wohl kaum über einen besondern Wirklichkeitssinn verfügen, wie dies die Graphologie für die Schrift annimmt. Ausdruckskundlich liegen die Verhältnisse auch anders. In der Schrift ist eine Unterlänge eine Bewegung nach unten und wird auch so empfunden, der Baumstamm aber wird nur relativ als unten empfunden. Seine « Bewegung » geht in der Wachstumsrichtung, also nach oben.

Die Deutungen der Oberlänge lassen sich nicht schlecht auf den Baum übertragen. Für die Unterlänge, also für die Stammbetonung, kann zusammengefaßt gelten:

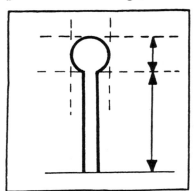

Wirksamkeit des Instinktiven
aus dem Unbewußten lebend
Lebhaftigkeit dem Sinnenhaften gegenüber
Gefühls- und Gemütsansprechbarkeit
mangelnde Bewußtheit
unerwacht, Entwicklungshemmung
unreif, regressiv, retardiert, infantil

Die einfache Vergleichung der Lebensalter und im besondern die Vergleichung der Sekundarschüler gegenüber den gleichaltrigen Schülern der 7. und 8. Primarklasse ergibt: Die größere geistige Leistungsfähigkeit ist abhängig von der Begeisterungsfähigkeit, von idealistischen Neigungen, ja von einer Art geistigem Schweifen und von einem Schuß Irrealität, freilich auf die Gefahr hin, den Boden unter den Füßen etwas zu verlieren. Es fließen auch puberale Momente mit hinein. Allgemein kommt in der Unausgeglichenheit, wie sie durch die einseitige Betonung der Oberlänge gegeben ist, eine erhebliche Unruhe ins Spiel, die, anders ausgedrückt, auch Lebhaftigkeit bedeuten kann.

Die Unruhe, meist schon eine motorische Unruhe (fast bis zum Bewegungsluxus), hat auch das junge Kind. Dieses betont die Unterlänge einseitig. Seine Lebhaftigkeit ist unmittelbarer, natürlicher, vitaler und vor allem emotionaler als die des ältern Schülers. Zugleich ist das junge Kind unerwachter, im Unbewußten verhaftet. Mädchen und Knaben nebeneinander ergeben: Mädchen sind emotionaler, etwas weniger bewußt, weniger geistig schweifend, weniger vom Ursprung entfernt als die Knaben. Damit wird aber nur bestätigt, was man schon weiß. Reizvoll ist bloß die Tatsache, daß selbst die relativen Größenverhältnisse, die doch gewiß nicht dem bewußten Gestalten allzusehr zugänglich sind, erstens Unterschiede in bezug auf die Geschlechter aufweisen und zweitens psychologisch noch recht ergiebig sind.

Die Verhältnisse Stamm/Krone bei den *Debilen* zeigt Tafel G. Mit dünner Linie ist die Vergleichskurve der Primarschüler, also Vollsinniger, eingezeichnet. Der Debile zeigt bis zum 13. Altersjahr eine zum Normalen nicht abweichende Entwicklung, wenn man von der Verschiebung nach oben im 8. Jahr absieht, die bereits gedeutet wurde. Vom 13. Jahr an bleibt der Debile auf dem einmal erreichten Niveau stecken. Er erreicht die Bewußtheitsstufe des ältern Primarschülers nicht und bleibt naturgemäß weit entfernt von jener des Sekundarschülers. Er bleibt beinahe im Gleichgewicht zwischen oben und unten; er bleibt auch konstant. Das Unruhige fehlt ihm, damit auch die Lebhaftigkeit und Fruchtbarkeit des Geistes. Das Absinken der Säule beim Siebzehnjährigen gleicht erstaunlich gut dem Absinken des Mädchens von der 8. Primarklasse. Schulmüdigkeit? Nachlassen vor Torschluß?

Die schulentlassenen *angelernten Arbeiter* stehen etwa auf der Stufe der 8. Primarklasse, der sie auch entstammen. Die Arbeiterinnen liegen wiederum tiefer als die Arbeiter.

Die Säule B der *kaufmännischen Angestellten* entspricht ziemlich genau dem Niveau der Sekundarschüler, die sie früher waren. Es scheint, daß das einmal gewonnene Niveau im spätern Leben gehalten wird.

Daß ein einziges Merkmal derart interessante gruppenpsychologische Aspekte eröffnet, läßt empfehlen andere Gruppen gleichartig zu untersuchen.

Die Kronenbreite

Vorerst interessiert, ob die linke und die rechte Kronenhälfte einander gleich sind oder ob eine Verschiebung nach einer Seite vorliegt. Die Tabelle J zeigt die Maße nach Quartilen geordnet. Das Verhältnis der Zentralwerte von linker und rechter

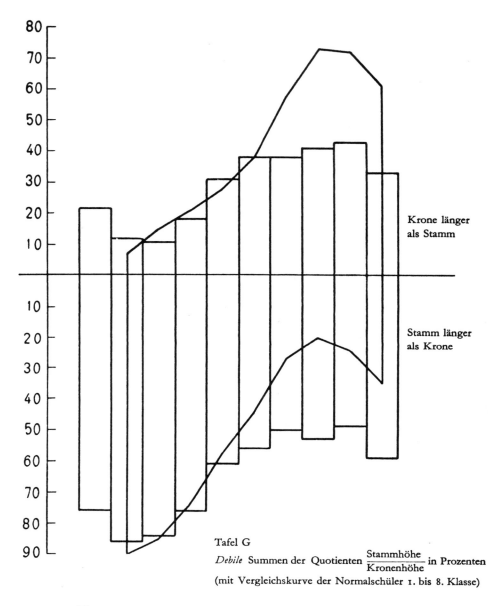

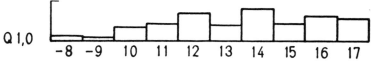

Tafel G
Debile Summen der Quotienten $\frac{\text{Stammhöhe}}{\text{Kronenhöhe}}$ in Prozenten
(mit Vergleichskurve der Normalschüler 1. bis 8. Klasse)

| Tafel H | Summe der Quotienten $\frac{\text{Stammhöhe}}{\text{Kronenhöhe}}$ in Prozenten

A = Angelernte Arbeiter(innen), B = Kaufmännische Angestellte, C = Missionsschüler, aus Südrhodesien

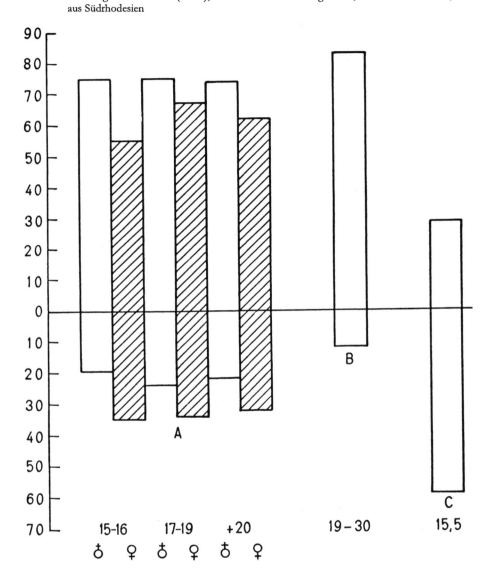

Kronenhälfte bleibt in allen Lebensaltern konstant und beträgt 10 : 11,3, d. h. die rechte Kronenhälfte ist 1,13mal breiter als die linke. Diese Konstanz beweist die Unempfindlichkeit des Merkmals für eine altersabhängige Stufung.

Tabelle J
Linke und rechte Kronenhälften (Kronenbreite); Quartile 3 = Zentralwert. K = Knaben, M = Mädchen

	1		2		3		4		5		
	li	re	li	re	li	re	li	re	li	re	
K	0	0	33	33	48	51	70	75	119	128	K
	10	10	39	40	50	56	66	84	105	160	M
1. P	15	16	42	46	59	65	75	83	134	135	K
	6	14	36	45	50	64	66	86	90	157	M
2. P	17	21	50	57	63	75	74	88	130	155	K
	24	30	48	57	62	73	79	96	128	128	M
3. P	33	27	64	72	78	92	88	108	116	145	K
	33	39	62	70	76	84	86	102	110	128	M
4. P	26	35	67	77	84	92	91	108	115	137	K
	17	30	62	67	75	84	87	98	114	126	M
5. P	31	39	64	70	80	89	90	100	136	127	K
	25	34	60	69	75	88	83	101	117	136	M
6. P	21	26	60	69	74	83	87	100	114	122	K
	32	27	59	69	75	85	82	97	104	128	M
7. P	10	26	48	66	78	85	94	100	116	135	K
	32	44	65	75	76	88	87	99	113	131	M
8. P	16	18	57	65	71	81	87	100	109	130	K
	0	24	60	64	66	74	84	96	112	122	M
1. S	30	24	58	60	72	77	86	93	113	128	K
	40	25	70	75	81	93	88	103	103	126	M
2. S	16	38	67	75	77	89	89	104	126	124	K
	37	12	64	71	73	82	89	100	116	128	M
3. S	27	20	66	66	76	82	86	100	105	126	K
	35	47	70	75	78	90	88	106	108	127	M

Das Verhältnis von linker und rechter Kronenhälfte bleibt in allen Lebensaltern auffallend konstant und beträgt im Mittel 10:11,3, d.h. die rechte Kronenhälfte ist durchschnittlich 1,13mal breiter als die linke.

Tabelle K

	Breite		Höhe		Verhältnis	
	Knaben	Mädchen	Knaben	Mädchen	Knaben	Mädchen
K	101	103	60	71	10 : 6	10 : 7
1. P	128	110	91	88	10 : 7,1	10 : 8
2. P	143	137	103	95	10 : 7,2	10 : 7
3. P	174	161	125	98	10 : 7,2	10 : 6
4. P	181	160	114	112	10 : 6,3	10 : 7
5. P	169	161	122	113	10 : 7,2	10 : 7
6. P	158	160	117	105	10 : 7,4	10 : 6,6
7. P	169	167	115	117	10 : 6,8	10 : 6,9
8. P	155	143	111	93	10 : 7,4	10 : 6,4
1. S	151	170	118	120	10 : 7,8	10 : 7
2. S	165	159	137	115	10 : 8,3	10 : 7,2
3. S	162	166	120	120	10 : 7,4	10 : 7,2

Durchschnitt 10 : 7

Das Verhältnis von Kronenbreite zur Kronenhöhe

Die Tabelle K zeigt eindeutig, daß das Verhältnis mit geringen Schwankungen im Mittel 10:7 beträgt, d. h. die Kronenhöhe beträgt 0,7 im Verhältnis zur Kronenbreite. Das Merkmal bleibt ziemlich konstant.

Der Normalbaum

Die statistischen Grundlagen zur Konstruktion des Normalbaumes sind damit zusammengetragen. Sie ergeben folgendes Bild:

	Stammhöhe	Kronenhöhe	Alter
Kindergarten	21,5	10	6– 7 Jahre
Debile	12,5	10	8–17 Jahre
Primarschüler	10,4	10	8–15 Jahre
Sekundarschüler	6,7	10	14–16 Jahre

Rechte Kronenhälfte: 1,13mal linke Hälfte
Kronenhöhe: 0,7mal Kronenbreite

Tafel L
Der Normalbaum: A=Kindergartenschüler, B=Debile, C=Primarschüler, D=Sekundarschüler

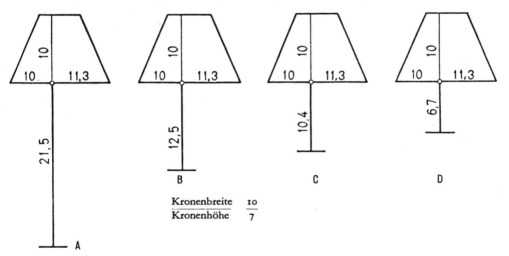

Links- und rechtshändiges Zeichnen

Die Frage, ob sich nicht alle Proportionen beim Linkshänder verändern, ist nicht leicht zu beantworten. Erstens ist zu unterscheiden zwischen Linkshändern, die rechtshändig und solchen, die linkshändig zeichnen. Das letztere wird verhältnismäßig häufig beobachtet. Unter den Linkshändern hat es wiederum echte und unechte, oft auch zwangsweise durch Unfall oder Lähmung links Gewordene.

Unter einigen Dutzend linksgezeichneten Bäumen war ein Unterschied gegenüber den Rechtshändern nicht nachzuweisen. Die Ausweichmöglichkeit beim Zeichnen gelingt besser als beim Schreiben. Das dem Baum zugrundeliegende Leitbild ist nicht allein oder nur zum geringsten Teil von der Hand bestimmt, sondern vom ganzen Menschen. Wenn Linkshändigkeit mit Links-Person zusammenhängen würde, Rechtshändigkeit aber mit Rechts-Person, so wäre alles recht einfach. Indessen bewegen sich viele Rechtshänder ausgiebig in linksseitigen Seelenbezirken und umgekehrt. Die Ausdruckskraft des Seelischen ist stärker als eine nervöse Steuerung. Immerhin: Wenn einmal gut hundert linkshändig gezeichnete Bäume genau untersucht werden können, wird man vielleicht eine leichte Verschiebung feststellen. Ob Linkshänder spiegelbildliche Darstellungen liefern, was an sich möglich ist, kann an der relativ geringen Zahl der Fälle nicht nachgewiesen werden. (Man beachte dazu die Ausführungen über die links- und rechtsschräge Lage Seite 180.)

Abhängigkeit vom Zeichenfeld

Es wird häufig eingewendet, das hochgestellte Rechteck des Formates A 4, wie es empfohlen wird, suggeriere das Zeichnen eines in die Länge oder Höhe gestreckten Baumes. Richtiger sei ein quadratisches Format. Aus der Tafel L ist leicht ersichtlich, daß ein Baum höher ist als breit und somit eher in ein Rechteck als in ein Quadrat gestellt werden kann. Die quadratische Form müßte den Baum drücken und breitdrücken. Das passiert allerdings nicht, weil der Zeichner in dem, was er auszudrücken hat, nur sehr bedingt vom Feld, in das er zeichnet, bestimmt wird, sondern von seinem eigenen seelischen Raum.

Manche Zeichner stellen das Blatt quer auf die Breitseite. Dahinter viel mehr zu suchen als ein Schuß Eigenwilligkeit, wie er beim Abdrehen des hochkant hingelegten Blattes demonstriert wird, scheint zu gewagt. Die Ausdrucksprobleme liegen viel weniger in den äußeren Bedingungen, die man allerdings nicht übersehen darf, sondern tiefer.

Vom Sinn der Entwicklungsreihen

Die Begabung: Der Baumtest ist kein Intelligenztest, sowenig wie es der Rorschachtest ist, obwohl es auch dort gelingt, aus einigen Faktoren den Intelligenzgrad abzuschätzen. Eine kurze Zusammenstellung einiger Merkmale sagt mehr als viele Worte. Ohne Intelligenzprüfung sind die Schulgruppen doch ungleichen Intelligenzgraden zuzuordnen.

Merkmal	2. Sekundar	8. Primar	Debile 16 J.	Imbezille	2. Klasse Primar	Debile 9 J.
	%	%	%	%	%	%
Strichast	4,4	18,6	37	62,5	39	57
Lötstamm	0,5	0,55	13,6	28,5	37	35
Früchte	5,3	11,4	19,6	32	39	39
Raumverlagerungen	0,0	0,0	3,4	19,6	3,9	8,1
Stereotypien	0,0	0,6	0,0	25	9,6	13,5
Summen	10,2	31,2	73,6	167,1	128,5	152,6

Wir haben zwei verschiedene Lebensalter mit ihren Merkmalsanteilen aufgeführt, um die Relativität der möglichen Schlußfolgerungen zu illustrieren. Nach acht Schuljahren ist die Intelligenzentwicklung auf einen Punkt gereift, welcher als Abschluß zu werten ist, d. h. von diesem Punkt an reagiert kein Test mehr altersempfindlich (von großen Zeiträumen abgesehen).

Nach acht Schuljahren unterscheiden sich die vier Gruppen so eindeutig, daß ein Schluß auf das Intelligenzniveau naheliegt. In der zweiten Klasse (acht bis neun Jahre) sieht alles doch etwas anders aus. Die beiden Gruppen sind zwar in Einzelheiten und in den Summen verschieden, aber nicht in jedem Merkmal. Vor allem korrelieren die Verhältnisse zwischen den Primarschülern und Debilen nicht im gleichen Schritt. Das ist nicht erstaunlich. Der Primarschüler steht noch recht nahe bei der frühen Kindheit. Der Debile natürlich ebenso. Wir haben jedoch früher gesehen, daß der junge Debile nicht allzusehr vom Normalen abweicht im Ausdruck, aber nach einiger Zeit auf einer Primitivstufe stehenbleibt oder nur zögernd eine Entwicklung mitmacht, während der Normale kräftiger aus der Primitivstufe herauswächst.

Der Entwicklungssprung von der 2. Klasse in die 8. Klasse ist bei Normalen und Debilen ganz ungleich, beim Normalen von 128 auf 10 Summenpunkte, beim Debilen nur von 152 auf 73. Man möge aber in diesen Zahlen nicht mehr als Gleichnisse sehen.

Offensichtlich besteht ein gewisser Zusammenhang zwischen den Frühformen und der Begabungshöhe. Der Tatbestand der *Entwicklungshemmung* beim Schwachbegabten besagt, daß sich bestimmte geistige und seelische Funktionen nicht oder nur wenig entwickelt haben, genauer, daß sich auch weniger Erfahrungsmaterial assimilieren konnte und damit nur spärliche Ideen- und Begriffsbildungen entstehen.

Der Zusammenhang zwischen dem Ausdruck erwachsener Geistesschwacher und von normalen jungen Kindern ist stellenweise auffallend und könnte leicht zu bekannten Analogiebildungen führen: der Imbezille steht auf der Stufe eines x-jährigen normalen Kindes; das Verfahren vereinfacht die Wirklichkeit zu sehr. Das normale Kind besitzt auf jeder Stufe eine Lernfähigkeit, vor allem eine Entwicklungsmöglichkeit und Lebendigkeit, die beim Geistesschwachen auf keiner Stufe gleich ist.

Der sichtbare ähnliche oder sogar sehr übereinstimmende Ausdruck besagt nicht unbedingt, daß dieser auf übereinstimmende Gegebenheiten zurückzuführen ist, wohl aber, daß sich unterscheidbare seelische Zustände, welche von einem übergeordneten Standpunkt aus einen gemeinsamen Nenner haben, sich desselben Ausdruckes bedienen können.

Das wird im folgenden zu beweisen sein. Wir ziehen zum weitern Verständnis den Kreis weiter und behaupten vorläufig, daß sich manche neurotischen oder sonstigen Konflikte eines graphischen Ausdruckes bedienen, in welchem die sogenannten Frühformen nochmals eine wesentliche Rolle spielen.

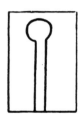

Die abgebildete Baumzeichnung mit überlangem Stamm und kleiner Pilzkrone mit der Stammbasis auf dem Blattrand wurde übereinstimmend gefunden

1. bei fünf- bis sechsjährigen normalen Kindern
2. bei einem fünfzehnjährigen Geistesschwachen
3. bei einem erwachsenen, intelligenten Neurotiker

Die Zeichnung Bild 10 stammt von einer Vierzigjährigen mit neurotischen Depressionen.

Sie zeichnet: Strichstamm mit intensiv schwarzer Einfärbung und Strichäste am T-Stamm.

Die Zeichnung stimmt überein mit der auf Tafel Seite 59, Nr. 4, gezeichneten Form und entspricht dem Produkt eines vier- bis sechsjährigen Kindes. Der Baum könnte ebensogut von einem Geistesschwachen gezeichnet sein.

Es trifft sich demnach, daß dieselbe Zeichnung ohne weiteres ein und derselben Entwicklungsstufe zugeordnet werden kann, während es sich in Wirklichkeit um dreierlei handelt: um den Ausdruck eines normalen Kleinkindes, eines Geistesschwachen und eines Neurotikers. Das Gemeinsame liegt im Primitivcharakter, und zwar so, daß beim Kinde « primitiv » dem Wortsinn nach « ursprünglich » oder besser « nahe beim Ursprung » bedeutet, aber dazu mit der Möglichkeit zur Entwicklung ausgestattet. Beim Geistesschwachen sprechen wir von Entwicklungshemmung und stellen vorläufig nur fest, daß er als Erwachsener teilweise nicht über den Punkt hinausgekommen ist, an dem sich das normale Kind « ursprünglich », also am Anfang, befunden hat. Der Geistesschwache steht also « am

Bild 10

Anfang », er ist dort steckengeblieben, und die Entwicklung, die er durchgemacht hat, bezeichnet meist nicht viel mehr als eine Spanne, die im wesentlichen nicht oder nur teilweise aus dem Primitiven herausführt. Dabei wird niemand abstreiten, daß die vorwiegend auf Gehirnschädigung beruhende Geistesschwäche nicht Raum ließe für die Entwicklung von einzelnen Fähigkeiten, denen oft Teilausfälle gegenüberstehen, die sich im Gesamtkonzert der Fähigkeiten und Anlagen störend bemerkbar machen. Demgegenüber handelt es sich bei der Neurose um etwas völlig Verschiedenartiges.

In der Neurose können *unter anderem* « stammes- und individualgeschichtlich alte Verhaltensweisen wieder aktiviert werden. Es handelt sich um die *Regression*, und dieser neue Begriff meint nichts anderes als ein Wiederaufnehmen eines Betragens, das aussieht, als hätte sich jemand noch einmal das kindlich-primitive Weltverhältnis angeeignet » (nach P. R. Hofstätter, « Einführung in die Tiefenpsychologie »).

Rätselhaft, starr, seltsam und wie von ferne her mutet jede durch Regression wiedererlebte Verhaltensweise an; « grinsend » und « tragisch » liegen in ihr fast immer dicht beieinander.

Daß die Psychoanalyse die Regression dynamisch auffaßt, zeigt eine Skizze von G. H. Graber aus seinem Werk « Seelenspiegel des Kindes », S. 152:

« Der Schüler R, zwölf Jahre alt, ein Knabe von geringer Impulsivität und geringer Rapportfähigkeit, der dazu linkisch, zerfahren, träumerisch und, was für ihn besonders bezeichnend, sehr negativistisch war, unternahm allerhand Fluchtversuche vor der Realität. Er schwänzte die Schule, ließ seine Arbeiten unbeendet liegen, zeigte sich gegen alles gelangweilt und antwortete eines Tages dem Vater auf dessen Vorwürfe mit starker Affektentladung, man solle ihn doch lieber gleich in die Irrenanstalt sperren. R begehrte aber, wie der erste Traum der Analyse zeigte, nicht nur die Flucht in den Wahnsinn, sondern die Totalregression in den Tod, hinter der der Wunsch der Wiedervereinigung mit der Mutter, der Wunsch nach dem embryonalen Dasein, sich verbarg. »

Nach C. G. Jung (« Psychologie und Alchemie », S. 97) bedeutet Regression Auflösung in die geschichtlichen, hereditären Determinanten, deren Umklammerung man sich nur mit größter Mühe entziehen kann. « Man kann sich natürlich von der Kindheit nicht befreien, ohne daß man sich ausgiebig mit ihr beschäftigt, wie man aus den Freudschen Forschungen schon lange weiß. Mit einem bloß intellektuellen Wissen ist es dabei nicht getan, sondern wirksam ist nur eine Wiedererinnerung, die zugleich ein *Wiedererleben* ist. Vieles bleibt wegen des raschen Flusses der Jahre und des überwältigenden Einströmens der eben entdeckten Welt unerledigt zurück. Davon hat man sich nicht *befreit*, sondern bloß *entfernt*. Kehrt man also aus spätern Jahren wieder zur Kindheitserinnerung zurück, so findet man dort noch lebendige Stücke der eigenen Persönlichkeit, die sich umklammernd an einen anschließen und einen mit dem Gefühl der frühern Jahre durchströmen. Jene Stücke sind aber noch im Kindheitszustand und deshalb stark und unmittelbar. Nur wenn sie mit dem erwachsenen Bewußtsein wieder verbunden werden, können sie ihren infantilen Aspekt verlieren und korrigiert werden. »

Im Zustand der Regression wirken selbst die spontanen Akte primitiv. « Der Primitive kann nicht behaupten, er denke, sondern – es denkt in ihm – » (C. G. Jung). Darin liegt die Übereinstimmung mit dem jungen Kind und mit dem geistig Entwicklungsgehemmten.

In Wirklichkeit haben wir nicht Ursache, den im Zustand der Regression Befangenen oder Entwicklungsgehemmten mit dem jungen Kinde zu vergleichen, sosehr die entsprechenden Verhaltensweisen kindlich wirken und von denen jedenfalls das Modell des Verhaltens entlehnt scheint. Vielmehr ist allen gemeinsam das Bestimmtsein vom *Unbewußten* oder umgekehrt das Bestimmtsein vom *Mangel an Bewußtsein*. Es ist der Primitive, keiner bewußten Willensanstrengung fähig, mit einer Weltschau, in der das Psychische in die Außenwelt hineinprojiziert wird, mit einer Anpassungsfähigkeit, die sich nur innerhalb seiner primitiven Welt bewährt und mit welcher er sonst in der heutigen Welt in Lagen gefährdet ist, die auf einer höhern Bewußtseinsstufe ohne weiteres zu meistern sind. Der bewußte Mensch muß anstelle des naturhaften Geschehens bewußte Entscheidungen treffen, und die Wirklichkeit, in die wir uns hineingestellt sehen, nötigt uns, « von aller unbewußten Kindhaftigkeit und Naturhaftigkeit Abschied zu nehmen » (C. G. Jung).

Finden wir in den Baumzeichnungen von Erwachsenen oder Jugendlichen Frühformen, wie sie das junge Kind zeichnet, so ist anzunehmen, daß ein Teil ihres Lebens im unbewußten Zustande verläuft. « Es gibt viele Menschen, die nur *partiell bewußt* sind. Auch unter absolut zivilisierten Europäern findet sich eine unverhältnismäßig große Anzahl von abnorm Unbewußten, bei denen ein großer Teil des Lebens im unbewußten Zustand verläuft. Sie wissen, was mit ihnen geschieht, aber sie wissen nicht, was sie tun oder sagen. Sie können über die Tragweite ihres Handelns keine Rechenschaft geben. Das sind Menschen, die abnorm unbewußt, also in einem primitiven Zustande sind » (C. G. Jung).

Das partielle Bewußtsein oder das Leben, welches partiell unbewußt abläuft, scheint in der Tat im graphischen Ausdruck in den Frühformen einen überzeugenden Niederschlag zu finden.

Ernst Kretschmer hat in seinen « Psychotherapeutischen Studien » vom Standpunkt der Konstitutionsbiologie den Begriff der *Teilretardierung* geprägt, der partiellen, unebenmäßigen Reifungshemmung, die ihre Analogie auch in Körperbaustigmen haben. Der ebenmäßig reifende Mensch sieht kein Problem im Einfügen in den Lebensraum einer Altersstufe; er verfällt jeweils ganz von selbst in die erwartete Gangart. Menschen mit überdauernden Teilinfantilismen und Teiljuvenilismen können dagegen diesen ausgeglichenen Stil nicht finden, sie haben mehr Möglichkeiten für kleine Mißverständnisse wie für tragische Konflikte, weil sie immer aus der lebenszeitlichen Rolle fallen und etwas anderes tun, als man von ihnen erwartet » (Kretschmer). Kretschmer sieht die Ursache von Neurosen weniger in frühinfantilen Erlebnissen, als daß er diese als charakteristische Symptome und Belege für die ersten Anpassungsschwierigkeiten einer neurotischen Konstitution betrachtet. Er sieht auch im Versagen teiljuvenil gebliebener Konstitutionen vor den gestuften Aufgaben markanter Lebensabschnitte – die Entzündungspunkte für typische Komplexe. Wesentlich ist die Annahme von Teilretardierungen im Sinne einer unebenmäßig entwickelten Konstitution.

Die biologische Betrachtungsweise hat den bestechenden Vorteil, für die unmittelbaren Bedürfnisse praktisch-diagnostischer Arbeit einleuchtend brauchbar zu sein. Trotzdem darf dies nicht hingenommen werden, ohne die kritische Bemerkung C. G. Jungs: « Wer mit biologischer Voraussetzung ins Unbewußte eindringt, bleibt in der Triebsphäre stecken und kann nicht darüber hinaus, sondern nur immer wieder in die physische Existenz zurück. »

Es kann nicht unsere Aufgabe sein, eine bestimmte Psychologie zu entwickeln, sondern wir sehen uns wie alle Praktiker gezwungen, zum Verständnis dessen, was sich uns als Erscheinung in der Praxis darbietet, auf bestehende Psychologien zurückzugreifen, wobei wir sehr wohl die Verantwortung empfinden für die Schwere der Wahl, indem es nun doch nicht ganz gleichgültig ist, welches Menschenbild wir unserer Arbeit zugrunde legen. Wir können indessen nicht über Erkenntnisse hinweggehen, die sich aus der Arbeit mit einem Test ergeben. Gewiß lassen sich viele Fälle, die im zeichnerischen Ausdruck Frühformen aufweisen, mit der biologischen Betrachtungsweise verstehen. Doch steht dem die Tatsache der relativ leichten Auslösbarkeit dieser Symptome entgegen. Dies trifft besonders zu bei einer Veränderung des Themas, des Motivs und des Inhaltes.

Die Frage nach der Entwicklung hat uns in das Spannungsfeld vom Bewußtsein und Unbewußten geführt. Mit Absicht lassen wir stehen, was nicht auf einen Nenner zu bringen ist. Die Frage, ob im regressiven Zustand das biologische Manko oder die entfernte nicht erledigte Kindheit oder das Unbewußte-Primitive wirksam ist, lassen wir offen in der Meinung, daß es uns nicht zusteht, darüber generell zu entscheiden. Es kann sich nur darum handeln, Möglichkeiten zum Verständnis der beim Baumzeichnen auffallenden Frühformen aufzuzeigen, da diese beim Jugendlichen und Erwachsenen immerhin auf ein Ursprüngliches und Entferntes hindeuten, das in einen gespannten Gegensatz geraten kann mit der entwickelten Seite des Bewußtseins, des Charakters, des affektiven Haushaltes.

Ein Beitrag zur Regression

Am 7. Dezember 1952 wurde mit dem Vl E. Widrig folgendes Experiment vereinbart: Die 21jährige Versuchsperson soll in der Hypnose die Suggestion bekommen, sie sei 20 Jahre alt, dann 19, 18 bis herunter auf 2 Jahre, wobei in jeder Altersstufe ein Obstbaum zu zeichnen ist. Gleichzeitig wurde das Protokoll aufgenommen, um durch ergänzende Fragen zu kontrollieren, wieweit der suggerierte Zustand mit der jeweiligen Wirklichkeit (die dem Vl bekannt ist) übereinstimmt.

Es hat sich nun folgendes ergeben: Das sorgfältig aufgenommene Protokoll zeigt, daß die Vp die mit dem suggerierten Alter zusammenhängenden Erlebnisse und Tatsachen genau angeben konnte und auch im beobachtbaren Verhalten in der Hypnose durchaus nichts äußerte, was nicht zum betreffenden Abschnitt gepaßt hätte. In diesem Sinne schien die wiedererlebte Phase völlig mit der chronologischen Zeit übereinzustimmen.

Die Baumzeichnungen hingegen zeigten ganz unerwartet ein Bild, welches nur teilweise zu den suggerierten Altersstufen passen wollte. Mit 20 Jahren wird ein normaler, stark der Wirklichkeit entsprechender Baum gezeichnet. Mit 19 Jahren treten bereits Strichäste auf, mit 18 Jahren entsteht eine Ballonkrone, mit 17 Strichäste und ein einziger kräftiger Doppelstrichast, nachher nur noch Strichäste, mit 9 Jahren Strichäste und Lötstamm, mit 8 ein Winkelastbaum, mit 7 ein Strichstamm mit Winkelästen und schwarzen Früchten, worauf die Entwicklung «normal» absteigt und mit 2 Jahren neben auf und ab fahrender und kreisender Kritzelei ein kräftiges Kreuz gezeichnet wird, welches den Baum darstellen soll. Der Versuch wurde tags darauf umgekehrt. Das Ergebnis ist auf Seite 52 dargestellt. Gegenüber dem zweiten Versuch, in welchem aufsteigend vom 2. Jahre an um je 1 Jahr nach oben gerückt wurde, ergeben sich merkwürdige Unterschiede. Die Vp reagiert im absteigenden Modus in der Spanne von 9 bis 3 Jahren um gut ein Jahr verspätet gegenüber dem aufsteigenden Vorgehen. Mit 2 Jahren reagiert sie aber um 1 Jahr zu früh gegenüber dem aufsteigenden Vorgehen, abgesehen davon, daß es kaum möglich ist, mit 2 Jahren die Aufgabe wirklich zu verstehen und auszuführen. Mit 12 Jahren entsteht beim absteigenden Modus der Ausdruck, welcher in der aufsteigenden Linie erst mit 14 Jahren entsteht. Daß mit 19 Jahren bereits ein Strichast entsteht, der abwärts beibehalten wird, während er bei aufsteigendem Vorgehen im 9. Jahr bereits verschwunden ist, berührt höchst merkwürdig, um so mehr, als die Vp nicht die geringste Indisposition zeigt. Die Verhältnisse sind also verschoben und unwahrscheinlich mit der Realität übereinstimmend. Es lassen sich zwar alle Phasen, auch die puberalen, im Ausdruck nachweisen, und die Frühformen stimmen mit denjenigen des zweiten Versuches überein, wenn von der zeitlichen Verschiebung Abstand genommen wird.

Bei der Suggestion mit absteigender Stufung erscheint der Strichast im 19. Jahr, also im Abstand von 2 Jahren vom wirklichen Alter der Vp, bei aufsteigender Stufung ist der Strichast mit 9 Jahren verschwunden. Das heißt: mit 19 Jahren erscheint eine Frühform, und man ist versucht, von einer Regression zu reden. Dabei ist kein kindlicher Zustand, überhaupt keine besondere Stimmungslage suggeriert worden.

Offensichtlich liegt in der Methode, die Lebensalter von oben nach unten zu suggerieren, eine zweite Suggestion mit enthalten. Das Unbewußte versteht nämlich die Befehle auf eine merkwürdig schematische und zugleich genaue Weise. Die Suggestionen: «Du bist nun 19 Jahre alt...» und «Nun bist du 18 Jahre alt...» usw. werden vom Unbewußten offensichtlich verstanden als: «Gehe zurück.» Diese nicht direkt suggerierte, aber in der Suggestion mitenthaltene Formel löst sehr rasch den Regressionsweg aus. Das nacheinander geübte Zurückversetzen in frühere Erlebniszustände genügt also vollkommen, um das Regressionsmerkmal in der Zeichnung auszulösen.

Freilich läßt sich einwenden, das Zurückversetzen auf 20 und dann auf 19 Jahre könne nicht ein Symptom hervorrufen, welches sonst auf einer viel tiefern Stufe erscheinen müßte. Uns scheint hier folgendes vorzuliegen: Die Erlebnisstufen der verschiedenen Jahre, also die gestaffelte Geschichte der Vp in Querschnitten, die keine undurchdringlichen Wände bedeuten, können von der Mitsuggestion «gehe zurück» ohne weiteres durchbrochen werden. Wenn ich eine Kugel fallen lasse, meinetwegen durch ungleich dichte Luft- oder Flüssigkeitsschichten, so kann sie zwar im Fall je nach dem spezifischen Widerstand der Schicht gebremst, aber nicht aufgehalten werden; sie fällt bis auf den Grund, wohin sie nach dem Befehl «falle» hin soll. Umgekehrt steigt keine Kugel von selbst eine Treppe hinauf; man wird sie von Stufe zu Stufe heben müssen, und sie wird auf jener Stufe anhalten, wo man sie hinsetzt. Im gleichen Sinne scheint eine Suggestion in aufsteigender Staffelung nichts von einem Zustand vorwegzunehmen, der erst in einer folgenden Stufe entsteht. Suggeriere ich aber nach unten 20... 19... 18 Jahre, so löst dies eine Regression aus. Etwas vom Bewußtsein setzt aus und provoziert eine tiefere, primitivere Schicht und fällt auf diese herunter.

Der Versuch zeigt überdies, daß eine Regression die innere Ordnung aus dem Konzept bringt; es treten Verschiebungen auf, und die ganze innere Haushaltung kommt ein wenig in Unordnung.

Überdies zeigt der Versuch, wie wenig es braucht, um regressive Prozesse auszulösen. Solche braucht man sich gar nicht so massiv vorzustellen, wie der Psychotherapeut es tut. Es ist doch viel wahrscheinlicher, daß diese Prozesse Anteil haben an allen affektiven Veränderungen und die Regression in dosierter Stärke mit zur Mixtur des affektiven Haushaltes gehört, was mit den im folgenden beschriebenen Versuchen hinlänglich bewiesen wird.

Regressive Symptome

E. Benjamin hat im «Lehrbuch der Psychopathologie des Kindesalters» (Rotapfelverlag, Erlenbach-Zürich 1938) für das Kind Verhaltensweisen angegeben, die in Beziehung zu den regressiven Reaktionen stehen:

Negativ			*Positiv*
unruhig	anspruchsvoll gegen-	zärtlich	kindlich-harmlos
verspielt	über Angehörigen	läppisch	zugreifend
ohne Pflichtgefühl	albern	umtriebig	übermütig
sprunghaft	unstet	undiszipliniert	zärtlich
haltlos	bummelig	schlapp	vertrauensvoll
hemmungslos	passiv-bestimmbar	zerfahren	ohne lange Überlegung
launenhaft	schmutzig	geschwätzig	freundlich-heiter
verlogen	ohne Gefühl für frem-	unanständig	phantasievoll
aufdringlich	des Eigentum	eifersüchtig	
übertrieben	undankbar	wehleidig	

Oder anders: Wenn das Kind von der flüssigen Nahrung nicht loskommt. Stürmisches Verlangen nach der körperlichen Nähe der Mutter oder Pflegerin.
Wenn es sich der Erziehung zur Reinlichkeit widersetzt.

Später: Sprunghafte Unruhe, läppische Albernheit und Unernst, naive Selbstsucht. Imponieren gegenüber Jüngern oder Schutz suchen bei Ältern. Unselbständigkeit und Bindung an die Mutter. Tyrann seiner Mutter.

In der Schule: kleinkindhaft-spielerisch, Mangel an Ernst, Verständnislosigkeit für den kategorischen Imperativ der Pflicht. Konzentrationsunfähigkeit und motorische Unruhe.

Bei Verwahrlosung: Neigung zu Lügereien und zu Wutausbrüchen, kurzschlüssige Affekthandlungen, Haltlosigkeit, Leichtsinnsvergehen, Streunerei und Vagabondage, rücksichtsloser Egoismus. Mangelnder Sinn für Ordnung und Sauberkeit. Freude an Tierquälerei. Unharmonische Entwicklung der Geschlechtstriebe, z. B. exzessive Masturbation.

Symptome, die auf Regressionsreaktion beruhen:

Der Tic (krampfhaftes Zucken mit den Augenlidern, Räuspertic, Schnüffel-Schnalz-Tic, Tic der Gesichtsmuskulatur, der Arme und Beine.

Enruresis und Enkopresis (Bettnässen und Einkoten), soweit es nicht auf organischen Mängeln beruht.

Verzögerte Sprachentwicklung.

Motorische Unruhe, Konzentrationsschwäche, motorische Rückständigkeiten.

Max Pulver (aus unveröffentlichten Vorlesungen) hat die Merkmale des Infantilismus aufgezeichnet, die weitgehend mit Regressionsmerkmalen übereinstimmen:

1. *Verantwortungsscheu*: Verantwortungsunfähigkeit. Mangelnde Gesamtreife.
2. *Mangel an Weitblick*: In gewisser Hinsicht ein Augenblicksmensch, stimmungslabil, am Einzelnen haftend. Unfähigkeit, das Ganze zu erfassen. Das Gefühl für die Tragweite einer Sache fehlt.
   Der reife Mensch hat etwas wie ein Verantwortungsgefühl, Instinkt, Tragweite, Sinn für Zusammenhang.
3. *Ichüberschätzung*. Folgen: Verzerrung der Realität. Unmöglichkeit, andere Menschen zu verstehen. Verkümmerung der Fähigkeit, sich den Gegenständen zu nähern.
4. *Unvermögen im Sexuellen und Erotischen*: Zerstörungsdrang. Die Neigung, den andern aufzufressen. Akte der Willkür.
5. *Parasitäre Züge*: Das naive Ansichnehmen, Fürsichnehmen, Gier, Einmischung, Spionieren.
6. *Unwahrhaftigkeit*: Grundmanko der Realität gegenüber.

Pulver hat immer wieder darauf hingewiesen, daß Infantilismen Leistungen verhindern. Tatsächlich steckt hinter mancher sogenannten Faulheit ein retardierender regressiver Zug und bildet den Schlüssel zu vielen Versagern, die es nach ihrer Intelligenz nicht sein müßten.

Versuche über den graphischen Ausdruck

Die gegenstandsfreie Linie

Die Baumzeichnung ist ein geeignetes Ausdrucksfeld für seelische Zustände. Die Graphologie hat hinlänglich bewiesen, wie ein persönlicher Ausdruck in das Schriftgerüst einfließen und von da aus wieder gedeutet werden kann. Auf welche Weise derselbe Prozeß im Baumzeichenversuch spielt, sollen die folgenden Versuche zeigen, wobei wir vorerst auf die Arbeit von Reinhard *Krauß* « Über graphischen Ausdruck » bzw. über das Erzeugen und Ausdeuten von gegenstandsfreien Linien zurückgreifen.

« Gegenstandsfrei ist eine Linie, welche weder durch eine Buchstabenform noch durch ein Ornament, also etwas Gesetzmäßiges noch gegenständlich Gezeichnetes darstellt, sondern lediglich ein freier, an keinerlei Gesetz oder Vorbild gebundener Linienzug sein soll » (Krauß).

Die Versuchspersonen werden veranlaßt, sich etwa in den Zustand einer fröhlichen Stimmung hineinzuversetzen und aus diesem Zustand heraus eine Linie zu zeichnen, ohne zu denken, wie diese Linie aussehen sollte, welche Fröhlichkeit ausdrückt. Auf solche Weise entstehen treffliche Bilder, welche einen seelischen Zustand ausdrücken und auch bei einer Beurteilung und Zuordnung als Ausdruck bestimmter seelischer Zustände erkannt werden.

Versuchen wir, etwa den Zustand der Zerstreutheit auf diese Weise gegenstandslos auszudrücken, so entstehen auf dem Papier zerstreut Punkte oder Strichlein, die keinen zentralen Bezugspunkt aufweisen. Konzentration hingegen wird etwa durch einen einzigen Punkt, vielleicht auch durch eine eng gerollte Spirale dargestellt – alles konzentriert sich, verdichtet sich, während in der Zerstreutheit alles gelockert, abgelöst und ungeordnet wird. Solche Bilder können direkt in die Zeichnung der Baumkrone hineinprojiziert werden: die Zweige sind nicht mehr am Ast gebunden, sondern wie abgeflogen, in der Luft schwebend, abgelöst; Ast und Zweig sind an der natürlichen Verbindungsstelle unterbrochen. Oder: in einer Ballonkrone entsteht ein Gewirr von durcheinandergewirbelten Punkten, die oft einer genauen Reproduktion der oben beschriebenen Bilder ähnlich sehen. Tatsächlich registriert die Baumzeichnung Zerstreutheit recht genau. Was in der Graphologie der Handschrift guten Beobachtern entlang dem Schriftband auffällt, wird beim Baum vergrößert und als fast reiner Ausdruck anschaulich gemacht.

Aus einem Versuch seien drei gegenstandsfreie Linien herausgegriffen, welche drei verschiedene Versuchspersonen « im Zustand der *Wut* » gezeichnet haben.

Offensichtlich wird « Wut » von jeder Vp auf etwas verschiedene Weise ausgedrückt, und die Merkmale sind zusammengefaßt folgende:

Starker Druck und starke Druckunterschiede, Dichtigkeit *a*, Unregelmäßigkeit *b* in bezug auf Größe und Weite, Erweiterung und Ansteigen der Linie nach

 Bild 11a

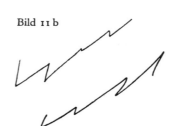 Bild 11b

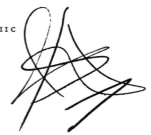 Bild 11c

 Bild 11d

oben, Winkelbildung, oder in *c*: Richtungswechsel, Unterbrechung der Linie, Durchstreichung und Desorganisierung, Wechsel von Rundung und Winkel. Alle Proben sind durchwegs sehr rasch zustande gekommen, also mit schnellem Tempo.

Bild *d* zeigt einen Baum, den eine andere Vp «im Zustand der Wut» gezeichnet hat. Es hält nicht schwer, eine Übereinstimmung zwischen dem Ausdruck im Baum und im Bild *c* zu finden, obwohl die Bilder nicht gleichzeitig entstanden sind und der Baum von einem Franzosen, die gegenstandsfreie Linie jedoch von einem Deutschschweizer stammt. In der Baumzeichnung fällt auf: die ansteigende Bodenlinie, ähnlich wie bei *b*, ferner Ablösung des Stammes von der Bodenlinie, unten und oben offener Stamm und Darstellung der Krone in Strichastmanier.

Versuche in der Hypnose

Die folgenden Proben sind von der Vp R in der Hypnose mit der Suggestion: «Du bist in einer fürchterlichen Wut» gezeichnet worden. Die Vp zeichnet im normalen Zustand Bäume mit kräftigen Doppelstrichästen ohne jede Unterbrechung. Die Bodenlinie gehört sozusagen zum festen Bestand in den Zeichnungen von R.

Wut bedeutet wohl einen Zustand höchster affektiver Spannung, welche teils zur plötzlichen Entladung führt, teils, bis zur ohnmächtigen Wut gesteigert, den Affekt blockiert.

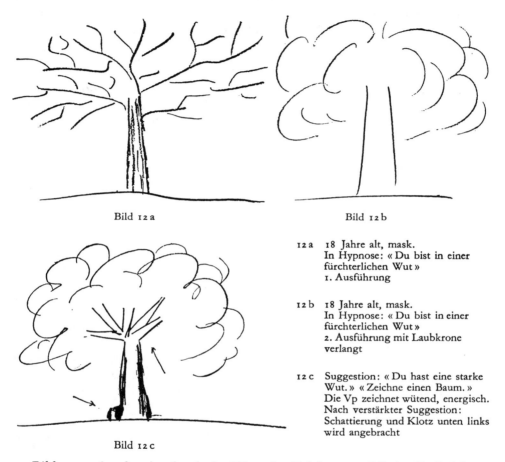

Bild 12a

Bild 12b

Bild 12c

12a 18 Jahre alt, mask.
In Hypnose: « Du bist in einer fürchterlichen Wut »
1. Ausführung

12b 18 Jahre alt, mask.
In Hypnose: « Du bist in einer fürchterlichen Wut »
2. Ausführung mit Laubkrone verlangt

12c Suggestion: « Du hast eine starke Wut. » « Zeichne einen Baum. »
Die Vp zeichnet wütend, energisch. Nach verstärkter Suggestion: Schattierung und Klotz unten links wird angebracht

Bild 12a zeigt den Ausdruck der Wut: der Zeichner verfällt in die Strichastmanier, was einer Frühform entspricht und wohl darauf hindeutet, daß im Zustand der Wut eine Primitivschicht wirksam wird, auf die auch der Sprachgebrauch hinweist: « Es hat ihn. » Der Zeichner wird von der Wut beherrscht. (Immerhin soll es auch einen heiligen Zorn geben.) Die Regression auf den Primitivzustand ist durchaus glaubhaft. Die Zweige sind losgelöst gezeichnet, alles springt aus dem Leim und aus den Fugen, die Bindung ist aufgehoben und die Disziplin, die Selbstbeherrschung durchbrochen. Der Druck ist gesteigert, der Baum wird hoch hinaufgesetzt und stößt an den Blattrand, sprengt also den Rahmen des konventionellen Abstandes, der Wütende verliert die Distanz; zugleich weitet sich die Krone nach beiden Seiten, « geht auseinander », « platzt », «zerspringt». Am Stamm wird borkige, rauhe Rinde gezeichnet: die Empfindlichkeit steigt an, der Wütende reibt sich an der Umgebung, wird gereizt und reagiert reizbar, die Stammlinie ist ebenfalls unterbrochen gezeichnet, schnell, kurzatmig, sprunghaft und zersprungen. Der Stamm aber ist oben offen und hebt sich an der Basis einseitig vom Boden ab. Das offene Rohr wird zum Geschützrohr, aus dem sich das Primitive entladen kann, und zwar ungehemmt, explosionsartig. Die Schnelligkeit, mit welcher der Schuß losgeht, läßt natürlich keine Zeit zum gemütlichen Gestalten der Krone, der Strichast geht für die schnellste Ausdrucksweise.

In der Ausführung 12b wurde eine Laubkrone verlangt. Die Konturen streben auseinander, sind unterbrochen, der Druck ist kräftig und der Strich zugleich flüssig. Die Krone findet zuwenig Platz und wird über den Blattrand hinausgezeichnet. Die zentrifugalen Kräfte führen zum Bersten.

Die Ausführung 12c erfolgt unter etwas verstärkter Suggestion. Das Bild verändert sich. Die Laubkrone mit ihren geschwungenen Konturen strebt noch mehr auseinander. In der Mitte entsteht ein Leerraum, und vom Stamm zweigen nun fünf Röhrenäste nach allen Seiten, teils nach vorne etwas zulaufend, teils breiter werdend und damit das Ungehemmte noch stärker betonend. Bis dahin erscheint die Wut noch als sich entladende Spannung.

Die Suggestion wird nun nochmals verstärkt, und nun bringt die Vp am Stamm eine kräftige Schattierung an und zeichnet links an der Stammbasis einen Klotz. Was vorher nach außen drängte, konzentriert sich jetzt und lagert sich um in Intensität und Krampf. Die Wut wird zur ohnmächtigen Wut, der Affekt ist nun blockiert. Der Wütende schreit nicht mehr, denn es verschlägt ihm die Stimme.

Das Beispiel mag zeigen, wie ein und derselbe Zustand je nach Stärke den Ausdruck verändert. Aus der gesteigerten Lösung und Entladung mit allen Anzeichen des Auseinanderstrebens im gewöhnlichen Zustand der Wut entsteht in der Steigerung auf das Maximum genau das Gegenteil: die Konzentration, das enge Scharren am gleichen Fleck, zuletzt die Blockierung als Ausdruck des Unvermögens, sich überhaupt noch zu bewegen. Ein ähnlicher Verhaltenswandel ist in den verschiedenen Graden von Zuständen der Angst zu beobachten.

Schon bei der Betrachtung der gegenstandsfreien Bilder «Wut» sind verschiedene Formen und Grade von Wut aufgefallen. Offensichtlich ist der Ausdruck von Wut bestimmt durch die Intensität des Affektes und zudem vermischt mit dem persönlichen Ausdruck, d. h. Wut hat zwar überall ein Gemeinsames und jedesmal noch eine individuelle Färbung.

Die bloß schematische Betrachtung eines graphischen Ausdruckes hat offensichtlich etwas Gefährliches an sich, wenn der Diagnostiker im charakterologischen Denken ungeübt ist – oder nicht willens, aus dem Ausdruck selber zu lernen.

Das beschriebene Experiment gibt Hinweise zum Verständnis des affektiven Ausdrucks und affektiver Zustände. Dort, wo die affektive Erregbarkeit zum Bestandteil des z. B. cholerischen Temperamentes wird, mögen solche Untersuchungen wertvolle diagnostische Hinweise geben, ohne daß damit behauptet wird, Jähzorn müßte sich auf die eben beschriebene Weise ausdrücken. Nur ein

Punkt fällt in diesem Zusammenhang doch auf: Es gibt erstaunlich viele Fälle von Jähzornigen, welche gar keinen graphischen Ausdruck haben, welcher einen Analogieschluß erlaubt. Hingegen finden wir die recht erstaunliche Tatsache, daß sehr viele dieser gelegentlich zum Jähzorn neigenden Menschen in der Zeichnung unter anderm Frühformen aufweisen. Sie besitzen damit zwar sozusagen ein Loch, aus welchem das Primitive aufsteigen kann, doch ist diese Erklärung ungenügend. Vielmehr entsteht zwischen der frühen unbewußten und der reifen bewußten Schicht eine Spannung und ein Unbehagen an sich selbst, die, durch nichts Äußeres motiviert, dem Träger unverständlich erscheinen. Die Spannung führt zur Entladung. Man beachte nur einmal den Ausdruck während der Pubertätsphase, welcher den Widerstreit von Bewußtem und Unbewußtem geradezu eindringlich demonstriert. Die Steigerung der Erregbarkeit in diesem Alter ist demnach sehr wohl zu verstehen und kann an den Baumzeichnungen verfolgt werden.

Wir werden in immer neuen Abwandlungen das Verhältnis von Frühform und reifer Form oder das Verhältnis vom Unbewußten (das die Beziehung zum Bewußtsein nicht hat) und dem Bewußten oder das Verhältnis von Retardierung und Reife bei ein und derselben Person studieren müssen. Diese Polarität ungleicher Reifezustände wird zu einem der wichtigsten Verständnishilfen für viele Fälle und Zustände, die uns Schwierigkeiten bereiten.

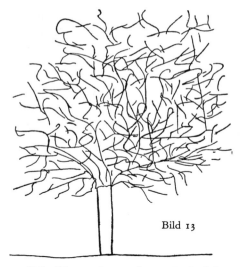

Bild 13

« *Betrüger, Aufschneider und Lügner* » heißt die Suggestion zum folgenden Versuch in der Hypnose. Die Vp zeichnet oberflächlich, lächelnd, hinwerfend. Nach vertiefter Suggestion baut die Vp die Krone noch weiter nach oben aus (Bild 13).

Es entsteht ein parallel verlaufender Stamm, oben geschlossen und damit als Lötstamm charakterisiert. Die Stammbasis ist gerade. (Die Vp zeichnet im Wachzustand den Stamm völlig anders.)

Die Krone imponiert mit Strichästen und einem krausen Liniengewirr. Das Durcheinander läßt jede Strukturierung vermissen. Die Krone ist deutlich nach rechts verlagert und ist mehr als doppelt so hoch wie der Stamm. Die Bodenlinie kommt als Requisit der Vp mit auf die Zeichnung.

Der Baum ist praktisch aus lauter Frühformen zusammengesetzt. Die Krone ist nicht nur in ihrem Größenverhältnis zu betrachten, sondern schweift in die Höhe und besitzt etwas von der schweifenden Fahne auf Fig. 27 auf der Tabelle der Frühformen.

Betrug und Lüge sind nun allerdings Bezeichnungen für moralische Verhaltensweisen, welche einen charakterologischen Hintergrund haben. Das Delikt kann wohl auf recht verschiedenartigen Hintergründen und Motiven zustande kommen. Entkleidet man den Tatbestand vom moralischen Aspekt, über den der Psychologe nicht zu befinden hat, so verbleibt wohl eine recht unwirkliche Welt. Lügen heißt etwas sagen, was nicht wahr ist, und Betrügen heißt etwas vortäuschen, was nicht existiert. Alles ist Schein statt Wirklichkeit. Lügen und Betrügen ist die Kunst, mit nichts ein Vorhandenes vorzutäuschen.

Der Suggestion wurde kein Motiv oder Ziel untergeschoben. Es heißt also nicht, « du lügst, weil du Angst hast vor dem Vater » oder dergleichen. Damit könnte nämlich die Angst das Zentrale und die Lüge ein Symptom der Angst sein. Hier aber bedeutet die Suggestion einfach Aufforderung zur Unwirklichkeit, zum Schein und zum Aufschneiden, als Prahlen. Am ehesten entspricht das Bild dem des Hochstaplers.

Die fast völlige Negierung der Wirklichkeit durch Verwendung von Frühformen (Strichast, Desorganisierung, Schweifung, Lötstamm, gerade Stammbasis) macht den Lügner nicht greifbar, er hat selbst keine Realität, alles löst sich auf, wird « Luft », Spiegelfechterei, es ist freiflottierende Unbewußtheit, die vom Restchen Bewußtsein zu einem Gaukelspiel gesteuert wird. Im parallelen Stamm kommt das Gesicht des Korrekten und Untadeligen als Maske. Der Bruch zwischen Stamm und Krone drückt das Uneigentliche der Auszeugung nochmals aus, und in der Verlagerung der Krone nach rechts haben wir den deutlichen Ausdruck des Geltungsbedürftigen, Anmaßlich-Ungenierten und Träumerischen. Nun will es die Tücke der Ausdruckskunde, daß in der Rechtsbetonung auch die Ichschwäche und Unsicherheit dargestellt ist. Wie kommt dies? Was rechts zuviel ist, erscheint links als zuwenig, und dieses Fehlende ist das Geschwächte.

Auch im Mißverhältnis von Stammhöhe und Kronenhöhe haben wir etwas Ähnliches. Wohl drückt die Überhöhung nochmals das Geltungsverlangen und das Leben in der Wunschwelt, den Größenwahn, aus. Wir kommen zudem immer mehr zur Überzeugung, daß im krassen Mißverhältnis von Stamm- und Kronenhöhe ein infantiles Merkmal enthalten ist.

Die Baumzeichnung des « Betrügers » ist zum Röntgenbild des Scheins geworden.

In den bisherigen Ausführungen ist das Problem der *Teilretardierung* und des teilweise im Unbewußten Lebenden immer wieder aufgetaucht. Wir haben uns deshalb naiv an einen Versuch in der Hypnose gewagt mit der lapidaren Suggestion: « Ein Teil deiner seelischen Anlage ist nicht entwickelt. » Man mag die Formulierung ungeschickt oder dumm nennen, aber schließlich ist sie klar und als Arbeitshypothese verwendbar. Die Vp in der Hypnose, also das Unterbewußte, versteht den Auftrag wiederum recht schematisch und etwa so: ein Teil fehlt zum Ganzen. Wir haben zugleich das Alter abgestuft: zuerst 5 Jahre, dann 10 Jahre, 15 Jahre und nachher 30 Jahre. Zum Dreißigjährigen haben wir die zusätzliche Suggestion gegeben: « Sie sind Leiter eines Betriebes mit zwanzig Angestellten und haben eine große Verantwortung zu tragen. Ein Teil Ihrer seelischen Anlage ist nicht entwickelt. » Damit wurde versucht, eine persönliche Erfahrung zu kontrollieren, die feststellt, daß ungeeignete, aber fachlich gute Vorgesetzte häufig Anzeichen von Teilretardierungen zeigen. Als Kontrolle wurde dem Dreißigjährigen dieselbe Suggestion gegeben mit der Ergänzung: « Sie sind völlig normal und gesund » (Bild 14 e).

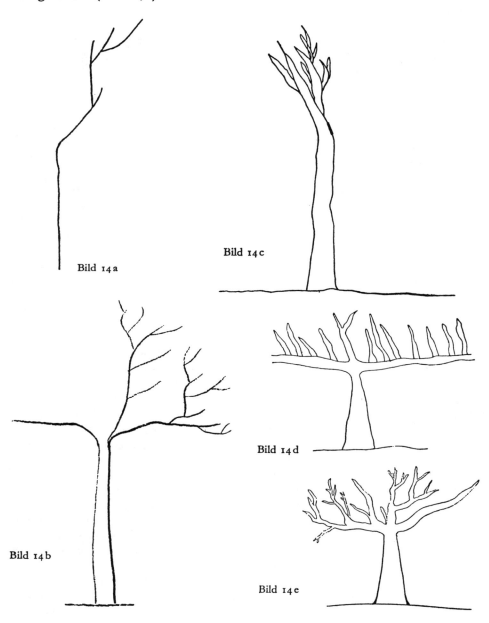

Bild 14 a

Bild 14 c

Bild 14 b

Bild 14 d

Bild 14 e

Bei Bild 14a fehlt die linke Kronenhälfte (5 Jahre), bei 14b ist der Ausfall links nicht vollständig, doch fehlt der Hauptteil. Während die Vp sonst nach dem 8. Jahr keinen Strichast mehr zeichnet, ist dieser hier mit 10 Jahren noch vorhanden, offenbar ein Hinweis darauf, daß ein Ausfall eine gewisse Regression begünstigt. Sogar die sonst immer kräftig gezogene Bodenlinie wird unterbrochen, also unvollständig ausgeführt. Im Doppelstrichstamm ist nur die rechte Seite druckbetont, die linke bleibt druckschwach. Druckschwäche ist schon bei 5 Jahren vorhanden, und sie bleibt auch beim Baum, der mit 15 Jahren gezeichnet wird. 14c, mit 15 Jahren, zeigt wiederum nur eine Kronenhälfte, doch fehlt diesmal die rechte Seite. Dies ist keineswegs suggeriert, sondern spontan entstanden. Am Punkt, wo eine Astbildung nach rechts erfolgen sollte, entsteht eine Marke, die offenbar das verhinderte Entwicklungsbedürfnis angibt. Die linke Seite ist eher kümmerlich geraten und schlecht ausgezeugt, weil eine Teilhemmung offenbar auf das Ganze übergreift. Die Umlagerung von links nach rechts dürfte mit der Pubertätsphase zusammenhängen, die im 15. Altersjahr den Willen zur Selbstgestaltung entstehen läßt, ferner die allmähliche Entstehung eines Lebensplanes (Spranger), das Streben nach Selbständigkeit im Urteil und das Streben nach Gemeinschaft. Es handelt sich um einen wichtigen Wendepunkt. Es wendet und verändert sich etwas; in der Zeichnung ist es die Lage, die sich umgewendet hat. Indessen ist die Verformung durch den Mangel auch sonst deutlich, einmal durch die schlecht entwickelte Krone und zweitens durch die übergroße Stammlänge, die einen Anteil Retardierung mit enthält. Übrigens ist der Stamm leicht eingeknickt, und man mag darin nochmals ein Anzeichen sehen für den erlebten Mangel.

Der Sprung auf 30 Jahre (14d), mit der Suggestion eine speziell große Verantwortung zu tragen, die also Tragfähigkeit voraussetzt, läßt eine überaus groteske Form des Baumes entstehen. Der Keilstamm entspricht ziemlich der Normalform in 14e. Die Seitenäste streben waagrecht, und das Blatt reicht nicht aus, sie fertigzuzeichnen. Auf diesen Armen stehen senkrechte Winkeläste; die Einseitigkeit der Astlage ist wohl die schematische Übersetzung der Suggestion: «Ein Teil ihrer seelischen Anlagen ist nicht entwickelt.» Der erlebte Teilausfall führt nun viel stärker als vorher zu einer Verbiegung der Struktur, weil die Vp per Suggestion seelisch belastet wird. Sie soll Verantwortung tragen. Der Doppelstrichast und der Keilstamm sind Ausdruck der Reife. Die Retardierung läßt aber Frühformen entstehen, die geradezu alarmierend wirken. Die waagrechte Lage der Äste (siehe Tabelle der Frühformen Nr. 1, Seite 59) ist die erste nachgewiesene Frühform des Dreijährigen (von derselben Versuchsperson gezeichnet), und der Winkelast, welcher auch in der gezeichneten Form noch ein schematischer Ausdruck ist, entsteht ungefähr mit 5 Jahren. Zudem wirkt der Baum kreuzförmig, was zwar symbolisch auch sonst richtig ist und für jeden Baum zutrifft, hier aber eine besondere Bedeutung inspiriert: der mit seinem Leiden, mit seiner Unvollkommenheit Beladene wird zum Gekreuzigten. Demgegenüber zeigt das Bild 14e den Baum des Dreißigjährigen Gesunden und Normalen, der dieselbe Verantwortung zu tragen hat. Die Krone entfaltet sich viel stärker, der Stamm ist druckbetont, und an der Basis wird dies noch verstärkt, denn wer Verantwortung trägt, «muß fest stehen». Die etwas qualligen Formen der Äste entstehen in der Hypnose als

Ermüdungserscheinungen nach längerer Versuchsdauer. Wir werden auf die Erscheinung noch zurückkommen.

Die wandspruchartigen Parolen (Kretschmer), in welche eine Suggestion gekleidet ist, sprechen offenbar den Assoziationsmechanismus in der Hypnose auf eine Weise an, die recht massiv und übertrieben sinnfällig wirkt.

So haben wir der Vp R. die Suggestion gegeben: « *Du kannst kein Gemüse essen.* Die Ärzte haben dich untersucht und festgestellt, daß deine Verdauungsorgane vollständig gesund sind, aber du kannst einfach kein Gemüse essen. » Unsere Absicht war, über den Umweg eines Symptoms den Ausdruck einer neurotischen Persönlichkeit zu bekommen. Das Ergebnis ist derart karikierend, daß nicht anzunehmen ist, ein Neurotiker könnte wirklich so etwas zeichnen, ganz einfach, weil es ihm kaum gelingen wird, seinen Zustand auf die gleiche einfache und offenbar nicht sehr überzeugende Formel zu bringen unter Ausschaltung alles dessen, was er vernünftigerweise als Leitbild für die Baumzeichnung mitbringt.

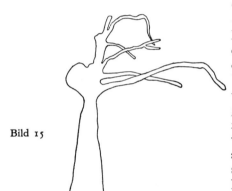

Bild 15

In der Hypnose (Bild 15) wird « kein Gemüse essen » wiederum übersetzt mit « ein Teil vom Ganzen fehlt ». Die linke Kronenhälfte fehlt. An ihrer Stelle ist ein mächtiger Kropf entstanden, eine Verdickung, wie man sie in leichtern Formen bei Krampferscheinungen und bei gewöhnlichen Verstopfungen des Darmes gezeichnet findet. Die rechte Seite ist regelrecht verkümmert. Zudem entsteht ein waagrechter Ast, drei Äste neigen nach außen, nach unten. Entmutigung zeichnet sich ab, auch die Unruhe und Unsicherheit, ausgedrückt durch die übertriebene Rechtsbetonung, die den Mangel links nicht kompensieren kann, sondern die Gleichgewichtsstörung noch verstärkt. Der Kreislauf der seelischen Kräfte ist verlagert.

Eindeutig ist folgendes: Bei allem Vorbehalt, den man gegenüber den Versuchsanordnungen geltend machen kann, scheint als gesichertes Ergebnis das: In der Hypnose äußert sich in der Zeichnung ein Mangel vorerst schematisch; wesentlicher ist die Feststellung, daß ein Ausfall die Gesamtstruktur erheblich stört und Regressions- und Retardierungsmerkmale in Erscheinung treten läßt. Diese sind die Signale und Symptome für etwas, das gleichgewichtsstörend ist. Vielleicht wird es mit der Zeit gelingen, die auslösenden Faktoren ausdrucksmäßig zu bestimmen, doch scheint die Aufgabe vorläufig wegen der Vermischung des Ausdruckes aus allen möglichen Schichten sehr fragwürdig – und auch nicht so wichtig. Die Signalisierung eines möglichen Ausfalles kann durchaus genügen. Für die weitere Abklärung stehen andere Methoden zur Verfügung – abgesehen von den Möglichkeiten, die im zeichnerischen Ausdruck für die Charakterbestimmung vorhanden sind.

Ein etwas anderes Problem haben wir uns gestellt mit der Suggestion: « Du bist 21 Jahre alt, du bist ein starker *Bettnässer*. » Die Vp zeichnet mit schwachem Druck. Der Vl frägt nach dem Zeichnen: « Hast du Schwierigkeiten oder Schweres gehabt? Bettnässen kann ein Zeichen seelischer Schwierigkeiten sein. » Antwort der Vp: « Ich kann nicht einmal ins Militär, im Institut nehmen sie mich auch nicht..., habe eine schwache Blase. » Frage des Vl: « Was träumst du? » Vp: « Ging bergsteigen..., Erstbesteigung, dachte, ich sei in die Zeitung gekommen..., andere können überallhin fort..., wenn ich heiraten würde und noch ins Bett machen würde... wäre schrecklich. » Die Vp kann keine seelischen Schwierigkeiten angeben, weil sie keine hatte, die das Leiden hätten auslösen können. Es spricht aus den Anlagen vielmehr eine Angst vor den Folgen des Nässens, die Angst vor dem Verzichtenmüssen besonders bei Anlässen, die in die Gemeinschaft führen (Militär, Institut, Heirat). Es entsteht hier ein Minderwertigkeitsgefühl wegen des Nässens und nicht umgekehrt ein Nässen als Symptom eines Insuffizienzgefühls. Die Zeichnung (Bild 16) spiegelt weniger die Enuresis als das Minderwertigkeitsgefühl.

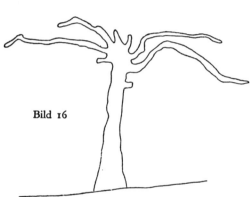

Bild 16

Die ganze Fülle der Krone ist reduziert auf vier Seitenäste, die stark in die Horizontale gedrückt sind. Der Leerraum symbolisiert den Mangel, das Fehlende, Ungenügende, in der Waagrechten ist wiederum ein Regressionsmerkmal enthalten. Mehrere Äste sind nur als Ansätze und Stümpfe vorhanden, einer davon rechts tiefer an den Stamm gesetzt und damit etwas von der kindlichen Form anzeigend, die Äste am Stamm bis zur Basis zeichnet.

Links, auf halber Höhe des Stammes, ist eine merkliche große Kerbe gezeichnet, ein Merkmal, dem wir später nochmals begegnen. Auch die Kerbe läßt einen Leerraum zurück. Zudem ist der Baum selber in der Substanz getroffen, verletzt, wie angefressen. Die Vp muß die Beeinträchtigung durch das suggerierte Leiden als sehr schwerwiegend empfunden haben. Alles Abgeschnittene hat den Charakter des Zurückgesetzten, Beeinträchtigten, und man darf hier auf den Charakter übertragen, was die Sprache schon in bezug auf den Merkmalscharakter der Zeichnung ausdrückt. Hier ist etwas Substantielles angeschlagen und hat schwere Traumen zurückgelassen.

Was sich in der Hypnose durch Ausschaltung anderer Einflüsse isolieren läßt, wird selten Aussicht haben, im Wachzustand derart einprägsam zum Ausdruck zu kommen. Wir werden aber sehen, daß es nur wirklich gravierender Erlebnisse bedarf, um auch ohne Hypnose erstaunlich scharf zu projizieren.

Bild 17 ist Ausdruck einer in der Hypnose suggerierten *Platzangst und Zwangsneurose*. Die Vp zeichnet vorerst sehr druckschwach und schweift schwebend nach rechts oben. Der Griffel greift nicht an, er schwebt (Ausdruck der Angst, das

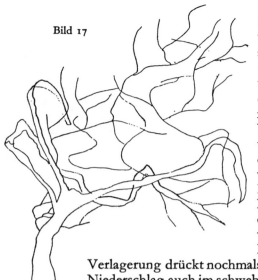

Bild 17

Leisetreten). Wir merken nun, wie die Vp von den beiden Suggestionen *Platz*angst und *Zwangs*neurose den Ausdruck «Angst» herausverstanden hat, weshalb wir die Suggestion Richtung Zwang wiederholen. Damit ändert sich der Ausdruck fast augenblicklich. Die Astformen verbiegen sich, die starken Kröpfungen und unnatürlichen Verbiegungen sind Ausdruck des Zwanges. In gleicher Richtung weisen die Einschnürungen und Verdickungen an den Ästen, welche das Krampfhafte noch mehr betonen. Die linke Seite der Krone fehlt fast vollständig, es fehlt wieder ein Teil zum Ganzen, und was links zuwenig ist, wird rechts zuviel. Die Verlagerung drückt nochmals Angst aus. Aber diese Angst findet ihren Niederschlag auch im schwebenden, richtungslos schweifenden Strich, und man sieht hier: Angst erscheint als Zustand der innern Richtungslosigkeit, der Ziellosigkeit, die Orientierung ist verloren, es ist ein Umherirren. Platzangst wird übersetzt als Angst vor dem Platz: Die sonst immer vorhandene Bodenlinie, also der Platz, ist auf der Zeichnung verschwunden, alles hängt in der Luft, und damit ist das Schwebende noch klarer ausgedrückt als in der Drucklosigkeit des Striches.

Daß Angst und Strichast zusammengehören, verwundert weiter nicht, denn es handelt sich doch um einen Ausdruck aus dem Unbewußten. Der resignierende Zug der herabhängenden Äste ist beim Erleben eines Ungenügens verständlich.

Die gezeichnete Spur zeigt doch sehr eindringlich, mit welcher Prägnanz ein seelischer Zustand in der Baumzeichnung ausgedrückt wird. Freilich dominiert in der Hypnose der Ausdruck des suggerierten Erlebnisses, doch ist das oft im Wachzustand nicht anders: Was überwertig erlebt wird, verdrängt oft jeden andern Ausdruck, aber nicht immer, da es doch sehr darauf ankommt, diejenige Projektion zu bekommen, welche hinter dem Schulmäßigen und Konventionellen versteckt liegt. Das gelingt meist durch Reihenaufnahmen, gelegentlich auch durch die Formel, die von E. Widrig verwendet wird: «Zeichne einen verrückten Obstbaum», ein Verfahren, das, mit Vorsicht verwendet, etwas auf sich hat, soweit der Diagnostiker das Gewicht richtig einsetzt. Auf das kommt es nämlich an.

Der Sadist (Bild 18 bis 20b). Das Verhältnis des Ausdruckes in der Hypnose zum Ausdruck der Wirklichkeit ist naturgemäß bestimmend für den Wert der Ausdrucksbilder, welche in der Hypnose gewonnen werden. Zur Prüfung dient der Fall eines Jugendlichen, der als aktiver Teil zusammen mit einem Halbwüchsigen auf einer abgelegenen Alp einen siebenjährigen Knaben auf bestialische Weise gequält hat und nun vor Jugendgericht steht. Die beiden Jungen schlugen den Knaben bis aufs Blut und elektrisierten seine Geschlechtsteile mit einem sogenannten Viehhüterapparat Überdies ließen sie ihn eine Nacht lang im Freien bei bereits einsetzender Winterkälte.

Bild 18 stammt von diesem sadistischen Jugendlichen und wurde im Laufe der Untersuchung, also *nach* dem Delikt aufgenommen. Es ist anzunehmen, daß der Ausdruck zur Zeit des Deliktes und zur Zeit der gerichtlichen Untersuchung nicht übereinstimmt. Natürlich kann sich der Junge von seiner Anlage hinterher nicht frei machen. Dazu kommt jedoch das Erlebnis der Schuld mit allen jetzt recht trüben Vorstellungen über die Zukunft. – Nach dem Baumzeichnen wurde er gefragt, warum rechts kein Ast gezeichnet sei, was die Schräge zu bedeuten habe und die Kerbe am Stamm. Antwort: « Der Ast ist eingebrochen, einer verdorrt. Links ist ein Loch im Stamm, vom Vieh, das sich daran gekratzt hat, darum ist der Baum schief. »

Auf die Frage, warum er den Knaben derart gequält habe, gibt er zur Antwort: « Der Bub hat mich rasend gemacht. »

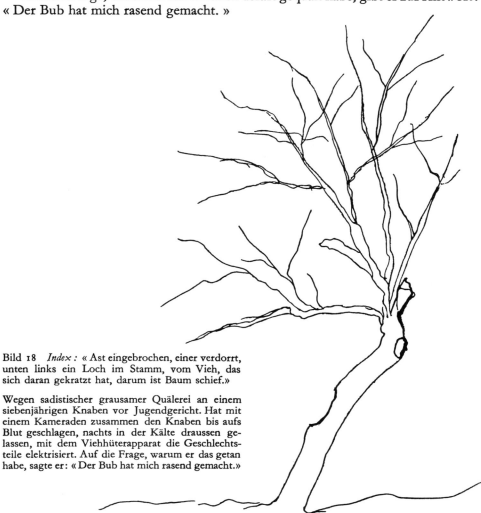

Bild 18 *Index :* « Ast eingebrochen, einer verdorrt, unten links ein Loch im Stamm, vom Vieh, das sich daran gekratzt hat, darum ist Baum schief.»

Wegen sadistischer grausamer Quälerei an einem siebenjährigen Knaben vor Jugendgericht. Hat mit einem Kameraden zusammen den Knaben bis aufs Blut geschlagen, nachts in der Kälte draussen gelassen, mit dem Viehhüterapparat die Geschlechtsteile elektrisiert. Auf die Frage, warum er das getan habe, sagte er: « Der Bub hat mich rasend gemacht.»

Nach *Bleuler* bedeutet « der Sadismus die Übertreibung der erotischen Lust, zu beherrschen und zu quälen, die namentlich das Männchen auch bei Tieren so häufig zeigt. Die Eigentümlichkeit wird dadurch pathologisch, daß sie übertrieben

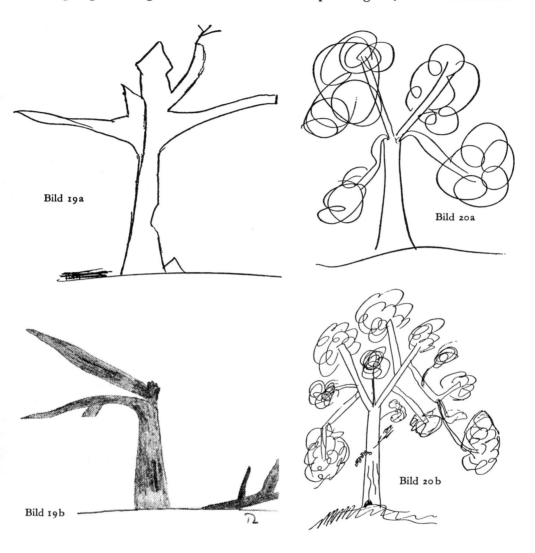

Bild 19a

Bild 20a

Bild 19b

Bild 20b

wird und nicht mehr Begleiterscheinung des erotischen Aktes ist, sondern selbständiges Ziel, indem ihre Träger im Schmerzzufügen das einzige oder doch das notwendige Mittel zur Befriedigung sehen. »

In der Hypnose wird zwei Versuchspersonen (R und F) das oben erwähnte Delikt wortgetreu suggeriert. R reagiert gleich sackgrob und wirft dem Vl den

Bleistift an den Kopf und verlangt, daß man einen sauber gespitzten Stift zur Verfügung stelle. F wirft die Zeichenunterlage weg und will auf dem bloßen Tische zeichnen. Beide schimpfen heftig und gebärden sich arrogant, zeichnen aber sehr intensiv, fast wütend und rasch. F wirft die Zeichnung hin mit der Bemerkung: « Es wird wohl langen. » Es entstehen dabei die Zeichnungen 19a (R) und 20a (F).

Die Suggestion wird nun neu gegeben: « Ihr seid wegen des Quälens an dem siebenjährigen Knaben vor Jugendgericht und habt euch zu verantworten. Es ist eine traurige Sache... die armen Eltern... euch muß man wahrscheinlich versorgen... die Eltern können einem leid tun. »

Die beiden Vpn sind nun sehr kleinlaut und zeichnen aufmerksam ihren Baum. R zeichnet Bild 19b, F Bild 20b.

R wirft Zeichnung und Bleistift hin. Wir fragen ihn, warum es so weit mit ihm gekommen sei, und R gibt in der Hypnose dieselbe Antwort, die der wirkliche Deliquent auf die gleiche Frage gegeben hat: « Das Kind kann mich rasend machen »... dann: « Die ganze Welt ist mir egal, fliege ich ins Loch, so fliege ich eben. Ich will die Sache gutmachen, will mich bessern... Erst mit achtzehn Jahren ist mir zum Bewußtsein gekommen, daß ich andere gerne quäle und andere nicht gelten lassen will. »

Die Suggestion erfolgte demnach zweimal in der Meinung, zuerst den Zustand des aktiven Quälens und dann den Zustand bei der Anklage im Ausdruck festzuhalten, weil nur so einigermaßen eine Ausscheidung der Ausdrucksmerkmale auf ihre Zugehörigkeit zu einem bestimmten seelischen Zustand möglich ist. Zwei Versuchspersonen wurden gewählt, um die Auswirkung derselben Suggestion bei zwei ganz verschieden gearteten Menschen zu verfolgen.

Im Bild 19a wird auf der rechten Stammseite eine mächtige Kerbe gezeichnet. Beim wirklichen Deliquenten liegt die Kerbe links auf ungefähr gleicher Höhe. Das Merkmal ist immerhin erstaunlich und nicht einmal leicht zu deuten. Die Aussparung am Stamm schafft einen Leerraum, und damit drückt sich ein Mangel, ein Fehlendes aus, offenbar schwerwiegend genug erlebt, da nicht irgendwelche Außenteile der Krone den Leerraum bilden, sondern die Substanz, die Triebschicht. Die Annahme eines morbiden Triebes, welcher zur Triebverirrung führen kann, scheint nicht so abwegig. Ob man die Kerbe als das Kranke, Angefaulte, Verletzte oder als allgemeines Symptom einer Minderwertigkeit nimmt, bleibt sich im Grunde gleich. Weniger dürfte die Deutung zutreffen, die eine solche Kerbe als das Ausgekratzte, wollüstig Herausgequälte bezeichnet, denn die Vp R hat auch unter Suggestion « Bettnässer » eine leichte Kerbe am Stamm gezeichnet. Hingegen ließe sich das Delikt (Schädigung eines andern) durchaus als aktive Projektion der eigenen Schädigung auf ein Opfer denken.

Bild 19a zeigt eine völlig verkümmerte Krone, zwei Äste liegen fast horizontal und geraten damit in den Bereich des Primitivausdruckes. Zwei Astenden sind abgeschnitten und weisen damit wiederum auf einen Mangel. Wesentlich ist jedoch die Massierung oberhalb des Stammes mit klotzig-eckigen und kantig-spitzen Formen, wie sie auch rechts von der Stammbasis nochmals auftreten und recht eigentlich auf eine Verklotzung und Grobheit hindeuten. Das Hinaufnehmen des

« Holzes » auf die Höhe der Krone ist eigentlich auf ein Hinaufsteigen der Triebschicht in die Zone der Äußerung, einer Äußerung, die dann freilich brutal, grob, starr-aggressiv wird. Diese Klotzigkeit fehlt freilich beim wirklichen Deliquenten, wo das Zwanghafte in der die Biegung des obern Stammendes und in den verdickten und verdünnten Astformen zum Ausdruck kommt, wobei freilich die qualligen Konturen bereits Ähnlichkeit mit degenerativen Formen haben. Abgesehen von einem halbwegs als waagrecht anzusprechenden Ast, sind echte Regressionen nicht vorhanden. Wesentlich übereinstimmend ist das Symptom der Kerbe. Da Bild 19a nicht den Zustand der Anklage darstellt, wird man die Kerbe nicht gut als Ausdruck eines Schuldgefühles interpretieren können.

Die Vp F reagiert in Bild 20a völlig anders. Er zeichnet mit einer Wollust in Lockenmanier um die Astenden, und beim Zuschauen hatte man den Eindruck eines wollüstigen Wühlens im Papier. Die Vp zeichnet auch im Wachzustand in derselben Manier, aber zeichnerisch viel geordneter. Die Äste verlaufen strahlenförmig, zwei nach oben, die gerade und parallel bis außen verdickt gezeichnet sind, zwei schräg nach unten mit wülstigen Verdickungen und Einschnürungen. Dazu sind alle Äste außen offen (Röhrenäste). Das Zwanghafte, Gestaute, Primitiv-Massierte kommt in den Verdickungen demnach in verschiedenen Graden in allen drei Zeichnungen vor; in 19a folgt freilich die Äußerung mit einer Wucht, wie sie durch die parallelen und sich verdickenden Äste angezeigt sind. Die offenen Äste bieten der Äußerung keinen Widerstand: « wie aus einem Rohr geschossen », hemmungslos kann die Äußerung ausbrechen, während das Offene zugleich wieder Offenheit für Eindrücke bedeutet, die wahllos aufgenommen werden und wenig Orientierungsvermögen gegenüber den Erscheinungen der Außenwelt aufbringen. Daß Äste nach unten gerichtet sind, mag zwei Deutungen zulassen: einmal ist es ein Absinken in die Schicht des Triebhaften und Primitiven, und zweitens liegt in der herabfahrenden Geste der Ausdruck boshafter Aggression, des Herunterhauens, obwohl in einer Baumzeichnung recht selten und jedenfalls nicht ohne Beobachtung des Zeichenvorganges eine solche Deutung riskiert werden darf. Richtig ist jedenfalls das Absinken in die Zone der Primitivschicht, die, wenn sie aktiviert wird, genügend Unheil anrichten kann.

Einige Gemeinsamkeiten im Ausdruck von drei verschiedenen Personen dürfen nicht über die Verschiedenheit hinwegtäuschen. Beim Delinquenten und bei R (Bild 19a) spielt wohl die Auswirkung des kranken Triebes (Kerbe) eine Rolle, in Bild 18 verstärkt durch die in der Schräglage ausgedrückte Haltschwäche, während in Bild 19a die Massierungen wichtig sind, nach welchen die ganze Masse einer undifferenzierten Energie nach außen geworfen wird, während nichts vom morbiden Strich sichtbar ist, welcher in der Zeichnung des Delinquenten auf die ungesunde Substanz hinweist. Vp F (Bild 20a) ist gar nicht solcher Energieentladung fähig, wie Vp R. Das wird im normalen Verhalten, also im Wachzustand, bei näherer Kenntnis der beiden Vpn bestätigt. Vp F ist viel labiler als R. Während R seine Energie und seine Aktivität zusammenballt und damit die Wucht erhöht, reagiert F mit mehr Aufwand an Bewegung und Unruhe (wühlendes Kreisen), er macht einfach die Schleusen auf (Röhrenäste), durch welche der Affekt verpuffen und verlaufen kann. Dabei differenziert er besser, weil er gar nicht über derart starke Kräfte verfügt, wie Vp R, die sie grobhölzig und unbehauen zur Wirkung kommen läßt. F muß die Geste des Bösen machen (nach unten hauen), R hingegen bedroht durch die Wucht allein.

Offensichtlich wird jeder Zeichner auf seine persönliche Art « sadistisch », und man wird sich angesichts der Symptome und ihrer möglichen Bedeutungen hüten, eine Diagnose zu stellen, welche auf ein klinisches Krankheitsbild zuläuft. Vorläufig können die Faktoren, welche zu einem Delikt führen können, dargestellt werden.

Vergleicht man die Hypnosebilder mit dem Bild des Delinquenten, fällt ein ganz gewaltiger Unterschied auf. In der Hypnose wird Sadismus zum größten Teil mit gesteigerter Affektivität, genauer mit Wut, übersetzt und auch so ausgedrückt. Vom Ausdruck der Wut fehlt in der Zeichnung des Deliquenten so ziemlich alles – aber man ließ ihn ja erst zeichnen, nachdem er bereits vor dem Richter erscheinen mußte. Daß Wut auch bei ihm eine Rolle spielte, zeigt sein Ausspruch: « Der Bub hat mich rasend gemacht! »

Bild 19b und Bild 20b werden gezeichnet auf die Suggestion hin: «Ihr seid vor dem Jugendgericht.» Die Bilder verändern sich gewaltig.

Vp R (19b) läßt die rechte Kronenhälfte weg, d. h. er zeichnet den abgebrochenen Ast am Boden liegend. « Die Geschichte ist abverheit! » Die Zukunft fehlt, da die rechte Seite auch das Zukünftige bedeutet. Man steht vor dem Nichts, und eigentlich bleibt nichts, als sich auf die Vergangenheit zu besinnen, so daß die linke Seite recht ausgiebig gezeichnet wird. Rechts entsteht ein Leerraum, ein Vakuum. « Minderwertigkeitsgefühl » ist hier ein sehr gemäßigter Ausdruck für diese Leere; das Schuldbewußtsein mag hier zu einem Wegwenden, zu einem Abwenden nach links Anlaß geben. Abwenden, etwas verloren haben, Kleinwerden (das Anmaßliche ist verschwunden, und die Vp ist sehr kleinlaut geworden), aber auch ein wirklicher Bruch mitten durch die Ganzheit des Lebens, die doch den Raum der Vergangenheit, Gegenwart und Zukunft umfaßt – alles das ist in diesem Leerraum und Symptom des abgebrochenen Astes enthalten. Ein Blick auf die Zeichnung des Delinquenten genügt, um die volle Übereinstimmung zu sehen. Dazu sagte der Delinquent: «Ein Ast ist eingebrochen, einer verdorrt.» Etwas ist also gestorben, geknickt. Interessant ist, wie der Bruch beim Ansatz der Krone erfolgt, also gerade an der Stelle, wo sonst die Auszeugung der Person zu einer Krone erfolgt. Vp R hat freilich links einen weitern Astschnitt. Sie zeichnet auch einen Ast waagrecht und leicht nach unten geneigt, genau wie der Delinquent es tut. Auffallend ist die Schwärze, die den ganzen Baum überzieht, und darin äußert sich nun nicht einfach die Angst, sosehr Gewissensangst aus dem Schuldgefühl heraus offensichtlich ist. Vorerst handelt es sich um eine Regression. Es ist nur eine andere Art des Verschwindens, des Kopfweghaltens, eine Flucht ins Primitive, weg von der drohenden Gefahr, die Verantwortung zu übernehmen, weg in die Unbeholfenheit des Kindlichen. Man kann diese Regression neurotisch nennen. Ob sie nur Ausdruck des ersten Schockes ist oder länger anhält, ist nicht zu sagen, denn man müßte den ganzen innern Prozeß verfolgen können, vom Erwischtwerden bis zur positiven Annahme einer Strafe, um hier eindeutigere Antworten zu geben. Offensichtlich ist nur, daß die Vp in der Bedrängnis in eine Regression gerät.

Die Vp F (Bild 20b) reagiert nach seiner Wesensart nach andern Ausdrucksformen, die ihrem Wesen nach nicht unbedingt verschieden sind von denjenigen von Vp R.

Mit Ausnahmen werden die Röhrenäste geschlossen. Das Rohr wird zugemacht, und nun zeigen die Äste das Bild abgesägter Formen. Was abgeschnitten ist, ist zurückgesetzt, beeinträchtigt, gehemmt. Diese Vp reagiert also ähnlich Vp R, aber während R die ganze rechte Kronenhälfte zurücknimmt, zieht sich F nur wenig zurück, er zieht nur die Antennen etwas ein. Zudem wird F viel geschäftiger als R, dessen Zeichnung eigentlich verarmt. F bereichert sie, ähnlich wie ein Lausbub, der plötzlich sehr viel arbeitet, wenn er etwas auf dem Kerbholz hat, also auffallend rührig wird. F beginnt die Äste zu verzweigen, belebt den Boden und hängt allerhand Nebensachen an. Doch tut er das häufig mit regressiven Formen: Er setzt viele Äste im rechten Winkel an, zeigt also Winkeläste und zeigt so seine Regression an in eben demselben Primitivzustand, der auch Vp R auszeichnet. Links hängt ein Ast nach unten, rechts hängt ein Zweig unbeholfen herab – und das ist nun nicht mehr die anmaßend böse Geste des Herunterhauens, sondern das Kopfhängerische. Am Stamm setzt er drei Zweiglein an, eines mit Blättern, alles wie in einer Frühform, und damit wiederum die Regression markierend. Die krausen Locken und die Astenden (die auch im Wachzustand gezeichnet werden) umzeichnen engere Räume als früher, verstricken sich mehr ineinander, fallen zeitweilig aus der Form und Sicherheit, die ihnen vorher eigen waren. Der Strich ist unfest geworden, der Druck hat nachgelassen, alles gerät ein wenig in die Schwebe. An der Stammbasis wird ein schwarzes Loch gezeichnet, ein Merkmal, dem wir immer wieder begegnen bei Jugendlichen, die irgendwo eine Schwierigkeit haben, oft bloß die, daß sie irgendwo schwer lernen. Der Stamm ist geritzt, der Zeichner ist wach und beobachtet, zugleich ist er gereizt und empfindlich. Die stärkere Betonung der Bodenlinie wird hier schon zur kleinen Landschaft mit der Andeutung einer Flucht ins Träumerische.

Das Bild von F hat nun nicht viel gemeinsames mit dem Bild des Delinquenten. Doch ergeben sich Parallelen im Bereich der Deutungsinhalte. Vp R korrespondiert viel besser mit dem Delinquenten, oft erstaunlich gut. Das Beispiel will nur zeigen, daß sich ein Tatbestand auf verschiedene Weise äußern kann. Zugleich haften den Versuchen in der Hypnose naturgemäß Unvollkommenheiten an, weil immer zwei Projektionen ineinanderfließen: der suggerierte Zustand und eine gewisse Reaktion der gesunden Person auf die Aufpfropfung eines ihr sonst nicht gemäßen Seelenzustandes. Auf der andern Seite sind gar die Polizeiakten mit Vorsicht zu studieren. Im vorliegenden Falle hieß es nämlich: «Zwei Knaben haben gemeinsam sadistische Handlungen begangen», dabei ist der Junge aus Bild 18 wohl dabei gewesen, aber nicht als der eigentlich aktive Teil. Erst hinterher erwies sich der Junge mit der Zeichnung 21 als der wirklich sadistisch Veranlagte. Während das Bild 18 die Psychologie des Schuldbewußtseins in erster Linie registriert, bleibt gerade dieser Anteil im Bild 21 völlig unbedeutend. Die Anlage drückt stärker durch als die immerhin nicht so tiefgehende Reaktion auf die Polizeimaßnahmen.

Der Baum 21 ist ein Halb-T-Stamm, unregelmäßig, fast knorrig in der Kontur. Vor allem fallen die sehr spitz zulaufenden Äste auf, die aggressiv wirkenden

Dolchzüge. Links ein hakenförmiger Gegenzug als Linksläufigkeit, darunter eine Astgabelung, welche sich wie eine Schere um einen andern Ast legt oder fast wie eine Schlinge, die den Ast zu erdrosseln droht. Man wollte auch schon ein Sexualsymbol in diesem Bilde sehen, eine Deutung, die anzunehmen jedem freisteht. Ein zweiter, etwas breiter ausladender Baum desselben Jungen weist mehrere Winkeläste auf. Dem Baum 21 fehlt auch der Boden. Die dritte Dimension ist gut angedeutet. Im Vergleich mit Baum 18 sieht der letztere jämmerlich aus, während Nummer 21 viel sicherer steht und in erster Linie durch die Aggressivität der Gebärde sehr von jener seines Komplizen abweicht. Nur im Bild 19b aus dem Hypnoseversuch sind die Äste als spitz und dolchförmig zu bezeichnen, doch nicht in der geschliffenen Art des echten Sadisten. Freilich sind die Astkonturen genauer betrachtet keineswegs glatt, sondern an mehreren Stellen deformiert und entsprechen ziemlich genau dem degenerierten Strich, der viel deutlicher im Bild 18 des Komplizen auffällt. Trotzdem ist das Bild der Glätte in der Krone Nr. 21 auffallend.

Reiner Infantilismus. Ernst Kretschmer hat in seinen « Psychotherapeutischen Studien », S. 123, darauf hingewiesen, daß reiner Infantilismus, d. h. Totalretardierung jenseits der Pubertät in körperlicher und psychischer Hinsicht, ohne Intelligenzdefekt, eine seltene, aber vorkommende Erscheinung ist. «Es sind dies muntere, in sich harmonische, aufgeweckte junge Leute, z. T. in ihrem Berufe wegen ihrer Lebendigkeit, Anstelligkeit und kindlich heitern Gutmütigkeit und Zutraulichkeit wohl geschätzt. Dann und wann wundern sie sich selbst, daß sie nicht sind wie die Altersgenossen und kindliche Spiele bevorzugen; und dann sind sie mal ein bißchen traurig darüber. Aber sie sind nicht eine Spur neurotisch. Dies ist für die Neurosenlehre von prinzipieller Wichtigkeit. Wir finden in unserm Neurosenmaterial gehäufte Teilretardierungen und Teilinfantilismen – aber keinen einzigen Fall eines reinen Infantilismus » (E. Kretschmer).

Diese Bemerkung ist von Wichtigkeit, um so mehr, als man gemeinhin mit dem Begriff « infantil » häufig im verallgemeinernden Sinne operiert. Wichtig ist die Feststellung dann, wenn es sich erweisen sollte, daß gezeichnete Frühformen nichts mit reinem Infantilismus zu tun haben. Der Neurotiker und der Entwicklungsgehemmte kann, wie schon einmal betont wurde, gar nicht eindeutig und mit Berechtigung mit dem Kinde verglichen werden, sosehr der Ausdruck etwas Gemeinsames und Übereinstimmendes hat und in jedem Falle den Anteil des Unbewußten und Primitiven ausdrückt – dies aber doch wohl legiert mit dem Anteil von Bewußtem, der kaum je ganz fehlt. Da uns keine wirklich rein infantile Versuchsperson zur Verfügung gestanden hat, haben wir noch einmal die Vp R, einundzwanzigjährig, in Hypnose versetzt und suggeriert: « Du bist infantil... weißt du, was das ist? » Antwort: « Ja, das ist kindisch. » – Die Anrede mit dem Du ist nicht etwa absichtlich gewählt, sondern bezeichnet das private Verhältnis zwischen Versuchsleiter und Versuchsperson, so daß daraus keine Herabminderung der Person im Versuch resultiert.

Die Zeichnung (Bild 22), die in der Hypnose gewonnen wurde, zeigt in der Tat keine sogenannten Frühformen. Es sind keine Strichäste oder andere Hinweise auf Retardierungen vorhanden. Die fast gerade Stammbasis ist ein geringer Hinweis,

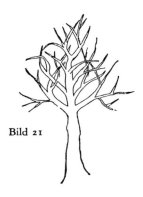
Bild 21

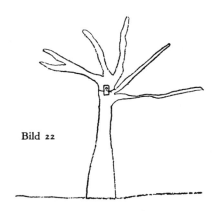
Bild 22

da im Wachzustand nur wenig mehr getan wird. Die Astenden laufen nur in einem Falle spitz aus, sonst sind sie rund, in einem Falle beschnitten. Die Kontur des mittleren Astes verläuft unregelmäßig und besitzt schon etwas von der Struktur des degenerierten Striches, auf den wir noch zu sprechen kommen. Auch die runden Astenden gehören in denselben Formenkreis. Eine gewisse Disharmonie entsteht durch die etwas tiefer gesetzte Lage der rechts liegenden Äste, die übrigens dünner gezeichnet sind als der mittlere und die linksseitigen Äste. Ferner besteht Rechtsverlagerung um rund 20 Millimeter, was vorerst nicht auffällt wegen der massivern Gestaltung auf der linken Seite, welche gewichtsmäßig den Ausgleich macht. Zwischen der Stammbasis und dem eher massierten Teil um das Vogelhäuschen herum besteht praktisch eine Einschnürung, übrigens auch am rechten Seitenast, womit ein leichter Hemmungscharakter angezeigt ist.

Das Vogelhäuschen frontal und um den Baum herum gebunden gezeichnet, ist Ausdruck des Spielerischen, Heitern und Spassigen. Das ist vorerst eine erfahrungsmäßige Feststellung. Wir haben in der Einführung gesehen, daß der Baum Sitz des Lebens, der Geister, der Seele ist, d. h. für den urtümlichen Menschen war. Für das Kind bleibt dies jetzt noch nicht anders, und es zeichnet nicht ungerne den Baum belebt mit Vögeln und Nestern. Der Baum ist wirklich die Wohnung des Vogels und anderer Tiere. Nun ist auch der Vogel ursprünglich ein Seelensymbol. Das ist uns heute nicht mehr so vertraut und kommst höchstens in der negativen Form zum Ausdruck: «Du hast einen Vogel!», d. h. eine Verrücktheit, eine Absonderlichkeit, die sozusagen Wohnung genommen hat in der Person. Beim Infantilen handelt es sich wohl kaum um eine solche Verrücktheit, wohl aber um jenen Zustand, der wirklich dem Kinde eigen ist, dem spielerischen und heitern Verhalten, wie es sich aus dem vertrauten Verhalten von Kind, Tier und Natur ergibt. Hier ist eine echte Parallele des Infantilen zum kindlichen Zustand und Verhalten. Die Baumzeichnung weist zudem deutlich auf eine wenn auch mäßige Degenerationserscheinung hin.

Bleuler spricht von sexuellen Abnormitäten, die das Sexualziel in Spielereien statt im Geschlechtsakt sehen und einen unkindlichen Trieb zeigen, das Kind zu « spielen ». *Tramer* beschreibt den dauernden Infantilismus gekennzeichnet von der abnormen Andauer oder Persistenz einer sonst vorübergehenden kindlichen

Entwicklungsstufe, wobei noch, je nach der Zeit und der Verteilung dieses Stehenbleibens der Entwicklung, d. h. ob auf den ganzen Menschen (total) oder nur auf einen Teil desselben (partiell) sich beziehend, die verschiedensten Typen zustande kommen. Die Angabe der Ursachen für dauernden Infantilismus (endokrine und dystrophische Ursachen) weisen allerdings darauf hin, wie wenig einheitlich die Bezeichnungen sind und die keinesfalls in das Bild hineinpassen, das E. Kretschmer beschreibt, so daß alles, was dort unter dem Begriff Retardierung auftritt, hier als Infantilismus oder Teilinfantilismus auftritt – womit man sich vorläufig abzufinden hat. Das Auftreten von Degenerationssymptomen in der Baumzeichnung in diesem einen Falle weist aber doch darauf hin, daß der infantile Zustand nun doch kaum so ganz unbefleckt vom Himmel fällt, sondern Ursachen aufweist, die freilich in jedem Falle anders liegen können. Selbstverständlich wollen wir auch nicht behaupten, dem Versuch in der Hypnose komme eine Bedeutung zu, die geeignet wäre, eine Lehrmeinung über den Haufen zu werfen. Die in der Psychologie verwendeten Begriffe können nach der Natur des Gegenstandes nichts wirklich eindeutig und klar abgrenzen, sondern nur zu einer Umschreibung relativ komplexer Tatbestände eine Bezeichnung geben, mit der man sich in der reichen Landschaft des Seelischen orientieren kann.

Degeneration. An sich besteht kein Grund, diesen höchst unklaren Begriff zum Gegenstand einer Untersuchung zu machen. Die Fragestellung geht nicht vom Begriff aus, und wir fragen uns nicht, wie sich die Degeneration in der Zeichnung ausdrücke, sondern umgekehrt, ob ein Symptom, welches mehrmals gefunden und aus Erfahrung als Degenerationssymptom bezeichnet wurde, wirklich ausdrückt, was wir gemeint haben. Es handelt sich um quallige Astformen, quallig im Linienverlauf und quallig rund an den Astenden. Rein erscheinungsmäßig imponiert eine solche Zeichnung « degeneriert ». Die Schwierigkeiten, die sich mit seiner solchen Bezeichnung ergeben, sind keineswegs gering. Wenn sie verschwistert sind mit Tatbeständen, die ohnehin klar genug sprechen (deutliche Psychopathie), so besteht in der Gutachtertätigkeit keine Schwierigkeit, verständlich darzustellen. Indessen treten Fälle auf, die nicht schwerwiegend psychopathisch anmuten, die nicht wirklich debil sind und bei denen dem Nichtarzt keine offensichtlichen degenerativen Körperstigmen auffallen, welche aber durchwegs ein wenig morbid erscheinen, und denen man keine allzugroße Tragfähigkeit zumutet, wenn nicht gerade eine Begabungsseite stark entwickelt ist, was offenbar selten vorkommt. In einem Gutachten, welches Eltern oder gar ein Betriebsleiter in die Hände bekommt, wird man verständlicherweise den Begriff « degeneriert » nicht gerne verwenden, denn es kann eine Herabminderung bedeuten, die bedenkliche Folgen haben kann. Auch dem Untersuchten selber wird höchstens ein Dummkopf sagen, er sei degeneriert. Der Untersuchte würde kaum mehr vom Gedanken loskommen, er sei ein minderwertiger Mensch, was er nun in Wirklichkeit gar nicht sein muß, weiß man doch, daß z. B. Degenerationszeichen bei wirklich wertvollen Menschen auftreten. Trotzdem: Das Symptom ist in der Zeichnung vorhanden, und es wird einem entsprechenden physischen oder psychischen Zustand entsprechen. Gebrechliche zeigen es nicht, denn sie sind meistens durch Krankheit oder Unfall gebrechlich geworden, aber selten in der unten beschriebenen Art « degeneriert » – wobei man gleich merkt, wie unklar der Begriff ist, weil irgendeine Schwachsinnsform und Psychopathie unter den gleichen Begriff fallen kann.

Degeneration bezeichnet wohl eine anlagemäßige Minderwertigkeit. Im Lehrbuch der «Psychopathologie des Kindesalters» beschreibt *A. Ronald* eine ganze Reihe typischer Degenerationszeichen, die aber alle Körperstigmen betreffen, welche zum Teil nur vom Arzt festgestellt werden können.

Bleuler unterscheidet eine familiäre und eine individuelle Degeneration. Er warnt aber vor der Verwendung des Begriffes, und er meint, die entsprechenden Zustände würden noch am ehesten unter den Begriff der Blastophtorie passen, nach denen bei guter Anlage der Eltern ein Keim in seiner Entwicklung geschädigt wird unter der Einwirkung schwächender Krankheiten und Gifte oder Infektionen, alles mit dem Hinweis, daß hier Behauptungen und sichere Tatsachen noch gar nicht unterschieden sind. Über die Degeneration von Familien und Rassen ist so viel geschrieben worden, daß sich ein besonderer Hinweis erübrigt, um so mehr, als wir gar nicht in der Lage sind, solche Prozesse zu untersuchen und zu belegen. Bleuler sagt: «Degenerierte sind meist ungefähr das nämliche wie Psychopathen, Leute, die intellektuell und namentlich affektiv anders reagieren wie der Durchschnitt. ‚Dégénérés supérieurs‘ sind Psychopathen, die in irgendeiner Richtung über dem Durchschnitt stehen und sich im Leben halten können. Auch mit Recht berühmte Männer gehören dazu.»

Wir haben unter unserm Material Fälle mit Degenerationszeichen in der Baumzeichnung gefunden unter schizoiden Psychopathen, bei mehreren Bettnässern, bei einem leicht Debilen, dessen Vater ein schwerer Trinker war, aber auch in mehreren Fällen bei Jugendlichen und Erwachsenen, die wenig «Handgreifliches» boten, außer, daß die intellektuellen und affektiven Äußerungen nicht gerade krank, aber auch nicht gesund schienen, sondern sozusagen einen deformierten Tonus aufwiesen. Wahrscheinlich hängt der Zustand auch mit einer gewissen Müdigkeit und der daraus entstehenden Erschlaffung zusammen. Auch das Seelische kann ermüden.

Unsere Vp R wies beim Zeichnen eines Baumes unmittelbar nach dem Erwachen aus der Hypnose, welche zwei Stunden dauerte und offensichtlich stark beansprucht hat, deutliche Degenerationszeichen auf, die nach dreißig Stunden vollständig verschwunden sind.

Die Bilder 23 a und 23 b zeigen die Unterschiede sehr gut. Man ist versucht, die unregelmäßig verlaufenden Konturen mit dem Zittern in Verbindung zu bringen, doch ist kein solcher graphischer Ausdruck durch Zittern entstanden und auch nicht durch Ataxie, sosehr die Bewegung ein wenig daran erinnert. Es ist wahrscheinlich, daß die degenerative Form auch durch Giftwirkung künstlich erzielt werden könnte, nachdem schon bereits eine seelische Ermüdung nach der Hypnose zu derart typischen Strichentartungen führt.

In der Hypnose wurde Bild 24 nach der Suggestion erzielt: «Du bist degeneriert.» Irgendwelche Präzisierung konnten wir nicht geben, und es wurde auch keine Interpretation von der Vp verlangt. Der Effekt entspricht genau den Beobachtungen, die wir seit zwei Jahren immer wieder gemacht haben und die uns veranlaßten, den qualligen Strich als Degenerationsmerkmal zu bezeichnen. Die Vp hat allerdings noch auf andere Weise die Minderwertigkeit zum Ausdruck gebracht. Die ganze Krone fehlt fast vollständig. Nur zwei Seitenäste werden gezeichnet. Wiederum drückt der Leerraum den Mangel, die Minderwertigkeit oder besser das Gefühl, minderwertig zu sein, aus. Die Vp ist von Natur aus gesund, und so ist es wahrscheinlich, daß ihr Ausdruck in der Hypnose auf die Suggestion eines Mangels oder Fehlers mit viel heftigern Zeichen des Erlebens einer Minderwertigkeit reagiert als ein Mensch, der von Natur aus behindert, sich an den Mangel gewöhnt hat oder höchstens dann darunter leidet, wenn er ihm bewußt wird oder die soziale Anpassung erschwert.

Ein weiteres Merkmal, welches sonst in der Zeichnung der Vp nicht vorkommt, ist der keilförmige Ausschnitt an der Stammbasis, so daß diese wie ein Wurzelansatz aussieht. Wir haben schon einmal darauf hingewiesen, die Lücke trete vor allem bei Zeichnern auf, welche irgendwo Mühe oder Schwierigkeiten haben, oft beim Lernen oder auch nur in bestimmten Fächern. Offenbar gehört das Symptom auch unter das Kapitel «Leerräume», bekommt aber seinen Sinn durch den kompensatorischen Ausdruck des Wurzelansatzes, der erst durch die Lücke entsteht und auf ein vermehrtes Anklammern und Haltsuchen hindeutet.

Bei derartigen Versuchen ist demnach wohl zu unterscheiden zwischen dem direkten Ausdruck eines Mangels (quallige Strichkontur) und der Reaktion der Vp auf diesen, vielleicht auf Organminderwertigkeit im weitesten Sinne zu bezeichnenden Zustand.

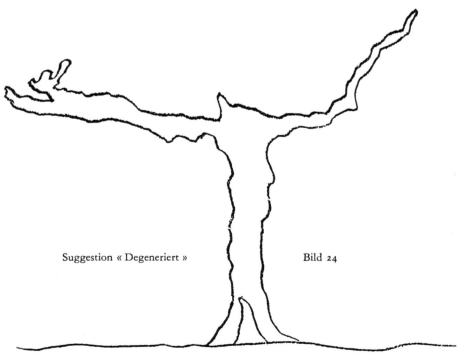

Suggestion «Degeneriert» Bild 24

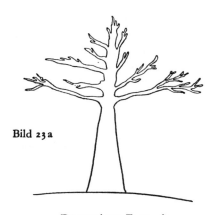

Bild 23 a

Degenerierte Form als
Ermüdungssymptom nach der
Hypnose (degeneriert)

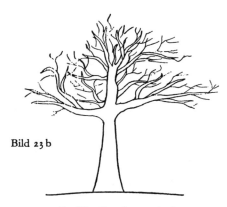

Bild 23 b

Dreißig Stunden nach der
Hypnose (völlig regeneriert)

In Bild 24 und 23 a treten Astformen auf, die wie eine *verwachsene Flossenhand* aussehen. Die Abzweigungen lösen sich nicht recht am Ast, und das führt manchmal zu recht breiten und unregelmäßigen Astformen, ferner zu T-Stämmen, bei denen der Anteil über der Krone oft breiter ist als der untere Stamm. Statt klar gegliederte Formen entstehen Mißformen. Offenbar fehlt dem seelischen Organ die Fähigkeit zur vollständigen Strukturierung und Durchbildung, zur vollen Auszeugung; es ist, als fehle eine organisierende Kraft, das innere Leitbild ganz zu realisieren und zu differenzieren. Hier liegt eine Schwäche, eine Erschlaffung und Müdigkeit. Was an den Bildern durch das Experiment sichtbar geworden ist, können wir ohne weiteres an Spontanzeichnungen belegen. In diesem Zusammenhang haben wir in einem Falle (fünfzehnjähriger Schüler) versucht, zwei Baumzeichnungen produzieren zu lassen. Eine Zeichnung entspricht in etwas ausgesprochener Weise dem Bild 23 a, die zweite Zeichnung zeigt Doppelstrichstamm, unbeholfen organisierte Strichäste, umgeben von einer Haut, die wir schon früher als Embryonalhaut bezeichnet haben und damit etwas noch Uneigentliches, Ungefestigtes meinten. Auch von dieser Seite gesehen, ist etwas Unfertiges, nicht Durchgebildetes da, aber man kann nicht einmal sagen, das Schema sei vorhanden, da auch dieses verkümmert ist, aber doch wieder erraten läßt, was gemeint ist. Dieser Schüler hat immerhin eine dreiklassige Sekundarschule besucht, bleibt in diesem Rahmen immer schwach, zeigt nichts wirklich Abnormales, doch hält man ihn für spätentwickelt, und der äußere Eindruck wirkt schummrig, ungepflegt (stammt aus einem kultivierten Milieu), etwas wäßrig, ohne echte Spannung. Ausdruck und Denken genügen mittelmäßig, und alles entspricht dem Eindruck, den er als Schüler macht: durchschnittlich begabt, aber in diesem Rahmen doch ein schwacher Schüler. Wenn er sich in der Berufswahl auf einem mittleren Niveau hält, besteht keine Gefahr des Versagens, greift er zu hoch, so genügt er nicht mehr. Lebenspraktisch gesehen wird man einen solchen Jungen kaum als wirklich benachteiligt betrachten können. Das Symptom der Degeneration in der Zeichnung schreckt einem zwar auf, man ist geneigt, es zu überschätzen. Anderseits wäre es falsch, so etwas zu übersehen, wenigstens so, daß es Anlaß gibt, mit andern Mitteln besonders sorgfältig zu untersuchen. Erfahrungsgemäß ist nicht immer « schwierig », was im Ausdruck auffallende Spuren hinterläßt. Davon könnten vor allem die Graphologen ein Liedlein singen. Übrigens wird man in der Handschrift vergebens nach Degenerationssymptomen suchen. Der Alterstremor und die Ataxie spiegeln ein nervös bedingtes Unvermögen. Bei der Degeneration erscheint vielmehr die ausbildende, strukturbildende, auszeugende Kraft der Seele geschwächt. Indessen bleibt die Frage offen, ob es sich bei diesen degenerativen Formen nicht eher um etwas Embryonales handelt, im Grunde um eine Frühform. Man weiß auch nicht, wieweit eine nur vorübergehende Erschlaffung oder Ermüdung vorliegt und ob diese sogenannte Degeneration nicht doch von einer Regeneration abgelöst werden kann.

Merkmal: *Degenerationsformen* Nr. 13

Schule		K	1.	2.	3.	4.	5.	6.	7.	8. P	1. S	2. S	3. S
Alter		6–7	–8	–9	–10	–11	–12	–13	–14	–15	–14	–15	–16
Knaben	%	0,0	0,0	4,0	0,0	0,0	5,8	1,6	3,3	1,0	1,9	2,7	1,0
Mädchen	%	0,0	0,0	0,0	2,6	4,6	0,9	0,9	4,5	1,2	2,7	2,8	1,5
Zusammen	%	0,0	0,0	2,0	1,3	2,3	3,4	1,2	3,9	1,1	2,3	2,8	1,2
Alter			–8	–9	–10	–11	–12	–13	–14	–15	–16	–17	Deb.-Imbez. Mittel 29 J.
Debile	%		0,0	0,0	1,3	0,0	0,9	0,7	0,0	0,0	0,0	0,0	1,8

Angelernte Arbeiter(innen) mit 8 Primarklassen			Kaufm. Ang.	afrik. Missionsschüler
Alter	15–16	17–19	+20	19–32	im Mittel 15,5 J.
%	2,6	2,5	1,8	3,0	0,0

Die Instruktionsformel zum Baumtest

« Zeichnen Sie bitte einen *Obstbaum*, so gut Sie es können. »

Variationen

Wenn schulmäßige oder sonst wenig ergiebige Formen gezeichnet werden oder wenn man andere Aspekte und Schichten untersuchen will, läßt man den Versuch wiederholen, eventuell mehr als einmal. Das Zeichnen mehrerer Bäume empfiehlt sich überhaupt, am besten in zeitlichen Abständen. Die Instruktion lautet dann: « Zeichnen Sie nochmals einen Obstbaum, aber ganz verschieden vom bereits gezeichneten. »

Wenn die erste Zeichnung einen Kugelbaum ohne Äste darstellt: « Zeichnen Sie bitte einen Obstbaum mit einer Astkrone. » (Siehe Nachtrag S. 216)

Bei kleinen Kindern, die den Begriff « Obstbaum » nicht kennen oder verstehen, genügt die Instruktion « Apfelbaum » oder einfach « Baum ». Mit Vorteil kombiniert man die Aufgabe: «Zeichne ein Haus mit einem Baum» oder ähnliches.

Allgemein darf man den Test nicht ohne Vorbereitung ausführen lassen (Begrüßung, Kontaktnehmen, Ausführung anderer leichter Proben usw.). Anstelle von oft verlangten Präzisierungen ist die Versuchsperson anzuweisen, ganz nach ihrem Belieben im Rahmen der Instruktion zu zeichnen.

Material

Weißes, nicht zu glattes Papier (z. B. Schreibmaschinenpapier) im Normalformat A 4 210 × 297 mm, ein mittelweicher bis weicher Bleistift, eine eher harte, glatte Unterlage und ein Radiergummi. Das Blatt wird hochkant vor die Vp gelegt, aber nichts geäußert, wenn diese es auf die Breitseite dreht. Es empfiehlt sich oft, den Zeichenvorgang unauffällig zu beobachten und sich auch den Zeitaufwand ungefähr zu merken. Auch was ausradiert wird, ist von Bedeutung.

Der Gesamteindruck

Die Baumzeichnung ist wie die Handschrift dem ganzheitlichen, intuitiven Erfassen zugänglich, so daß man schon zur Formulierung eines Eindruckes kommt, ohne auf Einzeluntersuchungen einzugehen. Setzt die Merkmalsanalyse ein nüchternes Beobachten voraus, so ist die ihr zuzuordnende Deutung abhängig von der Fähigkeit des Schauens, bei der ganzheitlichen Erfassung erst recht. Beobachten führt zum Erkennen, Schauen zum Verstehen. Das Ganze ist freilich streng genommen als solches nicht analysierbar, man kann nur notdürftig mit Worten den Eindruck übersetzen. Beim Erlernen der Methode sind zwei Wege einzuschlagen, gemäß dem doppelten Zugang zur Erscheinung des Baumes. Der erste Weg besteht im Lesenlernen des graphischen Ausdrucks. Es handelt sich um die Bestimmung der Merkmale und noch gar nicht um Deutungen, also etwa: Winkelasteinschläge, Strichast, Schweifung usw. Die Merkmalszergliederung ist beim Baumtest weit genug entwickelt, um einem Anfänger die Aufgabe nicht allzu leicht zu machen. Das graphische Lesen braucht Übung, sogar sehr viel Übung, und wir legen deshalb so viel Wert auf eine saubere Erfassung, weil in einem guten Merkmalsprotokoll bereits die halbe Deutung enthalten ist zufolge der da und dort vorhandenen Analogie von Merkmal und Deutung (z. B. schweifen = schweifend usw.). Wer nicht graphisch lesen lernt, gerät unweigerlich ins Schwimmen, und wenn man sich die Mühe nicht nehmen will, soll man lieber die Finger vom Testen lassen. Die Auswertung der meisten Projektionsteste erscheint in der Handhabung sehr einfach. Die Graphologie und der Rorschachtest machen hier eine Ausnahme. Die Interpretation ist in jedem Falle schwierig genug, der Schritt vom Symptom zur Bedeutung und von da zum Persönlichkeitsbild sehr von der Begabung abhängig, von der Erfahrung und sogar sehr vom Verantwortungsgefühl. Jeder Zeichner, der zu psychodiagnostischen Zwecken einen Baum oder mehrere Bäume zeichnet, hat mindestens die Erwartung, daß seiner Person Gerechtigkeit widerfährt. Es wäre nicht nur blamabel, sondern unverantwortlich, durch mangelndes Können, also durch Nachlässigkeit, einen Mitmenschen zu schädigen. Die Gefahr des Fehlurteils läßt sich natürlich nie ganz bannen, aber sie vermindert sich dann, wenn keinem Test ein absoluter Wert zuerkannt wird, also immer mehr als ein Verfahren zur Anwendung kommt. Das Schauen ist eigentlich gar nicht zu lernen. Doch ist ein gewisses Üben möglich. Man soll sehr viele Baumzeichnungen absichtslos auf sich wirken lassen, « anschauen », ohne jede kritische Einstellung einfach betrachten. So entsteht langsam aus dem Schauen ein Sehen, Unterschiede werden erkannt, das Bild beginnt sich zu differenzieren, der Gegenstand wird einem vertrauter. Erst hier verbindet sich das Schauen mit dem kritischen Beobachten.

Graphisches Lesen und richtiges Schauen, selbstverständlich unter Auswertung aller Gegebenheiten, wie sie etwa die Statistik bietet, führen zur Deutung. Und hier ist wiederum wichtig, daß der Diagnostiker einigermaßen frei ist von inneren Verzerrungen, die sich auf den Gegenstand projizieren. Es ist nicht unbedingt notwendig, mit einem Test allein ein Persönlichkeitsbild anzustreben. Das ist nach der Natur eines Testes auch gar nicht möglich. Meist erhalten wir Beiträge zur Persönlichkeitsdiagnostik. Dies ist am häufigsten der Fall und zugleich der Grund, warum der Test immer in Verbindung mit andern Verfahren angewendet wird. Die sogenannte Blinddiagnose ist höchstens für Schulungszwecke bedingt interessant, sonst aber eine Gefahr, vor welcher man nicht genug warnen kann.

Offermann hat in einer Diplomarbeit über den Baumtest auf die besondere Eignung der Baumzeichnung für das Eindrucksprotokoll hingewiesen, welche viel besser als die Schrift einen Gesamteindruck formulieren läßt. Dafür ist mit den Begriffen « Formniveau » oder « Wesensgehalt » nicht viel anzufangen, weil es sich bei der Zeichnung nicht um ein deutlich rhythmisch gegliedertes Bild handelt.

Näheres in der Zeitschrift: « Ausdruckskunde », H. 3, 1955, II. Jg. Heinz Lossen, « Bedeutung und Methode der Eindruckserfassung in der Graphologie ».

Gesamteindruck

klar	unklar	lebendig	unlebendig
durchsichtig	verworren	beseelt	monoton
hell	chaotisch	beschwingt	langweilig
heiter	schmierig	schwungvoll	leer
präzis	sumpfig	wild	nichtssagend
harmonisch	unharmonisch	ungezügelt	tot
ruhig	unruhig	kraftlos	blaß
statisch	dynamisch	schlaff	farblos
geordnet	ungeordnet	müde	lahm
weich	hart	kräftig	konzentriert
mollig	knöchern	farbig	locker
warm	glasig	derb	zerfahren
sinnlich	kalt	wuchtig	labil
leicht	nüchtern	grob	stabil
federnd	karg	hölzern	erstarrt
schwebend	einfach		fest
fein	mager	kompliziert	üppig
sanft	arm	reich	überladen
zart		expressiv	übertrieben
verblasen	morbid	voll	aufgeblasen
dumpf	schwer	plump	drückend

eigenartig, verschroben, fremd, schulmäßig, maniriert, stilisiert, posiert

Wurzeln

«La racine est le mort vivant»
Gaston Bachelard

Der Baum lebt in zwei Richtungen, er wächst nach oben und nach unten; er lebt im Licht und vom Licht, aber lebt auch im Dunkel der Erde. Zwei Seinsweisen in einem Sein. Man kann auch sagen: «Der Baum wurzelt im Licht und in der Erde. Er strebt nach unten und von unten nach oben, als ob sich die Kräfte des Lichtes mit der Erdkraft im Baume kreuzten. Oder ist das Oben eine bloße Spiegelung des Unten? eine Polarität? Der Baum entfaltet sich zwar sichtbar nach oben, oft wie eine hinaufverlegte Wurzel, wie eine Entäußerung der Erde. *Bachelard* hat die Wurzel einen umgekehrten Baum genannt, einen unterirdischen Baum.

Die Wurzel ist das Dauerhafteste am Baum. Der Baum kann seine Äste verlieren, oder sie werden ihm abgeschnitten. Von der Wurzel geht nichts verloren, und sie ist auch gegen jeden künstlichen Eingriff geschützt. *Hegel* (zitiert bei *Bachelard*) bezeichnet die Wurzel als das *absolute* Holz.

Die Wurzel hat mehrere Funktionen: sie saugt aus dem Erdreich die Nahrung für den Baum. Die Wurzel wurde immer als Symbol der Lebensquelle betrachtet. Sie klammert sich aber auch an die Erde und in die Erde hinein; der Baum hätte keinen Halt ohne Wurzel. Die Wurzel hält auch die Erde. Das Rutschen eines Hanges wird durch tiefwurzelnde Bäume aufgehalten. Die Wurzel verhütet die Bewegung, sie stabilisiert. Sie gibt der Erde Halt und nimmt den Halt für den Baum aus der Erde. Die Wurzel ist das Erdnahe, fast Erdverwandte, Irdische, zugleich das untergründige Leben, das Unsichtbare. Die Wurzeln reichen in das Reich des Unbelebten, Mineralischen. Dort berührt sich das Tote und Lebendige. Die Wurzel lebt in einem Element, das auch der Boden anderer Bäume ist, das allen Bäumen gemeinsame Element. *Bachelard* bezeichnet die Wurzel als Archetypus, als Urbild. Die Identifizierung der Wurzel mit der « Mutter Erde » drängt sich fast auf.

Man versteht so, daß die Wurzeln in Baumzeichnungen nicht zuviel nachkontrollierbare, persönliche « Charaktereigenschaften » aufzeigen können. Das Sichtbare ist das aus der Wurzel herausgewachsene, der Baum selbst.

Schon die Stammbasis ist beinahe Wurzel: das Zähe, Feste, Unbewegliche, nicht mehr Verrückbare. Je mehr die Stammbasis wurzelähnlich gegliedert ist, desto mehr bekommt der Ausdruck die Bedeutung des Schwerbeweglichen, der Schwere, nicht des Starren, aber « lebendigen Toten ». Nicht umsonst zeichnen Geisteskranke manchmal die Wurzel fast größer als den Baum! Das Doppeldeutige der Wurzel scheint mir nirgends schöner zum Ausdruck zu kommen als in den meist übermäßigen Wurzelzeichnungen mancher Alkoholiker. Die bis zur Süchtigkeit gesteigerte Haltschwäche, die um so stärker veranlaßt, Halt zu suchen. Wer am Ertrinken ist, greift ausholender nach einem Halt. Der Haltschwache bohrt ausgiebig in die Tiefe, aber das Erdreich scheint für ihn locker, unfest.

Merkmal: *Strichwurzel*										Nr. 14		
Schule		K	1.	2.	3.	4.	5.	6.	7.	8. P	1. S	2. S	3. S
Alter		6–7	–8	–9	–10	–11	–12	–13	–14	–15	–14	–15	–16
Knaben	%	2,4	2,6	2,4	2,7	4,3	2,9	7,8	1,1	0,0	2,9	1,0	2,0
Mädchen	%	1,0	1,9	1,9	1,8	1,8	0,0	3,6	2,6	1,2	1,8	0,0	0,8
Zusammen	%	1,7	2,2	2,2	2,2	3,1	1,5	5,7	1,9	0,6	2,4	0,5	1,4
Alter			–8	–9	–10	–11	–12	–13	–14	–15	–16	–17	Deb.-Imbez. Mittel 29 J.
Debile	%		2,8	4,0	3,8	8,4	8,0	6,7	8,2	4,8	10,2	4,9	8,9

Angelernte Arbeiter(innen) mit 8 Primarklassen			Kaufm. Ang.	afrik. Missionsschüler
Alter	15–16	17–19	+20	19–32	im Mittel 15,5 J.
%	9,1	8,8	11,8	1,5	100,0

Die Zeichnungen zeigen Strichwurzeln und Doppelstrichwurzeln. Die statistische Tabelle über die *Strichwurzel* zeigt nur unbedeutende Prozente für die Normalschüler, während Debile sehr viel mehr Strichwurzeln aufweisen. Es macht den Anschein, als sei die Strichwurzel dem Primitiven eigentümlicher. Mit Intelligenzschwäche hat dies direkt nichts zu tun. Angelernte Arbeiter, die nur einen geringen Denkaufwand zur Arbeit benötigen, zeigen ebensoviel Strichwurzeln wie Debile; zwar ist ihr Intelligenzniveau nur in 17 % als durchschnittlich normal zu betrachten, alle andern haben weniger, ohne die Hilfsklasse besucht zu haben. Die kaufmännischen Angestellten mit ihrem intellektuell betontern Niveau zeigen nur 1,5 % Strichwurzeln. Hingegen weisen alle afrikanischen Missionsschüler sehr stark betonte Strichwurzeln auf. Die Strichwurzel scheint hier Ausdruck des Verhaftetseins in einem magischen Weltbild, vom Unbewußten her bestimmt. Kein Missionsschüler zeichnet Doppelstrichwurzeln, obwohl die Kronen keineswegs zeichnerisch schlecht gekonnt dargestellt sind. Die Doppelstrichwurzel wird von jüngeren Debilen nicht gezeichnet; sie bringen dies gar nicht fertig. Vollsinnige weisen geschlechtsgebundene Verschiedenheiten auf: Knaben zeichnen streckenweise etwas mehr Wurzeln als Mädchen, ohne daß ab der 4. Primarklasse Veränderungen auftreten, die ein Entwicklungsmerkmal erkennen lassen. Angelernte haben ungefähr gleich viel Strichwurzeln wie Doppelstrichwurzeln, kaufmännische Angestellte sind auffallend stark auf den Doppelstrich versessen. Freilich ist zu präzisieren: als Doppelstrichwurzel wurden auch jene Wurzelansätze gezählt, die über der Erde liegen, während Strichwurzeln nur gezählt wurden, soweit sie vollständig waren.

Merkmal: *Doppelstrichwurzel* Nr. 15

Schule		K	1.	2.	3.	4.	5.	6.	7.	8. P	1. S	2. S	3. S
Alter		6–7	–8	–9	–10	–11	–12	–13	–14	–15	–14	–15	–16
Knaben	%	1,6	3,5	3,2	24,0	12,7	28,0	12,6	20,0	18,0	12,7	12,3	14,9
Mädchen	%	0,0	3,9	5,8	13,3	12,0	12,4	9,0	11,5	8,4	21,0	3,8	8,5
Zusammen	%	0,8	3,6	4,5	18,7	12,4	20,2	10,8	15,7	13,2	16,9	8,0	11,7

Alter		–8	–9	–10	–11	–12	–13	–14	–15	–16	–17	Deb.-Imbez. Mittel 29 J.
Debile	%	0,0	0,0	0,0	3,0	1,8	0,7	3,3	9,7	4,3	9,8	7,2

	Angelernte Arbeiter(innen) mit 8 Primarklassen			Kaufm. Ang.	afrik. Missionsschüler
Alter	15–16	17–19	+20	19–32	im Mittel 15,5 J.
%	7,9	11,6	7,8	18,0	0,0

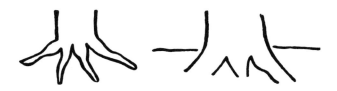

Wurzeln

Ursprünglichkeit	Stillstand
Primitivität	Hemmung
Instinkt- und Triebgebundenheit	Langsamkeit
Erdverbundenheit	Phlegma
Verwurzelung	klebend
aus dem Unbewußten schaffend	saugend
Traditionsgebundenheit (im bäuerlichen Sinne)	haltsuchend
Schwerfälligkeit	Haltschwäche
Schwere	Triebverstricktheit
Schwerbeweglichkeit	
Konservativismus	(Doppelleben)

Die Bodenlinie, die zwischen Himmel und Erde scheidet, ist eine Verbindung und eine Trennung. Sie verbindet oben und unten, und sie trennt oben und unten. Vereinzelt trennt die Bodenlinie zwei Leben, nicht einfach das bewußte vom unbewußten, wie dies natürlich ist, sondern zwischen einem Doppelleben. Doch ist die Bodenlinie dann künstlich, gerade, gewollt, ein Trennungsstrich, und keine Linie, die den Boden bezeichnet.

Man darf die Frage stellen, ob in der Wurzel nicht noch eine weitere Bedeutung enthalten ist. Bei zwei- und mehrjährigen Bäumen kommt der Wurzel noch eine dritte Funktion zu: die Speicherung von Reservestoffen (K. *Mägdefrau*, « Bau und Leben unserer Obstbäume », 1949). Die sinngemäße Übertragung ins Charakterologische ist nicht schwierig, aber ungelöst ist die Frage, ob die Bedeutung auch wirklich zutrifft.

Die Stammbasis

Auf den Blattrand gesetzt
Stammbasis gerade

Bis zum 12. Lebensjahr normal

Spätere Alter
« Das Kind » im eigentlichen und im übertragenen Sinne
kindliches Weltbild
Kindesalter

Schwachbegabung
(Blattrand)
enger Horizont
Beschränktheit
Teil-Infantilismen
Unreife

Links breit

Hemmung
Starthemmung
Bremse
Vergangenheitsbezogenheit

« Kleben »
von etwas nicht loskommen
Mutterbindung

Rechts breit

Autoritätsscheu
Mißtrauen
Vorsicht

Widerstand gegen das Du,
evtl. Trotz, Bockigkeit,
Sperrigkeit

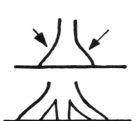

Breit

Hemmung, Gehemmtheit
Lernschwierigkeiten
schwerfällige Auffassung
« langsam, aber sicher »

Denkhemmungen
Entwicklungshemmungen
Schwere
(mit 7 Jahren noch normal)

Der *Kegelstamm* zeigt eine breite Basis und läuft bis zur Krone kegelförmig zu. Nach der Tabelle tritt das Merkmal erst mit dem Schulalter deutlicher auf (12,1 %) und sinkt dann gleichmäßig bis auf Null. Auch die Debilen reagieren erst mit 8-9 Jahren mit einer Häufigkeit von 10,8 % und fallen mit Schwankungen erst mit 17 Jahren deutlicher ab. Die schulentlassenen Arbeiter und die kaufmännischen Angestellten zeigen wieder ein Ansteigen auf eine Höhe (10 %), so daß sich die verschiedenen Gruppen nach dem Schulalter in diesem Merkmal nicht mehr unterscheiden.

Merkmal: *Kegelstamm*													Nr. 16
Schule		K	1.	2.	3.	4.	5.	6.	7.	8. P	1. S	2. S	3. S
Alter		6-7	-8	-9	-10	-11	-12	-13	-14	-15	-14	-15	-16
Knaben	%	2,4	11,5	14,3	9,2	5,8	4,8	1,6	0,0	0,0	0,0	0,0	0,0
Mädchen	%	4,1	12,7	8,7	5,3	8,3	2,7	5,2	5,3	3,6	0,9	3,8	0,0
Zusammen	%	3,3	12,1	11,5	7,3	7,0	3,7	3,4	2,7	1,8	0,5	1,9	0,0
Alter		-8	-9	-10	-11	-12	-13	-14	-15	-16	-17	Deb.-Imbez. Mittel 29 J.	
Debile	%	2,8	10,8	6,3	10,7	8,0	5,9	9,9	13,4	6,8	2,5	10,7	

Angelernte Arbeiter(innen) mit 8 Primarklassen				Kaufm. Ang.	afrik. Missionsschüler
Alter	15-16	17-19	+20	19-32	im Mittel 15,5 J.
%	7,9	15,0	9,5	10,0	9,0

Nach Schulentlassung
Mehr praktisch als theoretisch begabt
Praktiker
Handwerkertyp
mehr handgreiflich als fein
konkret, anschaulich
« einfach » bis zur mäßig intelligenten Vereinfachung
geht auf das Nächstliegende

Vor Schulentlassung
Bis zu einem gewissen Grade als Frühmerkmal zu werten, womit leichtere Retardierungen zum Ausdruck kommen

Halb-T-Stamm, *T-Stamm* (Tannenstamm beim Obstbaum)

> «*L'arbre droit est une force évidente,
> qui porte une vie terrestre au ciel bleu*»
> Gaston Bachelard

Der T-Stamm führt von der Basis bis zur Baumspitze. Als Leitast kommt diese Form in der Natur unter den Obstbäumen am reinsten noch bei Birnbäumen vor. Gemeint ist jedoch eine tannenähnliche Form. Knaben zeichnen die Form zwei-

bis dreimal häufiger als Mädchen. Während bei Normalschülern der T-Stamm im frühen Alter weniger häufig ist als später, beginnen Debile früh mit höhern Werten und fallen später ein wenig ab. Schulentlassene Angelernte steigen auf 20% mit 15–16 Jahren und fallen nach dem 20. Jahre auf 12%. Anderseits habe ich schon Gruppen von angelernten Schwerarbeitern mit einem T-Stamm-Anteil von 80% gefunden. Debil-Imbezille mit 30% Anteil sind deshalb so hoch, weil viele Imbezille einen Obstbaum nicht zeichnen können und die Tanne als Schema für jeden Baum verwendet wird. Genetisch scheint der Halb-T-Stamm vor dem T-Stamm zu stehen. Aus der Statistik ist dies zwar nicht ersichtlich und kann nur verstanden werden aus einer Art Strukturwandlung ein und desselben Merkmals. Im frühen Alter, etwa bei den Vorschulpflichtigen, ist der Halb-T-Stamm meist ein Lötstamm mit einem Querstrich über dem Stamm, der begrenzt. Ein Teil der Äste ist darauf aufgestockt oder ragt sonst deutlich oben hinaus. Ein Teil der Äste zweigt vom Stamm ab, und in der schematisierten Art des Kindesalters wirken diese Abzweigungen wie tiefliegende Äste (sind aber nicht als solche statistisch verrechnet). Im spätern Alter verliert sich der Lötstamm bei Normalen. Entweder entfaltet sich die Krone vollständig, und der Anteil des T-Stammes verschwindet, oder aus dem Halb-T-Stamm entsteht durch Höherführung ein wirklicher T-Stamm. Der späte Halb-T-Stamm bekommt eher den Charakter eines halb hinaufgeführten Leitastes, und die Seitenäste haben nicht mehr den Aspekt von tiefliegenden Ästen. Das Grundschema ist zwar erhalten, und doch muß man die frühe Form von der spätern unterscheiden, so schwer es hält, wegen der fließenden Übergänge statistisch die Formen voneinander zu trennen.

Der Halb-T-Stamm kommt vom 12. Jahr an nur mit einem sehr unbedeutenden Anteil vor, während der T-Stamm häufiger wird. Die afrikanischen Schüler sind mit 45% mit dem Halb-T-Stamm auf einer Stufe, die in unsern Breiten offenbar überhaupt nicht vorkommt. Ihre Zeichnungen weisen bald gerade, bald runde Stammenden (Lötstämme) auf.

Übrigens ist der sogenannte Lebensbaum in der schematischen Darstellung als Halb-T-Stamm bis T-Stamm dargestellt: ein gerader Stamm, spitz zulaufend, am Ende ein Blatt, zu beiden Seiten drei Seitenäste in ein Blatt auslaufend. Da der Lebensbaum als siebenästig gilt, hat er eher den Charakter des Halb-T-Stammes.

Der T-Stamm, also die Tanne (als Obstbaum gezeichnet), ist als Frühform zu bezeichnen, die jedoch eher vor die Zeit fällt, welche die Statistik verwertet. Mit dem Besuch eines Kindergartens werden die ersten Frühformen bereits etwas überwunden. Der Debile hat noch mehr davon, und der Imbezille mit seinen 30 % T-Stämmen bleibt offenbar einer Primitivschicht verhaftet, die sonst rasch überwunden wird. Das Urbild des Baumes ist beim Kinde weder eine Tanne noch ein Apfelbaum, sondern ein Grundschema, das teils aus der Blume entsteht, teils aus Kreuzformen. Die primitivste Tannendarstellung besteht aus einer Senkrechten und einer Schicht Waagrechten. Erst nachher scheint die Tanne mit entweder aufstrebenden oder hängenden Ästen zu entstehen. Ob der Christbaum entscheidend Anteil hat als Vorbild, ist fraglich. Das dem Kinde eingeborene Grundschema des Kreuzes, der Senkrechten, Waagrechten und des Kreises ist stärker als jedes Vorbild. Der Schematismus ist derart stark, daß er häufig genug die individuelle Ausdrucksspur völlig übertönt. Vom Standpunkt der affektiven Ansprechbarkeit ist gar nicht der Baum, sondern die Blume dem Kinde entsprechend. Der Paradiesbaum wäre zwar als Archetypus in Tiefenschichten zu vermuten, doch wäre es naiv, anzunehmen, daß sich ein Fruchtbaum vor Erreichung der zeichnerischen Reife ausprägen könnte, sosehr die Frucht rasch genug zur Bedeutung kommt.

Wenn wir sagen, die Tanne sei ein dem Kinde gemäßer Baum, so meinen wir einen Zustand relativ geringer Bewußtheit, eines Primitivzustandes, einer Vorherrschaft des Vitalen, Instinktiven, Erdnahen, dem Ursprung nahen, dem Unbewußten. Beim Obstbaum entfaltet sich das Geäst in die Krone. In der Krone entfaltet der Baum den Stamm (die Anlage), der Stamm wird ausgezeugt. Im Tannenstamm fehlt diese Entfaltung weitgehend – es ist, als verlege sich die Stammzone in die obere Zone des Bewußten. Das Ursprüngliche, Primitive drängt undifferenziert mitten in die Welt des Bewußten hinein und durchdringt jene Welt, die, sonst differenziert und kultiviert, einen sublimen Aspekt hat. So ist der T-Stamm-Zeichner fast immer der Primitivere, der Robustere, der weniger Differenzierte. Aber dieser Anteil reduziert das Differenzierte doch nur auf das Praktische, und in diesem Sinn ist es verständlich, wenn dieser Typ als guter Handarbeiter und Handwerker eine glückliche Mischung von Verstand und Vitalität aufweist. Zudem ist zu beachten: Man kann zu einem T-Stamm kommen, weil man sich nicht entfaltet und einem diese Form liegt, oder die äußern Umstände verhindern eine weitere Differenzierung. Wie soll ein Arbeiter mit einer vorwiegend körperlichen Beanspruchung und geringer Notwendigkeit, sich auszudifferenzieren, von dieser an sich durchaus gesunden Form loskommen? Anderseits erstaunt doch immer wieder, wie mancher Student mit Schwierigkeiten einen T-Stamm zeichnet und meist zu den mehr praktischen Typen gehört, der handwerklich mehr geleistet hätte als im Abstrakten, welches nicht anspricht. Naturgemäß reagiert dieser Typus elementarer, mit kräftigerem Erlebnisdrang, meist auch mit mehr vitaler Stoßkraft als andere. Anderseits sagt dies über die Stärke der Energien nichts aus. Oft genug finden wir auch affektiv recht blasse Naturen unter den T-Stamm-Zeichnern, zu denen der Mangel an Kraft zum Ausdifferenzieren besser paßt als die Robustheit.

Merkmal: *T-Stamm* Nr. 17

Schule		K	1.	2.	3.	4.	5.	6.	7.	8. P	1. S	2. S	3. S
Alter		6–7	–8	–9	–10	–11	–12	–13	–14	–15	–14	–15	–16
Knaben	%	6,4	3,5	13,5	6,5	13,6	8,6	23,0	14,3	7,0	7,7	16,0	13,9
Mädchen	%	1,2	0,0	1,9	0,9	0,9	2,7	6,2	4,5	2,4	1,8	7,6	6,2
Zusammen	%	3,8	1,8	7,7	3,7	7,2	5,6	14,6	9,4	4,7	4,7	11,8	10,0

Alter			–8	–9	–10	–11	–12	–13	–14	–15	–16	–17	Deb.-Imbez. Mittel 29 J.
Debile	%		12,8	16,2	10,0	7,6	4,5	11,8	8,2	9,7	0,0	9,8	30,0

Angelernte Arbeiter(innen) mit 8 Primarklassen				Kaufm. Ang.	afrik. Missionsschüler
Alter	15–16	17–19	+20	19–32	im Mittel 15,5 J.
%	20,0	17,6	15,2	12,0	9,0

Merkmal: *Halb-T-Stamm* Nr. 18

Schule		K	1.	2.	3.	4.	5.	6.	7.	8. P	1. S	2. S	3. S
Alter		6–7	–8	–9	–10	–11	–12	–13	–14	–15	–14	–15	–16
Knaben	%	13,5	23,0	16,0	19,5	10,7	3,8	1,6	9,9	1,0	1,9	0,0	0,0
Mädchen	%	4,1	8,7	11,7	8,8	0,9	4,5	1,8	0,0	0,0	2,7	1,9	0,8
Zusammen	%	8,8	15,9	13,9	14,2	5,8	4,2	1,7	5,0	0,5	2,3	1,0	0,4

Alter			–8	–9	–10	–11	–12	–13	–14	–15	–16	–17	Deb.-Imbez. Mittel 29 J.
Debile	%		2,8	10,8	6,3	10,7	8,0	5,9	9,9	13,4	6,8	2,5	10,7

Angelernte Arbeiter(innen) mit 8 Primarklassen				Kaufm. Ang.	afrik. Missionsschüler
Alter	15–16	17–19	+20	19–32	im Mittel 15,5 J.
%	15,6	7,9	8,7	10,0	45,0

Tabelle zum T-Stamm

Primitivcharakter
Robustheit, kräftige Vitalität
Undifferenziertheit
Instinktmensch
oft begrenzte Reife
geistig nicht sehr differenziert
vereinzelt: Mangel an Intelligenz
Triebhaftigkeit
Ursprünglichkeit
mehr Praktiker als Theoretiker
handwerklich-praktische Begabung
stärker als abstrakte
leichte Retardierung

Steckenbleiben im Primitiven
anlagemäßig oder durch die Umstände bedingte Behinderung der Auszeugung persönlicher Anlagen
gelegentlich Mangel an Fähigkeit zum Objektivieren und Relativieren
primitive Stoßkraft
primitiver Eifer
aktive Betriebsamkeit
Erlebnisdrang
Intensität
Mangel an Auszeugungskraft
Labilität, Halt suchen

Stammkontur

Die Stammkontur wird beim Doppelstrichstamm durch die üblichen beiden parallelen Striche bezeichnet, die zusammen die Stammgestalt darstellen. Die Kontur (Linie) zeichnet die Physiognomie des Stammes (regelmäßig, unregelmäßig), als Strich jedoch hat jede Kontur eine eigene Beschaffenheit und Verlaufseigenschaft.

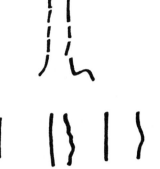

Gestrichelte, unterbrochene Stammlinie und Astlinie

reizbar	nervös-impulsiv
sprunghaft	innere, nervöse Brüchigkeit
affektive und nervöse	Nervosität
Erregbarkeit	Ungeduld
explosiv	

Links oder rechts unregelmässig verlaufend

Innere Verwundbarkeit	Eigenwilligkeit
seelische Traumen	Eigensinn
Spur durchgemachter Konflikte und Schwierigkeiten	« schwierige Charaktere »
	Interesse am Ungewöhnlichen
Hemmung	und Kranken
Anpassungsschwierigkeiten	

Stammkontur wellig

Er belebt und ist Ausdruck einer gesunden Lebendigkeit, Lebhaftigkeit und Anpassungsfähigkeit. Die Kontraste ergeben sich aus dem geraden Stamm und knorzigen oder übertrieben geschlängelten Konturen. Die Schlangenlinie kann das Ausweichende ebensogut ausdrücken wie die Gebärde des unter Schwierigkeiten sich Aufreckenden.

Stammkontur diffus, aufgelöst

Die Stammkontur ist eine Grenze, welche das Ich vom Du oder das Ich von der Außenwelt mehr oder weniger scharf trennt. Die verwaschenen Übergänge, sind teils in Schattenmanier diffus dargestellt, teils in viele feine Striche aufgelöst.

Sensitivität	unklares Grenzgefühl
Sensibilität	(Ich-Du/Ich-Sache)
gesteigerte Einfühlung	Schwebezustand
Identifizierungsbereitschaft	Persönlichkeitsverlust

Stammkröpfe und Kerben

Ausgeprägte Stammkröpfe, also Kropfbildungen, wie sie in der Natur auch vorkommen, weisen nach unseren Beobachtungen vorwiegend auf Traumen, wie sie starke Krankheits- oder Unfallerlebnisse mit sich bringen, oder Schwierigkeiten, die intensiv erlebt wurden. Ein solches Merkmal muß nicht auftreten, aber es kann auftreten. Die objektive Schwere eines Leidens sagt nichts für die Ausprägung des Merkmals, sondern nur das subjektive Erlebnis.

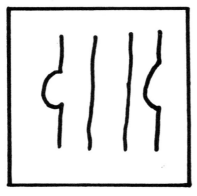

Kerben sind außerordentlich selten und weisen allgemein auf einen Mangel: Minderwertigkeits- oder Schuldgefühle. « Etwas auf dem Kerbholz haben » ist der landläufige Ausdruck. (Das Kerbholz ist eine Zählvorrichtung für Lieferungen, Zeitabschnitte usw.)

Das Auftreten der ersten Stammkröpfe zwischen acht und neun Jahren, bei Debilen zwischen zehn und elf Jahren ist erst nach Überwindung der ausgeprägten schematischen Formen möglich. Zugleich können sich Erlebnisse nun besser verfestigen. Wenn man von der auffallenden Steigerung bei zwölfjährigen Knaben absieht, bleibt der Anteil mit Schwankungen gering und wird auch bei Erwachsenen nicht größer.

Kropfbildungen am Stamm zeigen nach den Untersuchungen von Städeli eher auf überwundene, positiv verarbeitete Traumen und weniger auf noch neurotisch wirksames Material.

Merkmal: *Stammkröpfe und Kerben*   Nr. 19

Schule		K	1.	2.	3.	4.	5.	6.	7.	8. P	1. S	2. S	3. S
Alter		6–7	–8	–9	–10	–11	–12	–13	–14	–15	–14	–15	–16
Knaben	%	0,0	0,0	3,2	4,6	1,9	17,3	3,1	5,5	2,0	1,9	4,7	2,1
Mädchen	%	0,0	0,0	0,0	0,9	0,0	3,6	3,6	6,2	1,2	5,4	2,8	3,1
Zusammen	%	0,0	0,0	1,6	2,6	1,0	10,5	3,3	5,8	1,6	2,7	3,8	2,6

Alter		–8	–9	–10	–11	–12	–13	–14	–15	–16	–17	Deb.-Imbez. Mittel 29 J.
Debile	%	0,0	0,0	3,0	0,0	3,0	2,5	3,6	2,6	0,0	0,0	

Angelernte Arbeiter(innen) mit 8 Primarklassen			Kaufm. Ang.	afrik. Missionsschüler
Alter	15–16	17–19	+20	19–32	im Mittel 15,5 J.
%	5,2	2,5	4,8	1,5	5,0

Stammoberfläche (Rinde)

Die Stammoberfläche ist graphisch nicht viel anderes als ein stark vergrößerter Strich. Es ist die Rinde. Sie ist ein Schutzmerkmal, auch die Schale und Hülle des eigentlichen Stammes. Die Oberfläche wird hier zur Berührungsfläche zwischen innen und außen, dem Ich und dem Du, dem Ich und der Umwelt. « Rauhe Schale, weicher Kern » ist eine viel gebrauchte Charakterisierung. Die Oberfläche kann sein: glatt, geritzt, rissig, rauh, borkig, zerklüftet, fleckig, schattiert usw. Die Strichführung wechselt von spitzig, eckig, gerade, zackig zur runden Form.

Der Schalencharakter führt zur Überlegung der Unterschiedlichkeit von äußerem Verhalten und innerem Sein. Die Hülle kann das wahre Wesen verdecken, sie kann es schützen und auch maskieren. Wie weit ein Äußerungscharakter dem innern Charakter entspricht, ist aus einem Merkmal allein nie abzuleiten, ebensowenig die Motivierung des Verhaltens.

Eine rauhe Oberfläche reibt sich an der Umgebung mehr als eine glatte, an welcher alles abfließt und abgleitet. Die Beziehung ist eine zweiseitige: das Rauhe läßt sich besser angreifen, und zugleich greift es selber besser an als das Glatte. Die Reizbarkeit, die dem Rauhen anhaftet, setzt eine gesteigerte Eindrucksfähigkeit voraus und umgekehrt eine scharfe, sogar kritisch eingestellte Beobachtung, welche die Angriffspunkte rasch heraus hat, die sich zu Reibungsflächen eignen.

Die geritzte, borkige, rauhe, rissige Oberfläche (Rinde)

Strich: spitzig, eckig, kantig, gerade, zackig

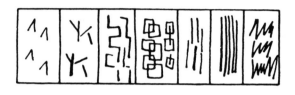

Empfindlichkeit
Verletzlichkeit
bissig, rabauzig
« Haare an den Zähnen »
« rauhe Schale »
struppig, ruppig, rauh
bockig, stachelig
Beobachtungsgabe

eindrucksempfänglich
beeindruckbar
reagibel
sensibel
aufbrausend
heftig
cholerisch
kritisierend
nörgelnd

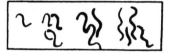

Strich: kurvig, rund, bogenförmig

leichte Kontaktfähigkeit
Kontaktbedürfnis

Anpassungswilligkeit
gewinnend

Fleckige Oberfläche

Traumen (viel durchgemacht)
Unklarheit
Selbstbefleckung (Einzelbeobachtung)

Das Merkmal ist häufig als bloß dekoratives Element zu werten
Flockige Oberfläche
morbid, « unsauber »

Linksschattierung

leicht träumerischer Einschlag
leicht introversive Neigung
mäßige Empfindlichkeit und Verwundbarkeit

Hemmungen
Äußerungsunlust
wenn steif: Mangel an Beweglichkeit, steif, unfrei, schulmäßig

Rechtsschattierung

Kontaktfähigkeit

Anpassungswilligkeit

Im allgemeinen wechseln Links- und Rechtsschattierung bei demselben Zeichner rasch. Das Merkmal hat wenig Konstanz, vor allem im Pubertätsalter nicht. Wo die Oberflächenbeschaffenheit keine einigermaßen klare Bilder gibt, wie etwa bei Übergängen von Rindenzeichnungen zur Dunkelfärbung, übe man Zurückhaltung im Deuten. Um die notwendige Übung im Lesen des Merkmals zu bekommen, ist das Sammeln verschiedener Rindenbilder ratsam.

Die Rindenzeichnungen sind ihrer Bedeutung nach ähnlich wie entsprechende Ausprägungen in der Natur, wo Erfahrung und Wissenschaft bestätigen, daß rauhe und zerklüftete Rinden den Blitz viel stärker anziehen als glatte, die bei Regen einen Blitzableiter durch das rasch geerdete Wasser bilden.

Der Ausdruck des Striches

Ein Strichcharakter ist nur am Original und oft nur mit der Lupe festzustellen, während Reproduktionen ungenau sind. Die Strichanalyse bleibt auch sonst eine Angelegenheit, die erhebliche Erfahrung benötigt, um so mehr, als in der Bleistiftzeichnung bei weitem nicht die gleiche Differenziertheit möglich ist wie beim Tintenstrich. Die folgende etwas vereinfachte Zusammenstellung stammt von Max *Pulver*, der teilweise auf Untersuchungen von Margret *Hartge* aufbaut.

Strichausdruck:

Schlank, lückenlos	gesunde Sicherheit
Prall	saftige Lebendigkeit
Druckstark	kreative Wucht mit allen Hemmungen, in die Tiefe wirkend, eindringlich, schöpferisch
Schwer	Gewichtigkeit
Schwer bei lebhafter Bewegung	Bedürfnis wuchtiger zu erscheinen, als man ist. Dick auftragen. Sich und andern imponieren wollen. Bedürfnis nach eindrucksvoller Äußerung
Kräftig, dunkel	suggestiv wirkend
Scharf präzis	Disziplin und Geistigkeit
Teigig, verschwommen	Sinnlichkeit
Schwellstrich	Sinnliche Erregbarkeit
Haarig, fasrig	Erregbarkeit, Nervosität
Mürb	vitale Brüchigkeit
Ausgefranst	nervös, unfrisch, aber zäh
Brüchig	Kraftlosigkeit des Zerfalls
Verklebt, versumpft	starke ungehemmte Triebmassen Gärungserscheinungen
Schlaff	Spannungslosigkeit, Mangel an Muskeltonus, Neurasthenie, Schwäche, Feinfühligkeit, Niedergeschlagenheit
Unschlank (zittrig, ataktisch, lückenhaft)	Nervöse Störungen, gelegentlich Kreislaufstörungen
Straff	Spannung, Disziplin, Schärfe
Sperrig, steif, unbiegsam	Hemmungen, Sperrigkeit, Widersprüche
Überstreckt	starker seelischer Spannungszustand
Hart	Brutalität
Trocken	trockene, verhaltene, nüchterne Natur
Weich	animalisch, sinnlich
Saftig	genußfroh, derb aus sich herausgehend
Dünn	Willensschwäche, Rührigkeit, oft Mangel an Kraft, sich selbst zu behaupten
Breit	Kontaktnähe, mit Druck: Triebstärke, Willenskraft

Aus dem Bewegungscharakter:

Der gleitende Strich	geistige Beweglichkeit, rasche Auffassung, glatte Amphibiennatur
Der streichende Strich	Stark unbewußte, einfühlsame Instinktnaturen, blindes, sicheres Erreichen des Zieles, mediale Fähigkeiten
Der malende Strich	Sich selbst genießend, im eigenen Lebensgefühl schwelgend, mehr Genußtendenz als Kraftäußerung

Der gestaute Strich	starke Triebhemmungen
Der bohrende Strich	Zähigkeit, Grüblernaturen, Grausamkeit
Der wühlende Strich	Nörgelei, negativ eingestellter Charakter, aggressive Zudringlichkeit
Der gewundene, kriechende Strich	seelische Labilität, Unsicherheit, Anpassungsbereitschaft, Lavieren

Der Strich von der Unterlage aus erlebt: hingehaucht, hingefegt, hingeblasen, hingerast, überfliegend, streifend, streichelnd, gleichgültig, widerborstig, behutsam, plastisch abhebend oder in der Unterlage versinkend.

Die Blaß- und Vollfärbung kommt beim Bleistiftstrich nicht vor. Jedenfalls ist das Helldunkel des Bleistiftstriches nicht zu verwechseln mit der Blaß- oder Vollfärbung der Tintenschrift.

Allgemein wird man guttun, neben dem Strichcharakter der Baumzeichnung jenen der meist auch verfügbaren Handschrift zu kontrollieren. Wenn man besonders auf die Strichanalyse eingehen will, sollte der Versuchsperson der ihr zusagende Bleistift zur Verfügung stehen, so daß man nicht unbedingt auf dem meist verwendeten Härtegrad 2 beharren muß.

Verdickungen und Einschnürungen

Sie können am Stamm und an den Ästen auftreten, Verdickungen auch am Übergang vom Stamm zur Krone. Die Verdickungen haben wulstartigen Charakter und unterscheiden sich gut von den Kropfbildungen. In den feinern Schattierungen ist ein fließender Übergang zu den degenerativen Formen unverkennbar. Oft sind nur einzelne Stellen verdickt, manchmal verbreitet sich die Erscheinung wie ein unregelmäßiges Geschwür über den ganzen Baum. Wülste bedingen die eingeschnürten Stellen von selbst. In der Natur kommen derart ausgeprägte Schwankungen des Astdurchmessers gar nicht vor. Verdickungen erscheinen am ehesten noch bei den Pfropfstellen.

Der Bedeutung des graphischen Ausdrucks kommt man nahe, wenn man sich den Stamm oder die Äste als von einer Masse durchströmter Schlauch vorstellt, der sich elastisch ausdehnt oder zusammenzieht, wie ein Darm. Die Einschnürung hemmt den Fluß, die Verdickung führt zur Stauung, sie verstopft den Abfluß. So wird auch die Merkwürdigkeit verständlich, daß graphisch entgegengesetzte Merkmale (Einschnürung und Verdickung) dasselbe bedeuten, nämlich

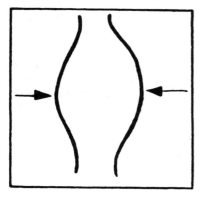

Schüchternheit	Stauungen
Hemmung	Würgen
Verkrampfung	Sperrungen
Krampfhaftigkeit	« Verstopfungen » (häufig
Verklemmung	auch auf das Organische
verklemmte Affekte	zutreffend)
Affektstauungen	Verdrängung

Bei oben zunehmender Stammdicke ist die Bedeutung ähnlich
Bei persönlichen Untersuchungen ist auf korrespondierende Ausdrucksmerkmale zu achten: würgendes Sprechen, krampfige Motorik, gehemmter Ausdruck, gepreßte Stimme usw.

Solche Merkmale in der Baumzeichnung erschließen für gewöhnlich etwas, was durch Aussprache usw. näher motiviert wird. Ein Ekzematiker mit auffallenden Verdickungen in der Zeichnung fand erst Vertrauen zum Psychologen,

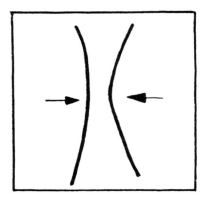 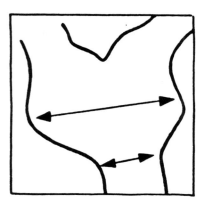

nachdem die Vermutung ausgesprochen wurde, der Mann sei « verstopft », was er im höchsten Grade war, aber zwanzig Jahre lang nie darüber befragt, sondern den Studenten als Simulant vorgestellt wurde. Findet der Klient auf Grund richtiger Diagnosen Vertrauen, so hilft er selber mit, tiefer zu graben.

Dicker werdende Äste, parallele Äste

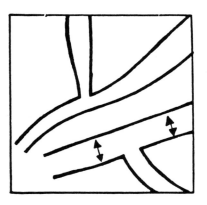

Aus der Graphologie kennen wir das Merkmal der « écriture massuée », d. h. die Schrift mit dem dicker werdenden, massiven Endzug, der plötzlich an der dicksten Stelle abbricht; nach *Crépieux-Jamin* Ausdruck für Heftigkeit, Hemmung, Widerspruch und Debilität.

Den dicker oder breiter werdenden Zug finden wir in der Baumzeichnung als nach außen dicker werdenden Ast. Verglichen mit dem natürlichen Wachstum eines Astes, der nach außen dünner wird, bildet das Merkmal einen Widerspruch. Der Zeichner des nach außen dicker werdenden Astes «kommt gleich mit dem dicken Ende », er wirft gleich das ganze Quantum seiner Substanz nach außen. Das Quantitative, die Masse, rückt in den Vordergrund; er ist der Typ der quantitativen Leistung, der große Schaffer und Krampfer, der Mann, der «die Hände zuvorderst » hat, der seinen ganzen Schaffensdrang, überhaupt seine Drang- und Triebhaftigkeit nach außen wirft, also ausdrückt, nach außen verlegt. Er demonstriert seine Kraft, und er setzt sie mit großer Intensität ein. Seine Ausdauer in der Triebrichtung, in der Richtung seiner gerade vorhandenen Interessen und Neigungen ist sehr groß. Meist ist er ein Draufgänger, der sich nicht schont; ein

Mensch mit starkem Erlebnisdrang, der aber auch die Widerstände der Außenwelt stark erlebt, meist stärker als objektiv nötig wäre, diese jedoch mit mutigem bis frechem Zugriff zu beseitigen sucht. Er wird ungeduldig und heftig, wenn der Widerstand nicht nachgibt. Das Widerstandserlebnis ist gesteigert. Die Affektivität steigert und staut sich am Widerstand, schiebt ihn weg oder erschlägt ihn, und wenn er nicht nachgibt, so wird dieser Zeichner massiv und laut.

Geschmeidige, diplomatische Art ist nicht seine Stärke; er geht mit dem Kopf durch die Wand, er fällt mit der Türe ins Haus, er drängt sich vor und drückt sich durch, mit einer Intensität, die vielleicht bis zur brutalen Heftigkeit gesteigert ist, grob, massiv, sogar anmaßend, derb, primitiv, zugriffig und angriffig, keine Schwierigkeit scheuend. Oft gehen solche Menschen über ihre eigene Kraft hinaus. Sie geben gleich aus, was sie haben. Mitunter liegt Kompensation oder Überkompensation von Schwäche vor. Die qualitative Seite kommt in diesem Ausdruck zu kurz, wenn sie aber doch da ist, wird sie mit ungeheurer Wucht geäußert. In diesem Sinne korrespondiert das Merkmal mit dem echten Druck in der Handschrift. Es drückt die Stoßkraft, das Dranghafte, die aktive Energie aus.

Im Pubertätsalter ist das Merkmal nicht selten anzutreffen: Mehr wollen als können, über sich hinauswollen, Heftigkeit, Grobheit, Frechheit, Kühnheit im Einsatz. Das Wesentliche wird nicht immer gut von Nebensachen unterschieden; man glaubt alles mit viel Kraftaufwand erledigen zu können.

Graphologisch gesehen ist das Merkmal an sich schon vieldeutig. Es ist nicht bloß « écriture massuée », nicht bloß eine Keule, nicht bloß nach außen verlagerte Kraft, sondern zugleich Druck transformiert ins Räumliche enthaltend, so daß sehr viel, was wir über die Bedeutung des Schreibdruckes wissen, auf die Zeichnung übertragen werden kann.

Der parallele Ast ist in seiner Bedeutung grundsätzlich ähnlich. In der Parallelität, soweit sie nicht stur-mechanisch ausgeführt ist, liegt ein Merkmal der Konstanz, der durchgehaltenen Anstrengung und damit der Ausdauer. Es ist doch sehr selten, daß solche Zeichner nicht vorzügliche Arbeitseigenschaften besitzen. Ihr Fleiß und ihre zugriffige Art werden gerne gesehen. Sie können auch nicht ohne Arbeit sein.

Quantitative Leistung	Heftigkeit
Schaffteufel, Krampfer	Triebhaftigkeit
Ausdauer (in der Triebrichtung)	Ehrgeiz
Extraversion	Emporkommenwollen
extravertierte Triebhaftigkeit	Rolle spielen
Erlebnis des Widerstandes	Erlebnishunger
Erlebnisdrang	
Zugriffigkeit	Hemmungen aus Widerstandserlebnis
vitale Stoßkraft	gleich mit dem dicken Ende kommen
dranghaft	sich vordrängen
« die Hände zuvorderst haben »	mit dem Kopf durch die Wand rennen
grob, frech	mit der Türe ins Haus fallen
massiv	über die eigene Kraft hinausgehen
brutal	Kompensationszwang
anmaßend	Ungeduld und Heftigkeit, wenn der Widerstand
Primitivität	nicht nachgibt
Derbheit	triebhaftes Drängen

Der Kugelbaum (geschlossene Formen/Flächigkeit)

Der Name Kugelbaum besagt, daß die Krone im besten Falle einen Kreis bildet. Meist ist es eine flache oder stehende Ellipse. Wesentlich ist die Umschreibung einer Fläche und ihre relative Geschlossenheit. Der Kreis schließt Äußeres aus und hält Inneres zusammen. Nach *C. G. Jung* ist der Kreis das Symbol des männlichen Lichtes, des Göttlichen. In der Ellipse liegt jedoch die Spannung. Das heißt: Spannung kann Ellipse und Kreis haben. Die Gespanntheit kann auch fehlen, und dann steht die Kugelkrone wie ein leerer Kreis auf dem Stamm, ein Nichts, gehaltlos, leer, vielleicht nur eine aufgeblasene Null, nichtssagend, wenn dies nicht auch schon eine Aussage wäre. Oder die Umrisse zeigen die Gespanntheit und Lebendigkeit einer zusammenhaltenden Kraft, sie konzentrieren, ballen zusammen, im Gegensatz zu Seifenblasen oder einer sich nur breit machenden Leere, die gerade noch Raum hat für den Gemeinplatz, für die schwärmerische Wolkenbildung und für das « in den Wolken leben ». Das Flächige ist zugleich das Anschauliche, das offene Auge, ferner dem Gemüthaften eigen. Immer wird man mit Notwendigkeit den Strichcharakter mit berücksichtigen, den festen, schmiegsamen, plastischen, satten Strich oder den diffusen, qualligen, zittrigen. Oft wirkt eine Krone wie ein aufgeweichtes Gehirn, und man wird solche Gesamteindrücke nicht unberücksichtigt lassen, wenn man sich bloß übt, nicht mehr hineinzusehen, als aus dem Ausdruck zu holen ist.

Merkmal: *Kugelkrone*   Nr. 20

Schule		K	1.	2.	3.	4.	5.	6.	7.	8. P	1. S	2. S	3. S
Alter		6–7	–8	–9	–10	–11	–12	–13	–14	–15	–14	–15	–16
Knaben	%	28,5	27,5	14,3	11,0	3,9	17,3	5,5	22,0	20,0	30,0	26,4	21,5
Mädchen	%	18,4	19,4	6,7	0,0	9,2	13,4	0,0	9,3	11,0	7,8	17,2	12,3
Zusammen	%	23,5	23,5	10,5	5,5	6,5	15,4	2,8	15,7	15,5	18,9	21,8	16,9
Alter			–8	–9	–10	–11	–12	–13	–14	–15	–16	–17	Deb.-Imbez. Mittel 29 J.
Debile	%		24,2	23,0	20,2	24,5	15,2	21,5	18,2	22,0	20,5	31,6	7,2

Angelernte Arbeiter(innen) mit 8 Primarklassen				Kaufm. Ang.	afrik. Missionsschüler im Mittel 15,5 J.
Alter		15–16	17–19	+20	19–32	
	%	7,3	3,7	8,7	50,0	0,0

Knaben zeichnen auffallend häufiger Kugelkronen als Mädchen. Gemeinsam ist Knaben und Mädchen der relativ hohe Anfangswert mit 7 Jahren, das Absinken zwischen 9 und 13 Jahren und das folgende Ansteigen bis fast auf den Anfangswert. Wiederum ist die früh gezeichnete Krone aber doch nicht dieselbe des spätern Alters, die viel besser gestaltet ist und nicht so schematisch und anonym wirkt wie die frühere. Der Anteil der Debilen weicht wenig von dem der Normalen ab, doch schwanken sie weniger, fallen auch weniger ab im Mittelteil, da sie ja weniger Entwicklungsschwankungen unterworfen sind und zufolge geringerer

Lebendigkeit die Schwankungen nicht so rasch mitmachen. Die schulentlassenen Arbeiter sinken gewaltig unter den Wert, der dem Schulalter eigen ist, während die kaufmännischen Angestellten gleich auf 50 % aufsteigen. Das hat seinen besondern Grund darin, daß dieser Schicht das Untersuchtwerden recht unangenehm ist und damit die Flucht in den neutralen, nichtssagenden und zugleich verschließenden Kreis naheliegt. Hier wird der Kreis zum Vorhang, der verdeckt, verschließt, ähnlich wie es bei Formen geschieht, die wie mit einer Haut überzogen sind. Freilich müssen die Kugelkronen nicht etwa leer sein. Geäst und Laub kann sich darin mächtig ausbreiten oder wie bei den Jüngern die Früchte.

Phantastik
Konvention
Gemeinplatz
Schematismus
Mangel an konstruktivem Sinn
Undifferenziertheit der Neigungen und Strebungen
Schwarmbildung
Träumerei
« Seifenblase »
Bluff
Leere
Geschwollenheit
Energiemangel
dösen
kindlich
naiv

Leben im Märchen, in der Phantasie
Angst und Widerstreben vor der Realität
Angst vor dem wirklichen Leben
gewisse Unechtheit
unproduktives Gleichgewicht
Gemütstypen
Gemütlichkeit bis Bequemlichkeit
Anschauungstyp, Augenbegabung
Einbildungskraft
oft Einbildung
Beeindruckbarkeit
Mangel an Konzentration (bei spannungsloser, leerer, ausdrucksloser Form)
Konzentration (bei geballter, gespannter Form)

Kontur der Krone:
a) wellig: plastisch   b) zittrig: unsicher
   lebendig   schmiegsam   nervös   unbestimmt
   lebhaft   anpassungsfähig   störbar   gehemmt
   weich   gesellig   irritierbar ängstlich

Manche Kronen sind weder als echte Kugelkronen noch als reine Astkronen anzusprechen. Das Geäst ist wie mit einer Haut überzogen. Der Überfang sitzt halb verlegen über den Ästen, wirkt etwas uneigentlich, ohne schon eine Stilisierung zu sein. Das Zudeckende und Einschließende ist deutlicher als das bloße Zusammenhalten, das eher gelockert scheint.

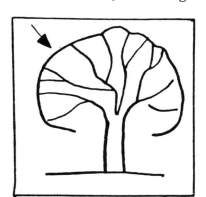

Kronengeäst mit einer Haut überzogen

Verschlossenheit
undurchsichtig
scheu, Befangenheit

noch uneigentlich
(gelegentlich « nicht ganz aufrichtig »)

Astenden in Wolkenballen gehüllt

Diese Form, welche die Krone in mehrere Flächen gliedert, findet man vorwiegend bei zeichnerisch Begabten und Differenzierten. Wesentlich ist: der harte Ausdruck des spitzen Astes ist umhüllt, wie in einen Wattebausch gehüllt.

Psychologisch:
die Absichten einhüllen
sich vernebeln
nicht aggressiv wirken
scheu, hart zu sein
scheu vor der Realität
angenehme Umgangsformen
schonungsvoll
rücksichtsvoll
gelegentlich undurchdringlich, diplomatisch, diskret

Arkadenbildung in der Krone

Formgefühl
Umgangsformen
Verbindlichkeit

Äste in Form von Palmblättern

Breite Astformen mit stumpf auslaufenden Astspitzen verkneifen sozusagen das normale Auslaufen in eine längliche Spitze. Die Tendenz des Zuschließens ist auffallend ausgeprägt.

hochgradige Verschlossenheit
Mißtrauen
Vorsicht
zugeknöpft

Spalierbaum (Zuchtmanier)

Der Spalierbaum ist ein Zuchtprodukt, d. h. der Gärtner zwingt dem Baum eine Gestalt auf, die er bei natürlichem Wachstum nicht erreichen würde. Die Erzogenheit geht demnach über das Maß hinaus, welches der Natur des Baumes meist angemessen ist.

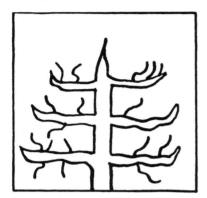

Da der Baumzeichner der Erzogene und der Erzieher in einem sein kann, gehen die Bedeutungen weit auseinander: teils ist der Zeichner der Erzogene und dabei passiv, oder er erzieht und « überzieht » sich selber, und in diesem Sinne arbeitet er konstruktiv und technisierend an sich.

Zur Zuchtmanier gehören nicht nur die typischen Spalierformen, die oft an Drähten gezogen gezeichnet sind. Fehlen z.B. die Zweige auf einer Seite des Astes, entsteht meist eine zuchtähnliche Form, die jedoch mit Vorteil von einem andern Aspekt her gedeutet werden kann, nämlich als Leerraum, der etwas Fehlendes anzeigt. Einseitig herabhängende Zweige sind nur bedingt als Depression zu deuten. Der Zuchtcharakter oder die Stilisierung hat naturgemäß Ähnlichkeit mit dem Schematismus, unterscheidet sich jedoch von diesem durch die Erzogenheit, die freilich zur Voraussetzung einen rechtmäßigen Grad an persönlicher Eigenart und Ursprünglichkeit hat.

Erzogenheit
Selbstdisziplin
Selbstüberwindung
Selbstverleugnung

dressiert
uneigentlich
verbogen
gekünstelt
gespreizt
affektiert
unecht
technisiert
disziplinhaft
schematischer Gehorsam
konservativ
traditionell
hörig
stur
mechanisch
« über-erzogen »

konstruktive Begabung
Begabung für Systematik
technische Begabung
Wille zur Selbsterziehung

« Musterknabe » ⎫
« Musterschüler » ⎬ bei mangelnder Eigentümlichkeit
« Musterbürger » ⎭

im Gehorsam erstarrt
Widerspruch evtl. haben, ihn aber nicht anbringen können
teilnahmslos
flach
« ein Ruhiger »
nicht aus der Erziehungswilligkeit herauskommen
Mangel an Lebenstüchtigkeit
Klischee statt Lebendigkeit
« der prima Angestellte »
Gefügigkeit bis zur Unselbständigkeit

Zentrierung

Die Gestaltung der Krone läßt oft die Richtung erkennen, die vorwiegend gemeint ist. Teils sind es mittelpunktstrebige (zentripetale) oder mittelpunktflüchtige (zentrifugale) Bewegungen und Bewegungsformen. Freilich ist einem strahligen Baum, dessen Äste alle nach außen tendieren, nicht anzusehen, ob die Bewegungsrichtung nach außen oder nach innen verläuft. Trotzdem liegt mindestens der zentrifugalen Richtung eine doppelte Bedeutung zugrunde: eine

aggressive und eine mehr rezeptive. Dies kommt ganz besonders bei der strahlenförmigen Krone mit Strichästen zum Ausdruck. Das Aggressive herrscht vor, doch ist es nicht die kräftige Angriffigkeit des Doppelstrichastes, sondern jene mit der Retardierung oder Regression belastete des Strichastes, womit bei Jugendlichen und Erwachsenen, alles was sonst Fülle wäre und Reichtum, mehr den Charakter der Zersplitterung und der Fahrigkeit bekommt, gesteigert durch die erhöhte Rezeptivität der vielen dünnen Antennen. Die Beeindruckbarkeit ist in dem Maße gesteigert wie die Extraversion. Zugleich wird Angriff auch Verteidigung. Angreifen und etwas von sich schieben, also Angriff und Abweisung bedienen sich ähnlicher, oft nicht sehr unterscheidbarer Ausdrucksmerkmale.

a) mittelpunktstrebig (zentripetal) Äste und Bogenzüge legen sich wie Zwiebelhäute um eine Mitte	b) mittelpunktflüchtig (zentrifugal) Äste streben von innen nach außen
Geschlossenheit	Aggression
Konzentration	Tätigkeitsdrang
Tatkraft	Betriebsamkeit
Zähigkeit	Geschäftigkeit
Sammlung	Unternehmungslust
Entschiedenheit	Initiative
Selbständigkeit	Eifer
Fülle	Anpassungsneigung
Harmonie	vielseitige Einstellungsbereitschaft
Verschlossenheit	Extraversion
Unablenkbarkeit	Drang nach Berührung mit der Wirklichkeit
Unbeeinflußbarkeit	Zerfahrenheit
Unabhängigkeitssinn	Zersplitterung
abschließend	
in sich ruhend	
Verkapselung	

Krone strahlenförmig mit Strichästen (zentrifugal)

Der sogenannte Strahlenbaum mit Strichästen ist auch in der Pubertätsphase noch anzutreffen. Der Strichast weist auf den regressiven Charakter, die strahlige Richtung der spezifischen Art der Selbstverteidigung. Die «Flüchtigkeit», mit welcher das Merkmal kommt und vergeht, zeigt, wie wenig es den Kern des Charakters trifft. Durch erzieherische und mäßige therapeutische Maßnahmen ist meist eine rasche Umstellung möglich, so daß man sich hüten muß, nach dem Symptom einen «schweren Fall» zu sehen.

Regression
frech
anmaßend
bestimmt auftretend
den Kopf durchsetzen
Trotz, Empfindlichkeit
rasch heftig, wenn etwas nicht geht
Fahrigkeit
Haltschwäche
Bequemlichkeit verteidigen
bequem bis faul
strebig, aber nicht strebsam
hinwerfend

abweisend
untief, ungründlich
Zersplitterung
Konzentrationsschwäche
Mangel an Sammlung und Ruhe
«verwöhnt», verspielt
erschwerte Versenkung
Mangel an Sitzleder
sprunghaft
wechselnde Ziele
ungeduldig
nicht sorgfältig
unbeherrscht

Krone konzentrisch (monstranzförmig)

Mittelpunktstrebigkeit
in sich ruhen
Selbstdarstellung
Narzismus
Sattheit
Selbstgenügsamkeit
wenig nach außen gerichtete Aktivität
Phlegma

Röhrenäste (offene Form)

Die offenen Formen sind ein der Baumzeichnung eigenes Merkmal. Die Graphologie kennt das Merkmal nicht in dieser Form, sondern höchstens als Girlande, die nicht allzuviel gemeinsam hat mit der Röhrenform. Naturgemäß kann sich die Röhrenform nur an Doppelstrichästen oder -stämmen zeigen. Wir unterscheiden folgende Hauptformen:

1. *Röhrenäste*: Astende röhrenförmig offen.
2. *Eingestreute Röhrenäste*: Einsprengsel von Aststücken in einer Kugelkrone.
3. *Oben offene Stämme*:
   a) Offene Stammform, die entsteht bei Strichastansatz an beiden Stammlinien. Diese Art ist meist bedingt durch zeichnerisches Unvermögen, läßt aber trotzdem etwas von der Bedeutung der offenen Form zu.
   b) Offene Stammform, die in die Krone hineinragt.

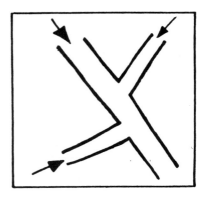

4. *Unten offene Stämme*: Sie sind in reiner Form nur bei gerader Stammbasis einwandfrei nachzuweisen. Das Fehlen einer Bodenlinie ist nicht immer eindeutig feststellbar, so daß das Merkmal nicht sauber ausgezählt werden kann.

Ein natürlich gewachsener Ast läuft in eine Spitze aus; vereinzelt mag er abgebrochen und abgeschnitten sein, in Laub gehüllt, aber als oben offener Ast kommt er in der Natur nicht vor. Auch in der Zeichnung ist die Röhrenform nur sehr unvollkommen dargestellt. Es entsteht ebensosehr der Eindruck eines Rohres wie einer Unterbrechung. Mit dem Astschnitt hat die Form das *Unfertige* gemeinsam, mit dem Lötast ebenfalls, ohne daß sich der Zeichner dieser auch graphischen Unfertigkeit bewußt wäre. Offensichtlich ist der Röhrenast ein persönliches Ausdrucksmerkmal, welches phänomenologisch sehr gut bestimmt werden kann.

Vorerst ist der oben offene Ast *nicht zu Ende gekommen*, also unfertig in seinem Wachstum und in seiner Entwicklung; die Auszeugung zur fertigen Gestalt ist nicht abgebrochen, auch nicht wirklich unterbrochen, sondern einfach unvollendet, offen gelassen. Wenn ein Astende den Berührungspunkt zur Mitwelt und Umwelt auf eine definierte Art anzeigt, so verzichtet der Zeichner offener Äste auf eine Fixierung seiner Einstellung, er bleibt unbestimmt, er läßt «die Frage offen», er legt sich nicht fest. Man kann zur Um- und Mitwelt Stellung beziehen, wenn diese in ihrem Charakter einigermaßen erkannt und verstanden wird, sei es, daß man die Wirklichkeit beschränkt und einschränkt, sei es, daß man sich im vollen möglichen Umfang mit ihr auseinandersetzt und in beiden Fällen zu einem bestimmten Verhältnis zwischen Person und Gemeinschaft, zwischen Ich und Du, Person und Sache kommt.

An der Außenseite der Krone, die mit den Astenden zusammenfällt, wird nicht nur die Ich–Du-Beziehung symbolisiert, nicht nur die Beziehung Person–Sache im engern Sinne, sondern auch die Beziehung zur Vergangenheit, Gegenwart und Zukunft, hier aber vorwiegend zum Gegenwärtigen und Zukünftigen, zu dem, was gleich jetzt da ist, in diesem Moment entschieden werden muß, zum Erwarteten, Gewünschten, Erstrebten. Ich kann auf eine bestimmte Einstellung verzichten, weil mir die Zukunft höchst dunkel und ungewiß scheint und die Frage aufdrängt, die latent dann immer da ist: «Was wird die Zukunft wohl bringen?» Dies einmal erleidend, mit dem bangen Gefühl desjenigen, der sich von einem unabwendbaren und doch unbestimmten Schicksal bedroht fühlt, einmal erwartungsvoll nach der Art jener Menschen, die auf ihr Glück warten, aber unglücklich wären, wenn sie wüßten, auf welchen Wegen und in welcher Gestalt es ihnen geschenkt würde. Es gibt Menschen, die ihre Unfertigkeit maskieren und sich als «Werdende» bezeichnen, aber sie sind es nicht in jenem positiven Sinne, die in Stufen einer immer größern Reife entgegengehen, sondern oft genug Erwachsene mit Vorsätzen, die sie nicht halten, weil sie ja keinen bestimmten Weg sehen, mit puberalen und infantilen Residuen, die manchmal mit vierzig Jahren noch als unfertige Menschen Weltbilder von Sechzehnjährigen entwickeln.

Auf eine bestimmte Einstellung zur Zukunft kann ich verzichten, um offen zu sein für die Zeichen der Zeit – ja man könnte noch weiter gehen und von jener überlegenen Sicherheit und innern Freiheit reden, die sich nicht um Zukunft im materiellen Sinne sorgt, wie die Vögel des Himmels im Evangelium. Es gehört ja gerade zum christlichen Weltbild, nicht in eitler Sorge um die Zukunft zu leben, wohl aber in einem unverrückbaren Ziel auf Gott hin – zu dessen Entscheidung wir nicht in Zukunft aufgeboten, sondern in der Gegenwart, am Punkte des gegenwärtigen Momentes. Entscheidungen fallen hier in der Gegenwart; aus dem Gewissen heraus habe ich mich nie später zu entscheiden, sondern sofort. – Diese Art des Gleichgültigseins gegenüber dem Zukünftigen und Vergangenen auf der Ebene des materiellen Lebens wird sich graphisch kaum in der offenen Astform abzeichnen, weil ein solches Leben höchste Entscheidungskraft für jeden Moment voraus hat, ganz im Gegensatz zum Zeichner offener Äste, dem eine wirkliche Entscheidungsfähigkeit für das Gegenwärtige und Zukünftige nicht liegt. Er entscheidet sich höchstens provisorisch. Manche Berufswahl ist aus diesem Grunde keine echte Wahl, sondern aus der Verlegenheit geboren. Die Fähigkeit zur Zielbildung ist zuwenig entwickelt. Unter den Menschen, die den Beruf wechseln, ist der Röhrenast ein auffallend häufiges Merkmal. Der Berufswechsel heilt die Schwäche nicht. Er braucht nicht immer ein Unglück zu sein, denn es liegen ihm auch positive Seiten.

Das Zukünftige oder was vor mir liegt dunkel zu sehen kann den Anreiz zum Aufhellen bilden. Das Unerforschte, Ungelöste, das Unentdeckte zieht an. Ihm mit *offenen* Sinnen entgegengehen, ohne die innere Begrenzung, die Mögliches voreilig als unmöglich taxiert, Fernziele durch Nahziele verdeckt – das kann eine Wesensseite des Zeichners ausmachen, dessen Drang zum Forschen, zur Erfinder- und Pionierarbeit einmal zur Charakteristik einer fruchtbaren Pubertät oder dann eben zur Natur des Forschers überhaupt gehören kann. Der Vorstoß ins Unbekannte ist in beiden Fällen real vorhanden. Dieses Unbekannte ist zugleich das noch Unbestimmte, und je weniger Richtung das Forschen annimmt, desto mehr wird der Vorstoß zu einer « Fahrt ins Blaue », ein spielerisches, unbeständiges Schweifen ohne Ziel bis zu einem fatalistischen Hinnehmen alles dessen, was das Schicksal gerade bringt.

Die Offenheit den Dingen gegenüber ist geradezu ein Merkmal unserer Zeit und im besondern unserer Jugend. Sie hat sicher sympathische Züge, aber wenig Richtung; sie weiß nicht, wohin sie steuert.

Jeder graphische Ausdruck ist zugleich Ausdruck und Eindruck, Auswirkung und Einwirkung, Sender und Empfänger. Die Außenteile der Krone zeigen, wie ich Eindrücke aufnehme und wie ich mich nach außen gebe, wie ich mich ausdrücke. Über die Energiebesetzung, welche einen Zustand zu einem aktiven oder erleidenden macht, sagt die Baumzeichnung oft wenig oder zuwenig, aber dies entscheidet doch wesentlich über die Bedeutung des Merkmals. Im Drängen und Vorstoßen ins Unbekannte haben wir die aktive Seite, überhaupt in allem, was noch Ausdruck ist, wenn auch in verschiedenen Graden. Nach unsern Beobachtungen kann diese aktive Seite gerade durch den *Mangel an Begrenzung* beim offenen Ast zur hemmungslosen Entladung, auch der ungehemmten Affektentladung, kein Hindernis in den Weg legen. Daß Heftigkeit, Impulsivität, Ungehemmtheit in jeder Form, auch der Jähzorn, hier « wie aus einem Rohr geschossen » zum Ausdruck kommt, deckt sich mit unsern Beobachtungen und ist auch ausdruckswissenschaftlich durchaus zu verstehen.

In der Gegenwart unbestimmt, sich nicht festlegen wollen und nicht festlegen können, die Frage offen lassen, sich nicht entscheiden und damit alles hinausschieben, Vorsätze haben und diese nicht halten, sich nicht finden, sich nicht orientieren und deshalb desorientiert sein, sich verlieren bis zum Versanden, ziellos und zielunbestimmt – und damit nach dem Sinn des graphischen Ausdrucks den Eindrücken ausgeliefert, beeindruckbar und noch mehr beeinflußbar, manchmal bis zu einer merkwürdigen Fügsamkeit. Noch mehr: bei der Arbeit und sonst wird die Urteilsunbestimmtheit zur Unselbständigkeit; solchen Arbeitern muß man genau vorschreiben, was sie zu tun haben, wie etwas ausgeführt werden muß, wann und wo es getan wird; man muß ihnen das Ziel setzen, denn selber können sie weder wählen noch entscheiden, was richtig und falsch, angemessen und verkehrt ist – immer vorausgesetzt, daß die Aufgabe schwierig genug ist, um überhaupt solche Forderungen zu stellen. Der Zeichner von Röhrenästen ist nämlich ganz und gar nicht schwachbegabt, und so wird eben viel trotzdem entschieden, nur sind es keine tiefgehenden Entscheidungen.

Im Tatbestand der graphischen Unterbrechung, welche ja die offene Form erst ermöglicht, liegt die Möglichkeit zur Unberechenbarkeit und Sprunghaftigkeit. So wird das Merkmal der offenen Äste vieldeutig bis zur Unbequemlichkeit, da die Spannweite seines Sinnes von der Fügsamkeit bis zur affektiven Impulsivität, hemmungslosen Affektentladung, von der Offenheit bis zur Unberechenbarkeit, von der Unbestimmtheit und Richtungslosigkeit bis zum Ausdruck des forschenden Drängens reicht.

Das Merkmal der offenen Äste finden wir überdies als Einsprengsel in Kronen (Fig. 2). Als beidseitig offene Röhren tauchen sie gewissermaßen aus dem Stimmungsvordergrund auf und erinnern als Astausschnitte an eine hintergründige, nicht ganz hervortretende Struktur. Der Zusammenhang muß mehr gedacht und geahnt werden, wie in einer unterbrochenen Schrift, hier nur mit dem Unterschied, daß gewisse Teile der Grundstriche unterschlagen und verdeckt sind. Ob eine Aststruktur von einigermaßen normalem Gefüge aus der Anordnung der Teile auf den Stamm hin gedacht werden kann, hängt vom Bild ab. Möglich ist eine wirkliche Anarchie in der Anordnung, analog einer Unordnung der Strebungen, die nahe an eine Verwahrlosung oder Verwilderung heranreichen kann, wie man dies in einzelnen Fällen findet.

Insofern die eingesprengten Äste wirklich beidseitig offen sind, wird der Unbestimmtheitscharakter der Ziele, des Wollens auf eine besondere Weise demonstriert. Es entsteht ein Bild von Menschen, die Verschiedenes wollen, aber nichts Bestimmtes. Ein meist unechter Universalismus ist die Folge, eine sprunghafte Unbestimmtheit, ohne einheitliches Thema, typisch für manche Phasen der Neigungsunbestimmtheit und der damit verbundenen Vielfalt an Neigungen, von denen keine Wurzeln schlägt. Das ist charakteristisch für das Berufswahlalter und die Pubertät. Daß durch die Unbestimmtheit und die ungeordnete Anordnung Bilder entstehen, die geradezu quer zur idealen Astrichtung stehen, macht verständlich, daß hier Querulanz und Opposition, affektive Sprunghaftigkeit und Spielerei oft bis zum Konflikt einen Reigen aufführen. Bei intensiver Druckgebung und Schwärzung der Einsprengsel neben druckschwachen Teilen spricht der Ausdruck noch deutlicher für Explosivität, manchmal bei Naturen, bei denen «der Schuß hinten hinausgeht» (die Rohre sind beidseitig offen). Aber gerade dieser Tatbestand der beidseitig offenen Rohre spricht selten für Affekte, denen Dauer zukommt. Alles ist hier kurzatmig, wie kurze Aststücke im Verhältnis zu einem ganzen Ast – alles sind hier Probierversuche, halb geordnet und ungeordnet, in geahnt richtiger Ordnung oder widersinnig gefügt. Die Durchlässigkeit solcher Zustände könnte man auch bezeichnen mit dem Wort: «Bei einem Ohr hinein, beim andern heraus.»

Die offene Stammform hat teil an der oben beschriebenen Bedeutung: Offenheit, Eindrucksempfänglichkeit, Unbestimmtheit, die oft wie ein Fragezeichen anmutet und darin ähnliche Bedeutung hat wie der Doppelbogen in der Handschrift. Wir haben offene Stämme bei Unsichern und Gehemmten gefunden, vor allem aber bei Hitzköpfen, die gleich wie aus einem Kanonenrohr ihr Pulver verschießen. Der unten offene Stamm ist eher unter dem Gesichtspunkt des Bodens oder der Bodenlosigkeit zu behandeln. *Choisy*, Paris, hat gefunden, daß außereheliche Kinder, die keinen Elternteil kennen, fast immer den unten offenen Stamm zeichnen.

Der Röhrenast ist auf keinen Fall eine Frühform. Wenn im Kindergarten offene Formen an Ästen vorkommen, so sind es Lötäste, die zu schließen vergessen wurden. Mit 9 Jahren setzt das Merkmal ein, erfährt aber erst zwischen 14 und 15 Jahren eine leichte Steigerung, um in der 3. Sekundarklasse ganz deutlich abzufallen, wahrscheinlich, weil um das 16. Jahr herum bei Intelligentern die Zielbildung besser gelingt. Die Debilen zeigen die ersten Spuren von Röhrenformen erst mit 11 Jahren und steigen nie stark an. Auch die Imbezillen kennen das Merk-

Merkmal: *Röhrenäste*   Nr. 21

Schule		K	1.	2.	3.	4.	5.	6.	7.	8. P	1. S	2. S	3. S
Alter		6–7	–8	–9	–10	–11	–12	–13	–14	–15	–14	–15	–16
Knaben	%	0,8	0,0	16,6	8,3	9,8	21,0	8,6	18,5	15,0	15,4	24,5	1,0
Mädchen	%	0,0	0,0	9,3	2,6	7,4	9,8	10,7	11,5	20,5	12,5	12,4	6,9
Zusammen	%	0,4	0,0	13,0	5,5	8,6	15,4	9,6	15,0	17,7	14,0	18,5	4,0

Alter		–8	–9	–10	–11	–12	–13	–14	–15	–16	–17	Deb.-Imbez. Mittel 29 J.
Debile	%	0,0	0,0	0,0	0,0	1,8	3,7	0,8	11,0	6,8	7,3	1,8

Angelernte Arbeiter(innen) mit 8 Primarklassen				Kaufm. Ang.		afrik. Missionsschüler
Alter		15–16	17–19	+20	19–32	im Mittel 15,5 J.
	%	17,5	16,5	21,5	14,0	41,0

mal nur sehr selten. Die Einengung des Horizontes erleichtert offensichtlich ein geschlossenes Weltbild. Auffallend stark ist der Anteil der angelernten Arbeiter und Arbeiterinnen, was weiter nicht verwundert, kommt doch ein großer Teil ohne bestimmtes Ziel, und wenn noch eines vorhanden war, so verhindert der meist wirtschaftlich bedingte Zwang, in die Fabrik zu gehen, ihm nachzugehen, womit einer nochmals ins Leere geworfen ist. Daß die kaufmännischen Angestellten mit 14% recht hoch liegen, berührt auf den ersten Moment merkwürdig. Wenn man aber weiß, wie viele den kaufmännischen Beruf aus Verlegenheit wählen und weil es noch eine sozial gangbare Lösung scheint, so verwundert dieser hohe Anteil an mangelnder Fixierung gar nicht. Die afrikanischen Missionsschüler mit 41% zeigen eine beeindruckende Offenheit, und doch möchten wir daraus keine weitern Schlüsse ziehen. Nur dieses: Es zeigt sich wiederum, daß sie in mancher Beziehung abweichende Ergebnisse aufweisen, wenn man sie mit Wei-

Unerforschtes zieht an
Ungelöstes, Unentdecktes reizt
dem Fernziel geöffnet
Drang zum Forschen, Entdecken
Erfinder- und Pioniertrieb
Offenheit dem Wirklichen gegenüber
Vielfalt an Interesse aus
Zielunbestimmtheit
Vielseitigkeit

« Fügsamkeit » aus Mangel an
Entscheidungsfähigkeit
Unselbständigkeit
« man muß genau vorschreiben, was,
wie und wo sie arbeiten sollen »
Entscheidungsunwilligkeit
Mangel an Entscheidungsfähigkeit
« Fahrt ins Blaue »
Verzicht auf Fixierung der Einstellung
sich nicht festlegen
unbestimmt

« Frage offen lassen »
« Werdende »
« Wartende »
Vorsätze nicht halten
versanden
desorientiert
beeinflußbar
beeindruckbar
spielerisch
unbeständig
schweifen
Mangel an Gestaltungskraft
fatalistisch
Bestimmbarkeit
Unberechenbarkeit
Sprunghaftigkeit
Ziele wechseln
Heftigkeit
Jähzorn
Impulsivität
aufbrausend

ßen vergleicht. Der Röhrenast ist gewiß eine außerordentlich interessante Erscheinung, auch deswegen, weil man wieder einmal den Punkt sieht, wo ein persönlich anmutendes Merkmal zugleich ins Allgemeine übergeht und für den Charakter wie für die Epoche, in der wir leben, symptomatisch scheint.

Röhrenäste eingesprengt

viel Verschiedenes, aber nichts Bestimmtes wollen
unechter Universalismus
sprunghafte Unbestimmtheit
vielfältiges Wollen, ohne einheitliches Thema
Neigungsunbestimmtheit
Kurzatmigkeit
Improvisation
Ansprechbarkeit, ohne Tiefe
probierend
versuchend
experimentieren
bei Unordnung: Querulanz, Opposition, Konfliktsbereitschaft, explosive Naturen

Krone in Lockenmanier (Bewegtheit)

Bei der Behandlung der gegenstandsfreien Linien (S. 99) wurde offenbar, wie seelische Zustände in die Linie übersetzt werden und wie die Baumkrone ein sehr geeignetes Feld darstellt, in welches das reiche Spiel der Gebärde hineinverwoben

ist. Die gelockte, kurvige, frei schwingende Gebärde enthält die Elemente der Bewegtheit, der Flüssigkeit und Raschheit, vor allem enthält es die Schleife, den Bogen, die Rundung. Alles gleitet, schwingt und bewegt sich, locker, leicht, bald ausholend, bald in merkwürdigen Fiorituren und einem fast bis ins Gewirr gesteigerten Geranke. Irgendwie ist das Symptom mit der Girlande verwandt, schwingt aber viel freier aus. Die Lockenmanier ist mit Leichtigkeit als gegenstandsfreie Linie zu produzieren bei einer Aufgabenstellung, die lautet: «Zeichne aus dem Zustand der Fröhlichkeit heraus eine Linie, welche keinen Gegenstand darstellt. Immer wird man den leichten, flüssigen Strich finden, die runde, kurvige Linie, oft oder meistens die Schlaufe, von welcher mit den andern Merkmalen zusammen der Name Lockenmanier abgeleitet ist.

Rührigkeit	Mangel an Ausdauer	Geschmack
Bewegtheit	Kurzatmigkeit	Weitschweifigkeit
Bewegungstrieb	improvisiert	umständlich
Unruhe	phrasenhaft	zerfahren
Geschäftigkeit	schwärmerisch	Übertriebenheit
Betriebsamkeit	Mangel an Realismus	jonglieren
Mitteilsamkeit	Wertlegen auf das Äußere	verspielt
Gesprächigkeit	Darstellungsgabe	spielerisch
Umgänglichkeit	dekorative Begabung	leichtsinnig
Geselligkeit	präsentieren	verwöhnt
Fröhlichkeit	Schmucktrieb	« leicht »
Humor	Äußerungslust	launenhaft
Begeisterungsfähigkeit	Prunkliebe	Unbeschwertheit
sanguinisch	« coiffieren »	

Krone in Liniengewirr (Formauflösung)

Robert Heiß beschreibt das Merkmal der Formauflösung in seinem Buch «Deutung der Handschrift»: « Es ist nun bezeichnend, daß sowohl größte Begabung (Napoleon, Beethoven) wie auch Psychopathen formaufgelöste und formzerstörte Schriften zeigen. In beiden Fällen sprengt der übermächtige Bewegungsfluß die überkommene Formgebung. Aber während in einem Fall die Fülle des Erlebens und die Gewalt der treibenden Gesichter die Formen einreißt, zerreißt im andern Fall unter der Fülle des Erlebens und der Gewalt der Gesichte die Einheit der Formen. »

« Der gemeinsame Ausdruckssinn der Bewegungslösung und Bewegungsauflösung ist die überstarke Erlebnisfähigkeit, stärkste seelische Beweglichkeit und ständiger Wechsel des innerseelischen Ablaufs. Diese Eigenschaften zerstören nur dann die Persönlichkeit nicht, wenn mächtige innere Bewegungsrichtungen sie bestimmen. – Wie nun das positive Kennzeichen der formaufgelösten Schrift stets die übergroße innere Beweglichkeit und Lebendigkeit ist, so ist die negative Seite dieser Schriften die Unberechenbarkeit und Plötzlichkeit der Entscheidungen. – Wo immer Art und Ablauf des Bewegungsflusses zu Bedenken Anlaß geben, da ist die Gefahr vorhanden, daß solche Ausweitung der Persönlichkeit zu Labilität, Zerrissenheit und Haltlosigkeit führt. »

Das Liniengewirr ist weitgehend als Formauflösung zu betrachten, bedingt auch als Formzerstörung, dies aber nur so weit, als es die innere Gliederung der Krone betrifft. Das Merkmal hat eine bedeutende Ähnlichkeit mit der Kritzelei des Kleinkindes, und das ist noch nicht gewordene Form. Ob das Merkmal unter diesem Gesichtspunkt gesehen wird oder als Formauflösung, ändert an der Bedeutung nicht viel. Höchstens das, daß es nun auch unter dem Gesichtspunkt der Retardierung oder Fixierung an kindliche Zustände gesehen wird – ein Schema, welches sich bei der Arbeit mit dem Baumtest immer wieder aufdrängt und einseitigen Geistern die Möglichkeit bietet, sich ein neues System zurechtzulegen.

Manches Liniengewirr ist nicht rein dargestellt, sondern nur mit vorhanden und oft von einer Dichtigkeit, die daran mahnt, daß eigentlich eher auf eine Schattierung hingezielt wird und die demgemäß auch unter diesem Gesichtspunkt zu betrachten ist. Selbstverständlich wird man sich hüten, bei jüngern Kindern, die höchstens leicht ins Kritzelstadium regressieren, die folgende Tabelle zur Anwendung zu bringen. Die Seltenheit der echten produktiven Begabungen bietet wenig Gefahr, falsch zu gehen, um so mehr, als derart imponierende Begabungen erstens auch sonst auffallen und zweitens viel zu stark sind, um je das Bedürfnis zu spüren, das Sprechzimmer eines Psychologen aufzusuchen.

Produktivität	Lebendigkeit
Fülle des Erlebens	sehr große Antriebskraft
überstarke Erlebnisfähigkeit	ständiger Wechsel des innerseelischen
größte seelische Beweglichkeit	Ablaufs (nach *R. Heiß*)
instinktsicher	Impulsivität
triebsicher	Unberechenbarkeit
sich über die Konvention hinwegsetzen	
Erhabenheit über Konventionelles	Ziellosigkeit
und Unwesentliches	Verwirrung
Unbekümmertheit	Planlosigkeit
Unabhängigkeit, Selbständigkeit	Inkonsequenz
	Verwilderung
Labilität	Unbeständigkeit
Haltlosigkeit	Plötzlichkeit der Entscheidungen
Willensschwäche	
Konzentrationsschwäche	Abwechslungsbedürfnis
Zerfahrenheit	Improvisationsgabe
Undiszipliniertheit	
Mangel an Orientierung	unklare Lebensführung
Zwiespältigkeit	Denkunklarheit
Zerrissenheit	Gefühlsunklarheit
heftig	unmethodische Arbeitsweise
betriebsam	ungeordnete Neigungen
unruhig	sich verlieren
Hemmungslosigkeit und Hemmungen	nichts ganz an die Hand nehmen
Aufgeregtheit	als Kritzelei: kindliche Spielerei,
Lebhaftigkeit	Regression, Retardierung

Koordinierung der Äste

Harmonie: Ebenmaß, Klarheit, Heiterkeit, Geschmack, in sich ruhen, Gelassenheit, Gleichgültigkeit, Unempfänglichkeit, Mangel an fruchtbaren Spannungen

Disharmonie: Anregbarkeit, Reagibilität, Aufgeschlossenheit, Unruhe, Störbarkeit

Sinnlose Koordinierung: Fahrigkeit, Wurstigkeit, Zerstreutheit, Gedankenlosigkeit, spielerisch, unbekümmert, schweifend, träumend, Mangel an Steuerung, sich gehen lassen, Verlegenheit

Unterbrechung im Geäst (und im Stamm)

Versucht man den Zustand der Konzentration und den Zustand der Zerstreutheit in gegenstandsfreier Linie darzustellen, so wird die Konzentration durch einen Punkt am besten ausgedrückt, die Zerstreutheit jedoch durch eine zerstreute Anordnung von Punkten und kurzen Linien. In diesem Falle sind keine Linien untereinander verbunden, alles ist losgelöst, ungebunden oder wie zersprungen. Teils sind es echte Unterbrechungen einer Astlinie und dann symptomatisch für manche Formen nervöser Erregbarkeit, oder: Zweige sind nicht am Hauptast verbunden gezeichnet, sondern losgelöst, so daß man sich die Verbindung denken muß. Reagible, sensible Art kann sich hier ausdrücken, aber auch gewöhnliche Flüchtigkeit.

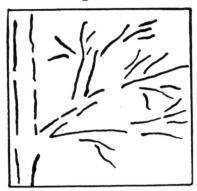

sprunghaft	rechthaberisch
zerstreut	eigensinnig
flüchtig	inkonsequent
kurzatmig	unberechenbar
improvisierend	schnellfertig
spielerisch	mehr andeuten als tun
flattrig	vieles halb machen
fahrig	nervös, impulsiv, ungründlich

Denkstörungen
Aufmerksamkeitsstörungen
gelegentliche Süchtigkeit (nervöse Betäubung)

sehr selten:		
	Forschergeist	Ahnungsvermögen
	Reagibilität	unruhiger Geist
	Spritzigkeit	nervöser Eifer
	Intuition	Aufgeschlossenheit

Der Lötstamm, der Lötast

Für den Lötstamm und Lötast ist das stumpfe Ende charakteristisch. Stamm und Ast sind wie quer durchschnitten. Zweige sind mitunter auf diesen Schnitt aufgestockt, aufgelötet. Bei Debilen finden sich gelegentlich aus mehreren Teilen zusammengelötete T-Stämme. Stück um Stück wird aufeinandergeschichtet, aufgestockt, addiert. Dies führt zum Verständnis des Merkmals. Eine Gestalt, eine Bewegung wird begrenzt, der Baum wird gebaut, aus Einzelteilen aufeinandergeschichtet. Das Bauen ist wohl ein erster Ordnungsversuch, der sich gut an den Schematismus anschließt und in einem gewissen Gegensatz zur freien Ausdrucksbewegung der Kritzelei steht. Das ist überhaupt das Erstaunliche bei der Kinderzeichnung: wo man vorerst wilde Unordnung vermutet, wirkt ein Ordnungsprinzip, welches nicht etwa nur anerzogen scheint, sondern mitgegeben ist. Mit

dieser vorgegebenen Ordnung setzt sich das Kind mit der von außen gestellten Aufgabe auseinander und versucht, ihr technisch gerecht zu werden. Das aufeinanderschichtende Bauen, das Zusammensetzen einzelner Teile stellt einen ersten disziplinierten Formungsversuch dar. Die Sorgfalt wird vorerst auf den einzelnen Baustein verwendet, und diese werden mosaikartig zusammengefügt.

Jeder Ausdruck hat indessen wenigstens zwei Aspekte: ein gebautes Gebilde fügt sich aus Teilen zum Ganzen, oder: das Ganze trennt sich in Teile. Zudem können die Teile zusammenpassen oder nicht zusammenpassen. Der Schnitt zwischen Stamm und Krone kann zum innern Bruch werden. Die charakterologische Ausdeutung bekommt erst Bedeutung, nachdem das Merkmal als normales kindliches Ausdrucksmittel seinen Dienst getan hat. Beim Kinde zeigt es nicht das Persönliche, sondern das dem Alter angemessene Gestaltungsschema, das Bauschema. Häufig genug begnügt sich das Kind nicht mit der Begrenzungslinie am obern Stammende. Es fügt sie auch der Stammbasis an – und an den Astenden. Der Lötast ist erscheinungsmäßig nicht vom Astschnitt zu trennen. Man kann nur annehmen, daß das junge Kind sehr selten einen abgesägten Ast zeichnet. Immerhin kommt es doch vor. Der Lötast wird im Kindergartenalter in rund 13 % der Fälle gezeichnet. In der 5. Primarklasse ist das Merkmal praktisch verschwunden, während der echte Astschnitt schon vorher auftritt. Man muß zugeben, daß die Unterscheidung von Lötast und Astschnitt erhebliche Schwierigkeiten macht und viel Erfahrung voraussetzt. Indessen sind echte Astschnitte meist zuerst an tiefliegenden Ästen festzustellen und können dann nicht mit Lötästen verwechselt werden. Der Lötast und Lötstamm lösen sich übrigens nicht plötzlich auf. Anstelle der geraden Begrenzungslinie wird beim Stamm eine pyramidenförmige oder halbrunde verwendet, beim Ast eine halbrunde. Nachher löst sich die Form auf, sei es, daß die Konturen spitz auslaufen, sei es, daß sich die Form öffnet zum Röhrenstamm oder Röhrenast. Lötstämme sind mitunter nicht nur oben am Stamm, sondern auch an der Basis abgeflacht. Der Lötast ist im übertragenen Sinne ganz selten auch an Wurzeln nachzuweisen; man könnte dann von Lötwurzeln sprechen.

Die Statistik des Lötstammes zeigt ein gleichmäßiges Absinken von 71 % im Kindergartenalter bis auf unbedeutende Reste von der 5. Primarklasse (11 bis

Merkmal: *Lötstamm*													Nr. 22
Schule		K	1.	2.	3.	4.	5.	6.	7.	8. P	1. S	2. S	3. S
Alter		6–7	–8	–9	–10	–11	–12	–13	–14	–15	–14	–15	–16
Knaben	%	64,0	37,0	29,4	15,8	10,7	0,9	3,1	1,1	0,0	1,0	0,0	0,0
Mädchen	%	78,5	51,5	46,6	29,2	15,8	0,9	5,4	2,6	1,2	0,0	1,0	0,8
Zusammen	%	71,2	44,2	38,0	22,5	13,2	0,9	4,2	1,9	0,6	0,5	0,5	0,4
Alter		–8	–9	–10	–11	–12	–13	–14	–15	–16	–17	Deb.-Imbez. Mittel 29 J.	
Debile	%	27,0	35,0	38,0	37,5	40,0	36,4	28,2	36,5	13,6	4,9	28,5	

Angelernte Arbeiter(innen) mit 8 Primarklassen				Kaufm. Ang.	afrik. Missionsschüler
Alter		15–16	17–19	+20	19–32	im Mittel 15,5 J.
	%	13,0	12,6	12,6	0,0	9,0

22a Lötstamm

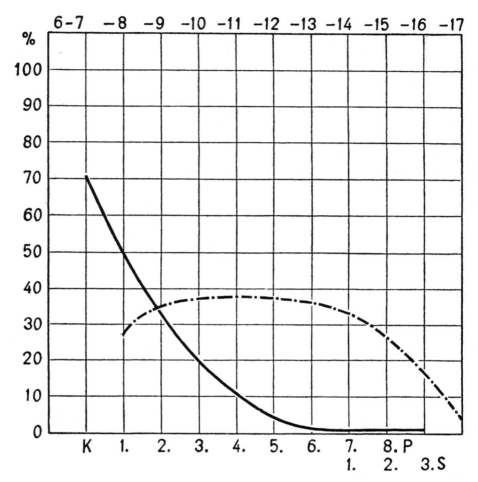

12 Jahre). Mädchen zeichnen mehr Lötstämme als Knaben, aber sie verlassen diese Manier gleichzeitig mit den Knaben. Debile bleiben unter dem Prozentsatz der Normalen, hingegen haften sie sehr lange am Merkmal. Der Maximalwert steht nicht am Anfang (27%), sondern erst ein Jahr später (37%) kommt der Debile auf ein Niveau, welches er dann sieben Jahre lang hält und mit 16 Jahren langsam sinken läßt. Der Imbezille hält sich in allen Lebensaltern auf durchschnittlich 28,5 %. Der Lötstamm ist als Entwicklungsmerkmal sehr gut geeignet. Im Einzelfall fällt eine Retardierung bei einem Schulentlassenen oder ältern Schüler sofort auf. Bei Erwachsenen ist durch andere Untersuchungsmittel zu entscheiden, ob es sich um eine intellektuelle Retardierung handelt (was rasch auffällt) oder ob so etwas wie eine Neurose vorliegt. Die Statistik zeigt z. B. bei den Angelernten eine Zunahme der Lötstämme gegenüber dem Niveau der 8. Primar-

klasse, ein Zeichen, daß nach dem Aussetzen der geistigen Beanspruchung durch die Schule sofort eine Regression eintritt auf die Stufe der Elfjährigen, während bei den kaufmännischen Angestellten der Lötstamm vollständig fehlt, entsprechend ihrer wachern Art, die freilich schon durch die Auslese zum Beruf gegeben ist.

Der Lötast spielt eine geringere Rolle. Indessen kommt er bei Debilen fast nicht vor, dies ganz einfach aus dem Grunde, weil sie mehr Strichäste als Doppelstrichäste zeichnen. Bei den Normalen entspricht die Entwicklung derjenigen des Lötstammes, aber mit geringerer Häufigkeit des Vorkommens.

Wenn man Lust hat, eine Gruppe mit einer andern zu vergleichen, wird man das Merkmal des Lötstammes nie auslassen dürfen.

Merkmal: *Lötast* Nr. 23

Schule		K	1.	2.	3.	4.	5.	6.	7.	8. P	1. S	2. S	3. S
Alter		6–7	–8	–9	–10	–11	–12	–13	–14	–15	–14	–15	–16
Knaben	%	13,5	9,5	20,6	12,0	6,7	0,0	0,0	0,0	0,0	0,0	0,0	0,0
Mädchen	%	12,2	0,0	7,8	8,8	3,7	0,0	1,8	0,9	0,0	0,0	1,0	0,0
Zusammen	%	12,8	4,8	14,2	10,4	5,2	0,0	0,9	0,5	0,0	0,0	0,5	0,0

Alter		–8	–9	–10	–11	–12	–13	–14	–15	–16	–17	Deb.-Imbez. Mittel 29 J.
Debile	%	0,0	1,3	2,5	1,5	5,9	0,7	0,0	2,5	0,0	2,5	1,8

Angelernte Arbeiter(innen) mit 8 Primarklassen				Kaufm. Ang.	afrik. Missionsschüler
Alter	15–16	17–19	+20	19–32	im Mittel 15,5 J.
%	2,0	1,2	0,9	0,0	0,0

Tabelle zum Lötstamm und Lötast (nicht vor dem 13. Lebensjahr anwendbar)

Schulmäßigkeit	kein Sachzusammenhang
Mosaik, Schematismus	Mangel an Abstraktion
Denk-Klischees, additives Denken	innerer Bruch zwischen echter und erzwungener Strebung
gebrochene Denk- und Fühlweise	
willkürlich assoziatives Denken, schrittweise denken	Leute, die den Beruf gewechselt haben oder im falschen Beruf sind und dies merken
Schwachbegabung (nach dem 13. Jahr möglich)	Berufsneurose (evtl. überhaupt Neurose)
kindhaftes Denken	Unechtheit (evtl. gemußte, erzwungene)
nicht über die Nase hinaus denken	Abweichung von der eigentlichen Neigung (unorganisch)
mangelnde Kombination	
Unlogik	mangelnde Reife, Naivität
sprunghaft	erlebtes Mißverhältnis zwischen Wunsch und Wirklichkeit, Wollen und Tun
Unüberlegtheit	
kurzer Verstand	noch nicht sich selber sein
Denkunkohärenz	Uneigentlichkeit

Additive Formen, Aufstockungen

Additive Formen entstehen durch Aufstocken oder Aneinanderfügen von Elementen, seien es Äste oder Blätter. Es muß jedoch der Eindruck der Schichtung entstehen oder des Mosaiks. Damit rückt das Merkmal ein wenig in die Nähe der

Stereotypie zufolge des mehr mechanischen Zeichnens, ohne indessen deren Gefühlsarmut zu erreichen. Additive Blätterkronen werden häufig nicht von der Stammbasis her gezeichnet, sondern mit der Krone begonnen. Die Manier hat Ähnlichkeit mit jener schlechter Kopisten. Sie muß oft durch Beobachtung nachgewiesen werden. Die Beurteilung ist deshalb so schwierig, weil auch ein lebendigerer Ausdruck nacheinander entsteht, aber weniger additiv als eines aus dem andern herauswachsend.

Es handelt sich nicht um ein Merkmal, welches prozentmäßig in den verschiedenen Lebensaltern stark schwankt oder überhaupt häufig vorkommt. Reine Formen sind kaum vorhanden. Immer ist das Merkmal neben andern vorhanden. Debile zeichnen es nicht häufiger als Normale. Nur bei den Missionsschülern kommt es oft vor (18%). Auch der Prozentsatz der schulentlassenen Angelernten ist noch relativ hoch (10,4%), sinkt dann aber ab.

Bedeutungsmäßig verwandt mit dem Schematismus und der Stereotypie, weist es nicht gerade auf ein zentrales Problem. Merkmale, die zwar einer frühen Schicht anzugehören scheinen und doch nicht altersempfindlich reagieren, sind wohl nicht leicht verständlich. Frühformen hat jeder von uns mehr oder weniger in seinem Ausdruck, mindestens aber die dazugehörigen Verhaltensweisen etwa im Zustand der Müdigkeit, der Langeweile oder in einem spielerischen Verweilen. Bei Schülern mit additiven Einschlägen ist ein leistungshemmendes Moment vorhanden, fällt aber doch nur auf, wenn die Schule wirkliches Denken verlangt, während in der reinen Lernschule die gleichen Kinder nicht schlecht wegkommen. Die charakterologische Auswertung wird gewissermaßen bloße Beimengungen oder Färbungen registrieren und die Bedeutungen nicht ins Zentrum rücken.

Merkmal: *Additive Formen, Aufstockungen*   Nr. 24

Schule		K	1.	2.	3.	4.	5.	6.	7.	8. P	1. S	2. S	3. S
Alter		6–7	–8	–9	–10	–11	–12	–13	–14	–15	–14	–15	–16
Knaben	%	2,4	4,5	8,7	8,2	3,9	1,9	0,8	5,5	1,0	1,9	1,0	1,0
Mädchen	%	3,1	5,8	3,9	2,6	0,9	3,6	6,2	5,3	0,0	5,2	4,7	0,8
Zusammen	%	2,8	5,2	6,3	5,4	2,4	2,8	3,5	5,4	0,5	3,5	2,9	0,9

Alter		–8	–9	–10	–11	–12	–13	–14	–15	–16	–17	Deb.-Imbez. Mittel 29 J.
Debile	%	1,4	0,0	0,0	2,0	2,7	5,2	1,7	4,8	0,9	2,5	1,8

Angelernte Arbeiter(innen) mit 8 Primarklassen				Kaufm. Ang.	afrik. Missionsschüler
Alter		15–16	17–19	+20	19–32	im Mittel 15,5 J.
	%	10,4	8,4	2,2	0,0	18,0

Begabungsmangel
additives Denken
geringes Zusammenhangsdenken
kurzatmig
spielerisch-fleißig, eng
Mangel an Realitätssinn

anpassungsschwach
Sammeln
aufstapeln von Wissen,
aber nicht denken und urteilen
kein organisches Denken
Schematismus

Der Winkelast (Frühform)

Der Winkelast wurde zuerst bei entwicklungs-psychologischen Untersuchungen in der Hypnose entdeckt. Er trat dort im 5. Lebensjahr zuerst auf, vorerst in Verbindung mit Strichstamm und Strichast. Später ist das Merkmal im Doppelstrichast noch nachweisbar und verschwindet bereits nach dem 7. Altersjahr.

Die oft mehrfach rechtwinklig stehenden Äste und Zweige, wie sie das Schema zeigt, treten rein fast nur im Kindergartenalter und vorher auf. Debile zeichnen es in der frühern Kindheit seltener als Normale, ja selbst bei bloßen Winkelasteinschlägen erreichen sie erst mit 13 Jahren einen Prozentsatz, den Normale bereits mit 8 Jahren aufweisen. Wenn man jede rechtwinklig zum Ast abstehende Frucht oder jedes so gezeichnete Blatt beim Debilen als Winkelast zählt, so entsteht freilich ein sehr viel höherer Prozentsatz, wie ihn *Imhof* gefunden hat, der einen Anfangswert von 50% findet, der auf 10% sinkt. Ich habe diese seitlich-abstehenden Früchte unter die Raumverlagerungen genommen und damit einen strengern Maßstab angelegt. *Imhof* führt mit *Rothe* das bauende Gestalten auf zeichnerische Unbegabung zurück, wonach der Zeichner auf das Zusammensetzen geradliniger Teilformen kommt und damit eckig, starr, winklig und unbewegt zeichnet. Er zeichnet mit Strichen, die nur Hauptrichtungen angeben, und klammert sich an die Gesetze der Stabilität und Symmetrie und wagt nicht, diese bewußt zu durchbrechen. Die These vom unzureichenden zeichnerischen Können hat zwar etwas an sich, erklärt aber doch nicht alles. Rechtwinkligkeit aus freier Hand zu zeichnen läßt sich durchaus nicht mit mangelnder Zeichenbegabung erklären, sowenig wie beim Kreuz. Wenn nur die Zeichenbegabung die Winkelform vermiede oder die Unbegabung sie schaffen würde, wären die rund 25% Winkelasteinschläge in der 2. Sekundarklasse in meist recht geschickt gezeichneten Bäumen doch recht problematisch. Debile haben nämlich auffallend weniger Winkelasteinschläge als Normale. Imbezille zeigen mehr reine Winkeläste und Winkelasteinschläge als Debile. Die afrikanischen Schüler haben die meisten Winkelasteinschläge, jedoch keine reinen Formen. Man wird zwei Tatbestände berücksichtigen: die Zeichenbegabung und der als Frühform zu bezeichnende Schematismus. Oder umgekehrt: das Vorkommen von Winkelästen weist auf eine Stufe, welche für diese Frühform charakteristisch ist, jene des Vorschulalters, wie die Tabelle über die reinen Winkeläste eindeutig zeigt. Spätes Vorkommen dieser reinen Winkelastformen wird als Retardierung, Regression oder Fixierung an eine frühere Stufe Bedeutung haben, immer auch mit beeinflußt von der Zeichenbegabung, die in allen Fällen zu berücksichtigen ist und den Test sicher nicht zu einer exakten Methode stempelt. Daß alle Lebensalter beim Normalen stark mit Winkelasteinschlägen durchsetzt sind, und zwar eher deutlicher als beim Debilen, weist auf eine früher nur geahnte, jetzt aber zur Gewißheit gewordene Feststellung: Unter den normalen Jugendlichen weist ein rundes Viertel seelisch ein ständiges Pulsieren in einem Lebensstrome auf, der zwischen Frühzuständen und der altersgemäßen Reife hin und her geht. Diese Schicht ist labil, zugleich differenziert, ungleichmäßig gereift, ohne in jene Extreme zu geraten, die man als psychopathisch bezeichnen muß. Es ist sogar wahrscheinlich, daß viel von dem, was man als Charakter bezeichnet, eine Fixierung ungleicher Reifezustände ist, ungleich innerhalb derselben Seele – die übrigens kaum ruhig nebeneinanderliegen, sondern sich gegenseitig beeinflussen. Steigt aber der Anteil an Frühformen, wie man das

Merkmal: *Reiner Winkelast*												Nr. 25
Schule		K	1.	2.	3.	4.	5.	6.	7.	8. P	1. S	2. S	3. S
Alter		6–7	–8	–9	–10	–11	–12	–13	–14	–15	–14	–15	–16
Knaben	%	16,0	0,9	1,6	3,7	0,0	0,9	2,4	0,0	2,0	0,0	0,0	0,0
Mädchen	%	26,5	1,0	1,0	5,3	0,9	0,0	0,0	0,0	1,2	0,0	0,0	0,0
Zusammen	%	21,2	1,0	1,3	4,5	0,4	0,4	1,2	0,0	1,6	0,0	0,0	0,0
Alter		–8	–9	–10	–11	–12	–13	–14	–15	–16	–17	Deb.-Imbez. Mittel 29 J.	
Debile	%	2,8	4,0	1,3	5,3	1,8	0,7	0,0	0,0	0,0	0,0	12,5	

Angelernte Arbeiter(innen) mit 8 Primarklassen				Kaufm. Ang.	afrik. Missionsschüler
Alter		15–16	17–19	+20	19–32	im Mittel 15,5 J.
	%	0,6	0,6	1,3	0,0	0,0

Merkmal: *Winkelast vereinzelt*												Nr. 26
Schule		K	1.	2.	3.	4.	5.	6.	7.	8. P	1. S	2. S	3. S
Alter		6–7	–8	–9	–10	–11	–12	–13	–14	–15	–14	–15	–16
Knaben	%	16,4	29,0	39,0	24,0	24,5	15,4	21,0	32,0	17,0	21,0	25,5	13,8
Mädchen	%	13,2	19,4	29,3	24,0	19,5	17,0	31,2	29,2	23,0	14,8	23,7	8,5
Zusammen	%	14,9	24,2	34,1	24,0	22,0	16,2	28,1	30,6	20,0	17,0	24,6	11,1
Alter		–8	–9	–10	–11	–12	–13	–14	–15	–16	–17	Deb.-Imbez. Mittel 29 J.	
Debile	%	0,0	8,1	8,9	7,6	11,6	21,5	19,0	8,5	9,4	7,3	14,3	

Angelernte Arbeiter(innen) mit 8 Primarklassen				Kaufm. Ang.	afrik. Missionsschüler
Alter		15–16	17–19	+20	19–32	im Mittel 15,5 J.
	%	26,8	29,5	16,5	10,0	55,0

bei den schulentlassenen Angelernten sieht oder bei den Imbezillen, ohne daß eine besondere Dynamik wirksam wäre, so liegt die Annahme einer Fixierung in einem Frühzustand oder Primitivzustand nahe. Ein Symptom und damit auch statistische Angaben über Gruppen sind eben doch nur bedingt untereinander vergleichbar.

Ein Winkelasteinschlag bei den Missionsschülern, bei Debilen oder bei Normalschülern ist doch jedesmal von der einzelnen Gruppe her zu verstehen. Schematisch ist die Grundbedeutung dieselbe, im Effekt aber doch nicht ganz vergleichbar.

Interessant ist die Tatsache, daß der sogenannte Bleibaum (kristallisierte Bleinitratlösung auf Zinkblech) genau in der Form der Winkeläste kristallisiert. Liegen hier vielleicht jene gemeinsamen Ordnungen vor, auf die Max *Richard* mit dem Hinweis auf die ornamentale Kunst der Völker aller Zeiten B. von Engelhardt zitiert: « Das altägyptische Ornament der Lotosblume ist nicht anders geordnet als die Atome im Gitter eines Kristalls. »

Schweifungen

Schweifungen treten auf als: 1. überlange Äste, 2. überlange, vagabundierende Äste, welche häufig zum Ausfüllen der Leerräume benutzt werden, 3. Rauchfahnenkronen. Die überlangen Äste sind « ins Kraut geschossen », und damit ist eine gewisse Neigung zur Übertreibung und zur Überschreitung des gefälligen Maßes vorhanden, während bei typischen Raumfüllungen das Träumen auf dem Papier recht krause Gebilde schafft. Das eben genannte Merkmal könnte leicht mit den Strichverbiegungen auf S. 162 verwechselt werden, welches sich immerhin durch die größere Gespanntheit und den nichtschweifenden Charakter unterscheidet. Von den überlangen Ästen, die sich gelegentlich mit der raumfüllenden Geste verbinden, die ohnehin selten ist, gibt folgende Tabelle Auskunft:

Merkmal: *Schweifungen überlanger Äste*												Nr. 27
Schule		K	1.	2.	3.	4.	5.	6.	7.	8. P	1. S	2. S	3. S
Alter		6–7	–8	–9	–10	–11	–12	–13	–14	–15	–14	–15	–16
Knaben	%	16,6	18,5	13,5	19,5	15,5	12,4	14,2	9,9	6,0	11,6	4,7	6,9
Mädchen	%	12,2	8,7	11,7	8,8	11,5	11,6	18,6	16,0	8,4	22,5	13,4	10,0
Zusammen	%	14,4	13,6	12,6	14,2	13,5	12,0	16,4	13,0	7,2	17,0	9,0	8,5
Alter			–8	–9	–10	–11	–12	–13	–14	–15	–16	–17	Deb.-Imbez. Mittel 29 J.
Debile	%		0,0	10,8	19,0	7,6	20,5	21,5	10,7	18,2	36,0	26,8	12,5

Angelernte Arbeiter(innen) mit 8 Primarklassen			Kaufm. Ang.	afrik. Missionsschüler
Alter	15–16	17–19	+20	19–32	im Mittel 15,5 J.
	24,0	7,4	4,4	6,0	0,0

Die überlangen Äste kommen bei Normalen durch ganze Jugendalter mit einem fast gleichmäßigen Anteil von etwa 14 % vor. Eine etwas deutlichere Steigerung auf 22,5 % bei den Knaben der 1. Sekundarklasse zeigt höchstens, in welchem Maße das Merkmal streuen kann. Die Debilen setzen mit dem Merkmal erst zwischen 8 und 9 Jahren ein, steigern aber rasch, wenn auch mit Schwankungen, wobei immerhin mit 16 Jahren 36 % erreicht werden, also wesentlich mehr, als man es sich bei Normalen gewöhnt ist. Bei den angelernten Arbeitern ist das Merkmal nach Schulaustritt noch hoch (24 %), fällt dann ab bis auf rund 5 %, was wohl der disziplinierenden Wirkung der Arbeitserziehung zuzuschreiben ist. Teils gehört das Merkmal der überlangen Äste fast zur normalen Entwicklung, teils greift es aber doch jene Zustände heraus, die nicht gerade hoch im Kurs sind. Wie wenig Qualitäten ihnen anhaften, beweist die Steigerung bei den Debilen, wo eine eher gehaltlose Lebendigkeit gerade noch zu mehr oder weniger starken Wucherungen neigt und damit den kontrollierenden Einfluß des Verstandes etwas vermissen läßt. Die afrikanischen Missionsschüler unterscheiden sich auf eine recht vorteilhafte Art durch völlige Abwesenheit des Merkmals, was indessen bei der relativ kleinen Zahl der Aufnahmen nicht allzuviel sagen will.

Verbindet sich mit der Rauchfahne ein deutliches Liniengewirr, so kombiniert sich das Schweifen mit der Labilität des Haltschwachen. Es wird etwas vorgegaukelt und geschauspielert. Die erste Projektion dieses kombinierten Merkmals erhielten wir in der Hypnose auf die Suggestion: « Du bist ein Betrüger. » In der Folgezeit wurde es bei einigen Betrügern gefunden.

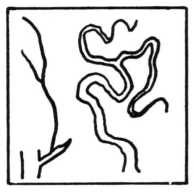

eventuell Begabungsmangel
Verminderung der intellektuellen Leistungsfähigkeit
Ablenkbarkeit
aufs Nebengeleise kommen
mangelnde Unterscheidungsgabe
Hauptsache vergessen
schweifen
träumen
gedankenlos

sich ablenken lassen
den Kopf anderswo haben
beeinflußbar
Mangel an Selbstkontrolle
Fahrigkeit
kindliches und puberales Schweifen
fabulieren
Äußerungslust

Rauchfahnenkrone mit Liniengewirr (siehe Bild S. 103)

Bluff
« Schauspielerei »
Hochstapelei
fabulieren
wahnhaftes Schweifen

Verbiegungen

Verbogene Astformen weichen von herabhängenden oder aufstrebenden und geschwungenen ab. Sie unterscheiden sich auch von den oft ähnlich aussehenden raumfüllenden Schweifungen durch ihre Gespanntheit. In der stärksten Ausprägung wirken die Verbiegungen krüppelhaft und absonderlich. In leichtern Fällen sieht man Äste nahe am Stamm in die Horizontale gedrückt, während andere in ausgiebigen Windungen verlaufen. Das Bild einer nach unten dressierten Weide kommt dem Tatbestand ziemlich nahe. Wesentlich am Ausdruck ist die Spannung, oft die Krampfhaftigkeit, mit welcher eine natürliche Richtung umgebogen wird, sei es aus Disziplin, Selbstüberwindung oder Gezwungenheit, in stärkern Ausprägungen bei Zwangszuständen mit allen ihren Begleiterscheinungen.

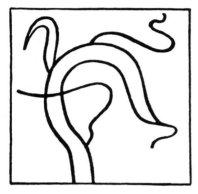

Schwache psychische Ausprägungen

Selbstdisziplin
Selbstkontrolle
Reserve
gewollte Anpassung
betonte Gewissenhaftigkeit
Prinzipienhaftigkeit
Selbstüberwindung
Selbstverleugnung
Gezwungenheit
Gemachtheit
affektscheu
Schüchternheit
Gefühlsunterdrückung

Versteifung
angespannter Wille

Starke psychische Ausprägungen

Zwangszustände
Zwangsneurose
Verkrampfung
Verdrängung
Sperrungen
Hemmungen
Skrupelhaftigkeit
damit verbunden:
Anpassungsunfähigkeit
Angstzustände
Regressionen

Siehe Zeichnung 17, S. 109

Die Regelmäßigkeit

Vollständige Regelmäßigkeit ist innerhalb eines graphischen spontanen Ausdruckes nicht denkbar. Das ist schon in der Handschrift so, wo wir doch alles tun, um durch Disziplinierung der Schreibbewegung eine lesbare Mitteilung zu erzeugen. Auch bei einer Baumzeichnung geht die Tendenz mindestens auf jene Verdeutlichung, die notwendig ist, um den Gegenstand von einem andern unterscheiden zu können. Das ist zwar nicht immer der Fall. Gelegentlich kann man jüngere Kinder beim fabulierenden Zeichnen entdecken. Die Gebilde, welche entstehen, bedeuten Bäume, sind aber für uns nicht als solche erkennbar. Das gleiche Kind fabuliert aber nicht nur im Raum herum. Es tut dies nur so gelegentlich, während es daneben durchaus erkennbare Formen zeichnet, und zwar je nach Labilität und Lebendigkeit mit mehr oder weniger großen Variationen.

Regelmäßigkeit wird man streng genommen nicht unter dem Gesichtspunkt der Variabilität der produzierten Formen beurteilen dürfen, sondern nur in bezug auf die Streuung eines Merkmals. Bei vorschulpflichtigen Kindergartenschülern feiert die Unregelmäßigkeit oft Orgien. Die Größe gezeichneter Früchte oder Blätter schwankt innerhalb derselben Zeichnung außerordentlich stark. Mit zunehmendem Alter tritt eine Verregelmäßigung ein. Die ausgefallenen Übertreibungen fallen weg. *Max Pulver* hat die Gefühlslebhaftigkeit als Grundbedeutung der Unregelmäßigkeit angenommen. Ferner neigt der Impulsive mit seiner gesteigerten Affektivität zur Verunregelmäßigung. In jedem Falle gilt: « Die Inten-

Früchte oder Blätter, evtl. Äste, unregelmäßig

sität des Emotionalen kann selbst eine starke Willenshemmung durchbrechen; bei schwachem Willen genügen nur sehr mäßige Gefühls-, Trieb- und Affektregungen zur Erreichung des äußerlich gleichen Bildes », sagt *Pulver*.

Zur Beobachtung der Regelmäßigkeit besonders geeignet sind die Größenverhältnisse der Früchte und Blätter bzw. die Größenschwankungen, ferner Schwankungen der Links- und Rechtsbetonung, übermäßige einseitige Längen bei Schweifungen, Schwankungen der Astdicken, Regelmäßigkeit der Stamm- oder Astkonturen. Manche dieser Merkmale sind unter einem andern und speziellen Gesichtspunkt zu betrachten.

Stereotypien

Gesteigerte Regelmäßigkeit tritt bei der *Stereotypie* auf: Blätter, Zweige, Früchte werden mit stereotyper Regelmäßigkeit aneinandergereiht. Teils entspricht das Symptom einem kindlichen Wiederholungsdrang, teils hat es Anteil am Schematismus, der die ersten Zeichenprodukte so auffallend stark bestimmt und welcher nicht unbedingt eine Verarmung des Gefühlsausdruckes bedeutet. Indessen ist diese schematisierende Stufe mit dem Schuleintritt bald überwunden. Zugleich ist das stereotype Zeichnen doch vielfach ein Zeichnen ohne gefühlsbetonte Gestaltung. Es bleibt mechanisches Wiederholen desselben Schemas, oft genug inhaltsleer. Von einem Automatismus könnte man erst reden, wenn das Kind bei jeder Gelegenheit stereotyp zeichnen würde, wie es etwa bei Entwicklungsstörungen zu Stereotypien der Bewegungen neigt, die unwillkürlich und automatisch ausgelöst werden. Stereotypie hat nichts gemein mit der durch Disziplin erreich-

Merkmal: *Stereotypien*												Nr. 28
Schule		K	1.	2.	3.	4.	5.	6.	7.	8. P	1. S	2. S	3. S
Alter		6–7	–8	–9	–10	–11	–12	–13	–14	–15	–14	–15	–16
Knaben	%	16,6	8,1	12,7	5,5	9,8	1,9	6,3	2,2	1,0	1,0	0,0	0,0
Mädchen	%	15,3	4,3	5,8	8,0	1,8	8,9	0,9	0,9	0,0	2,7	0,0	0,0
Zusammen	%	16,0	6,2	9,2	6,7	5,8	5,4	3,6	1,6	0,5	1,8	0,0	0,0
Alter			–8	–9	–10	–11	–12	–13	–14	–15	–16	–17	Deb.-Imbez. Mittel 29 J.
Debile	%		5,7	13,5	15,2	9,2	14,4	14,8	13,2	9,7	4,3	0,0	25,0

Angelernte Arbeiter(innen) mit 8 Primarklassen				Kaufm. Ang.	afrik. Missionsschüler
Alter		15–16	17–19	+20	19–32	im Mittel 15,5 J.
	%	4,5	2,5	2,2	0,0	0,0

ten Regelmäßigkeit. Es handelt sich um einen primitiven Mechanismus. Die charakterologische Ausdeutung eines solchen Merkmals hat nur einen Sinn, wenn man seine Stellung in der Entwicklungsreihe kennt.

Die Tabelle zeigt eindeutig beim normalen Kinde eine starke Betonung der Stereotypien im Kindergartenalter (7 Jahre) mit 16%; der Anteil fällt dann ab bis auf Null. Was nach der 7. Klasse auftritt, sind eher Regressionen oder Retardierungen, vielleicht auch nur Spielereien. Der Debile beginnt interessanterweise nicht gleich mit einem hohen Prozentsatz. Die Erwerbung des einfachsten zeichnerischen Könnens scheint, wie in vielen andern Merkmalen, vorerst zu bremsen. Verfolgt man die Entwicklung des Merkmals bei Debilen, so fällt auf, mit welcher Zähigkeit sich die Stereotypien zwischen 10 und 15% halten, und zwar bis zum 15. Jahr, um dann rasch wieder abzusinken. Dieses lange Verharren in einem sonst bei Normalen abfallenden Merkmal zeigt den Charakter der Entwicklungshemmung. Imbezille zeigen einen unverhältnismäßig hohen Anteil mit 25% Stereotypien, die sich dort selbst bei den ältern Fällen (über 50 Jahre) erhalten. Afrikanische Missionsschüler zeigen überhaupt keine Stereotypien, was vorerst erstaunt, aber doch nicht so unverständlich ist, da das vorherrschende Element bei Wiederholungen bei ihnen nicht mechanische Stereotypie ist, sondern Rhythmus – und das ist etwas vollständig anderes.

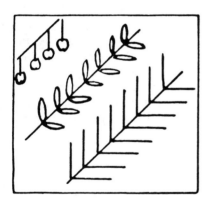

Tabelle Stereotypie

Schematismus, Automatismus
Mangel an Ausdrucksfähigkeit
Entwicklungshemmung
Retardierung, Regression
Schwachbegabung
beschränkter Gesichtskreis
Unselbständigkeit im Urteil
enger Realismus

Eine charakterologische Ausdeutung der Stereotypien darf sich unter keinen Umständen auf die jüngern Kinder beziehen. Dort ist das Merkmal altersgemäß mehr oder weniger normal. Die obenstehende Tabelle gilt demnach etwa vom zwölften Jahr an.

Eine völlig andere Form der Verregelmäßigung ist

der gerade, parallele Stamm

Die Stammkonturen laufen in gleichen Abständen von der Bodenlinie bis zur Krone, fast als wären sie mit dem Lineal gezogen. Unter den frühen Formen aus dem Kindergarten haben wir tatsächlich viele Stämme mit dem Lineal gezogen

vorgefunden. Sie sind weiter nicht verwertbar und zeigen doch auf dieser Stufe wiederum etwas von der schematisierenden Art der jüngern Kinder, die auch freihändig zu parallelen Formen neigen.

Indessen meinen wir eine Regelmäßigkeit, die bei größern Schülern oder Erwachsenen vorkommt. Ein Beispiel mag zeigen, wie die Dinge im Zusammenhang liegen können. Ein Mädchen der 5. Primarklasse wird vom schulpsychologischen Dienst zum Repetieren der Klasse verhalten unter Hinweis auf Begabungsschwäche. Die Eltern wollten den Entscheid nicht akzeptieren unter Hinweis auf den großen Fleiß des Mädchens. Die Untersuchung ergab einen Begabungsrückstand von gut einem Jahr. Der gezeichnete Baum wies sauber gerade und parallel gezeichnete Stammkonturen auf. Das Mädchen schematisierte einesteils, und die Schemabildung wurde um so intensiver gepflegt, als das Mädchen mit einem sturen Fleiß dabei war. Nur konnte es die Schemata nicht auf neue, ähnliche Fälle sinngemäß anwenden, nicht relativieren. Es blieb starr in ihnen verhaftet. Die intellektuelle Anpassung gelang nicht. Die Darstellung der Arbeiten blieb entsprechend der guten Arbeitseinstellung sehr sauber, und dies ließ alles den Begabungsmangel nicht sofort in Erscheinung treten. Instinktiv kompensierte das Mädchen den Begabungsrückstand mit dem Fleiß bis zu einem Punkte, wo es der Gefahr der Überlastung ausgesetzt war, nicht zuletzt, um dem Ehrgeiz der Eltern zu genügen, die unter keinen Umständen « die Schande » erleben wollten, die Tochter repetieren zu lassen. Der Erfolg dieser Haltung führt zwar zur Musterhaftigkeit mit der Gefahr eines plötzlichen nervösen Zusammenbruchs, weil alles überspannt wird, die Begabung, die Arbeitseinstellung und die Kräfte.

schülerhaft	unecht	unbeirrbar
brav, schematisch	eigensinnig	unlebendig
stur	unbelehrbar	steif
starrköpfig	hartköpfig	starr
dickköpfig	imitativ	Abstraktionsvermögen
undifferenziert	ohne echte Spannung	reines Denken
Mangel an Anpassungsgabe	korrekt	klares Denken
musterhaft	hingestellt	Sachlichkeit

Gerade und eckige Formen

Der gerade Strich hat sich nach den Untersuchungen auf Seite 67 als typisches Frühmerkmal entpuppt, indem der Anteil der vorschulpflichtigen Kinder mit 6 bis 7 Jahren rund 29 % ausmacht, während schon nach Schuleintritt das Merkmal sehr stark abfällt und nach dem 10. Jahr kaum mehr 2 % ausmacht, während die Debilen das Merkmal länger auf der Höhe halten. Der schematische Gehalt bezieht sich allerdings auf Strichäste, wenigstens zur Hauptsache, während bei Doppelstrichästen eher etwas zum Ausdruck kommt, was mit Eckigkeit und Stabilität zu tun hat. Vorsicht ist insofern am Platze, als manche Zeichenschulen den eckig-gerade gezeichneten Baum lehren, was freilich mit einiger Übung bald gesehen wird. Nicht zum Merkmal zu rechnen sind Winkeläste, die als typische Frühform einen ganz andern Sinn haben.

stabil, fest, unbeirrbar
Widerstandskraft
Sicherheit, Männlichkeit
Tatkraft
Härte, starr
Ernsthaftigkeit
Zwiespältigkeit
anpassungsschwierig bis
zur Querulanz

sperrig, eckig
eigensinnig
trotzig
knorzig
schwer beweglich
gezwungen
kompensierte Weichheit
eher schizothym

Runde Formen

Geschweifte, runde, bogenförmige, wellige, geschwungene Linien

zwanglos
weich
beweglich
geschmeidig
verbindlich
Gegensätze verbindend
diplomatisch
lavierend

sich nicht versteifend
ausweichend
anpassungsfähig
umgänglich
lebendig
« elegant »
eher zyklothym

Dunkelfärbung

In der Schwarz-Weiß-Darstellung einer Bleistiftzeichnung kondensiert sich die Farbigkeit auf ein bloßes Hell-Dunkel-Spiel. Natürlich lassen sich auch farbige Bäume zeichnen. Abgesehen von der Möglichkeit, das Farbenspiel mit andern Methoden besser herauszulocken (z. B. Wunderblume zeichnen), würde der Baumtest durch Farben wohl bereichert, zugleich aber unübersichtlich, da er ohnehin schon genug befrachtet ist. Zugleich kommt dem Schwarz-Weiß eigene Bedeutung zu. Dunkelfärbung kann als Schwarzfärbung auftreten, und dies mehr oder weniger intensiv. Das Schwarze kann sich zum Schatten lösen, und es ist dann weder ein wirkliches Grau noch ein Schwarz, sondern schwebt zwischen Schwarz und Weiß, oder es ist wirklich grau. Schwarz kann schmutzig und klar sein. Nur mit der Zeit entwickelt sich der Blick für die verschiedenen Qualitäten, ähnlich wie bei der Strichanalyse in der Handschrift.

Dunkelfärbung tritt auf am Stamm, an den Ästen, Früchten und Blättern und als Schattenmanier in der Kugelkrone.

Dunkelfärbung Stamm

Die graphische Darstellung zeigt etwas Erstaunliches. Bei normalen Kindern setzt die Dunkelfärbung zwischen 6 und 7 Jahren mit 60% ein und sinkt bei 11 bis 12 Jahren auf 14%, um nochmals anzusteigen auf durchschnittlich 56% zwischen 15 und 16 Jahren. Der Sekundarschüler färbt sogar etwas mehr als der Achtkläßler. Die Kurve hat Schalenform und verläuft von Hoch auf Tief und Hoch. Der Debile kommt umgekehrt von unten und macht einen Sprung auf 52% zwischen 9 und 10 Jahren, sinkt gleich wieder ab auf den Anfangswert und bleibt dort stecken, während Imbezille auf 45% stehen.

Charakteristisch ist, daß in keinem Fall der Anteil unter 10% fällt. Die Dunkelfärbung hat naturgemäß nicht ausschließlich psychologische Bedeutung, sondern ist ein zeichnerisches Element, welches von einer gewissen Schicht immer verwendet wird, immerhin nicht von irgendeiner, da ja auch die Wahl der zeichnerischen Ausdrucksmittel von psychologischer Bedeutung ist. Teils möchte man dem Merkmal den Charakter einer Frühform geben, teils scheint das heftige Aufflackern des Merkmals im Entwicklungsalter dagegen zu sprechen. Und doch ist kein echter Widerspruch da, wohl aber wandelt sich die Bedeutung des Merkmals etwas, und es wandelt auch sich selbst. Das Schwarze bei Kindern ist intensiv, mit Druck zustande kommend, während der Jugendliche nur selten intensiv schwärzt, sondern näher bei der Schattenmanier steht. Zwar ist beidseitig etwas Gemeinsames drin und doch Unterscheidendes. Man beachte übrigens, wie sowohl die angelernten Arbeiter wie die kaufmännischen Angestellten im Erwachsenenalter mit ihren Ansätzen tiefer liegen als bei Schulentlassung. *Kandinski*, von *Lüscher* zitiert, sagt: « Weiß ist wie eine unendliche Mauer, Schwarz wie ein unendliches Loch. » *Lüscher* bezeichnet dieses Loch (das Schwarze) als bloße Passivität « die jedes Verhaltens unfähige, starre Einheit », von der *Kandinski* meint, sie sei « wie ein Nichts ohne Möglichkeit, wie ein totes Nichts nach dem Erlöschen der Sonne, wie ein ewiges Schweigen ohne Zukunft und Hoffnung ». Der Vision des Malers darf widersprochen werden. Schwarz ist das Dunkle, die Nacht – aus welcher der Tag geboren wird. Schwarz ist das Noch-nicht-weiß-Gewordene, der ungeborene Tag, das Ungeborene, Unerwachte, das

Merkmal: *Dunkelfärbung Stamm*												Nr. 29
Schule		K	1.	2.	3.	4.	5.	6.	7.	8. P	1. S	2. S	3. S
Alter		6–7	–8	–9	–10	–11	–12	–13	–14	–15	–14	–15	–16
Knaben	%	59,0	21,0	13,5	29,5	9,8	18,4	33,0	35,0	34,0	51,0	50,0	61,0
Mädchen	%	61,0	31,0	13,6	26,5	20,0	9,5	23,2	21,3	50,0	32,0	39,0	51,6
Zusammen	%	60,0	26,0	13,5	28,0	14,9	14,0	28,1	28,1	42,0	42,0	44,5	56,3
Alter		–8	–9	–10	–11	–12	–13	–14	–15	–16	–17	Deb.-Imbez. Mittel 29 J.	
Debile	%	14,2	25,6	52,0	26,0	25,0	27,5	12,4	19,6	21,4	14,6	45,0	

Angelernte Arbeiter(innen) mit 8 Primarklassen			Kaufm. Ang.	afrik. Missionsschüler
Alter	15–16	17–19	+20	19–32	im Mittel 15,5 J.
%	23,8	37,0	24,0	27,0	59,0

29a Dunkelfärbung Stamm

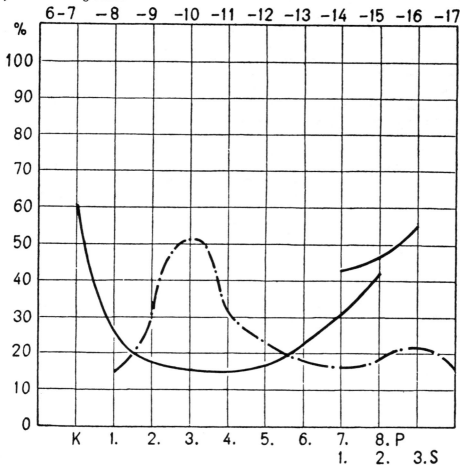

noch Verschlossene. Aus dem Dunkel des Mutterschoßes wird der Mensch geboren, und aus der Nacht des Unbewußten erwacht er langsam in die Helle des Bewußtseins. Das Unbewußte hat immer die Möglichkeit, bewußt zu werden. Schwarz ist kein « Schweigen ohne Zukunft », sondern mit einer Zukunft. Schwarz drückt auch nichts anderes aus als den Zustand des Unbewußten, noch nicht Bewußten, selbstverständlich relativ zur kindlichen Entwicklung gedacht. Die Entwicklungspsychologie bestätigt diese Tatsachen voll und ganz.

Der Jugendliche mit seinen ebenfalls hohen Prozentsätzen an Dunkelfärbung zeichnet ein diffuses Schwarz. Die einsetzende Pubertät ist einesteils ein ausgezeichnetes Spielfeld für Regressionen, anderseits ergibt sich aus dem Prozeß der Ichfindung ein verbreitertes Feld, und in keiner Phase schwingt der Mensch so stark vorwärts und rückwärts wie im Pubertätsalter. Der starke Ausschlag lockert außerordentlich auf und führt zu eigentlichen Desorientierungen, die in der Unbestimmtheit der Schattierung, in ihrem schwebenden Charakter sehr schön zum Ausdruck kommen. Die Labilität, das Unbestimmte, Träumerische, Schwebende, Stimmungsmäßige entspricht diesem Ausdruck, der auf der Begabungsseite eine oft frappante Schilderungsgabe aufleuchten läßt, oft genug mit jener Unbestimmtheit wie bei einem schlechten Maler, der überlegt, ob er sein Bild Sonnenuntergang oder Sonnenaufgang nennen will. Das Passive, Energielose, Unentschiedene und Indifferente, Ruhige und das passiv Genießende, Anschauliche, aber nie scharf Konturierte ist für gewisse Pubertätsentwicklungen typisch. Die Tabelle über die Schattenmanier beweist hier doch ziemlich viel. Die Höchstwerte zeigen Sekundarschüler, welche mit ihrer differenzierten Art mit dem Schatten eine Seelenmalerei treiben, für welche der Achtkläßler viel zu robust gebaut ist und der Debile zuwenig differenziert. Mit 6 bis 7 Jahren kommt der Schatten mit 9,3 % häufiger vor als in den folgenden Jahren vor der Sekundarschule. Damit scheint der regressive Anteil im Entwicklungsalter signalisiert. Sosehr die Schattenmanier einen Zustand ausdrückt, der weder Fisch noch Vogel ist, so ist er doch nur auf dem Hintergrund einer differenzierteren seelischen Struktur denkbar.

Merkmal: *Krone in Schattenmanier* Nr. 30

Schule		K	1.	2.	3.	4.	5.	6.	7.	8. P	1. S	2. S	3. S
Alter		6–7	–8	–9	–10	–11	–12	–13	–14	–15	–14	–15	–16
Knaben	%	9,5	4,5	2,4	10,1	1,0	3,8	4,7	13,1	8,0	30,0	30,0	22,0
Mädchen	%	9,2	0,0	0,0	0,0	1,8	0,0	0,9	2,6	2,4	2,6	23,0	13,8
Zusammen	%	9,3	2,2	1,2	5,0	1,4	1,9	2,8	7,8	5,2	16,8	26,5	17,9

Alter		–8	–9	–10	–11	–12	–13	–14	–15	–16	–17	Deb.-Imbez. Mittel 29 J.
Debile	%	2,8	4,0	7,6	3,0	4,5	4,5	1,7	4,8	2,6	4,9	5,4

Angelernte Arbeiter(innen) mit 8 Primarklassen			Kaufm. Ang.	afrik. Missionsschüler
Alter	15–16	17–19	+20	19–32	im Mittel 15,5 J.
%	0,0	5,0	2,2	15,0	0,0

Krone in Schattenmanier

Genußfreude
Farbenfreude
Anschaulichkeit
Schilderungsgabe
bedingt depressiv
bedingt Persönlichkeitsverlust
Ruhe
Impression
stimmungsmäßig ansprechbar
Einfühlung
gedämpfte Stimmungslage
Gestimmtheit
stimmungsmäßig
Unschärfe
Schwebezustand
Mangel an Wirklichkeitssinn

träumerisch
Stimmungsmalerei
Passivität
nervöse und allgemeine Labilität
beeinflußbar
desorientiert
anonym
weich
unsicher
Mangel an « Charakter »
unentschieden
energielos
indifferent

Dunkelfärbung Äste

Der Stamm wird häufiger dunkel gefärbt als die Äste. Bei Normalschülern steht das Merkmal mit 7 Jahren ganz wenig höher als nachher. Die Zehnjährigen springen leicht hoch wie bei der Stammfärbung. Von der 6. Klasse an, also zwischen 12 und 13 Jahren, steigt die Häufigkeit an, bei den Sekundarschülern deutlicher als bei den Primarschülern. Debile bleiben hinter den Ansätzen der Normalen zurück, und das Merkmal spielt dort auf und ab. Wiederum liegt dasselbe Bild wie bei Stammfärbung vor: Die differenzierteren Sekundarschüler sprechen mehr an als die Achtkläßler, und den Debilen fehlt die emotionale Lebendigkeit, um mitzumachen. Angelernte Arbeiter liegen mit Schwankungen von 12 bis 21 % etwas unter dem Niveau, das sie bei Schulbesuch wahrscheinlich hatten. Auch die kaufmännischen Angestellten fallen auf die Hälfte des ursprünglichen Wertes zurück, eine ganz normale Erscheinung, wenn man annimmt, die Pubertät habe ihren Dienst bereits getan.

Merkmal: *Dunkelfärbung Äste*												Nr. 31	
Schule		K	1.	2.	3.	4.	5.	6.	7.	8. P	1. S	2. S	3. S
Alter		6–7	–8	–9	–10	–11	–12	–13	–14	–15	–14	–15	–16
Knaben	%	14,3	3,5	4,8	20,0	6,7	9,6	27,0	27,5	24,0	35,5	49,0	36,0
Mädchen	%	13,2	12,7	3,9	14,2	7,4	6,3	9,8	14,2	26,5	20,0	30,5	40,0
Zusammen	%	13,8	8,1	4,3	17,1	7,0	8,0	18,9	20,8	25,2	27,7	39,7	38,0
Alter		–8	–9	–10	–11	–12	–13	–14	–15	–16	–17	Deb.-Imbez. Mittel 29 J.	
Debile	%	4,3	8,1	7,6	4,6	5,9	3,7	0,0	6,2	10,2	2,5	10,7	

Angelernte Arbeiter(innen) mit 8 Primarklassen				Kaufm. Ang.	Neger-Missionsschule im Mittel 15,5 J.
Alter	15–16	17–19	+20	19–32	
%	12,5	21,2	12,2	21,0	15,0

Dunkelfärbung Früchte und Blätter

Bei diesem Merkmal gilt es umzudenken, denn nicht die Dunkelfärbung an sich ist hier von Wichtigkeit, sondern die Betonung der Blätter und Früchte durch das Mittel der Dunkelfärbung, die hier gleich viel bedeutet wie die Betonung durch die Größe, das Wichtignehmen einer Erscheinung, die dem Kinde überhaupt einen ungeheuren Eindruck macht, damit auch herausgehoben wird, sei es durch Größe, sei es durch das differenziertere Mittel der Dunkelfärbung. Das siebenjährige Kind mit einem Anteil von 38 % liegt fast viermal höher als nach dem Schuleintritt. Die Debilen erreichen den Höchstwert, der aber unter dem Maximum der Normalen liegt, erst mit 11 Jahren. Ansteigen und Abfallen der Werte verläuft bei Debilen langsamer und weniger plötzlich als bei Normalschülern. Einen großen Unterschied zeigt eine Vergleichung der Dunkelfärbung bei kaufmännischen Angestellten (1,5 %) und bei den afrikanischen Missionsschülern (18 %). Wie die Frucht oder das Beiwerk der Blätter das Äußerliche, den Effekt, und bei Überbetonung auch nur den Schein ausdrücken, so steht die geringere Häufigkeit des Merkmals für größern Realitätssinn, dem freilich das Staunen vor der Pracht und dem Wert des Phänomens abhanden gekommen ist.

Merkmal: *Dunkelfärbung Früchte und Blätter*   Nr. 32

Schule		K	1.	2.	3.	4.	5.	6.	7.	8. P	1. S	2. S	3. S
Alter		6–7	–8	–9	–10	–11	–12	–13	–14	–15	–14	–15	–16
Knaben	%	38,0	9,3	4,0	9,2	2,9	1,9	5,5	4,4	5,0	0,0	3,8	6,9
Mädchen	%	37,7	10,7	11,7	8,0	4,6	8,0	7,3	5,3	15,4	3,6	8,6	8,5
Zusammen	%	38,3	10,0	7,8	8,6	3,7	5,0	6,4	4,8	10,2	1,8	6,2	7,7

Alter		–8	–9	–10	–11	–12	–13	–14	–15	–16	–17	Deb.-Imbez. Mittel 29 J.
Debile	%	15,8	13,5	26,5	29,0	22,3	18,4	14,8	4,8	6,8	9,8	12,5

Angelernte Arbeiter(innen) mit 8 Primarklassen			Kaufm. Ang.	afrik. Missionsschüler
Alter	15–16	17–19	+20	19–32	im Mittel 15,5 J.
%	—	4,0	5,6	1,5	18,0

Schwarz – das ewige Schweigen

Drückt Schwarz nicht auch Depression aus? Redet man nicht von Schwarzsehen? von Schwarz als Zeichen der Trauer? Anfang und Ende, Vorgeburt und Grab liegen im Dunkel. Seelisch ist aber nicht das Grab das Ende, das nur den Leib zurücknimmt, sondern die jenseitige Welt des Lichtes oder der Finsternis, wo das Dunkle das Böse und Helle das Gute ist, also jenseits des Psychologischen liegt.

Was sich primär in der Dunkelfärbung ausdrückt, ist nicht mit der Analogie «traurig gleich dunkel» zu verstehen. Jeder heftige Affekt reißt Breschen in das seelische Gefüge und greift auf Tiefenschichten. Regressionen melden sich dann rasch, und über diesen Umweg mag auch die Depression als Dunkelfärbung zum Vorschein kommen. In Zeichnungen von Depressiven oder neurotisch Verstimmten tritt deshalb die Dunkelfärbung als Begleitmerkmal mitunter auf. Manche reagieren schon bei bloßer Befangenheit mit einem Grau, andere beim Vorherrschen einer Stimmungslage, die man als Schwebezustand bezeichnen kann, und einem passiven Träumen, bei labiler Art überhaupt oder bei depressiven Zuständen. Ob jeweils bloße Befangenheit vorliegt, ob ein puberaler Schwebezustand, eine neurotische Regression oder gar ein Persönlichkeitsverlust bei Geisteskrankheit – immer sind die Ebenen verschieden und bedienen sich doch desselben Ausdruckes. Wir können in manchen schweizerischen Gebirgstälern Baumzeichnungen mit merkwürdig viel Schwarz antreffen. Auch die Sonntagstracht der Frauen und Männer ist schwarz. Das Volk dieser Gegenden ist weder labil noch angekränkelt, sondern ursprünglich, womit etwas erhalten ist, was beim jungen Kinde auch vorliegt. Indessen kann eine echte Regression als Dunkelfärbung aufleuchten, aber es ist mehr als fraglich, ob die Intensität der Färbung den Grad der Regression wirklich auszudrücken vermag. Auch bei intensiver Dunkelfärbung, die stark regressiv anspricht, hat das Ausdrucksmerkmal doch eine natürliche Grenze, d. h. man kann nicht schwärzer zeichnen als schwarz. Hingegen kann das Schwarze auf die Umgebung übergreifen und sozusagen den Hintergrund der Zeichnung bilden. Damit weicht das Bild ganz erheblich ab von dem, was wir an Zeichnungen zu sehen gewohnt sind. Bild 24 zeigt die Zeichnung einer fünfzigjährigen Schizophrenen. Eine derart auffallende Färbung des Hintergrundes ist sehr selten, d. h. in dieser Stärke bei Normalen nie beobachtet. Hingegen finden wir in unserm Zürcher Material recht viel Kinder, die den Hintergrund leicht schattieren. Trotzdem müßte man sich weigern, in der intensiven Färbung das Kranke zu sehen, solange nicht größere Untersuchungen dazu Berechtigung geben. Im Rorschachversuch sind die sogenannten schizophrenen Zeichen gar nicht im Mittelpunkt des Tests. Ein Krankheitsbild wird erst aus einer typischen Gruppierung und Häufung von Merkmalen wahrscheinlich, aber nicht einmal mit voller Sicherheit. So naheliegend für die Zeichnung der Schizophrenen der Begriff «Umnachtung» ist und hier auch erlaubt scheint, so vorsichtig mußte die Diagnose gestellt werden. Wenn die Diagnose bekannt ist und dazu eine Baumzeichnung vorliegt, ist es natürlich sehr leicht, dem erstaunten Leser die schönsten Dinge vorzumachen.

Bild 24

Was wir in der Zeichnung Kranker erfassen, ist nicht die Krankheit selbst, obwohl die Möglichkeit entsprechender Zeichen nie zum voraus geleugnet werden darf. Die Symptome in den Zeichnungen z. B. Schizophrener sind so vielgestaltig wie das Krankheitsbild selbst. Aus unserem Material ist nichts nachzuweisen, was auf einen einheitlichen Ausdruck schließen ließe. Wahrscheinlich kommen überhaupt nur Begleiterscheinungen einer Krankheit zum Ausdruck. Regressive Züge laufen wohl immer mit, und ein Ausdruck davon ist die Dunkelfärbung.

Aufstrebend – abfallend

Analog zur Links- und Rechtsläufigkeit müßte man von einer Ober- und Unterläufigkeit reden, wenn diese sprachliche Mißgeburt gangbar wäre. Merkwürdigerweise ist diese Merkmalsgruppe in der Graphologie der Handschrift in ihrem dynamischen Richtungssinn nur indirekt bezeichnet als Ober- und Unterlängenbetonung, Längenunterschiedlichkeit. Die Gruppe Aufstrebend–abfallend hätte aber auch in der Handschrift eine Berechtigung als Merkmal.

Bei Astkronen können Äste und Zweige aufstreben, aufflammen, oder sie fallen herunter, sinken ab, hängen. Beide Strebungen liegen in der Natur des Baumes. Wer einen Gärtner oder baumkundigen Landwirt einen Baum zeichnen läßt, könnte bei hängenden Ästen zu einem Fehlurteil kommen. Der Baumwärter wird nämlich die Obstbäume so ziehen, daß die Äste nach außen hängen und alle möglichst gut belichtet sind. Dies entspricht dem sogenannten Öschberger Schnitt (Öschberg: Ortschaft im Kanton Bern mit einer Obstbauschule).

Wesentlich sind vor allem die relativen Richtungen: nur aufstrebend, nur abfallend, oder: links abfallend, rechts aufstrebend (das Umgekehrte wurde bisher nicht beobachtet).

Der vertikale Stamm ist am obern Ende wie die Schneide einer Waage zu denken. Die Waagebalken links und rechts (die Äste) ziehen bald nach oben, bald nach unten, doch muß das Abfallen rechts nicht ein entsprechendes Aufstreben links zur Folge haben. Immerhin ist das « psychische Gewicht » auf beiden Seiten wohl zu beachten; beide Seiten sind nicht unabhängig voneinander, nur gilt nicht das physikalische, sondern das psychologische Maß. Rechts aufstrebend, links abfallend kann bedeuten: nach außen sicher und froh, im Innern niedergeschlagen, unsicher; oder: nach außen etwas überzeugt vertreten, an dem man innerlich zweifelt – und deswegen nicht durchdringt.

Dem Nur-Aufstrebenden fehlt das Maß für das Reale, er begeistert sich rasch, oft ohne jede Überlegtheit, manchmal kopflos, affektiv erregbar, ohne mäßigende Selbstkontrolle. Oder: Äste, die wie Flammen aufzüngeln und auf jene Menschen hinweisen, die « das Feuer in sich haben » und mit flammendem Eifer und Fanatismus handeln. In der drucklos aufsteigenden Gebärde mag sich gelegentlich die « religiöse Kurve » wiederholen, wie man sie aus der Handschrift kennt.

Äste, die herunterhängen wie die Köpfe müder Pferde, beinhalten alles, was mit dieser Gebärde unabsichtlich gesagt wird: das Kopfhängerische, Schwer-

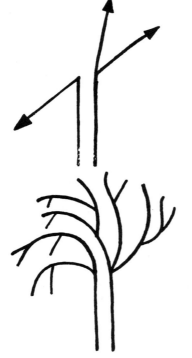

Abfallend

schwernehmend	sich gehen lassen
kopfhängerisch	depressiv
unsicher	herabgestimmt
schlaff	widerstandsschwach
müde	Insichgekehrtheit
resignierend	zu sich selbst kommen

Aufstrebend

Eifer, hemmungsloser Eifer	Begeisterungsfähigkeit
Aktivität	Kopflosigkeit
brennender, flammender Eifer	starke Betonung der Wunschwelt
Fanatismus	Mangel an Wirklichkeitssinn
affektive Erregbarkeit	mangelnde Fähigkeiten im Relativieren
Heftigkeit	« religiöse Kurve »
Jähzorn	
Gehobenheit	

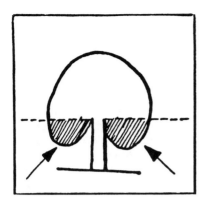

Krone sackartig am Stamm herunterfallend

im Gemüthaften steckenbleiben
nicht aus der Gemütsstimmung herauskommen
« wenig Puls »
etwas willenlos
nichts aus sich herausholen
sich treiben lassen
Mangel an Aggressivität
Mangel an Entscheidungsbereitschaft

nehmende, Resignierende, Müde, Herabgestimmte. In der Bewegung nach unten liegt aber auch eine Tendenz auf sich selbst zu. Unten ist verwandt mit links, und so spricht das Merkmal für die Insichgekehrtheit, für die Richtung auf das Selbst hin, welches am deutlichsten durch den Stamm symbolisiert wird.

Gegenformen

Ein seltenes Merkmal ist die Gegenform. Sie wurde bisher nur bei schizophrenen Zeichnern beobachtet, in einem Falle lange vor dem Ausbruch der Krankheit. Die entgegengesetzten Klammern haben ungefähr dasselbe diagnostische Gewicht wie die Rorschachdeutung von zwei Schuhen, die voneinander wegstehend gesehen werden.

Spannung
Zwiespältigkeit
Spaltung (bei Schizophrenie beobachtet)
Selbstwidersprochenheit (Ambivalenz)

Gegeneinander verschobene Klammern,

meist sichtbar in Kronen mit Lockenmanier

Das Merkmal wurde bisher vorwiegend bei Psychopathien mit Haltschwäche, Inkonsequenz, starker Beeinflußbarkeit und Bestimmbarkeit beobachtet.

Gegenzüge

Einzelne Äste laufen in der Gegenrichtung. Jüngere Kinder vergessen gelegentlich die vorerst beabsichtigte Richtung und zeichnen die Astrichtung plötzlich verkehrt. In dieser mehr an eine Frühform und an Verlagerung gemahnenden Eigenart hat das Merkmal wohl nicht sehr viel zu tun mit der später vorwiegend gültigen Bedeutung des Gegenzuges, der dem Wortsinne nach etwas Oppositionelles meint, eine widersprechende Haltung, die wir übrigens erstaunlich oft bei Unaufrichtigkeit und in Verbindung mit einem hakenförmigen Bogenzug bei Dieben gesehen haben. Nun ist Unaufrichtigkeit oder Unehrlichkeit nach *Klages* kein Charakterzug, sondern hier eher eine Resultante aus der Mischung Frühform (nicht wissen, was man tut, und nicht bewußt die Handlung steuern), des Widerspruches und der an sich reißenden Geste des Habenwollens oder der Eigenbezüglichkeit.

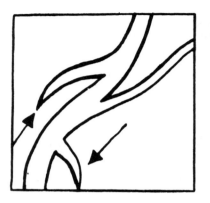

eigensinnig	Anpassungsmangel	Gesinnungswechsel
widerspenstig	unbeständig	Labilität
Opposition	unzuverlässig	Träumen
widersprechend	(unaufrichtig)	Schweifen
inkonsequent	ablenkbar	mangelnde
	beeinflußbar	Selbstkontrolle

Merkmal: *Gegenzüge an den Ästen* — Nr. 33

Schule		K	1.	2.	3.	4.	5.	6.	7.	8. P	1. S	2. S	3. S
Alter		6–7	–8	–9	–10	–11	–12	–13	–14	–15	–14	–15	–16
Knaben	%	0,0	1,8	0,0	1,8	3,9	0,9	3,1	0,0	2,0	1,0	4,7	2,0
Mädchen	%	0,0	1,0	0,0	2,6	2,7	5,4	4,5	1,8	3,6	0,9	6,6	1,5
Zusammen	%	0,0	1,4	0,0	2,2	2,3	3,2	3,8	0,9	2,8	1,0	5,7	1,7

Alter		–8	–9	–10	–11	–12	–13	–14	–15	–16	–17	Deb.-Imbez. Mittel 29 J.
Debile	%	0,0	0,0	0,0	0,0	0,9	1,5	0,8	0,0	0,0	0,0	3,6

Angelernte Arbeiter(innen) mit 8 Primarklassen				Kaufm. Ang.	afrik. Missionsschüler
Alter		15–16	17–19	+20	19–32	im Mittel 15,5 J.
	%	14,2	8,7	8,5	3,0	5,0

Die Tabelle zeigt die echten Gegenzüge im wesentlichen nicht vor dem 10. Lebensjahr. In der Pubertätsphase mit ihrer Ambivalenz tritt das Merkmal vorübergehend etwas stärker auf. Die kindlichen Gegenformen sind als Verlagerungen gezählt. Die schulentlassenen Arbeiter zeigen viel mehr Gegenformen als jede andere Schicht, in erster Linie wohl als Folge des Nachlassens der bewußten Anstrengung unmittelbar nach der meist mit Überdruß durchgestandenen Schulzeit.

Strichkreuzungen (Astkreuzungen)

Eigentlich sind nur Kreuzungen gemeint, die auf derselben Ebene gedacht sind, also nicht solche, die entstehen, wenn der Zeichner eine Tiefendimension andeuten will, was von selbst zu Kreuzungen führt. Für die Kreuzung, die entsteht, wenn einzelne Äste plötzlich die Richtung wechseln, haben wir unter « Links- und Rechtsläufigkeit » einige Bemerkungen angebracht. Auch die oft merkwürdigen Astverschlingungen sind nur bedingt als Kreuzungen aufzufassen. Sie kommen indessen selten vor. Teils entsteht eine Kreuzung einfach durch die Anwesenheit eines Gegenzuges und ist von da aus zu deuten. Im Grunde ist die echte Kreuzung das Gegenspiel von Links- und Rechtsläufigkeit und damit im höchsten Maße ein Merkmal für Ambivalenz.

Ambivalenz
Selbstwidersprochenheit
Kampf zwischen Affektivität und Selbstkontrolle
Urteilsfähigkeit (Vorziehen und Zurückstellen im Sinne des Wählens)
Kritikfähigkeit
abwägendes, erwägendes Beurteilen
Sperrung, Hemmung, Lähmung

Unentschiedenheit
problematisch bis kompliziert
Widersprüchlichkeit
Zwiespältigkeit

Uneinheitlichkeit
Schielen nach zwei Seiten
Unklarheit im Denken und Fühlen
mangelnde Unterscheidungsgabe

Hinüberziehen rechtsseitiger Äste auf die linke Seite: Ablehnung des männlichen Bereiches, Hinwenden zum weiblichen und mütterlichen.
Linksseitige Äste auf die rechte Seite hinübergezogen: Wegwenden vom mütterlichen, weiblichen Bereich zum männlichen.

Rechtsbetonung, Linksbetonung, Gleichgewicht

Das Verhältnis von linker und rechter Kronenhälfte beträgt 1:1,13, d. h. die rechte Hälfte ist 1,13mal breiter als die linke, und zwar gleichmäßig durch alle Lebensalter. Von einer Rechtsbetonung wird man deshalb erst jenseits dieser Norm sprechen, aber doch behalten, daß die damit gegebene allgemeine Rechtsbetonung eine Tendenz darstellt, die für den abendländischen Kulturkreis ebenso typisch sein dürfte wie die nach rechts laufende Schrift im Gegensatz zur linksläufigen der Semiten. Mit der Links-/Rechts-Betonung ist gleichzeitig ein Blick zu werfen auf die Lokalisierung der Schatten, der reichern oder magerern Ausgestaltung, der Auswüchse usw., was differentialdiagnostisch brauchbare Hinweise geben kann, ohne Notwendigkeit freilich, allzu schematisch vorzugehen.

Der Schritt nach rechts gemessen von der Senkrechten aus, die man durch die Stammitte unter der Krone zieht, ist teils als ein Vorwärtsschreiten, teils als ein Vordrängen, sich Vorschieben, teils als ein Vonsichweggehen, ja als Flucht zu verstehen. Je mehr ich nach rechts gehe, desto schwächer wird die linke Seite betont, und diese Verlagerung führt zu einem Verlust des Gleichgewichtes. Nicht nur der Verlust der Mitte ist die Folge, sondern im Verhältnis zum gedachten

Gleichgewicht entsteht links ein Leerraum und damit wiederum der Ausdruck eines Mangels, bedingt durch das Vakuum. Bei der Linksbetonung spielt dies ähnlich. Manche rechtsbetonten Bäume sehen aus wie Menschen mit geschwellter Brust oder protzig vorgestrecktem Bauch. Im Vordrängen steckt mehr Erlebnisdrang und Geltungsbedürfnis als Aktivität, und die Extraversion ist eher Wunsch als Wirklichkeit. Gehe ich von mir weg, so verliere ich mich selbst, ich bleibe nicht bei der Sache (nämlich beim Stamm), ich konzentriere mich nicht mehr. Wer das Zentrum verloren hat, ist allen Winden ausgesetzt, leicht beeinflußbar und schließlich von der Angst ergriffen, in seinem Ich geschwächt, auf der Flucht vor sich selbst.

Die Linksbetonung führt mehr in sich hinein, und in der Übertreibung möchte der Zeichner fast hinter sich selbst stehen. Mindestens wendet er den Kopf weg und ab. Von der Tendenz zur Introversion bis zur Abwendung und Selbstbespiegelung ist kein großer Weg. Symbolhaftes spielt manchmal auch sonst hinein. Ein ungarischer Flüchtling ließ die ganze rechte Kronenhälfte weg: sein rechtes Bein war amputiert, aber auch seine «rechte Hand», nämlich seine Frau und die Kinder, mußte er zurücklassen. Bei Geschiedenen haben wir mehr als einmal die rechte Seite leer gefunden, was nach Verdrängung, Abwendung, Auslöschen aussieht – eigentlich eine vollkommene Illusion, weil das Du als Gespenst im Leerraum nur zu deutlich manifestiert ist.

Rechtsbetonung

Erlebnisdrang	Flüchtigkeit
Selbstbewußtsein	sich vergessen
Geltungsdrang	Mangel an Konzentration
sich hervortun	nicht bei der Sache bleiben
sich breit machen	Flucht vor sich selbst
prahlen	Unsicherheit
Anmaßlichkeit bis Frechheit	Mangel an Selbstvertrauen
Bedeutungsbedürfnis	Beeinflußbarkeit
Eitelkeit	Ichschwäche
Stolz	Hemmung
Ungeniertheit	Angst
Extraversion in der Phantasie	Unruhe
halbes oder ganzes träumerisches Schweifen	

Linksbetonung

Introversion	Zurückhaltung
Innerlichkeit	Vorsicht
Sammlung	Grübelei
Beschaulichkeit	sinnierend
stilles, gründiges Wesen	Selbstbespiegelung
Eigenbezüglichkeit	Verschlossenheit
Ablehnung	Träumerei
Abwendung	Verdrängung

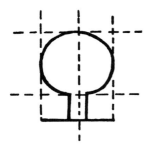

Gleichgewicht
Normales Selbstgefühl, Ausgeglichenheit
Ruhe, Reife
« balancieren », nicht von sich selbst loskommen
denkmalhaft, Selbstdarstellung, Pose
realitätsscheu aus Selbsteingenommenheit
« an sich den Narren gefressen haben »
Mangel an Weitsicht
Einbildung, Eitelkeit, Selbstgenuß,
unechte Vornehmheit, Selbstüberschätzung
seelischer Stillstand, Beharrungsvermögen
Ambivalenz (bei gespanntem Ausdruck)

Links- und Rechtsläufigkeit

Rechtsläufigkeit liegt vor, wenn die Stammspitze oder der überwiegende Teil der Äste eine Biegung nach rechts zeigen. Umgekehrt sprechen wir von Linksläufigkeit – alles bei senkrechter Stammlage. Im großen und ganzen handelt es sich bei den Deutungen um Übertragungen aus der Graphologie der Handschrift. Nur in einem Falle drängt sich eine Bedeutung auf, die sowohl bei Links- und Rechtsläufigkeit dieselbe Bedeutung hat, weil das Bewegungsmotiv gar nicht von einer Raumsymbolik abhängig ist (und damit eine Besonderheit darstellt). Es ist der vom Winde gepeitschte Baum, dessen Äste sich nach der Windrichtung legen und gelegentlich durch weggeblasenes Laub den Eindruck noch verstärkt aufzeigen. Hier liegt die Bedeutung des Getriebenseins vor und der Haltschwäche, immer vorausgesetzt, daß es dem Zeichner nicht zum voraus um das Thema « Sturm » geht, sondern um den Baum. – Gelegentliche Einsprengsel von Ästen, die in einer Gegenrichtung laufen, sind fast eher als querulierende Züge oder als spielerische Schweifungen zu nehmen und nicht so sehr als Bestandteile einer der Gegenseite verwandten Bedeutung. Eine Ambivalenz wird sich nur bei häufig sich kreuzenden und verschränkenden Astrichtungen abzeichnen und sich kaum des primitiven Mittels eines isoliert vagabundierenden Astes bedienen.

Rechtsläufigkeit dominant
Gemeinschaftsbeziehung,   positive Einstellung
Hingabe, Hinneigen   zum Leben
von sich selber wegkommen,   Tätigkeitsdrang
anhänglich   Unternehmungslust
Zuwendungscharakter,   Beeinflußbarkeit
Wohlwollen, Güte   Vertiefung, Konzentration
Anpassung

Wie vom Winde gepeitscht
Getriebensein   Haltschwäche

Linksläufigkeit dominant
Innengewandt   Narzismus
ichbefangen   Abwendung
eigenbezüglich   Empfindlichkeit
träumen   Konzentration
meditieren   Sammlung
vergangenheitsbezogen   Selbständigkeit
(evtl. Mutterbindung)   Selbsterhaltungstrieb
Autismus

Spontanzeichnung in Kohle eines künstlerisch begabten, aber völlig haltlosen Vierzehnjährigen. Man beachte links den vom Wind gepeitschten Baum und die in der Gegenrichtung gewehten Rauchfahnen im Hintergrund. Die Selbstwidersprochenheit wird hier zur Inkonsequenz. Der Zeichner geht nicht nur «nach dem Wind», er ist in sich «wetterwendisch».

Die linksschräge und rechtsschräge Lage

Streng genommen ist die Rede von links- oder rechtsschräger *Stammlage*. Bis zu einem gewissen Grade fallen die Bedeutungen zusammen mit denjenigen der Links- und Rechtsläufigkeit. In der außerordentlich starken Vertikalorientierung der Stammlage als die natürliche Lage, die keine Diskussionen zuläßt über die normale Lage, scheint jede Abweichung gravierendere Bedeutung zu haben als in der Schrift. Anderseits bekommt man doch gelegentlich Zweifel, ob die allzustarke Betonung der Rechts-Links-Lage nicht zu weit geht und man nicht besser einfach von Schräglage sprechen würde, weil mindestens der Mensch, welcher seine Raumvorstellung an der Natur mitorientiert, wohl schwer sagen könnte, der Baum neige nach links. Hier verwebt sich Projektion und Erfahrung auf eine Weise, die mindestens zur Vorsicht veranlaßt in der Verwertung der Richtungseigenschaften, was indessen nicht besagt, daß sie in jedem Falle nicht zutreffen müßten, nur können die Bedeutungen von links und rechts unter Umständen ausgewechselt werden.

Das Problem der Umkehrbarkeit von links und rechts, auf welches auch schon *Vetter* hingewiesen hat, scheint manchen Fachleuten nicht einzuleuchten. Dem Praktiker fällt immer wieder auf, wie bei Wiederholungen von Baumzeichnungen manche Merkmale bald links und bald rechts erscheinen, wie leicht oft Schattierungen den Ort wechseln und die Rechtsschräglage in eine Linksschräglage fällt. Es läßt sich freilich alles unter dem Gesichtspunkt der Schwankungsbreite betrachten. In der Tat disponiert die Unsicherheit des Standpunktes zum Beispiel im Pubertätsalter zum Auswechseln von links und rechts. Darüber hinaus weist Michael *Grünwald* (in einer persönlichen Mitteilung) auf die Vertauschung von links und rechts in Kunstwerken hin. Grünwald glaubt, daß manche Künstler, wie dies bei der Hinterglasmalerei normal ist, die Vorderseite so malen, als sei diese von hinten gesehen. Die Übung im Stahl-, Kupfer- oder Holzstich soll mit dieser Erscheinung nichts zu tun haben. Ein seitenverkehrtes Bild muß von hinten betrachtet werden, damit man es richtig sieht. Genauer gesagt, handelt es sich um spiegelbildliche Darstellungen. Man denke an die Spiegelschrift des Leonardo da Vinci, ferner an die Spiegelschrifteinschläge im Stadium des Schreibenlernens, also bei noch nicht automatisierter Schrift. Es ist doch nicht so merkwürdig, wenn auch beim Zeichnen zwischendurch das Spiegelbildphänomen bei rechtshändig Zeichnenden auftreten würde. Ob der nervöse bis psychopathische Einschlag in diesem Falle ebenfalls nachzuweisen ist, möchte ich vorläufig nicht behaupten, während man sicher den labilen Grundcharakter nicht übersehen kann.

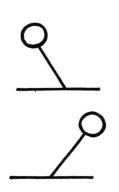

Linksschräglage
Schutzhaltung
Abwendung
Abwehr
vorsichtig dosierte Anpassung
Selbstüberwindung
Maske
affektscheu
Gezwungenheit

Verdrängung
Gefühlsunterdrückung
Bindung an Vergangenes
Trotz
Sicherung
gelegentliche Bequemlichkeit
gebremstes Tempo

Rechtsschräglage
Hinreißbarkeit
Hingabefähigkeit
Konzentration
Beeindruckbarkeit
Beeinflußbarkeit
Haltschwäche bis Haltlosigkeit
Unbesonnenheit

Verführbarkeit
Opferbereitschaft
Liebe zur Sache
Sich versenken können
Hilfsbereitschaft
Anpassungswille

Pfahl, Pflock, Stütze am Stamm, gestützte Äste

Symbolisch hat der hier gemeinte Pfahl nichts zu tun mit dem Pfahl, den man als Baumstamm bezeichnen muß und als Pfahl (= palus) phallische Bedeutung hat. Der Feigenbaum ist der phallische Baum. Als Überreste eines uralten Fetischismus läßt sich bei den indogermanischen Völkern religiöse Verehrung von Pflöcken, Stämmen, Stümpfen, Stangen und Brettern nachweisen. Auch im mykenischen Griechenland war neben einem eigentlichen Baumkultus eine solche Pflockverehrung heimisch. In Indien ist es der sogenannte «Opferpfosten», über den *Oldenberg*, «Religion des Veda», S. 259, folgendes mitteilt: «Dem Baumkultus rechne ich es zu, wenn man beim Tieropfer dem hölzernen Pfahl, an welchen das Opfertier gebunden wurde, Verehrung darbrachte»; der Pfahl repräsentierte den in ihm enthaltenen Baum und somit ein göttliches Wesen. Schon beim Fällen

des Baumes kam die Rücksicht auf das geschädigte Leben zum Ausdruck: man legte, wo man hinhauen wollte, einen Grashalm unter mit dem Spruch: «Kraut beschütze ihn», und sagte zur Axt: «Verletze ihn nicht!»; auf den zurückbleibenden Baumstumpf goß man Opferbutter mit dem Spruch: «Herr des Waldes, wachse mit hundert Ästen, mögen wir mit tausend Ästen wachsen. » Der abgehauene Pfahl wurde später gesalbt und mit einer aus Gras geflochtenen Binde umwunden.

Uns ist die praktische Bedeutung des Pflockes als Halt für den jungen Baum bekannt. Der Stamm wird am stärkeren Pflock geradedressiert, er wird so lange « geführt » und gehalten, bis er selber geradestehen kann und keinen Windschaden erleidet, der ihn schrägdrücken könnte. Äste werden unterstützt, um die

Merkmal: *Pflock und Stützen*   Nr. 34

Schule		K	1.	2.	3.	4.	5.	6.	7.	8. P	1. S	2. S	3. S
Alter		6–7	–8	–9	–10	–11	–12	–13	–14	–15	–14	–15	–16
Knaben	%	0,8	0,9	0,8	0,9	5,8	0,9	6,3	4,4	18,0	7,7	7,6	12,0
Mädchen	%	0,0	1,0	0,0	1,8	1,8	3,6	3,6	8,8	9,6	2,7	4,7	9,2
Zusammen	%	0,4	1,0	0,4	1,4	3,8	2,6	5,0	6,6	13,8	5,2	6,2	10,6
Alter			–8	–9	–10	–11	–12	–13	–14	–15	–16	–17	Deb.-Imbez. Mittel 29 J.
Debile	%		0,0	0,0	0,0	0,0	0,0	0,7	0,0	0,0	0,9	0,0	0,0

Angelernte Arbeiter(innen) mit 8 Primarklassen				Kaufm. Ang.	afrik. Missionsschüler
Alter		15–16	17–19	+20	19–32	im Mittel 15,5 J.
	%	1,3	0,5	0,9	0,0	0,0

schwere Last der Früchte zu halten und damit einen Astbruch zu verhüten. Gestützt wird alles, was sich nicht aus eigener Kraft halten kann. Demnach muß dem gestützten Gegenstand eine Schwäche anhaften, eine Unsicherheit. Das Gestützte ist das Gefährdete.

Nach der Tabelle ist das Bedürfnis, den Baum zu stützen, beim jüngern Kind sehr gering. Der Einwand, es könne noch keine Stütze zeichnen, ist entkräftet durch die Häufigkeit der gezeichneten Leitern im frühen Alter. Vom 13. Jahr an, also mit der Vorpubertät, steigt die Häufigkeit der Stützen und Pflöcke, übrigens bei den Knaben stärker als bei den Mädchen. In der 8. Primarklasse (15 Jahre) wird das Maximum erreicht mit rund 14%.

Die Debilen verspüren praktisch kein Bedürfnis nach einer Stütze, auch die Imbezillen nicht. Erwachsene zeichnen sie sehr selten. Offensichtlich entspricht die Stütze der zunehmenden Unsicherheit im Entwicklungsalter. Es wäre aber falsch, die Zeichner als haltlos zu bezeichnen. Der Haltlose spürt den Mangel selten. Angepaßter auf den Zeichner ist der Ausdruck « haltsuchend ».

Sicherungsbedürfnis	Führungsbedürftigkeit	Mangel an Selbstvertrauen
Unsicherheit	Mangel an Selbständigkeit	sucht und braucht Halt

Das Merkmal hat gelegentlich Bezug auf körperliche Schwächen und kann somit Traumen anzeigen, die das Gefühl der Beeinträchtigung hinterlassen, welches kompensiert wird. In der Regel hat sich ein jugendlicher Gebrechlicher derart an seine Infirmität gewohnt, daß bei ihm nicht mehr solche traumatische Zeichen auftreten als bei Vollsinnigen.

Der Pflock hat kaum mehr etwas zu tun mit dem Bannen von Krankheiten in den Baum. Krankheiten wurden in den Baum verkeilt und verpflöckt.

Der abgesägte Ast

Wir haben früher erwähnt, daß bei jüngern Kindern ein Astschnitt fast nicht nachzuweisen ist, dagegen der Lötast, der dasselbe Bild gibt, ziemlich verbreitet vorkommt. Der Übergang zum echten Schnitt ist dort nachzuweisen, wo tiefliegende Äste gestutzt und abgesägt gezeichnet sind. – Dem Merkmal ist von verschiedenen Seiten beizukommen. Das Bild des Astschnittes suggeriert an sich viele Möglichkeiten. Vorerst fällt der künstliche Eingriff auf, die Amputation eines Gliedes. Dem Baum fehlt demnach etwas, was vorher da war. Auch das Fehlende hat seine Bedeutung. Zugleich ist das Frühere nur zu ahnen, aber mangels Erscheinung fehlt der Ausdruck für das Dagewesene. Etwas wird nicht ausgedrückt. Was zurückbleibt, ist ein Stumpf, eine Narbe, die Spur der Verwundung. Allem Organischen ist zugleich eigen die Tendenz zur Ganzheit, und so wird der Stumpf wenigstens noch eine Entwicklungstendenz  und Richtung anzeigen, die nun unterbrochen und verunmöglicht ist. Vielleicht empfindet der Baum ähnlich wie ein Mensch mit amputierten Gliedern den Phantomschmerz, also das Zeichen, sozusagen das Gespenst des früher Dagewesenen. Phänomenologisch ist der Astschnitt « zurückgesetzter Ast ». Man hat den Überbordenden oder falsch Gezielten oder richtig Gewachsenen, aber Mißverstandenen sozusagen zurückgenommen und zurückgesetzt. Der Eingriff mag einer Erziehungsabsicht entspringen, und maßvoll mit Können ausgeführt, wird niemand deren Wert abstreiten, außer es werde am Baum ständig herumgestutzt, bis er vor lauter Erziehung zum Krüppel wird. Ist ein Ast dürr und abgestorben, so bricht er selber ab. Er bricht aber auch unter der Gewalt des Sturmes. Sogar der Stamm kann brechen oder sich spalten. Also: wenn das Vergangene tot ist, so fällt es ab, wie welkes Laub. *Ernst Widrig* hat zuerst auf diese Erscheinung bei Zeichnungen Pubertierender hingewiesen. Die zweite Entbindung vollzieht sich als Absterben und als Bruch mit dem Alten, damit die eigentliche Wiedergeburt, das eigen gestaltete Leben entstehen kann. So wird der Astbruch, vielleicht sogar der Stammbruch, zum Symbol der inneren Wandlung und hat nichts mehr gemein mit dem Unfertigen, Zurückgesetzten und Traumatischen. Ein Symptom wandelt seinen Sinn je nach der Entwicklungsstufe und dem Alter des Zeichners. Das ist eine Hilfe für den Diagnostiker und eine Erschwerung zugleich. Nichts erweist sich als wirklich unwandelbar im Psychischen.

Merkmal: *Astschnitt, Bruch, Stammbruch* Nr. 35

Schule		K	1.	2.	3.	4.	5.	6.	7.	8. P	1. S	2. S	3. S
Alter		6–7	–8	–9	–10	–11	–12	–13	–14	–15	–14	–15	–16
Knaben	%	2,4	3,5	7,3	16,6	23,4	17,3	7,1	20,0	16,0	3,8	17,0	20,5
Mädchen	%	1,0	0,0	2,9	3,5	13,8	9,0	0,0	8,0	12,0	10,7	13,4	9,2
Zusammen	%	1,7	1,7	5,1	10,0	18,6	13,2	3,6	14,0	14,0	7,2	15,2	14,8

Alter		–8	–9	–10	–11	–12	–13	–14	–15	–16	–17	Deb.-Imbez. Mittel 29 J.
Debile	%	0,0	0,0	0,0	0,0	1,8	3,0	6,6	2,5	1,7	2,5	0,0

	Angelernte Arbeiter(innen) mit 8 Primarklassen			Kaufm. Ang.	afrik. Missionsschüler
Alter		15–16	17–19	+20	19–32	im Mittel 15,5 J.
	%	12,3	10,8	3,5	12,0	0,0

Bei Normalen ist der Astschnitt ein Merkmal, das sich mit 9 Jahren auszuprägen beginnt, und zwar fast durchwegs stärker bei den Knaben als bei den Mädchen. Der Knabe gilt ja als verwundbarer als das Mädchen, und dies scheint sich hier wieder zu bestätigen. Die Pubertät bringt eine gewisse Steigerung, obwohl schon zwischen zehn und zwölf Jahren ein ebenso großer Ausschlag sichtbar wird. Die Debilen sind weit unempfindlicher. Ihr Anteil ist ganz unbedeutend. Offensichtlich muß der differenzierter veranlagte Mensch den Preis größerer Verwundbarkeit für seine Überlegenheit zahlen. Bei den Erwachsenen bleibt die Häufigkeit auf einer mittleren Linie von 10%. Dem «normalen Menschen», und darunter insbesondere dem männlichen Teil, scheint die Fähigkeit zur Spaltung (Schnitt oder Bruch) eigen.

Eine gehemmte Tendenz anzeigen

Selbstauszeugungstendenz   Tätigkeitsdrang   Trotzdem-Einstellung
Ausdrucksfreudigkeit   Geltungsdrang   Lebenswille
Unternehmungslust

Etwas Fehlendes anzeigen

Mangel an Selbstvertrauen   sich zurückgesetzt fühlen   Trauma: nach Krankheit,
Mangel an Selbstgefühl   sich unverstanden fühlen   Gebrechen, Konflikten,
Mangel an Auswirkungs-   Beeinträchtigungsgefühle   Enttäuschungen, Mißerfolgen,
möglichkeit   Narbe im Unbewußten   Schicksalsschlägen
Minderwertigkeitsgefühl   unverdaute Erlebnisse   das Unvollendete, Unfertige

Etwas nicht ausdrücken

Verschlossenheit   Hemmung   beschnitten
Gefühlsverhaltenheit   Zurückhaltung   gestutzt
Stauung   Erzogenheit

Als Symbol der Wandlung

in der Pubertät   bei wichtigen Lebensabschnitten und Reifephasen

Dritte Dimension (Frontaläste)

Der frontal heraustretende Ast deutet darauf hin, daß der Baum körperhaft aufgefaßt wird. Der Sprung von der Fläche in die dritte Dimension ist nicht eben häufig, um so mehr, als dessen Darstellung meist einiges Können erfordert. Wenn die Imbezillen den Frontalast zeichnen, ist die Darstellung viel weniger gekonnt, und man kann sich fragen, ob überhaupt die dritte Dimension gemeint sei, wenn der Astanfang einfach von der Stammitte aus angesetzt wird. Imbezille vergessen nämlich, den Astansatz verdickt zu zeichnen.

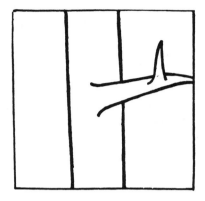

Im allgemeinen macht man sich keine genügende Vorstellung, wie stark die meisten Menschen nur zweidimensional darstellen. Sehr anschaulich ist dies erlebbar beim Drahtbiegeversuch, wenn aus einem Stück Draht eine beliebige Figur gebogen werden soll. Ein ganz unbedeutender Prozentsatz der Probanden geht aus der zweidimensionalen Darstellung heraus und riskiert die dritte Dimension. Es scheint geradezu Mut oder Unbekümmertheit nötig, um den Sprung zu wagen. Jedenfalls haftet dem Sprung etwas Außerordentliches an, und er weicht mehr von der Konvention ab, als nach dem sonst selbstverständlichen Merkmal erwartet werden kann. So spricht das Merkmal für Originalität und Begabung im positiven Sinne, für eine gewisse Ungeniertheit, die negativ leicht zur Frechheit umschlagen kann. Mut und Frechheit wirken beide außerordentlich.

Merkmal: *Dritte Dimension* — Nr. 36

Schule		K	1.	2.	3.	4.	5.	6.	7.	8. P	1. S	2. S	3. S
Alter		6–7	–8	–9	–10	–11	–12	–13	–14	–15	–14	–15	–16
Knaben	%	0,0	0,0	0,0	3,7	7,8	9,6	14,2	6,6	3,8	1,9	7,6	6,9
Mädchen	%	0,0	0,0	1,9	0,0	4,6	5,4	0,9	2,6	3,6	5,4	2,8	2,3
Zusammen	%	0,0	0,0	1,0	1,9	6,2	7,5	7,5	4,6	3,7	3,6	5,2	4,6
Alter		–8	–9	–10	–11	–12	–13	–14	–15	–16	–17	Deb.-Imbez. Mittel 29 J.	
Debile	%	0,0	0,0	2,5	0,0	0,0	0,7	1,7	0,0	1,7	0,0	3,6	

Angelernte Arbeiter(innen) mit 8 Primarklassen				Kaufm. Ang.	afrik. Missionsschüler
Alter	15–16	17–19	+20	19–32	im Mittel 15,5 J.
%	—	—	—	7,5	5,0

Eigenartig an der Tabelle wirkt das Überwiegen des Merkmals bei Knaben gegenüber Mädchen und die Steigerung der Häufigkeit in der 5. und 6. Primarklasse der Normalschüler, während die Werte nachher etwas abfallen. Zum Verständnis ist anzuführen, daß in der 5. und 6. Klasse noch die zukünftigen Gymnasiasten und Realschüler mit enthalten sind, also jene Begabtenschicht, die in der Sekundarschule nur teilweise noch vorhanden ist. Dies mag mit bedeuten, daß das Merkmal der dritten Dimension wirklich mit Begabung etwas zu tun hat. Der Anteil der kaufmännischen Angestellten bewegt sich auf der Höhe der Sekundarschüler und stellt unter diesen teilweise wiederum eine Auslese dar. Bei den schulentlassenen Arbeitern ist das Merkmal nicht ausgezählt worden.

Begabung
produktive Begabung
eigene Ideen
erfinderisch
Originalität
Mut zum Außerordentlichen
Unbefangenheit
über die Konvention hinausgehen
sich viel zutrauen
großes Selbstvertrauen

Unbekümmertheit
Ungeniertheit
Selbständigkeit
leistungsfähigere Intelligenz
selbständiges Denken
seelische Tragfähigkeit
Unbefangenheit aus Frechheit
ungeniert
disziplinlos

anpassungsschwierig
undiplomatisch
Renitenz
Eigenwilligkeit
Eigensinn
Tradition negierend
Frechheit
Anmaßung
burschikos

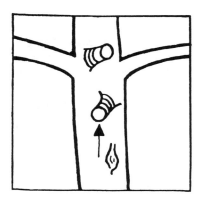

Frontaler Astschnitt (Auge)

In der Bedeutung ähnlich wie die dritte Dimension, jedoch in der Auswirkung gehemmt und zurückgesetzt.

Leerräume

Zum Leitbild des Baumes gehört wohl eine gewisse Harmonie und Vollständigkeit der Gestalt, besonders der Kronengestalt. Einbuchtungen, Auslassungen, Kerben und Abflachungen, Lücken beeinträchtigen die Ebenmäßigkeit der Gestalt und ergeben teilweise unwahrscheinliche Proportionen. Die Unebenmäßigkeit an sich kann als Störung empfunden werden, noch mehr jedoch das Fehlende. Im Verhältnis zum gedachten vollständigen Raum, im Verhältnis zum gedachten Ganzen, besteht ein Leerraum, ein Vakuum, psychologisch ein *seelisches Vakuum*; was weniger ist als das Ganze, was «minder» ist, führt zur naheliegendsten und durch die Beobachtung bisher bestätigten allgemeinen Bedeutung: Minderwertigkeitsgefühl. Das Gefühl des Mangels, des Fehlens von etwas, des Versagens in irgendwelcher Richtung ist offenbar, aber naturgemäß in bezug auf das dahinterliegende Motiv nicht aus der Zeichnung bestimmbar.

 Leerräume

 weiße Flecken

An der Krone sind gelegentlich starke Einbuchtungen sichtbar, und man kann sie verwechseln mit den uneigentlichen Formen, welche eine mäßige Verwandtschaft aufweisen. Leerräume sind auch innerhalb der Laubkrone als *weiße Flecken* vorhanden. Diese bedeuten wohl nur mäßig das Mangelhafte. Sie löschen Lichter aus, um andere stärker leuchten zu lassen, sie setzen etwas ins «richtige Licht», und das Spiel von Licht und Schatten steht im Dienste der geschickten Darstellung, die auch ein Spiel von Offenheit und Verschlossenheit, von Ausdruck und Undurchdringlichkeit ist und damit charakterologisch mit aller Vorsicht zu deuten ist.

Die abgeflachte Krone, die nicht nur als Laubkrone, sondern auch als Astkrone abgeflacht und dann insofern meist doppeldeutig ist, weil einerseits ein Leerraum oben entsteht und gleichzeitig die Äste flachgedrückt in der Waagrechten liegen, womit eine Regression angezeigt ist, die recht intensiv anspricht. Die Abflachung mag auch verstanden werden als Weichen unter einem Druck, sie ist dann niedergedrückt oder einfach gedrückt, wie unter einer Last in sich zusammenfallend oder flach gequetscht.

Krone abgeflacht, abgeplattet (Man beachte auch die Beispiele S. 105–108)

Das Bild 25 wurde in der Hypnose produziert. Die Suggestion lautete: «Du bist verschlossen, gehemmt und hast Minderwertigkeitsgefühle.» Der Effekt ist auffallend. Die Krone ist heruntergedrückt, und es entstehen waagrechte Äste als Zeichen der Regression. Ein Minderwertigkeitsgefühl ist seiner Natur

Bild 25

Suggestion: «Du bist sehr verschlossen, gehemmt und hast Minderwertigkeitsgefühle. Zeichne einen Baum.»
Die Vp zeichnet langsam, typisch gehemmt, zögernd, unterbricht und studiert öfters. Nach Suggestion: «Du bist sehr gehemmt, hast sehr starke Minderwertigkeitsgefühle» schattiert die Vp den Baum stark.

nach offenbar nicht nur das Gefühl eines Mangels, sondern begleitet von einer Regression ins Primitive, hier auch angezeigt durch die Dunkelfärbung und die gerade Stammbasis, vor allem durch die horizontale Astlage. Freilich ist mit zu berücksichtigen, daß in der Hypnose die an sich gesunde Versuchsperson durch die ihr künstlich zugefügte Herabminderung mit einem zweiten, überlagerten Minderwertigkeitsgefühl reagiert. Sie hat dann echte Minderwertigkeitsgefühle, weil sie die Minderwertigkeit, die man suggeriert hat, spürt. Der graphische Ausdruck wird damit nicht gefälscht, sondern nur reiner und klarer. Während des Versuches zeichnet die Vp langsam, gehemmt und zögernd, sie unterbricht und studiert öfters. Der Ausdruck des Minderwertigkeitsgefühls ist im ganzen Benehmen sichtbar.

sich unter Druck fühlen
unter Druck stehen
bedrückt
gehorsam und sich im
Gehorsam sicher fühlen
evtl. unfreiwilliger
Gehorsam
einem Zwang ausgesetzt
unfrei, verschlossen
unselbständig
nicht ausgezeugt
an der Entfaltung behindert

herabgesetzte Aktivität
sich nicht wehren können
«erzogen», eher
«überzogen»
resigniert
«verzweifelt»
Minderwertigkeitsgefühle
Beeinträchtigungsgefühle
sich zurückgesetzt fühlen
gehemmtes Geltungs-
bedürfnis
Gehemmtheit

Verfeinerungen (reiche, feine Verästelungen)

Eine Differenzierung der Außenteile der Krone zeigt das Bild feiner Verästelungen, die oft mit einer unglaublichen Zartheit hingezaubert sind, ohne Unklarheit zu erzeugen, obwohl sie sich mitunter wie ein dichtes Netz um den Kern der Krone legen und damit oft mehr verhüllen als öffnen. Das Bild: «Vor lauter Bäumen den Wald nicht sehen» läßt sich hier auf die Verzweigung der Krone übertragen.

Anderseits liegt in der Verfeinerung der Ausdruck hoher Sensibilität, eines feinnervigen Antennensystems, welches die Empfindsamkeit fast bis zur Medialität steigert und jenen sensitiven Typen entspricht, welche «die Flöhe husten hören».

hohe Sensibilität
Sensitivität
medial gesteigerte Empfindsamkeit
gesteigerte Beeindruckbarkeit
Feinnervigkeit
leichte Auffassungsgabe
hohe Reagibilität
Aufgeschlossenheit
Gefahr, das Opfer des empfindlichen Sensoriums
zu werden
Typ: «hört die Flöhe husten»

Bei zu Netzen verwobenen Verästelungen
Verschlossenheit   in Kompliziertheiten steckenbleiben
« vor lauter Bäumen den Wald nicht sehen »   nicht zur Sache kommen
Undurchdringlichkeit
Außenteile der Äste spitz: kritisch   aggressiv
                                    empfindlich   spitz
Außenteile besenförmig: meist bei Erziehungsschwierigen

Degenerierte Formen

(Konturen unregelmäßig, zerfranst, quallig, Äste gelegentlich als Flossenhand)
(siehe S. 118 unter dem Abschnitt « Degeneration »)

Übergang vom Ast zum Zweig (Proportionierung und Differenzierung)

Ein dicker Ast, von einem dünnen Stamm ausgehend, wirkt grob und läßt natürliche Proportionen vermissen. Strichförmige Zweige ab kräftigen Doppelstrichästen sind weniger differenzierten Zeichnern eigen, als es bei einer natürlich ansprechenden Abstufung von den kräftigen Ästen bis zu den feinern Verästelungen der Außenteile der Fall ist.

Dornen- und Dolchformen

Mitunter sind Äste wie von Dornen besetzt oder die Astenden dolchförmig zugespitzt. Das Aggressive, oft auch gegen sich selbst, herrscht vor, auch eine Abwehrhaltung, jedenfalls Spitzigkeit, Verletzlichkeit bis Feindlichkeit. Dolchzüge fand ich bei Sadismus. Thurner fand einen Dornenbaum bei einem Mörder und Selbstmörder.

Uneigentliche Formen

Im Pubertätsalter finden wir mitunter Zeichnungen, die als gegenstandsfrei bezeichnet werden müssen. Sie wirken zwar bald originell und expressiv, doch wüßte man nicht zu sagen, was sie darstellen sollten. Auch der Zeichner kann dies nicht. Einiges davon hat deutlichen Mandala-Charakter. Noch viel mehr mutet als Verlegenheitslösung an. Auch Baumkronen sind oft merkwürdige Gebilde, die teils an Stilisierungsversuche erinnern, teils wie Verlegenheitslösungen wirken, weil der Zeichner seine Form noch nicht gefunden hat oder, wenn er sie einmal hatte, diese zu verleugnen sucht und damit etwas Maskenhaftes produziert. Vom Uneigentlichen, vom Sich-noch-nicht-gefunden-Haben, von der bloßen Verlegenheit bis zur Maske und Verstellung ist zwar ein großer Schritt, doch bedienen sich beide derselben Formen. Die Kronen haben häufig Kleeblattform, Herzform usw.

uneigentlich	befangen	Maske
sich noch nicht gefunden haben	scheu	(unaufrichtig)
verlegen	undurchsichtig	(verlogen)
nicht wissen, wie man sich	verschlossen	(verstellt)
seelisch benimmt		

Wechselmerkmale

« Unter Wechselmerkmalen verstehen wir den Wechsel von Merkmalsbestimmtheiten » *(Robert Heiß)*.

Der Wechsel von Merkmalen innerhalb derselben Baumzeichnung ist keine allzu häufige Erscheinung. Unter dem Stichwort « Themawechsel » sind die Zahlen in der Zusammenstellung im Anhang gegeben. Bei Normalen und Debilen geht der Anteil kaum je über 1 bis 2 % hinaus, bei den Missionsschülern macht er 36 % aus. In unserem Material bleiben die Zeichner recht konsequent, jedenfalls viel konsequenter als es bei einem andern Zeichenthema bei jüngern Kindern der Fall ist. Debile ändern gelegentlich die Zeichenmanier plötzlich, aber doch selten. Der Einschlag von Strichästen in Doppelstrichast-Kronen ist häufiger, wird aber als nicht ausgesprochener Wechsel nicht zugezählt. Nur das Gemisch von deutlich unzusammenhängenden Formen und Techniken mag als Wechselmerkmal in dem Sinne anmuten, wie es die Franzosen als « plusieurs trains d'écritures » in der Graphologie haben. Das Ineinander und Nebeneinander von mehreren Merkmalen gehört an sich zur Natur der Baumzeichnung, die eine Überlagerung und Überlappung mehrerer Formen ermöglicht, wie ineinandergreifende Kreise.

Labilität	Opportunismus	Unbestimmtheit
Lebendigkeit	Abwechslungsbedürfnis	Experimentierlust
Störbarkeit	vielseitige Anpassungsbereit-	Spielerei
Irritierbarkeit	schaft	sich noch nicht gefunden haben
Ablenkbarkeit	Vielseitigkeit	Verlegenheitslebensformen
Beeinflußbarkeit	Mangel an Eindeutigkeit	Identifizierung mit fremden
Stimmungsschwankungen	(Mangel an Aufrichtigkeit)	Lebensformen
Gesinnungswechsel	Uneigentlichkeit	

Die Anordnung

Die Lage im Zeichenraum zu beurteilen ist jedesmal richtig, wenn bei der Instruktion keine besonders einschränkenden Instruktionen gegeben werden. Aus den früher behandelten Merkmalen wurde immerhin ersichtlich, wie die jüngern Kinder den Baum gerne auf den Blattrand, also tief setzen, eine Tendenz, die bei vielen Jugendlichen ziemlich früh ins Gegenteil umschlägt, indem sie den Baum derart groß und hoch hinauf zeichnen, daß sie mit dem Raum nicht auskommen und über den obern Blattrand hinauszeichnen.

Nach der Tabelle zeigt die Häufigkeit ein Anschwellen bis zum 10. Altersjahr, um später auf geringe Anteile zurückzusinken. Man kann diese Zeichner auch als Randflüchter betrachten, die mit der gegebenen Welt nicht auskommen, « über

Merkmal: *Über den obern Blattrand hinauszeichnen* Nr. 37

Schule		K	1.	2.	3.	4.	5.	6.	7.	8. P	1. S	2. S	3. S
Alter		6–7	–8	–9	–10	–11	–12	–13	–14	–15	–14	–15	–16
Knaben	%	4,0	4,5	11,2	27,0	21,4	13,4	14,7	13,1	5,0	4,8	9,5	2,0
Mädchen	%	0,0	1,1	12,7	17,6	3,7	10,7	3,6	5,3	4,8	7,3	1,9	4,6
Zusammen	%	2,0	3,1	12,0	22,3	12,9	12,0	9,1	9,2	4,9	6,0	5,7	3,3
Alter			–8	–9	–10	–11	–12	–13	–14	–15	–16	–17	Deb.-Imbez. Mittel 29 J.
Debile	%		0,0	4,0	3,8	1,5	0,0	2,2	3,3	0,0	2,6	0,0	0,0

Angelernte Arbeiter(innen) mit 8 Primarklassen				Kaufm. Ang.	afrik. Missionsschüler
Alter	15–16	17–19	+20	19–32	im Mittel 15,5 J.
%	0,0	1,4	0,0	1,5	0,0

die Schnur hauen», wenn nötig rücksichtslos gesetzte Schranken übertreten (Thurner). Ein übersteigerter Expansionsdrang des Ich nennt Thurner die allgemeinste Bedeutungsmöglichkeit. Ziele werden zu hoch gesetzt, man geht oft über sich hinaus, die Wunschwelt ist überbetont und das Grenzgefühl und Distanzgefühl oft zuwenig entwickelt. Die stärkere Betonung des Merkmals bei Knaben weist auch auf den größern Phantasietrieb und stärkern Tätigkeitsdrang. Oft denkt man an die Bäume, die in den Himmel wachsen, womit wiederum nichts anderes als der übersteigerte Expansionsdrang gemeint ist.

Die Lage des Baumes auf der rechten, linken Blattseite, in einer Ecke (Mauerblümchen) kann nach graphologischen Gesichtspunkten gedeutet werden. (Siehe Raumschema S. 35).

Selbstverständlich läßt sich der Baum auch nach der Dichtigkeit und Fülle, nach der Reichhaltigkeit und der Armut oder Magerkeit und Dürftigkeit oder Vereinfachung beurteilen. Die graphologischen Kategorien stimmen dann mehr oder weniger. Besser ist es für den Diagnostiker, sich neben einem System eine gewisse künstlerische Unbefangenheit des Blicks zu wahren, der dem Ganzen der Erscheinung oft besser gerecht wird als ein zu weitgehendes Sezieren, ohne welches allerdings eine wissenschaftliche Untersuchung nicht eben weit kommt.

Landschaft

Der Baum steht immer in einer Landschaft und bildet mit ihr eine Ganzheit. Der Baum ohne Landschaft ist fast eine Abstraktion. Beim Baumzeichenversuch wird keine Landschaftszeichnung verlangt, doch ist sie nicht verboten. Immerhin hält die Instruktionsformel manchen davon ab, Landschaft zu zeichnen, während andere diese Grenze unbedenklich überschreiten und Berge, Hügel, Sonne, letztere beim Kleinkind meist als Menschengesicht gezeichnet (anthropomorphisiert); dazu kommen Wolken, Schattenwurf des Baumes, Sträucher, Gras, Blumen, Hecken, der Boden usw. Jüngere Kinder beleben das an sich statische Bild häufiger als ältere mit Menschen, die etwas tun, seltener mit Tieren, abgesehen von herumfliegenden Vögeln, womit auch ein dynamisch erlebtes Element mit enthalten ist, welches zweifellos bei der Darstellung von Regen und Schneetreiben mit eine Rolle spielt. Es hält indessen schwer, ohne Befragung des Kindes den rein statischen Charakter vom dynamischen zu unterscheiden. Selbst eine Befragung könnte beim Kind die Folge haben, daß nachträglich etwas hineingesehen wird, was ursprünglich gar nicht in der Vorstellung vorhanden war.

Das Ausmaß der Landschaftszeichnung ist außerordentlich verschieden. Streng genommen ist jede Bodenlinie, jede Andeutung mit einzelnen Grasbüscheln, alles, was nicht rein Baum ist, schon Landschaft. Doch unterscheidet sich diese bloß angedeutete Landschaft wesentlich von großen Szenerien, die oft gezeichnet werden und die wir einfach als « viel Landschaft » bezeichnen.

Die statistischen Angaben sind als relativ gültig anzusehen, weil der Zeitmangel da und dort verhütet hat, viel Landschaft beizufügen. Trotzdem sind die Angaben als symptomatisch zu betrachten, weil die durch äußere Bedingungen auferlegte Behinderung überall dieselbe war. Die Landschaft kann derartige Ausmaße annehmen, daß darüber das eigentliche Thema in den Hintergrund gedrängt wird und so etwas wie eine Inflation an Landschaft eintritt. Wir haben solche Zeichnungen bei Geisteskranken gesehen, obwohl diese sehr wohl den Baum isoliert zeichnen können.

Merkmal: *Viel Landschaft*												Nr. 38	
Schule		K	1.	2.	3.	4.	5.	6.	7.	8. P	1. S	2. S	3. S
Alter		6–7	–8	–9	–10	–11	–12	–13	–14	–15	–14	–15	–16
Knaben	%	26,2	43,4	19,8	9,2	5,8	19,2	0,0	4,4	11,0	9,6	3,8	10,4
Mädchen	%	23,5	25,1	18,4	17,6	8,3	11,6	0,9	2,6	8,4	1,8	1,0	0,8
Zusammen	%	24,8	34,2	19,1	13,4	7,1	15,4	0,5	3,5	9,7	5,7	2,4	5,6
Alter			–8	–9	–10	–11	–12	–13	–14	–15	–16	–17	Deb.-Imbez. Mittel 29 J.
Debile	%		10,0	10,8	15,2	7,6	9,0	5,2	0,0	4,8	5,2	9,8	7,2
Angelernte Arbeiter(innen) mit 8 Primarklassen							Kaufm. Ang.			afrik. Missionsschüler			
Alter			15–16		17–19		+20		19–32		im Mittel 15,5 J.		
	%		—		—		—		9,0		15,0		

Merkmal: *Landschaft nur angedeutet*												Nr. 39	
Schule		K	1.	2.	3.	4.	5.	6.	7.	8. P	1. S	2. S	3. S
Alter		6–7	–8	–9	–10	–11	–12	–13	–14	–15	–14	–15	–16
Knaben	%	20,6	21,3	14,3	28,6	50,0	31,8	64,0	64,0	53,0	63,0	46,0	46,0
Mädchen	%	36,5	32,0	26,2	33,5	43,5	38,0	60,0	50,0	81,0	43,1	42,0	43,0
Zusammen	%	28,6	26,7	20,2	31,0	46,7	35,0	62,0	57,0	67,0	53,0	44,0	44,5
Alter			–8	–9	–10	–11	–12	–13	–14	–15	–16	–17	Deb.-Imbez. Mittel 29 J.
Debile	%		4,3	12,2	16,4	12,2	9,8	21,5	12,4	17,0	27,5	22,0	37,5
Angelernte Arbeiter(innen) mit 8 Primarklassen							Kaufm. Ang.			afrik. Missionsschüler			
Alter			15–16		17–19		+20		19–32		im Mittel 15,5 J.		
	%		41,5		30,3		44,0		52,0		0,0		

39a Landschaft nur angedeutet

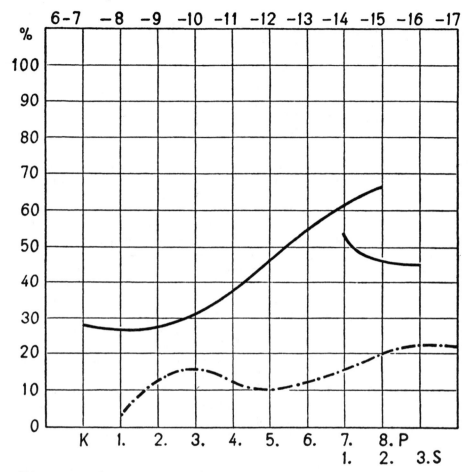

Die nur angedeutete Landschaft verhält sich in ihrer Häufung völlig verschieden vom Merkmal «viel Landschaft» (auch «große Landschaft» benannt). Während bei der großen Landschaft die Maximalzahlen beim Sieben- und Achtjährigen liegen und dann bis zum 13. Jahr absinken auf einen Rest, den man immer wieder treffen wird, ist es bei der nur angedeuteten Landschaft genau umgekehrt: die Häufigkeit, die nie gering ist, steigt mit zunehmendem Alter. Interessanterweise steigt sie bei den Schülern der 7. und 8. Klasse stärker an als in der Sekundarschule. Dafür sind folgende Gründe anzugeben: die angedeutete Landschaft stellt einesteils eine Ausdifferenzierung des Weltbildes dar, setzt demnach eine größere Differenziertheit voraus. Anderseits ist mit dem Eintritt der Vorpubertät und Pubertät doch auch mit dem Aufflackern entsprechender Regressionen zu rechnen, die zu einer etwas breitern Schilderung führen, ohne daß man gleich in das zu auffallende Bild der großen Landschaft zurücksinken wollte. Wenn der Normalschüler von 28 % bis auf 67 % ansteigt innert sieben Jahren, so ist damit etwas angedeutet, was bei den Debilen noch viel deutlicher wird, die von 4,3 % bis auf 27,5 % kommen und damit hinsichtlich Differenziertheit hinter den Normalen zurückbleiben und mit ihrem Maximum ungefähr dort bleiben, wo der Normale sein Minimum hat. Die seelische und geistige Differenziertheit muß demnach erhebliche Unterschiede aufweisen. Daß der Sekundarschüler etwas gemäßigter reagiert als der Schüler der 7. und 8. Klasse, hat seinen Grund wohl in der etwas kritischern Einstellung des Sekundarschülers. Er unterscheidet schon besser zwischen Phantasie und Wirklichkeit.

Auf der Ebene der Imbezillen stimmt das eben Gesagte offensichtlich nicht, denn sie zeigen 37,5 % angedeutete Landschaft, aber « differenziert » sind sie gar nicht. Man muß sich hier eher fragen, ob es ihnen nicht gelingt, eine ihrem Primitivzustand angemessene große Landschaft zu zeichnen, so daß die angedeutete einfach als Unvermögen, mehr herauszubringen, gedeutet werden kann. Man wird freilich den Einwand riskieren müssen, man deute unbequeme Zahlen einfach um, anstatt sich an sie zu halten. Aber wie die aufgehende und untergehende Sonne denselben Abstand am Horizont haben kann und jede Stellung, auch wenn sie gemessen ist, nicht dasselbe bedeutet, so wird eben unter Umständen ein Merkmal in einer Zeichnung beim Imbezillen und beim Normalen nur vom jeweilig verschiedenen Ausgangspunkt richtig gedeutet werden können.

Die Schulentlassenen und Erwachsenen bleiben auf der Höhe der Sekundarschüler, d. h. die Angelernten zeigen eher einen geringern Anteil, als es für die Zeit der Schule angemessen wäre, während die kaufmännischen Angestellten eher etwas höhere Werte haben, womit den Unterschieden, die nicht eben groß sind, keine zu große Bedeutung zukommt, weil die Häufigkeit von mancherlei äußern Faktoren beeinflußt werden kann, wie etwa durch die Zeit.

Viel Landschaft – ist ein Merkmal, das bei jüngern Kindern mit ungefähr derselben Häufigkeit auftritt wie die bloße Andeutung, vor der Schulpflicht mit rund 25 % einsetzt, im ersten Schuljahr sein Maximum erreicht mit 34 % und schon in der 6. Klasse fast nicht mehr vorhanden ist, dann aber gleich wieder ansteigt auf durchschnittlich 6 %. Stellenweise zeichnen Knaben mehr Landschaft als Mädchen, auch in der Sekundarschule. Die Debilen reagieren mit geringern Werten ähnlich wie die Normalen, erreichen aber ihr Maximum, wie üblich, später, haben den Tiefpunkt ebenfalls in der 6. Klasse und steigen dann nochmals an bis auf 9,8 % mit 17 Jahren, womit sie dasselbe Niveau halten wie die kaufmännischen Angestellten. Imbezille liegen nur wenig darunter.

Für Normale und Debile gilt demnach:

Angedeutete Landschaft ist ein Maß für die seelisch-geistige Differenziertheit und enthält im Pubertätsalter eine regressive Färbung.

Viel Landschaft – ist als Frühform zu bezeichnen und hat im spätern Alter eher regressive Bedeutung.

Die Bedeutung der großen Landschaft (viel Landschaft) ist aus der Statistik nur mäßig abzuleiten. Gezeichnete Landschaft ist in erster Linie Schilderung, ein Malen. Die Begrenzung fehlt eigentlich, und das ist ein Grund, warum wirkliche Maler einigen Respekt vor der Aufgabe zeigen, eine Landschaft zu malen. Man weiß nicht, wo sie beginnt und wo sie aufhört. Die Unbestimmtheit ist offenbar, das Schwebende, Unbegrenzte, Nicht-Umrissene. Zugleich geht alles in die Breite und in die Weite, schweifend und oft weitschweifig. Für Stimmungsmalerei ein ausgezeichnetes Feld, bezeichnet das Merkmal wirklich alles Unscharfe, alles, was zwischen Tag und Nacht, zwischen Hell und Dunkel, zwischen Grenze und Grenzenlosigkeit liegt. Phantasiebetrieb und Phantastik können Orgien feiern. Die Wirklichkeit versinkt im Traumland, und im Schwelgen innerhalb einer Welt, die mehr Wunschwelt als Wirklichkeit ist, entsteht das Bild, wie es ein *Breugel* als « Schlaraffenland » gemalt hat. Der Zeichner ist passiv den Eindrücken ausgeliefert, er ist träge, faul, jenseits der Wirklichkeit, in seinem Gemüt dösend, bis zu einem Punkt, wo die dunkeln Mächte in ihm Gewalt über ihn bekommen und alles ins Depressive absinkt oder in ein wahnhaft erdichtetes Leben. Wiederum ist er mehr vom Unbewußten bestimmt als fähig, sich bewußt zu steuern. Das hat der ältere Zeichner gemeinsam mit dem Kind. Selbst hier sind es jene, die nicht recht « aus dem Kind herauswollen », jene, die keinen Baum ohne Wolken und andere Landschaftsmerkmale zeichnen. Manche Pubertätsdepression kommt als Landschaft in der Baumzeichnung zum Ausdruck. Naturgemäß hat das Merkmal auch positive Seiten: die Schilderungsgabe, das Gemüthafte, das Vorstellungsvermögen, bei Begabung auch eine Darstellungsgabe, die Talent und Traumwelt in eine schöne Einheit bringt.

Stimmungshaft
Stimmungsatmosphäre
Hang zum Träumen
dösen und schwelgen
Beschaulichkeit
Meditation
Betrachtung
Selbstvergessenheit
gemüthaft
Schilderungsgabe
schweifen
Weitschweifigkeit
Geschwätzigkeit

Flucht vor der Wirklichkeit
sich von der Außenwelt bedroht fühlen
äußern Mächten ausgeliefert sein
Unfreiheit gegenüber der Realität
Zwangshaftigkeit
Sumpfige, dämmrige, breite Tagträumerei hat
die Oberhand über die Affektivität (je nach
Ausgestaltung und Klarheit des Bildes)
Phantasietätigkeit
Phantastik
Vorstellungsvermögen
anschaulich, ohne echte Vertiefung
den Eindrücken ausgeliefert
Beeinflußbarkeit
träge, bequem, faul
Unbestimmtheit
Mangel an Kontur und Konsequenz
Mangel an Wirklichkeitssinn
geistige Unsicherheit
Schwebezustand
träumerisch, schüchtern, langsam
verweilend, still, unauffällig
depressive Stimmungen und Verstimmungen
schwunglos, lahm
Müdigkeit
Angst
Selbstverlust
nicht mehr Herr sein über dunkle Kräfte
(häufig bei Geisteskranken beobachtet)
wahnhaft « erdichtetes Leben »
Verlust der Realität

Die nur « angedeutete Landschaft » ist ein Merkmal, dessen Grundbedeutung bisher nicht über den allgemeinen Ausdruck « Differenziertheit » hinausgesponnen wurde. Indessen ist gerade die Bodenlinie vielfältig und läßt sich in einige Merkmale aufteilen.

Bodenlinien

Bodenlinie über der Stammbasis wurde zuerst in auffallender Häufung bei Sanatoriumspatienten gefunden (auch bei ehemaligen). Lange erzwungene Muße läßt diese offenbar die Realität in die Ferne rücken. Die Bodenlinie als Ausdruck

unmittelbarer Wirklichkeit (der Erde, des Bodens) wird entrückt und damit zur Horizontlinie, also dem Fernen. Man gewinnt Abstand zur Realität und entfernt sich zugleich von ihr weg. Der Zustand ist aus der Muße geboren, zeigt eine passivsinnierende Haltung an, oft auch das Fernweh Pubertierender.

Die Verschmelzung von Stammbasis, Wurzelansatz und Bodenlinie zeigt das Nichtunterscheiden von Baum und Erde. Beide bilden eine Einheit, und wir haben das Merkmal vorwiegend bei Jugendlichen mit folgenden «Eigenschaften» getroffen:

Mangelnde Bewußtheit
Primitivzustand
Geringe Fähigkeit zum Objektivieren

Die schräge Bodenlinie, sei sie gezeichnet oder durch die ungleiche Höhe der Stammbasen nur angedeutet, bildet immer einen *Abhang*. Alle Wortwendungen, die mit der Silbe « ab » beginnen, scheinen hierher zu passen. Es ist die schiefe Ebene, auf welcher man ausgleiten kann, es ist die Ab-Neigung im Wortsinn und symptomatisch für den Abwendungscharakter im allgemeinen. Immerhin spielt das Merkmal derart fein, daß man die zugehörigen Merkmale nicht immer gleich mit den Händen greifen kann, und sie bedeuten manchmal auch bloße Tönungen im Gesamtgefüge.

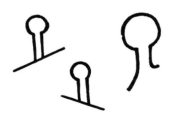

Abwendung, Ab-Neigung
Reserve, Vorsicht
Mißtrauen, Zurückhaltung
Trotzbereitschaft
Anpassungsunwilligkeit
Mißtrauen gegen die Auswirkungen der eigenen Natur
« Ausgleiten »
« Abgleiten »
Unsicherheit
Haltschwäche
Willensschwäche

Bodenlinie unterhalb der Stammbasis

Das Abheben der Stammbasis von der Bodenlinie wird einesteils beim Zeichnen während heftiger affektiver Erregung, gelegentlich bei großer Raschheit beobachtet. Thurner findet, daß sich der Zeichner mitsamt einem Teil seines Fundamentes aus den tragenden und lebensnotwendigen Beziehungen zur Umwelt und damit zum Leben herausgerissen fühlt. Er ist entwurzelt.

Stamm auf Hügel und Insel

Fast alle künstlerischen Darstellungen des Paradieses stellen dieses als Insel dar, « als den Ort, wo Gott sich den Menschen mitteilt » *(Rosenberg)*. Die Insel ist das Abgeschiedene, das Einsame, Umgrenzte. Die Insel isoliert. Der Hügel oder Berg tut fast dasselbe, nur erhebt er sich zugleich über die übrige Landschaft. Was hoch steht, reizt zum Emporsehen, und wer oben ist, schaut leicht auf die andern herunter. Wer oben ist, ist wiederum der Vereinzelung ausgesetzt, hochgestellt und ausgestellt. Er steht auf dem Podest, auf der Kanzel, und damit ist sein Anspruch auf All-

macht und Weisheit gleich groß wie die Gefahr herunterzufallen. Neben der Insel kommt das tiefe Meer, der Berg aber hat Abgründe. Wer sich auf den Hügel stellt, wirkt als Denkmal, und dieses ist dazu da, bewundert zu werden. Alles, was man auszeichnen will, stellt man höher, damit es gesehen wird und sich abhebt vom Gemeinen und Gemeinsamen. So ist der Baum auf dem Hügel und auf der Insel herausgehoben, aber auch allein, verlassen. Das Merkmal kommt in allen Lebensaltern vor, aber doch selten (siehe Tabellen im Anhang). Sehr gewichtig zu nehmen ist es nicht, gibt aber doch oft wertvolle Hinweise.

Isolierung	Autismus	Denkmalhaftigkeit
Vereinsamung	« Selbständigkeit »	Selbstbewunderung
sich allein fühlen	Selbstdarstellung	Anspruch auf Allmacht
sich verlassen fühlen	Eitelkeit	und Weisheit
Einzelgänger	Pose	Selbstbezogenheit
		Angst

Zubehör

Wir verstehen darunter: Vogelhäuschen, Futterstellen, Nester, Eier, Vögel, Männchen, Körbe, aufgehängte Herzchen, überhaupt « Anhänger » irgendwelcher Art.

« Um die Baumseele oder den elfischen Geist oder die Gottheit, mit der man in spätheidnischer Zeit vielfach den Baum in Zusammenhang gebracht hatte, gewogen zu stimmen, hing man Spenden (Blumen, Bänder, Bilder und dergleichen) an den Baum, wie einst an den heiligen Baum von Upsala die Körper der geopferten Menschen und Tiere » (Reallexikon des klassischen Altertums). Die alten Germanen pflegten ihre Kriegsgefangenen an Bäumen aufzuhängen. Der Galgen scheint-ein Nachkomme jener Bäume zu sein, und geradezu eigentümlich wirkt das Wort «Galgenhumor» neben den Bedeutungen, die man allem Angehängten von uns aus zu geben hat. – Dem Baum werden Opfer dargebracht. Von den Warägern berichtet der Araber Ibn Fadhlan: «Sobald ihre Schiffe an dem Ankerplatz angelangt sind, geht jeder von ihnen ans Land, hat Brot, Fleisch, Zwiebeln, Milch und berauschende Getränke bei sich und begibt sich zu einem aufgerichteten hohen Holz, das wie ein menschliches Gesicht hat und von kleinen Statuen umgeben ist, hinter welchen sich noch andere hohe Hölzer aufgerichtet finden. Er tritt zu der großen hölzernen Figur, wirft sich vor ihr zur Erde nieder und spricht: ‚O mein Herr, ich bin aus fernem Lande gekommen, führe so und so viele Mädchen mit mir und von Zobeln so und so viele Felle.' Dann bittet er um einen guten Käufer und legt ein Geschenk vor die Statue nieder. Ist alles nach Wunsch gegangen, nimmt er eine Anzahl Rinder und Schafe, schlachtet sie, gibt ein Teil des Fleisches an die Armen, trägt den Rest vor jene große Statue und vor die um sie herumstehenden kleinen Statuen und *hängt die Köpfe der Rinder und Schafe an jenes Holz auf.*» Auch der altsächsischen Irminsäule wurde geopfert.

In der «Schweizer Jugend», Heft 46, 1952, berichtet *E. Leuzinger* unter dem Titel: «Bei den Negern des Westsudans»: «Für die Neger des Bambara-Stammes im Westsudan sind die meisten Ahnengeister selbst da, lebendig, wirkungsvoll; sie fordern, richten, verfluchen, rächen, töten. Fest glauben die Neger an die Rachemacht der toten Menschen oder der erlegten Jagdtiere. Um ihre schädlichen Wirkungen vom Dorf fernzuhalten, werden Prozessionen ums Dorf abgehalten und bei einem Kreuzweg vor dem Eingang des Dorfes Opfer und Teile der betreffenden gefürchteten Wesen in eine Astgabelung niedergelegt, z. B. die Schuhe des Toten, die Füße des Jagdtieres, dazu als Opfer einige Yamsknollen, Eier u.a. – Die Bambara kennen den Geisterbaum, d. h. einen Baum, in dem nach ihrem Glauben die Ahnen wohnen. Er ist heilig und unantastbar.»

Wenn unsere Ahnen den Glauben hatten, man müsse ein oder zwei Äpfel am Baum hängen lassen, damit er gedeihe, so ist dies nichts anderes als ein Opfer an den Baumgeist.

Unwillkürlich denken wir an den Weihnachtsbaum. Er gilt als Nachkomme des uralten weitverbreiteten Wintermaien. Der Weihnachtsbaum ist seit dem Jahre 1605 im Elsaß urkundlich belegt und gilt als deutsche städtische Sitte, die sich wahrscheinlich vom Elsaß aus allmählich über Deutschland, im Laufe des achtzehnten und vor allem neunzehnten Jahrhunderts über den skandinavischen Norden und seit der zweiten Hälfte des neunzehnten Jahrhunderts über die ganze Welt verbreitet hat. Die erste bekannte Nachricht aus Straßburg besagt: «Auff Weihnacht richtet man Dannenbäum zu Straßburg in den Stuben auff daran henckt man roszen ausz vielfarbigem Papier geschnitten, Äpfel, Oblaten, Zischgolt, Zucker ect... » Der Brauch wird als etwas Altgewohntes erwähnt.

In Schwaben war bis in die siebziger Jahre des vorigen Jahrhunderts der Barberabaum anstelle des Weihnachtsbaumes üblich und wurde mit Früchten, Marzipan und Springerle geschmückt. In Thüringen verwandelte man in derselben Weise mit Zuckerzeug geschmückte Ebereschenzweige... Der Maibaum und der Wintermai geht auf den Glauben zurück, Baum und Zweig seien Lebensquelle und Lebensbewahrer: sie spenden Fruchtbarkeit und Gesundheit und wehren Übel ab. Die schwedischen Julbäume sind abgeästet wie die deutschen Maibäume, z. T. sind es Stangen, auf deren Spitze verschiedene Figuren hergerichtet sind. In der Gegenwart ist neben dem Maibaum und Weihnachtsbaum die mit farbigen Wimpeln geschmückte Tanne der Zimmerleute bekannt, die zum Aufrichtefest den Dachfirst schmückt. Ursprünglich hatte dies den Sinn, den Blitz und alles Ungemach von Haus und Bewohnern fernzuhalten.

Die an den Baum gehängten Weihungen sind also in erster Linie Opfergaben. Die Wandlung vom Opfer zum Geschenk scheint eine Übertragung der alten St.-Nikolaus-Gaben, Zweig (Rute), Früchte und Kuchen zu sein. Die Rute ist die Lebensrute und hat nichts mit dem Prügelwerkzeug zu tun, als die sie heute den Kindern vorgestellt wird. Schon im alten Rom schenkte man sich zu Neujahr Segenszweige, «strenae», deren Name später auf alle Arten von Geschenken überging und heute noch im Französischen «étrenne» weiterlebt.

Die Tabellen zeigen eindeutig, daß die Leitern, welche an den Baum angestellt sind, als Frühmerkmal zu werten sind. Man wird dieses Merkmal für sich betrach-

Merkmal: *Zubehör* Nr. 40

Schule		K	1.	2.	3.	4.	5.	6.	7.	8. P	1. S	2. S	3. S
Alter		6-7	-8	-9	-10	-11	-12	-13	-14	-15	-14	-15	-16
Knaben	%	4,0	10,3	7,3	2,7	8,7	5,8	4,7	5,5	8,0	1,0	1,9	6,9
Mädchen	%	5,2	3,9	2,9	23,0	9,2	11,7	7,3	4,5	3,6	0,9	1,9	3,8
Zusammen	%	4,6	7,1	5,1	12,8	9,0	8,8	6,0	5,0	5,8	1,0	1,9	5,4
Alter		-8	-9	-10	-11	-12	-13	-14	-15	-16	-17	Deb.-Imbez. Mittel 29 J.	
Debile	%	1,4	0,0	3,8	2,0	0,9	2,2	2,5	0,8	0,9	0,0	0,0	

Angelernte Arbeiter(innen) mit 8 Primarklassen			Kaufm. Ang.	afrik. Missionsschüler
Alter	15-16	17-19	+20	19-32	im Mittel 15,5 J.
%	1,3	0,9	0,0	0,0	0,0

Merkmal: *Leitern* Nr. 41

Schule		K	1.	2.	3.	4.	5.	6.	7.	8. P	1. S	2. S	3. S
Alter		6-7	-8	-9	-10	-11	-12	-13	-14	-15	-14	-15	-16
Knaben	%	15,0	6,2	7,3	2,7	0,0	1,9	2,4	1,1	2,0	0,0	1,0	1,0
Mädchen	%	11,2	7,8	2,9	3,5	1,8	0,0	0,9	0,0	1,2	0,0	1,9	1,5
Zusammen	%	13,1	7,0	5,1	3,1	0,9	1,0	1,6	0,6	1,6	0,0	1,4	1,2
Alter		-8	-9	-10	-11	-12	-13	-14	-15	-16	-17	Deb.-Imbez. Mittel 29 J.	
Debile	%	1,4	0,0	6,3	2,0	0,9	2,2	0,8	0,8	0,9	0,0	1,8	

Angelernte Arbeiter(innen) mit 8 Primarklassen			Kaufm. Ang.	afrik. Missionsschüler
Alter	15-16	17-19	+20	19-32	im Mittel 15,5 J.
%	—	—	—	—	—

ten müssen. Im Grunde gehört die Leiter zur Ernte und damit zur Frucht. Das Kind begnügt sich nicht mit der Betrachtung der Frucht, auch nicht mit dem bloßen Wunsche, diese zu besitzen, sondern es versucht offensichtlich, mit Hilfe einer Leiter die Frucht zu gewinnen und wirklich zu besitzen, um sie zu genießen. Die Häufigkeit der Leitern ist im vorschulpflichtigen Alter am größten (13,1 %) und sinkt nach dem 10. Jahr auf einen ganz unbedeutenden Rest. Debile zeigen bei weitem nicht die gleiche Lebhaftigkeit des Wünschens und Besitzergreifens. Zwischen 8 und 9 Jahren ist der Anteil mit 6,3 % praktisch auf dieses Alter beschränkt. Das Merkmal unterstreicht die Bedeutung der Frucht.

Alles Angehängte und sonstwie den Baum Schmückende, Belebende (der Baum ist auch die Wohnung der meisten Vögel) wird in allen Stadien der kindlichen Entwicklung gezeichnet, am deutlichsten zwischen 9 und 12 Jahren, was auch der bisherigen Erfahrung entspricht. Der Anteil der Debilen ist ganz unbedeutend und steht mit 9 Jahren am höchsten. Die ursprüngliche Bedeutung der Weihung, des Opfers oder der Baumspeise ist offenbar verlorengegangen. Je deutlicher Vögel, Vogelhäuschen, Männchen oder Herzchen im Vordergrund stehen, um so klarer kommen folgende Bedeutungen in Betracht:

spielerisch   sich mockierend
sich lustig machen   spöttisch
übermütig   witzig
spaßig   witzelnd
neckisch

Abwehrhaltungen sind oft durch Stacheldrahtwindungen um den Stamm symbolisiert. « Rühr mich nicht an », will das Symbol für gewöhnlich sagen. *Christoffel* beobachtete an der Baumzeichnung einer frigiden Frau, die den ehelichen Verkehr verweigerte, einen sogenannten Keuschheitsgürtel in Gestalt eines Kleberinges, wie man ihn zum Fernhalten von Ungeziefer in der Baumpflege verwendet. *Thurner* findet bei einem Homosexuellen, der mit dem Gesetz in Konflikt geraten ist, einen Apfelbaum, um dessen Stamm sich eine Schlange windet, während die ganze Szene von einem Stacheldraht umgeben ist. Die Sexualität, durch die Schlange symbolisiert, wird durch den Drahtverhau zum verbotenen Gebiet, was noch verdeutlicht wird durch ein beigesetztes Paragraphenzeichen. Thurner interpretiert psychologisch: Auf dem Gebiete der Sexualität komme ich mit dem Gesetz in Konflikt, dieser Garten des Paradieses ist für mich verboten.

Anthropomorphisierungen

Die Kugelkrone eines Baumes als menschliches Gesicht zu zeichnen mag manchen Kindern ohne weiteres einfallen, genau so, wie die Zeichnung Sonne von jüngern Kindern sehr häufig anthropomorphisiert wird. Sogar die Schrift kann mit mehr

oder weniger Können sich der Menschendarstellung bedienen, d. h. zwei grundverschiedene Motive miteinander verschmelzen oder dem einen die Physiognomie des Menschen aufdrücken. Das Blumenmärchen kennt diese Vermenschlichung schon längst; *Rudolf Borchart* sagt zwar von den Blumensagen umgekehrt: «Die Blumensagen waren Entdeckungen des Menschenverwandten in der Blume, denn so und nicht ‚anthropomorphisch' müssen wir den seelischen Vorgang nennen, von dem sie zeugen – Vorgänge tief verwickelt in die gesamte Humanitas, die Einheit des Menschengeistes... Die Entdeckung des zweiten Lebens hinter der Blume, das Betroffenwerden von ihm und das leidenschaftliche Bedürfnis, diese Betroffenheit in einer Form auszudrücken, reicht bis in unsere Tage und wird erst mit dem letzten Menschentage erlöschen.»

Anthropomorphisierte Bäume haben wir bisher bei jüngern Kindern gesehen, dann in Witzzeichnungen, in Reklamezeichnungen und in Zeichnungen von Geisteskranken. Da wird der knorrige Stumpf einer Weide von einem Schizophrenen zur Menschenfratze. Eine Schizophrene zeichnet auf den Ast eines Baumes, der ohnehin desorganisiert und aus den Fugen geraten ist, ein menschliches Gesicht, Bild 26. Vorläufig darf nur die Frage gestellt werden: Ist in der Vermenschlichung der Baumzeichnung bei Geisteskranken das Frühsymptom kindlicher Anthropomorphisierungen wieder aufgetaucht? oder ist es ein Anklammern an das Menschenbild vor dem völligen Persönlichkeitsverlust? Eine klarere Antwort würde eine genauere weitschichtige Untersuchung bei Geisteskranken erfordern. Die Tatsache, daß gelegentlich völlig gesunde Menschen spaßeshalber Gesichter in Bäume zeichnen, erschwert naturgemäß eine Messung. Nicht zu vergessen sind in diesem Zusammenhang jene kunstgeschichtlichen Dokumente, die Christus- und Marienbilder in den Lebensbaum einweben, oder Baumdarstellungen, welche einen Kranz von Kinderköpfen in der Krone zeigen, gemäß der altgermanischen Übung, nach welcher die Hebamme zum heiligen Baum ging, um ihn um die Seele für das Neugeborene zu bitten (der Baum ist der Sitz der Seele). Es ist also uraltes Mensch-

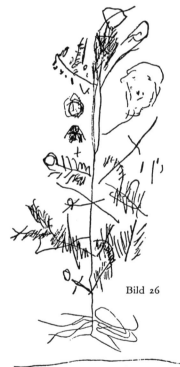

Bild 26

heitsgut, welches heute noch bei Naturvölkern oder in Primitivzuständen auftaucht, womit über den diagnostischen Wert nur eine Andeutung gegeben ist.

Die Blüte

In der Kirche St-Etienne in Beauvais steht ein symbolstarkes Glasbild aus dem Jahre 1512. Auf den übergroßen Blütentellern eines Stammbaumes stehen die Büsten der Ahnen Gottes, in diesem Falle die Fürsten. Damit ist angedeutet die Pracht und die Herrlichkeit und in demselben Maße die Vergänglichkeit. Denn die Blüte ist die wohlgefälligste Erscheinung, der schönste Schmuck, das Brautkleid des Baumes. Doch hält es nur kurz, und kaum ist es da, verschwindet es wieder. Merkwürdig ist die Seltenheit, mit der das Merkmal in der abendländischen Kulturgeschichte erwähnt wird. Was da ist, mutet als Schicksalsaberglauben an: wenn ein Obstbaum im Jahr zum zweitenmal oder sonst zu einer ungewöhnlichen Zeit blüht, so gilt dies als Zeichen, daß ein Familienglied bald stirbt. Es bedeutet Krieg, wenn der Kirschbaum zweimal blüht. Blüht eine vereinzelte Blume auf unfruchtbarem Boden, so fällt die nächste Ernte reichlich aus. – Kinder dürfen nicht zur Zeit der Baumblüte entwöhnt werden, sonst bekommen sie weißes Haar. – Freilich: Blüte als Blume hat eine symbolreiche Vergangenheit, im besondern die Rose oder die «blaue Blume» der Romantik. *Rudolf Borchart* («Der leidenschaftliche Gärtner») hat darüber Gültiges gesagt: «Die Botschaft der Blume ist der Tod, die Botschaft der Blume ist das Leben, das Überleben, das Nachleben, das Wiederaufleben eines Lebens, das den Tod erfahren hat, den Tod nicht vergessen kann, ihn als das Herz des Menschen erleidet, ihn als der menschliche Geist überwindet, durch ein Neuerschaffen aus dem Schmerze heraus, durch das Aufbauen eines Bildes über dem Bilde.»

In unserem Material haben wir bei Knaben überhaupt keine Blüten gefunden, bei Mädchen gelegentlich, im Maximum 2 %. Im schweizerischen Kulturkreis, in dem das Beständige, Dauerhafte und Solide einen fast moralischen Sinn hat, verwundert dies weiter nicht. In Ländern, die sich weniger auf eine Leistung konzentrieren müssen, mag dies anders sein, und vielleicht ist es ein unbeschwertes erlebtes Zeitalter, wo die Blüte mehr im Mittelpunkt lag, wie sie im östlichen Kulturkreis im Zentrum steht.

Selbstbewunderung
Freude und Bewunderung für das Momentane und Aktuelle, Eintägige
Unfähigkeit, geschichtlich zu denken
an der Oberfläche bleiben
in der Selbstbewunderung steckenbleiben, Verwöhnung, Mangel an Voraussicht und Planmäßigkeit

Hängen am Äußern, am Schmuck
sich schmücken, zieren, sich kleiden
scheinen wollen
kurzatmig
im Frühling leben, «Hochzeitsstimmung»
in der engsten Gegenwart lebend
mehr Schein als Leistung

Merkmal: *Blätter*   Nr. 42

Schule		K	1.	2.	3.	4.	5.	6.	7.	8. P	1. S	2. S	3. S
Alter		6–7	–8	–9	–10	–11	–12	–13	–14	–15	–14	–15	–16
Knaben	%	35,6	32,0	25,5	35,0	46,0	39,0	31,0	13,2	25,0	9,6	11,4	21,5
Mädchen	%	35,8	36,0	26,2	48,0	43,5	41,0	48,0	40,0	54,0	39,5	28,6	22,3
Zusammen	%	35,7	34,0	25,8	42,5	44,7	40,0	39,5	26,6	39,5	24,5	20,0	21,9
Alter			–8	–9	–10	–11	–12	–13	–14	–15	–16	–17	Deb.-Imbez. Mittel. 29 J.
Debile	%		12,8	4,0	3,8	14,5	33,0	31,0	20,7	28,0	21,4	26,8	3,6

Angelernte Arbeiter(innen) mit 8 Primarklassen			Kaufm. Ang.	afrik. Missionsschüler
Alter	15–16	17–19	+20	19–32	im Mittel 15,5 J.
% W	36,0	W 42,0	39,0	24,0	95,0

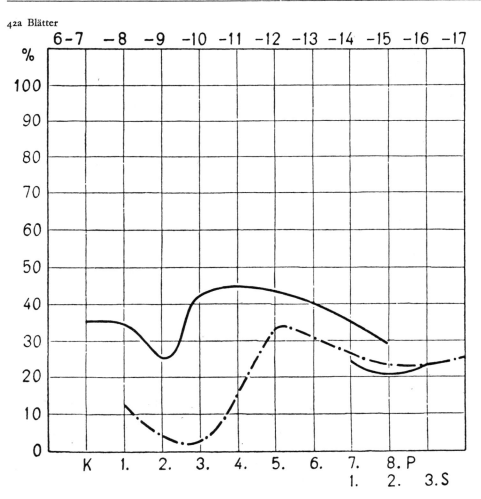

42a Blätter

Blätter

Bei den Griechen legte sich der Opfernde einen Blätterkranz aufs Haupt. Die Bekränzung ist eine religiöse Sitte, welche die Weihung des bekränzten Gegenstandes bedeutet. Der Blätterkranz ist eine Art Krone, im Laufe der Zeit zum Siegeszeichen, zur *Auszeichnung* geworden. Im Grunde meint die Auszeichnung die Weihung des Siegers. In der Geheimen Offenbarung 22, 2 steht geschrieben: « Die Blätter des Baumes aber dienen den Völkern zur Heilung. » Das Laub ist der Schmuck des Baumes, auch sein Atmungsorgan. Das Blatt ist vor der Frucht da und überdauert diese. Und doch ist auch das Laub das Vergängliche, weniger kurzlebig als die Blüte und die Frucht und doch auch ein Symbol des Lebens durch sein Wachstum, Gedeihen und Verderben. Blätter sind das Äußerliche am Baum und zugleich das Bewegte und leicht zu Bewegende.

Der Ausspruch « auf einen grünen Zweig kommen » weist zweifellos auf die Genugtuung hin, die mit dem Erfolg verbunden ist.

Durch alle Lebensalter werden Blätter gezeichnet. Die Debilen liegen deutlich unter dem Anteil der Normalen, doch verlaufen die Kurven merkwürdig parallel mit einem Abfallen mit 9 Jahren, um dann anzusteigen und leicht abzufallen. Die Sekundarschüler zeichnen weniger Blätter als die gleichaltrigen Schüler der 7. und 8. Klasse. Die Mädchen zeichnen mehr Blätter als Knaben, aber erst vom 13. Jahr

Beobachtungsgabe für Äußerliches
Lebhaftigkeit
Leichtigkeit
Augenbegabung
sinnenhaft
Darstellungs- und Äußerungslust
Sinn für Äußerlichkeiten
Geschmack
jugendliche, frische Art
erlebnishungrig
fröhlich
lebhaft
jugendlich
kindlich
im Urteil von Nebensachen und Äußerlichkeiten bestimmt
Anerkennungsbedürfnis
Auszeichnungsbedürfnis
(Eitelkeit)
Schmucktrieb
erfolgsabhängig
« kann sich prima geben »
flinke Augen
naive Glücksgläubigkeit
schwärmerisch
etwas unwirklich
naive Phantasietätigkeit
« Träumerei »
Schönmachen
dekorative Ader
Darstellungsgabe

bis zum 15. Jahr wollen sie sich mehr schmücken als Knaben. Die angelernten Arbeiterinnen und Arbeiter zeigen ganz beachtliche Werte, die höher sind als jene der kaufmännischen Angestellten. Die afrikanischen Missionsschüler mit ihren 95% stellen eine Besonderheit dar, die wohl in engem Zusammenhang mit der immergrünen Landschaft steht. Sie bekommen wahrscheinlich nur in Zeiten der Dürre entlaubte Bäume zu Gesicht.

Die Blattzeichnungen müssen natürlich noch einzeln genauer betrachtet werden. Flüchtig hingeworfene Fetzen, die manchmal kaum als Blatt zu erkennen sind, wechseln mit saubern, gefälligen Darstellungen. Rhythmische Gliederung wirkt geschlossener als Neigung zur langweiligen Stereotypie oder Unordnung. Blattzeichner, wenigstens die geschicktern darunter, wirken intelligenter, als sie wirklich sind. Sie verstehen, ihre Ware zu verkaufen. Im Betrieb haben sich Arbeiterinnen, die gut Blätter zeichnen (aber diese spontan produzieren), ausgezeichnet bewährt bei Arbeiten, die etwas Geschmack erfordern, Gefühl für gefällige Darstellung, Sinn für Form und Linie. Es sind nicht Leute mit einer besondern Gründlichkeit. Ihre Exaktheit hat ihre Begrenzung in dem, was schön wirkt. Eine besondere Tiefe ist ihnen nicht eigen, aber Geschmack, Beobachtungsgabe und flinkes Wesen machen sie für sogenannte Oberflächenberufe (Schönmachen) sehr gut geeignet, und es stört sie nicht einmal, wenn die Abwechslung nicht sehr groß ist, wenn sie nur ihre Begabung placieren können. Auch unter den Verkäuferinnen imponiert dieser Typ recht ansprechend.

Früchte

Nach der Genesis 1, 29 ist zu lesen: « Und Gott sprach: Euch überlasse ich alles samentragende Kraut auf der ganzen Erde und alle Bäume mit samentragender Baumfrucht, daß sie euch zur Nahrung diene. » Und im Kap. 2, 9.16.17 steht: « Allerlei Bäume, lieblich zur Schau und köstlich als Speise, hatte der Herr Gott aus dem Erdboden sprießen lassen, in des Gartens Mitte aber den Baum des Lebens und den Baum der Erkenntnis von Gut und Bös. – Und der Herr gebot dem Menschen und sprach: von allen Bäumen im Garten darfst du nach Belieben essen. – Nur vom Baum, der Gutes und Böses kennen lehrt, darfst du nicht essen. Denn sobald du von ihm issest, bist du des Todes.» Damit ist die Frucht dem Menschen anvertraut und ihm zur Nahrung gegeben. Und dazu gibt es zweierlei Früchte; die heilbringende vom Lebensbaum und die todbringende vom Baum der Erkenntnis von Gut und Böse. Die Frucht ist ein Fruchtbarkeitssymbol, lebenspendend. *C. G. Jung* («Psychologie und Alchemie») zitiert Pythagoras, der spricht: « Ihr schreibt und habt für die Nachkommenschaft aufgeschrieben, wie dieser kostbarste Baum gepflanzt wird und wie der, der von dessen Früchten ißt, niemals mehr hungern wird. » In der Arisleus-Vision wird der tote Königssohn durch die Früchte des philosophischen Baumes wieder zum Leben gebracht. Im griechischen Kultus ist die Frucht, welche den Göttern auf dem Altar geweiht wird, heilig, wie der Baum und alles, was von ihm kommt.

Im « Handwörterbuch des deutschen Aberglaubens » ist viel urtümliches Brauchtum verzeichnet: Bei der Apfelernte muß man ein oder zwei Äpfel am Baum hängenlassen als Opfer für den Baumgeist. Der Apfel als Fruchtbarkeitssymbol spielte in der Antike eine wichtige Rolle. Äpfel waren die Attribute der Demeter und besonders (wie Quitte und Granatäpfel) der Aphrodite. Die goldenen « Äpfel der Hesperiden » sind als Quitten zu deuten. Auch die nordische Sage (Edda) von den goldenen Äpfeln der Idun und den elf Goldäpfeln, mit denen Freyr um Gerd wirbt, zeigen Beziehung zur Fruchtbarkeitssymbolik. Wölsungs Zeugung wird durch einen Apfel vermittelt. In Märchen und in Sagen verleiht der

Genuß eines Apfels die ersehnte Fruchtbarkeit. Bei den Kirgisen wälzen sich unfruchtbare Frauen unter einem einzelstehenden Apfelbaum, um Nachkommen zu erhalten. Im deutschen Volksglauben bedeutet « Sie hat des Apfels Kunde nit » ein Mädchen, das noch nichts vom geschlechtlichen Umgang weiß. Gibt es in einem Jahre viele Äpfel (anderswo sind es Nüsse), so gibt es im nächsten Jahr viele Buben. Eine Jungfrau soll keinen Doppelapfel essen, sonst bekommt sie Zwillinge. Die Fruchtbarkeitssymbolik erscheint in den Hochzeitsbräuchen bei allen indogermanischen Völkern: der Wettlauf mit dem « Brautapfel », einem mit Geld gespickten Apfel. – Die Braut läßt hinter dem Altar zwischen Leib und Gürtel einen Apfel hinabgleiten zur Erleichterung künftiger Entbindungen. – Der Tänzer auf der Hochzeit überreicht seiner Tänzerin einen Krug Bier und bekommt dafür einen Apfel. – In Siebenbürgen winkt der Brautführer mit einem Apfel. – In Frankreich bestand zur Zeit der Renaissance der Brauch, daß der Bewerber der Auserwählten einen Apfel überreichte, den sie verzehren mußte.

Als Liebessymbol spielt wiederum der Apfel. In der Antike galt das Zuwerfen eines Apfels als Liebeszeichen. Um auf zauberische Weise die Liebe einer Person des andern Geschlechts zu erwerben, wurden geheimnisvolle Buchstaben auf einen Apfel geschrieben und dieser der betreffenden Person zu essen gegeben.

Im Liebesorakel wird der Apfel in die absonderlichsten Formen von Aberglauben verstrickt.

Die Sage spricht von Apfelbäumen, die *in der Heiligen Nacht blühen und dann gleich Früchte bringen* – eine ganz erstaunliche Aussage, wenn man sie mit der Tatsache in Zusammenhang bringt, wie sie sich aus unsern Untersuchungen ergibt: daß am meisten Früchte von jungen Kindern gezeichnet werden; sie bringen gezeichnete Früchte, lange bevor die Zeit der Reife da ist. – Auf dem Heuberg bei Rathenhausen a. N. kommen freitags die Hexen zusammen und tanzen um einen großen Apfelbaum, das « Hexenbäumle », der Alp erscheint in Apfelgestalt, oder der Apfel verwandelt sich in eine Kröte (ein Symbol der Wandlung). Der Apfel wird auch als Totenspeise erwähnt. In der Volksmedizin kommt dem Genuß eines Apfels in heiligen Zeiten eine schützende Wirkung zu. Wer am Ostermorgen oder andern hohen Tagen frühmorgens nüchtern einen Apfel ißt, der bleibt das ganze Jahr von Krankheiten geschützt. Wie viele andere Bäume, nimmt auch der Apfelbaum Krankheiten auf. Eine Frau bekommt schöne Kinder, wenn sie während der Schwangerschaft viel Äpfel ißt. – Um einem Säufer das Trinken zu verleiden, gibt man ihm einen Apfel, den ein Sterbender in der Hand gehabt hat. Damit dieses Kapitel aber nicht zum « Zankapfel » werde, leiten wir über zur eigenen Betrachtung des Symbols der Frucht.

Einmal brachte ein « Kundiger » eine Baumzeichnung einer Frau. Unter dem Baum stand ein Korb mit fünf Früchten. « Das sind die fünf Kinder der Frau », wurde gedeutet. Mit derselben Logik läßt sich alles mögliche und unmögliche deuten, und es scheint uns besser, sich nicht in solche Künste einzulassen.

Was bedeutet Frucht? Die Frucht steht nicht am Anfang. Vor ihr ist die Blüte, die befruchtet, erst zur Frucht reifen kann, und dies dauert Monate. Frucht ist also das Endergebnis eines langen Reifeprozesses. Frucht braucht Zeit. Sie ist das Fertige, das Resultat, das Ende, das Ziel. Frucht ist auch Nahrung, das Verwertbare und Genießbare, das Angenehme, das Nützliche. Der Nutzbaum wird nach seinen Früchten bewertet. Die Frucht ist das Greifbare, sozusagen die bare Münze. Sie fällt auch auf durch Aussehen und Geschmack. Sie lockt und erregt den Appetit. Die Frucht ist sozusagen der Erfolg des Wachsens und der Fruchtbarkeit. Zugleich trägt sie den Samen zur Fortpflanzung in sich.

Junge Kinder zeichnen erstaunlich häufig Früchte, mit 7 Jahren bereits in 68 % der Fälle, und dies in unserm Versuchsmaterial mitten im Winter, wo man doch annehmen sollte, es bestehe nicht die geringste Suggestion zum Früchtezeichnen. Das Ernten wird manchmal durch dazugezeichnete Leitern (siehe Zusammenstellung S. 199), auch durch Körbe mit Früchten unter dem Baum unterstrichen.

Das Schaubild zeigt die gleichmäßig absinkende Häufigkeit des Früchtezeichnens bei Normalen. Der Sekundarschüler geht noch tiefer herunter als der Achtkläßler. Mädchen zeichnen durchschnittlich mehr Früchte als Knaben. Die Debilen kommen erst mit 10 Jahren auf das Maximum, mit dem sie die Normalen ein wenig übertreffen, dann im Absinken jedoch resistent bleiben und mit 17 Jahren noch auf 39 % stehen, ähnlich wie der viel ältere Imbezille. Auf das junge Kind macht die Frucht einen ungeheuren Eindruck. Es greift gewissermaßen gleich nach der Frucht. Da es selber « Frucht » ist, hat man oft den Eindruck, es manifestiere dies unbewußt. Oft ist man versucht, nicht nur beim jungen Kinde, sondern noch mehr beim jugendlichen Früchtezeichner das geoffenbarte Drama vom Baum der Erkenntnis in ewiger Wiederholung vorgeführt zu finden. Die Stammeltern konnten nicht warten, zu früh erlagen sie der Versuchung. Und wie mancher Mensch wartet die Reife nicht ab. Er kostet an den Früchten vor der Zeit, er setzt sich in den Genuß des Erfolges, den er gar nicht erarbeitet hat. Er überspringt Wachsen

Merkmal: *Früchte*		K	1.	2.	3.	4.	5.	6.	7.	8. P	1. S	2. S	3. S
Schule													Nr. 43
Alter		6–7	–8	–9	–10	–11	–12	–13	–14	–15	–14	–15	–16
Knaben	%	56,4	49,5	38,0	27,0	15,5	9,6	16,0	7,7	2,0	3,8	4,7	10,4
Mädchen	%	80,0	58,0	40,0	44,0	34,2	10,7	12,5	13,3	23,0	11,2	5,7	5,4
Zusammen	%	68,2	53,7	39,0	35,5	25,0	10,1	14,2	10,1	12,5	7,5	5,2	7,9
Alter			–8	–9	–10	–11	–12	–13	–14	–15	–16	–17	Deb.-Imbez. Mittel 29 J.
Debile	%		42,0	39,0	73,0	64,0	59,0	55,0	45,5	40,0	19,6	39,0	32,0

Angelernte Arbeiter(innen) mit 8 Primarklassen				Kaufm. Ang.	afrik. Missionsschüler im Mittel 15,5 J.
Alter		15–16	17–19	+20	19–32	
	%	—	15,0	24,0	12,0	55,0

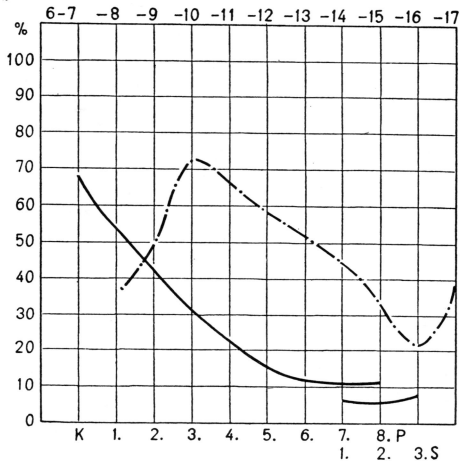

43a Früchte

und Reifen, und in der Vorwegnahme des Endes, eben der Frucht, wird diese nur zu oft zur verbotenen Frucht. Der Jugendliche wartet nicht, und er kann nicht warten. Viele wollen den Erfolg sofort sehen; sichtbare Erfolge leuchten ein. Mancher ist erfolgshungrig und betreibt Erfolgshascherei. Bei andern geht der Erfolgswille ehrliche Wege, aber die Triebfeder ist dieselbe. Da der Früchtezeichner meist nicht warten kann, ist er kurzatmig, im Urteil oft vom Moment, in der Entscheidung vom unmittelbar einleuchtenden Nutzen und Erfolg abhängig. Zugleich wirkt er durch das Ansprechen auf das Unmittelbare, Sichtbare, lebendig, beweglich, beeindruckbar und beeinflußbar, leicht und sich leicht äußernd. Er ist oft « kurzsichtig », kann nicht weiterdenken, ja oft zeigt er ein Kurzschlußdenken. Er ist ein kurzsichtiger Realist und meint, der Spatz in der Hand sei mehr wert als die Taube auf dem Dach – er denkt gar nicht daran, die Taube einzufangen – er lebt vom Augenblick und im Augenblick, von der Hand in den Mund. Was er gerade anschaulich vor sich hat, ist das Wichtigste. Alles Neue ist ihm gleich das Wichtigste, aber da viel Neues auf einen jungen Menschen einstürmt, wird er unbeständig. So wird er ungeduldig, oft impulsiv, spielerisch. Er nimmt den Schein für die Wirklichkeit, oft bis zur Übertreibung. Seine Beeinflußbarkeit ist groß. In der Berufswahl wird er merkwürdig oft durch naheliegende materielle Aussichten bestimmt oder sonst durch Dinge, die äußerlich imponieren. Er sucht den hohen Lohn (Frucht ist Lohn). Geld, Lohn, Nutzen werden zu Triebfedern, mitunter durch Helferwillen motiviert, « um meiner Mutter helfen zu können ». Früchtezeichner nehmen gerne alles für Gold, was glänzt. Die Realität wird überschätzt und falsch eingeschätzt. Naiv-kindliche und unreife Jugendliche zeichnen mit Vorliebe Früchte, aber es gibt auch Bequeme, Genießerische und Faule darunter. Oft wird eine Scheinwelt gepflegt. Darin ist es diesen Jugendlichen wohl, aber wenn man sie daraus herausreißen will, so reagieren sie bissig. Oft ist es erstaunlich, wieviel Energie zur Verteidigung einer Scheinwelt und auch der Bequemlichkeit aufgewendet wird. Sachlich eingesetzt, müßte eine ganz nette Leistungsfähigkeit entstehen.

Aber: wenn reife Menschen Früchte zeichnen, dann stimmen die Deutungen nicht mehr, dann mag die Frucht wirkliche Reife bedeuten – aber was gereift ist, verarbeitet, überwunden, fällt ab. Man betrachte die Tafeln: mit zunehmender Reife zeichnet der normale Jugendliche immer weniger Früchte. Er kann Schein und Wirklichkeit unterscheiden, und er nimmt das Äußerliche nicht mehr so wichtig.

Reife (selten)	Sinn für Äußerlichkeit
Augenbegabung	Beobachtungsgabe
Darstellungsgabe	Erfolgswille
zeigen, was man kann	kurzsichtiger Realismus
Demonstration seiner Fähigkeiten	kurzer Verstand
Erfolgshascherei, Erfolgssucht	überschätzen und falsches Einschätzen der
Geltungsbedürfnis	Realität
Kurzatmigkeit	bequem
nicht warten können	beeinflußbar, beeindruckbar
Aktion vom unmittelbar einleuchtenden Erfolg	genießerisch
bestimmt	spielerisch
im Urteil vom Moment bestimmt	oberflächlich
Erwerbstrieb	Mangel an Ausdauer
Opportunist	tändelnd
hohen Lohn suchen	improvisierend
Berufswahl evtl. vom Einkommen bestimmt	schnell Erfolg haben wollen
Wunsch, reich zu werden	Schein für Wirklichkeit nehmen
Geld, Lohn, Nutzen als Triebfedern,	von der Hand in den Mund leben
evtl. als Helferwille motiviert	unbeständig, weil immer neue Möglichkeiten
nicht weiterdenken können	beeindrucken
Kurzschlußdenken	Ungeduld
« die verbotene Frucht » reizt	naiv, kindlich, unreif
	in der Kindheit, in der Pubertät steckenbleiben

Wer das Äußerliche, Sichtbare, sehr wichtig nimmt, mag seine Bedeutung noch vergrößern. Man denke an Kinder, die aus der kleinsten Sache eine große Geschichte machen und sie mit größter Gefühlslebhaftigkeit vortragen. So entsteht die *übergroße Frucht* (oder Blatt).

44a Übergroße Früchte und Blätter

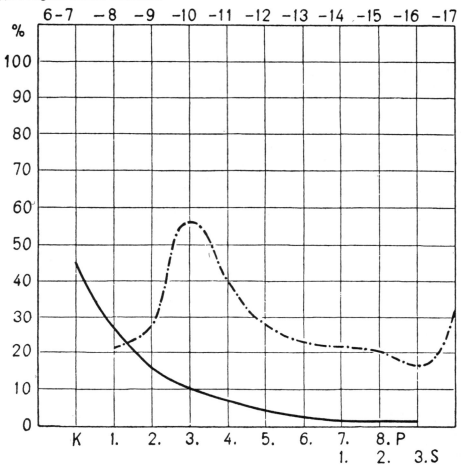

Beim Siebenjährigen ist das Merkmal der übergroßen Frucht normal; der Anteil von 46 % sinkt schon im ersten Schuljahr auf die Hälfte und geht dann gleichmäßig auf einen ganz unbedeutenden Rest zurück. Die Erwachsenen stehen etwas höher als die Schüler, was nicht weiter erstaunt, wenn man weiß, welche Wichtigkeit auf dieser Stufe die mindeste Verbesserung des Nutzens oder Lohnes hat.

Der Debile beginnt nicht mit dem Maximum; er erreicht dieses erst mit zehn Jahren (57,0 %), sinkt etwas ab und bleibt auf durchschnittlich 23 % stehen, womit seine Beeindruckbarkeit und Beeinflußbarkeit nicht geringer ist als die des Imbezillen und wohl viel dazu beiträgt, daß er durch falsche Einschätzung der Wirklichkeit gerade das nicht erreicht, was er wünscht, nämlich den Erfolg. Bei Menschen im Äquatorialbereich müssen wir in unseren Interpretationen die anderen, viel üppigeren Vegetationsformen berücksichtigen. Die übergroße Frucht (oder Blatt) ist als echte Frühform zu bezeichnen. Im spätern Alter

Merkmal: *Übergroße Früchte und Blätter* Nr. 44

Schule		K	1.	2.	3.	4.	5.	6.	7.	8. P	1. S	2. S	3. S
Alter		6–7	–8	–9	–10	–11	–12	–13	–14	–15	–14	–15	–16
Knaben	%	45,0	24,0	12,7	13,8	5,8	6,7	6,3	2,2	0,0	2,9	1,0	2,9
Mädchen	%	47,0	19,4	9,3	12,4	10,1	4,5	3,6	7,1	2,4	3,6	1,9	0,0
Zusammen	%	46,0	21,7	11,0	13,1	8,0	5,6	5,0	4,6	1,2	3,2	1,4	1,4
Alter			–8	–9	–10	–11	–12	–13	–14	–15	–16	–17	Deb.-Imbez. Mittel 29 J.
Debile	%		21,5	27,0	57,0	36,6	28,5	22,2	23,1	23,0	15,4	31,6	25,0

Angelernte Arbeiter(innen) mit 8 Primarklassen				Kaufm. Ang.	afrik. Missionsschüler
Alter		15–16	17–19	+ 20	19–32	im Mittel 15,5 J.
	%	6,6	11,2	8,7	6,0	45,0

spricht das Merkmal als Zeichen affektiver Retardierung gut an. Ein siebzehnjähriger Bursche wurde nach einer üblichen Eignungsuntersuchung, die leidlich gut ausfiel, zu einem Metzger in die Lehre gegeben. Er versagte bald. Aufgefordert, einen Obstbaum zu zeichnen, brachte er keinen Baum, sondern einen kleinen Zweig mit einem riesengroßen Apfel daran. Der Junge war affektiv retardiert und zudem debil, was sehr oft zufolge der geschickten Äußerungsfähigkeit der Früchtezeichner bei Eignungsuntersuchungen verdeckt werden kann, d.h. sie verstehen sich besser zu geben, als sie sind.

Früchte frei im Raum

William Stern hat nachgewiesen, daß das ursprüngliche Bilderkennen beim Kinde fast ausschließlich am Umriß hängt. Das Kind fügt Teil um Teil mosaikartig zum Ganzen, immerhin nicht ohne richtiges schematisches Leitbild. Beim Kinde kann man zwar nicht sagen: « Malen heißt weglassen », obwohl es das Verbindende wegläßt, also noch nicht hinzuzeichnet. Wir haben das Merkmal zuerst bei Taubstummen entdeckt, wo es gewiß nicht schlecht zur additiven Denk- und Fühlform paßt. Indessen ist es dort nicht häufiger als bei Normalen anzutreffen. Nach der Tabelle wird der höchste Anteil dieser schematischen Zeichnung im ersten Schuljahr angetroffen und nicht im Kindergartenalter. Offenbar ist ein gewisses Können nötig. Das Merkmal sinkt bei Normalen rasch ab, und in den oberen Klassen findet es sich praktisch nicht mehr. Der Debile beginnt ansteigend bis

24,5 % mit 11 Jahren und fällt dann stetig ab bis auf rund 5 %, womit ein bescheidener Rest bleibt, ähnlich wie bei den Imbezillen. Daß das Merkmal bei Erwachsenen in sehr geringen Ansätzen noch vorkommt, hat mit Regressionen zu tun oder mit dem auch noch vorhandenen Anteil an Debilen. Allgemein wird man annehmen können, das Merkmal sei bei Normalen vom 10. Lebensjahr an nicht mehr vorhanden.

Die geschwärzten Früchte und Blätter wurden unter « Dunkelfärbung » behandelt. Dunkelfärbung hat ähnliche Bedeutung wie die übergroße Frucht. Das Merkmal hebt den Gegenstand heraus und stellt ihn als wichtig hin.

Früchte, Blätter, Äste abfallend oder abgefallen

Fallendes und Abgefallenes bedeuten wohl nicht in jedem Alter dasselbe. Was fällt oder abgefallen ist, löst sich. Kinder können sich z. T. leicht von etwas lösen,

vor allem vom Thema, das sie gerade beschäftigt, gelegentlich auch von Gegenständen, die sie besitzen. Ihre Konzentration ist unfest und locker. Sie vergessen leicht, was man ihnen aufgetragen hat. Es « entfällt » einem etwas, man ist vergeßlich. Auch das Flüchtige kann ein fortgesetztes Fallenlassen sein. Aber schon eine Äußerung kann einem « entfallen », und wer sich leicht äußert oder gar schwatzhaft ist, löst leicht ab und läßt viel fallen. Nur der « Einfall » kommt nicht so. In der Lockerung des Ausdruckes steckt ein Stück Sensibilität und Feinfühligkeit, manchmal Mimosenhaftigkeit und sensitive Empfindsamkeit.

Auch beim reifen Menschen bleibt die fallende und abgefallene Frucht ein Merkmal der Lösung. Das Abgefallene ist das Verlorene, der Verlust, das, was man hat « fallenlassen müssen », was man aufgibt, opfert, schenkt, auf das man verzichtet. Allerdings ist das Merkmal schon bei Kindern symptomatisch für das Weggeben, das Verschenken. Beim Reifen ist etwas vom « stirb und werde » darin. Das Merkmal wurde vereinzelt beobachtet bei Menschen, die bald starben. – Das Herabfallen ist eines der wenigen dynamischen Elemente der Baumzeichnung. Bei Flüchtlingen findet man das Merkmal oft.

ein Verlust	auf etwas verzichten	Schenktrieb
das Verlorene	etwas aufgeben	
das Geopferte	etwas « fallen lassen »	
leicht ablösend	Mimosenhaftigkeit	lockere Aufmerksamkeit
äußert sich leicht	(mediale Begabung)	Flüchtigkeit
Sensibilität	leichte Ablösbarkeit der Gefühle	Vergeßlichkeit
Feinfühligkeit	und Gedanken	bedingt: Entpersönlichung
Sensitivität	Mangel an Festigkeit	

Merkmal: *Früchte frei im Raum* Nr. 45

Schule		K	1.	2.	3.	4.	5.	6.	7.	8. P	1. S	2. S	3. S
Alter		6–7	–8	–9	–10	–11	–12	–13	–14	–15	–14	–15	–16
Knaben	%	16,0	25,6	11,2	1,8	2,9	2,9	0,8	1,1	1,0	1,9	0,0	0,0
Mädchen	%	13,2	19,4	6,7	0,9	3,7	1,8	0,9	1,9	0,0	0,0	0,0	0,0
Zusammen	%	14,6	22,5	8,8	1,4	3,3	2,4	0,9	1,5	0,5	1,0	0,0	0,0
Alter			–8	–9	–10	–11	–12	–13	–14	–15	–16	–17	Deb.-Imbez. Mittel 29 J.
Debile	%		8,5	12,2	20,2	24,5	7,3	15,5	11,6	9,7	1,7	4,9	5,4

Angelernte Arbeiter(innen) mit 8 Primarklassen				Kaufm. Ang.	afrik. Missionsschüler
Alter	15–16	17–19	+ 20	19–32	im Mittel 15,5 J.
%	0,6	0,9	0,9	1,5	0,0

Das Merkmal ist mit 7 und 8 Jahren am häufigsten, sinkt dann um die Hälfte und steigt bei Sieben- und Achtkläßlern noch einmal an, besonders bei den Mädchen. Die tiefen Werte liegen bei den Sekundarschülern. Die Debilen liegen tiefer als die Normalschüler. Die Erwachsenen gehen noch weiter herunter. Mit zunehmender Disziplinierung scheint der Anteil zu sinken; das Merkmal spielt recht deutlich um die Festigkeit oder Lockerung der Aufmerksamkeit herum. Der Debile spricht mit seiner geringern Sensibilität auf das Merkmal einfach weniger an, was gar nicht bedeutet, daß die Aufmerksamkeit deswegen in Ordnung ist. Das starke Ansteigen bei den Mädchen der 7. und 8. Klasse berührt merkwürdig, da es gar nicht mit den Schülerinnen der Sekundarklassen übereinstimmt. Ob die hier meist einsetzende Menstruation eine derartige Lockerung begünstigt, kann höchstens als Frage hingestellt werden.

Das Fruchtbarkeitssymbol im mythologischen Sinne hat für die Charakterologie nur etwas gemein: der Wunsch nach etwas, das schnelle Besitzenwollen. Ob

Merkmal: *Früchte, Blätter, Äste abfallend oder abgefallen* Nr. 46

Schule		K	1.	2.	3.	4.	5.	6.	7.	8. P	1. S	2. S	3. S
Alter		6–7	–8	–9	–10	–11	–12	–13	–14	–15	–14	–15	–16
Knaben	%	17,4	10,3	6,4	3,7	8,7	4,8	8,6	9,9	3,0	2,9	2,7	4,9
Mädchen	%	15,3	28,2	8,7	15,0	12,0	5,4	6,2	19,5	19,4	4,5	6,6	4,6
Zusammen	%	16,3	19,3	7,5	9,3	10,4	5,1	7,4	14,7	11,2	3,7	3,7	4,7
Alter			–8	–9	–10	–11	–12	–13	–14	–15	–16	–17	Deb.-Imbez. Mittel 29 J.
Debile	%		1,4	5,4	8,9	3,8	0,0	6,7	5,8	3,6	2,6	4,9	7,2

Angelernte Arbeiter(innen) mit 8 Primarklassen				Kaufm. Ang.	afrik. Missionsschüler
Alter	15–16	17–19	+ 20	19–32	im Mittel 15,5 J.
%	2,0	3,7	2,2	1,5	9,0

Frauen, die Kinder wünschen, oder ob in der Verliebtheit Äpfel gezeichnet werden, wie man nach der Kulturgeschichte der Frucht meinen sollte, entzieht sich unserer Kenntnis, und es ist zu hoffen, daß die Psychologie sich nicht zu sehr an diesen Gebieten vergreift.

Das Wort Frucht wird naturgemäß häufig im übertragenen Sinne verstanden. « An ihren Früchten werdet ihr sie erkennen »; « Es sind die schlechtesten Früchte nicht, an denen die Wespen nagen. » Solche Worte führen mitunter zu brauchbaren Gedankenverbindungen, und manchmal sind sie auf eigene Art Ausdruck geworden, wie bei jenem schwer verwahrlosten Mädchen, das seinen Zustand nicht besser projizieren konnte als durch Früchte, die völlig von Wespen zernagt gezeichnet wurden.

Knospen

Knospen werden derart selten gezeichnet, daß man sie als Merkmal übersehen könnte. Wir sind uns gewohnt, in der Natur eher auf das Aufbrechen der Knospen zu achten als auf die Knospen selber, welche gar nicht erst im Frühjahr entstehen, sondern im Herbst vor dem Abwerfen des Laubes. Die schuppengeschützte Knospe überwintert demnach und treibt im Frühjahr Blüten oder Blätter. Knospen sind frostbeständig, und sie gehen nur zugrunde, wenn es dem Baum an Wasserzufuhr mangelt. Man könnte die Knospe als in Reserve gehaltenes Leben bezeichnen, als Leben im Winterschlaf – womit bereits auf eine psychologische Bedeutung hingewiesen ist, welche für gezeichnete Knospen gelten kann. H. Christoffel, Basel, berichtet in einer persönlichen Mitteilung von einem Patienten, der Winterapfelbäume mit Knospen zeichnet. Der streng erzogene Mann versucht, nach Erstgravidität seiner Frau Abortusversuche zu erzwingen. Nach der Geburt eines nicht lebensfähigen Kindes wird die Ehe geschieden. Der Patient wird als unentwickelt, als nicht ausgezeugt befunden. – Das gezeichnete Symptom der Knospe könnte zwar auf wirkliche Unausgezeugtheit weisen, aber fast noch mehr auf einen Zustand, der ahnen läßt, daß die Zeit zur Entfaltung hinausgeschoben wird, daß so etwas wie ein Wachstumsstillstand, ein Winterschlaf vorliegt, der, wie der Patient von Christoffel, offenbar einigen seelischen Frost verträgt. – Die Seltenheit des Symptoms in Baumzeichnungen gestattet naturgemäß keine Deutung als die, welche einem Analytiker einfallen könnte, wenn er nicht zuviel spekuliert.

Die Behandlung der Grenzfälle

Oft ist man erstaunt, welche Lust zum Wildern und Verwildern den Zeichner befällt. Das Thema scheint oft Übertreibungen zu begünstigen. Zwischen der Zeichnung und dem zugrundeliegenden Tatbestand besteht gar nicht immer das Gesetz der Analogie in bezug auf Gewicht, Stärke und Ausdehnung eines Zustandes. Die Zeichnung kann vergrößern und auch vergröbern. Der Baumzeichenversuch ist vergrößerte Graphologie. Der Ausdruck ist nicht so straff an die Leine einer jahrelang gedrillten Schulvorlage gebunden und verliert daher etwas von der

Erzogenheit, welche die Schulvorlage auch der persönlichsten Handschrift noch mitgibt. Zudem: das Auffallende ist oft gerade durch die Auffälligkeit harmloser als das Versteckte, Maskierte, Glatte und Anonyme. Dieser kritische Einwand verringert den Wert des Testes nicht sehr, sofern die Natur der Ausdrucksmöglichkeiten nicht überschätzt wird.

Viele gezeichnete Bäume zeigen Spuren eines Eingriffs, einer Verletzung, sie sind verwachsen, gestutzt und geschnitten, gebrochen, oft bis auf einen Stumpf. Es fehlen Glieder. Der Baum ist amputiert. Ein Mangel, ein Fehlendes ist offensichtlich. Teils sind es Wunden, Verstümmelungen, manchmal aber das Zeichen des Absterbens zum Leben, wie in der Pubertät. Oft sind erstaunliche Dinge zu sehen, wo die Analogie zwischen Baumtrauma und seelischem (und körperlichem) Trauma groß ist. Doch ist klarzustellen: eine körperliche oder seelische Verwundung *kann* sich in der Zeichnung ausdrücken, aber sie muß es nicht. Die Abwesenheit solcher Zeichen bedeutet nicht ein Fehlen irgendwelcher Schäden beim Menschen. In Reihen von Zeichnungen werden sie zwar mit großer Wahrscheinlichkeit doch sichtbar, doch läßt sich keine Rechnung aufstellen, wie groß diese Wahrscheinlichkeit ist. Und wenn ein solches Zeichen wirklich vorhanden ist, so sagt es nichts über die objektive Schwere des Falles, sondern nur etwas über die subjektiv erlebte Schwere eines vielleicht großen, vielleicht auch nur unbedeutenden Schadens.

Es ist schon der Einwand geäußert worden, die Baumzeichnungen der Geisteskranken würden sich nicht deutlich von den Zeichnungen der Gesunden abheben. In dieser allgemeinen Fassung ist mit dem Vorwurf ohnehin nicht viel anzufangen. Die Schicht jener Menschen, die dem Psychologen und besonders dem Psychotherapeuten zugewiesen wird, ist keineswegs immer gesund. Der normalste Anteil kommt aus der Berufsberatung und aus den Schulen, jedesmal freilich durchmischt mit Schwierigen.

Der Berufsberater greift überdies ziemlich stark in die puberalen Formen hinein. Neurosen und Geisteskrankheiten voreilig auf einen Nenner bringen zu wollen wäre wohl mehr als naiv. Die Baumzeichnungen von Geisteskranken sind statistisch noch gar nicht untersucht, und man müßte solche Untersuchungen nach Krankheitsbildern durchführen. Die scheinbar geringe Veränderung der Baumstruktur bei Geisteskranken hat ihren besondern Grund. In den allermeisten Fällen bleibt dem Kranken das seelische Raumschema erhalten, jedenfalls sein Körperschema, welches ohnehin der Baumstruktur entspricht. Projektionsteste, welche nicht der Körpersymmetrie entsprechen, spielen ohnehin nicht gut. Es war dies eine grundlegende Erkenntnis von Hermann *Rorschach*. Unsymmetrische Kleckse hatte schon *Binet* verwendet, aber echte Projektionen erhielt erst Rorschach vom Moment an, wo er symmetrische Tafeln verwendete. Das Zeichnen bleibt ohnehin sehr lange erhalten, auch beim Kranken. Allerdings kommen Verlagerungen vereinzelt vor, aber dort, wo wir sie bisher gefunden hatten, handelte es sich um eine neurologische Schädigung; es wurden vier Stämme, in einem Achsenkreuz angeordnet, gezeichnet. Den fast völligen Zerfall der Baumstruktur haben wir in einem Falle von schwerer epileptischer Demenz gesehen, während eine schizophrene Gärtnerin knapp eine Baumkrone fertigbringt und anstelle eines Stammes ein beblättertes Zweiglein nach unten wachsen läßt, das ganze Zeichenfeld mit sinnlos schweifenden Blattranken ausfüllt und schließlich ein in sieben Felder geteiltes Band Blattranken zeichnet, was zusammen ihre Unterschrift bedeuten soll. Derartige Verzeichnungen und Bedeutungsverlagerungen sind jedoch selten genug. Elisabeth *Abraham* schreibt im Sinne von *Szondi*: « Nach erbbiologischen Theorien unterscheiden sich Geisteskranke von Gesunden nicht prinzipiell, qualitativ, sondern quantitativ. Die Dosierung einzelner Triebgene ist bei ihnen eine größere als bei Gesunden. Außerdem sind bei ihnen die Triebe weitgehend entmischt, das heißt, die beiden Triebbedürfnisse eines Triebes konnten sich nicht zu einer einheitlichen Richtung legieren. – Was bei den Geisteskranken manifest ausbricht, ist nur die übersteigerte Wirkung eines Triebes, den wir auch beim Gesunden finden. » Nun ist es aber doch so, daß gerade über das Quantitative im Ausdruck nichts zu holen ist. Die Untersuchungen an Debilen und Imbezillen zeigen jedoch eine Nebenerscheinung. Durch eine Unterdosierung oder Überdosierung entsteht doch eine Art Gleichgewichtsstörung, die freilich erst sichtbar wird in der Auswertung von Gruppenuntersuchungen. Bis das Gebiet des Ausdrucks in den Baumzeichnungen gründlich genug erforscht ist, gilt als Regel: Bei der diagnostischen Arbeit mit dem Baumtest kommt in erster Linie die Form und Richtung zum Ausdruck; über die Stärke oder Dosierung eines ausgedrückten Zustandes sagt die Zeichnung nicht viel; bis zum Zeitpunkt, wo es vielleicht gelingt, neue und bessere Kriterien zu finden, wird man die Deutungen von der Ebene aus vornehmen müssen, auf welcher der Ausdruck entstanden ist, beim Geisteskranken also von seiner Ebene aus. Damit wird nicht behauptet, der Test böte keinen Zugang zum Verständnis des Kranken. Das uns wichtiger scheinende Anliegen liegt nicht auf dem Gebiete des uns ungewohnten Krankhaften; der Test ist entstanden auf einer Linie, die in erster Linie Normale umfaßt und Schwererziehbare und Debile. Man kann sich die Arbeit auch leicht machen, indem manche Symptome gleich überschätzt werden. Ein mittendurch gespaltener Baum als von einem Schizophrenen herrührend zu bezeichnen, ist zwar sinnfällig, wiederholt sich aber leider beim nächsten Schizophrenen nicht, obwohl auch er « gespalten » ist.

Nachtrag zur Instruktionsformel (Seite 123)
Im Institut für Berufspsychologie Hengelo, Holland, läßt man drei Bäume zeichnen: einen Normalbaum, einen Phantasiebaum und einen Traumbaum. Daß damit Ausdruckssteigerungen und Übersteigerungen zu erzeugen sind, leuchtet ein. Das Verfahren hat Ähnlichkeit mit der in der Schweiz von Widrig empfohlenen Formel: « zeichne einen verrückten Baum ». Bei der Beurteilung ist der veränderten Versuchsanordnung Rechnung zu tragen. – G. Ubbink, Arnhem, Holland, hat den sog. « redenden Baum » angeregt. Der Baumzeichner wird ersucht, die Lebensgeschichte seines Baumes zu erzählen und diese aufzuschreiben. Die dabei entstehenden Projektionen sind oft sehr aufschlußreich und erinnern an TAT-Ergebnisse.

Beispiele

Figur A. 35 Jahre alt. Technischer Beruf. Vorgesetzter.

Der Gesamteindruck der Baumzeichnung ist keineswegs harmonisch. Dies ist auf die Vielgestaltigkeit der Astformen und -dicken, auf Lagewechsel und auf die Verdickung in der Stammitte zurückzuführen.

Der Proband zeichnet einen sogenannten Tannenstamm (T-Stamm). Der Stamm ist kräftig, verdickt sich über der Übergangslinie zu einem Kropf und läuft spitz aus, allerdings mit offenen Enden, also röhrenförmig.

Zeichner von T-Stämmen entfalten die im Stamm symbolisierte Anlage, die Triebe, das Vitale in der Krone nicht zu einem Bukett. Der Proband wirkt in seinem ganzen Handeln, Fühlen und Denken intensiv dranghaft. Das Dranghafte und Triebhafte ist die hier ins Tagesleben hinübergenommene Stoßkraft, aber seine triebhafte Energie kann nicht verteilt werden auf die kleinen Aufgaben des täglichen Lebens, sie stößt unmittelbar vor, allerdings nicht primitiv, da sich der Stamm gegen das Ende, wo er sich mit der Umwelt berührt, fast zuspitzt, zugleich offen bleibt und so durch die Röhrenform der Enden, die man auch an einigen Ästen finden kann, Eindrücken öffnet. Tatsächlich sucht sich der Proband willentlich anzupassen. Es ist die Anpassungsfähigkeit der Anpassungswilligen. Im Verhältnis zur massiven Energie kann die Affektivität in die dürftige Ausgestaltung kaum abfließen. Die röhrenförmigen offenen Astenden weisen immerhin auf dosierte Affektentladungen hin; dosiert deshalb, weil in der Zuspitzung der Enden eben Anpassungswille zum Ausdruck kommt, dosiert aber vor allem, weil sich alle Energie oft staut, steckenbleibt und gewissermaßen zurückgeschlagen wird. Die auffallende Verdickung der Stammitte ist der Ausdruck dafür, Ausdruck des Steckenbleibens, der Verstopfung, der Verstockung, der Hemmung, sogar der Verdrängung. Im Zurückhalten der Äußerung liegt eine starke Dosis Selbstbeherrschung, die hier freilich zum Krampf auswächst und vor allem die ausgeprägten, eingeklemmten Affekte anzeigt. Der Proband ist verklemmt; auch seine eigenen Aussagen bestätigen dies wörtlich. Wir haben demnach schon eine Konfliktsituation. Der Proband verbeißt, verklemmt, würgt herunter, «frißt in sich hinein», reagiert nicht ab, aber er beherrscht sich.

Doch führt diese Art Selbstbeherrschung zu einer starken Unruhe, um so mehr, als die eigentliche, hier mangelhafte Auszeugung nicht Schritt hält mit dem dranghaften Wollen. Der Proband will mehr, als er kann, aber zugleich hat er eine ungenutzte Energie, die eine Aufgabe fordert, welche eben mit Energie zu lösen ist. Eine Differenzierung der Triebkraft in viele Kanäle gelingt aber nicht, denn gerade dann erfolgen die Rückschläge, dann wird aus dem Rückschlag ein Mißerfolg und aus dem Mißerfolg ein Minderwertigkeitsgefühl. Daran leidet nun der Proband in starkem Maße. Nicht nur das: alles Unverdaute schlägt wirklich auf die Verdauung. Der Proband leidet bereits an Verstopfung und beginnt sich um seine bisher sehr kräftige Gesundheit zu sorgen. Die « Nerven » sind überlastet, überreizt durch das ständige Mißverhältnis von Wollen und Können. Daß Minderwertigkeitsgefühle vorhanden sind, kann man ableiten und aus dem graphischen Ausdruck deuten: in der obern Kronenhälfte sind zwei Astschnitte erkennbar, freilich wie aufgepfropft; als Ausdruck des Beschnittenen und Gestutzten spricht das Merkmal für einen Mangel, der empfunden wird, durch die Aufpfropfung neuer Schößlinge ist ein Weg oder besser ein Ausweg angedeutet, ein Suchen nach Lösungen, die man eventuell nicht einmal aus sich selbst herausholt, sondern fremde Zweige aufsetzt. Tatsächlich ist der Proband in seiner Unbestimmtheit, in seiner unklaren Orientierung, die auch durch die Röhrenäste zum Ausdruck kommt und durch die Unbeholfenheit des Ganzen sehr leicht geneigt, sich in den Mitteln gegen die eigene Natur zu vergreifen. Er vergreift sich um so eher, als er in seiner « Großzügigkeit » und über viele Kleinigkeiten, die aber nicht Kleinlichkeiten sind, hinweggeht. Der Unbestimmtheitscharakter, welcher durch die Röhrenäste zum Ausdruck gebracht wird, bringt den Proband im Verein mit seiner Geringschätzung des Details in bezug auf die Arbeit in ein Schwimmen, in eine Oberflächlichkeit. Zeichner von Röhrenästen sind unbestimmt, nicht eindeutig orientiert, auch nicht orientiert in bezug auf die Beurteilung eines Sachverhaltes. Man muß ihnen vorschreiben, wie genau z. B. eine Arbeit ausgeführt werden muß, man darf ihnen keinen Spielraum zur Interpretation von « genau » lassen, denn sie übertragen ihre Schwankungsbreite im Urteil ohne besondere Zuverlässigkeit. Aus innerer Verlegenheit entsteht eine unechte Vielseitigkeit, deren Komponenten für sich genommen einmal Ausflüchte, dann Gemeinplätze, aber auch Treffer enthalten.

Das Selbstgefühl ist durch das heftige Geltungsverlangen und einen sehr kräftigen Ehrgeiz bestimmt. Wie sehr das Selbstgefühl problematisch ist, zeigt die Lage der Äste rechts und links vom Stamm. Rechts ein kräftiger, waagrechter Vorstoß, wobei in der waagrechten Lage zugleich das besonnene Abwägen, die « vernünftige » Einstellung nach außen, zum Du, zur Umwelt merkwürdig kontrastiert mit der primitiven Mäßigkeit und Wucht dieser Geste. In den obern Lagen der Krone haben die Äste zuerst aufstrebenden Charakter, zuletzt aber zeigen sie die Bogenform, wie eine gewölbte Schriftzeile, die ein Absinken und Erlahmen nach der ersten Begeisterung anzeigt. Die gleichen Bogenformen sind auch links vom Stamm vorhanden. Links unten weisen dagegen zwei Äste nach unten, einer davon geradlinig, der andere absinkend und aufholend zugleich. Vergleichen wir die rechte und linke Seite wie die Hebel der Waagebalken, die auf der Schneide des Balkens balancieren, so finden wir rechts die gewichtige, massive Astform in der Horizontalen, im Verhältnis zur linken absinkenden Seite aufgerichteter. Rechts liegt die Äußerung, das Verhalten zum Du, zur Aufgabe, der Vordergrund links: das Innenleben, der Hintergrund. Hier: was nach außen mit zwar bewußter, besonnener, aber kräftiger, überbetonter, ja anmaßend pathetischer Überzeugung vorgetragen wird, wird innerlich doch nicht geglaubt. Der innere Mensch zweifelt an dem, was der äußere will und tut. Das Schema der Individualpsychologen *Adler*scher und *Künkel*scher Richtung drängt sich geradezu auf: je demonstrierter das Geltungsverlangen außen, desto geringer das innere Selbstvertrauen. Der Proband will mehr, als er kann. Er stolpert über den eigenen Ehrgeiz. Er will sehr viel: er will das Außerordentliche. Der untere Ast links führt vom Stamm weg in die dritte Dimension, weg von der Konvention der Ebene, weg vom Gewöhnlichen ins Außergewöhnliche. Hier wird die Art der Neigung zugleich mit angezeigt. Das Merkmal spricht auch für originelle Gedankengänge, nicht aber davon, ob echte Originalität vorliegt. Sicher ist nur der Wunsch nach Originalität. Immerhin zeigt die Untersuchung auch Echtes von diesem Zug.

Das Außerordentliche wollen, zugleich innerlich getrieben sein und dazu noch über eine gewisse Originalität der Gedankengänge zu verfügen, würde eigentlich zu bemerkenswerten Leistungen disponieren. Ein intensiver Arbeiter ist unser Zeichner, aber auf lange Sicht fehlt ihm trotzdem die Ausdauer, denn er versteht sich nicht auf die Kunst des Möglichen, oder dann sind die äußern Verhältnisse nicht seiner Anlage entsprechend – oder es fehlt sonst noch etwas. In der ganzen Unausgeglichenheit und teilweise unfruchtbaren Spannung, in diesem Widerstreit von Wollen und Können resigniert der Mann halbwegs, aber eben nie ganz. Man denke sich hier das Kreuz, das Achsenkreuz in den Baum gezeichnet, um die Spannung und fast unfruchtbare Dynamik dieses Menschen zu verstehen. Eine Oberlänge, welche die Unterlänge um das Doppelte überragt, strebsam, streberisch, das Ziel weit und hoch gesetzt, wahrscheinlich geneigt, Fernziele zu verfolgen, die so weitab liegen, daß sie zwar erwartet, angestrebt, aber noch mehr erträumt werden, um so mehr, als die offenen Äste darauf hinweisen, daß die Zielsetzung unbestimmt ist. Die Gefahr, über das Reale hinaus zu wollen, ist nicht gering, sosehr immer wieder kräftige Vorstöße nach oben und rechts, auf die Realität hin unternommen werden, die aber gefolgt sind von Strebungen (obere Äste), die nur wie ein schwaches und verkümmertes Echo anmuten. Der linke Kreuzbalken ist abfallend, von steifer, krampfiger Resignation.

In dieser aufreibenden Spannung von Auftrieb und Entmutigung liegt eine mangelhafte Auszeugung der Anlagen und Fähigkeiten. Der Tannenbaum zeigt diesen Tatbestand fast immer: nicht auszeugen können, oft nicht auszeugen wollen. Daß oft 80 % der Hilfsarbeiter Tannenstämme zeichnen, weist deutlich genug auf die Einschränkung der Auszeugung durch mangelnde Entfaltungsmöglichkeiten in der Hilfsarbeit. Die Grenze kann auch durch einen ungünstigen Zusammenklang der Anlagen selbst gesetzt sein. Gleichgültig, ob innere oder äußere Ursachen oder beide zusammen zu diesem Bilde führen – der Betroffene selbst wird auf seine Art eine Ursache für einen Mißerfolg suchen. In diesem Falle weist aber zuerst der Rorschachbefund auf eine bestimmte Richtung. Mit 12 Anatomieantworten deute ich auf ein «intellektuelles Minderwertigkeitsgefühl», auf einen Intelligenzkomplex. Bei der direkten Frage nach der Schwäche, die am meisten zu schaffen macht, sagt der Proband spontan: «Zu geringe Schulbildung.» Nun ist freilich die vorhandene Schulbildung im Verhältnis zur bereits erreichten Stellung keineswegs zu gering, aber sie ist zu schwach im Verhältnis zum unklar erstrebten Ziel. Dunkel ahnt er, daß seine Laufbahn noch nicht abgeschlossen ist (Röhrenäste), aber wohin er zielen soll, weiß er eigentlich nicht. So groß der Drang nach Verantwortung und Leistung ist, ist er doch wieder nicht so groß, daß er ohne Sicherung und Rückendeckung riskieren würde. Der Mann traut sich selber doch nicht ganz.

Figur A

Eines kann man der Baumzeichnung nicht abstreiten: sie ist nicht langweilig, nicht eintönig, nicht stereotyp, aber doch wieder nicht differenziert. So ist auch unser Zeichner: robust, eher hart bis verkrampft, durch den triebhaften Vorstoß und die erlebte Entmutigung durchaus einer gewissen Tiefe fähig. Daß soziale Probleme das Thema bilden, ist gar nicht verwunderlich. Man beachte den Rindencharakter an Stamm und Ast. Rinde rauht auf, Rinde ist das Äußere. Dort ist die Berührungsstelle zwischen dem Ich und der Mitwelt und der Außenwelt. Nur reagible Menschen, sogar reizbar und empfindliche Menschen zeichnen die Rinde so, derart aufgerauht, fast borkig. Sie spüren die Umgebung, sie beobachten sehr gut, sie empfinden alles scharf – und sie reiben sich an der Realität, sie sind leicht zu verletzen, und schließlich führen alle Schwierigkeiten in der Ich-Du-Beziehung bei einiger Intelligenz und Einsicht zum Erleben einer sozialen Problematik. Das ist auch hier der Fall. Man kann noch weiter gehen:

Betrachten wir die Stammbasis, so erkennen wir, daß erstens kein richtiger Abschluß, kein Ansatz zur Verwurzelung vorhanden ist. Zweitens: Legen wir eine

Hilfslinie über die Enden der Grundlinien an der Basis, so entsteht eine schräge Basis, ein Abhang – das Merkmal einer hier leichten Abwendung, einer Abwendungsreaktion.

Fast im Gegensatz zur beinahe tragischen Ernsthaftigkeit der seelischen Lage steht das Merkmal des sogenannten Zusatzes, hier eines Vogelhäuschens. Das Merkmal ist gleich mehrdeutig. Solche Zusätze zeichnen Spaßvögel. Für Spässe ist unser Proband sehr zu haben. Es dürfen sogar kräftige Spässe sein, aber manchmal klingt auch ein Unterton Spielerisches mit und oft etwas Mokierendes. Diese Deutung ist allgemein richtig und trifft hier den Nagel auf den Kopf. Der Zeichner hat aber keinen Vogel, sondern ein Häuschen gezeichnet. Der Spaß*vogel* braucht wohl auch ein Nest. Die Exploration fördert denn auch gleich folgenden Tatbestand zum Vorschein: Der Proband ist durch besondere Betriebsverhältnisse gezwungen, fern von seiner Familie zu arbeiten. Sein größter Wunsch wäre, ein eigenes Häuschen zu besitzen und mit seiner Familie zusammenzuleben. Dieser Drang zur Häuslichkeit steht nun wiederum im Gegensatz zu seinen Fernzielen, um derentwillen er trotz Familie eine Pionierarbeit im Ausland annehmen würde, wenn dazu Gelegenheit vorhanden wäre. Selbstverständlich haben wir uns nicht gleich diese Deutung im vollen Umfang nach der Zeichnung zugemutet, weil hier zu leicht hineingedeutet werden kann. Erst die Vergleichung des Materials aus der Exploration mit dem Merkmal in der Zeichnung zeigt eine Analogie auf.

Zu bemerken wäre noch, daß der Proband eine unterbrochene Bodenlinie und Gras zeichnet. Durch die Weite der Bodenlinie über die ganze Blattbreite wird dieser Boden zur Landschaft und damit zu einem Zeichen für das Stimmungshafte, für die Atmosphäre, zart und lebendig, leicht hingeworfen, nicht derb und nicht sonderlich bodenständig, aber auch nicht vordrängend. Diese zarte Seite und Stimmbarkeit, das feinere Empfinden ist da und verträgt sich durchaus mit der robusten äußern Art.

Abgesehen von allen Differenzierungen über diese Baumzeichnung, kann der Diagnostiker Gültiges über den unausgeglichenen affektiven Haushalt aussagen, die Natur der fast primitiven Drang- und Stoßkraft feststellen und die Affektverklemmung ohne besondere Schwierigkeit diagnostizieren. Allein auf Grund solcher Feststellungen kann er Richtung und Art der weiteren Untersuchung bestimmen und findet zugleich wertvolle Unterlagen für die Beratung in bezug auf Eignung, vor allem für seine Eignung als Führer von Untergebenen. Diese kann man auf eine kurze Formel bringen: Der Mann ist wie ein Soldat, der sich während drei Wochen mit Bravour schlägt, aber dann heimkehren sollte, weil er versagt, sobald die kleinen Probleme des Alltags kommen, die Auseinandersetzungen, die man nicht mehr im Schuß und mit Wucht zusammenrennen kann. Die Affektivität ist hier stärker als die auch vorhandene Einsicht. Der Mann reagiert genau wie ein Junge in der radikalisierenden Phase der Pubertät. Die Diagnose « unverarbeitete, steckengebliebene Pubertät » stimmt nicht schlecht.

Speziell zum Lesen der Merkmale wurden einige nicht sehr auffallende Beispiele gewählt. Sie sind eher schwieriger zu lesen als auffallende Bilder, die dafür manche Verhaltensweisen oft etwas übertrieben darstellen.

Figur B. Tochter, 23 Jahre alt

Ein klares Bild mit eindeutigem Strichcharakter und mit geradezu verdächtiger Überdeutlichkeit gezeichnet, die kompensatorisch wirkt zum übrigen Zustand.

Figur B

Die Zonen: deutlich ist die *Rechtsbetonung*. Fast die ganze Skala der Tabelle über Rechtsbetonung trifft hier zu: Träumen, sich in der Phantasie ausleben, sich selbst vergessen, Hemmung, Unruhe und Ichschwäche. Die Tochter ist oft « wie abwesend », sie versinkt immer wieder in ihrer eigenen Welt.

Obere und untere Zone sind fast gleich hoch und in diesem Sinne keineswegs von der Norm stark abweichend. Hingegen fällt die Breite der Krone auf, die wie abgeplattet erscheint, also stärker gipfeln müßte zur vollen Entfaltung. Nur leise angetönt ist hier die gedämpfte Entfaltung, der Gehorsam, der als Mittel zur Disziplinierung bis zur bewußten Resignation benutzt wird.

Der Stamm ist leicht rechtsschräg: Hingabebereitschaft, Opferbereitschaft im ausgesprochenen Maße. Anpassungsbereit. Zugleich ist bereits ein Anklang von Haltschwäche vorhanden.

Der Stamm ist nach unten *keilförmig* und *breit*: Schwerfälligkeit, Hemmung. Die Tochter hat auch schwer gelernt.

Im vollen Gegensatz dazu sind die *Astenden wie feine Fühler* zugespitzt und verlaufen in schön geschwungenen Formen: Einfühlungsgabe, hohe Sensibilität. Der Gegensatz sensibel und schwerfällig ist wirklich da und ohne Mitte und Maß.

Verdickungen: Über dem Stamm werden die Äste wulstartig verdickt oder werden nach vorne breiter. Hier kommt der Hemmungscharakter plastisch zum Vorschein. Die Affekte sind gestaut und verklemmt, gesperrt.

Daß hier schon Verdrängung aus dem Disziplinierungsstreben wird, zeigt die Verbiegungstendenz am linken kräftigen Ast. Die Selbstdisziplin, ja sogar die Anpassung wird gewollt bis zur Selbstverleugnung. Im gleichen Zuge entsteht aber so etwas wie Zwang statt Entfaltung.

Betrachtet man die Krone unbefangen, so entdecken wir zwei Richtungen: ein flammendes *Aufstreben* und zugleich ein Herabdrücken auf die *Waagrechte*, ja sogar ein Fließen nach rechts. Im Aufstreben der flammende Eifer und die durchaus echte Begeisterung, im Heruntertauchen in die Horizontale die Reflexion, die Berechnung und Ausrechnung, das Planen und Vorausschauenwollen, im Wechsel von Aufstreben und Horizontale (vor allem unter Berücksichtigung der Stauungen und der oben erwähnten Gegensätze) das Pendeln zwischen Glauben und Bedenken, zwischen Offenheit und Zweifel, Riskieren und Sichern. «Himmelhochjauchzend – zutode betrübt», so schwankt sie in der Stimmungslage ständig. Im Rorschachversuch zeigt sie vier FbF-Antworten, was eine Bestätigung bedeutet. Sie ist anpassungsbereit, aber anpassungsunfähig.

Die *Bodenlinie* fehlt, aber wenn man die Stammkonturen verbindet, entsteht eine schräge Linie: Abwendungsreaktion, die auch in der betonten Rechtsverlagerung zum Ausdruck kommt. Die Depression, die hier vorliegt, ist sozusagen das Resultat dieser inneren Unausgeglichenheit. Eine Konfliktsituation liegt nicht vor, und mit dem Begriff der Neurose ist nichts anzufangen. Im Mangel an Maß zeigt sich vielmehr eine Psychopathie, welche zwar die Gemeinschaftsfähigkeit erschwert, unter Berücksichtigung eines positiven sittlichen Willens, aber nicht gemeinschaftsstörend wird.

Figur C. Jüngling, 17 Jahre alt

In der ganzheitlichen Betrachtung mutet dieser gezeichnete Baum recht krank an. Das Bild würde stutzig machen, ohne jede Zergliederung. Trotzdem: solche Erscheinungen sind nicht so selten.

Die Zonen: starke *Rechtsbetonung*; relativ starke Betonung der untern Zone: verhältnismäßig *langer Stamm* im Verhältnis zur Krone. *Wurzeln*. Eine leicht *hügelförmige* Bodenlinie, aber breit und mit Pflanzen durchsetzt: Landschaft. Die Astenden sind stumpf: *abgesägte, gestutzte Äste*, am Stamm: *frontale Astschnitte* (Augen), links am Stamm, also unterhalb der eigentlichen Krone: *abgesägtes Aststück*. Die

Strichführung ist unbestimmt und vor allem am Stamm und an den Ästen *unterbrochen*. Zur Rechtsbetonung kommt eine leichte *Linksläufigkeit* und im Gegensatz zu den *geraden* Ästen rechts ein bogenförmig *herabhängender* Ast links. Der Stamm ist unregelmäßig und stellenweise eingeschnürt. Doppelstrichäste *parallel*, gleich *dick. Verdickungen.*

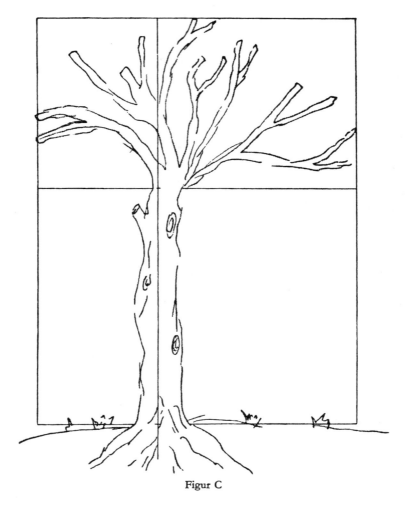

Figur C

Für den Diagnostiker auffallend sind zwei Momente: der lange Stamm und der Astansatz am Stamm unter der Krone. Beides sind Ausdrücke für Regressionen, und wenn man den Jungen für « ein großes Kind » hält, so ist das noch bescheiden beschrieben. « Leicht infantil » stimmt noch besser. Er hat seine Illusionen, und er will das Außerordentliche (frontale Astschnitte), kommt aber nicht auf die Rechnung, sondern fühlt sich nach allen Mißerfolgen « beschnitten und gestutzt», teils auch durch Erziehung, die aber diesen müden Knaben mindestens schulisch nicht hochbringen konnte. Minderwertigkeitsgefühle sind die Folge und hier zu deuten aus den abgesägten Ästen, der Resignation und Schlaffheit der abfallenden Formen links, die auch eine innere Widerstandsschwäche verraten, die nach außen zwar heftig kompensiert wird (gerade Formen rechts am Stamm). In der Rechtsbetonung: Flucht auf die «andere Seite», in den Phantasiebetrieb. Zugleich: flüchtig, unkonzentriert, leicht beeindruckbar, unruhig, unsicher, aber auch im hohen Grade von Erlebnisdrang getrieben, geltungsbedürftig, auch frech. Der Junge weicht aus (Linksläufigkeit), er träumt, und in seiner Ichbefangenheit ist er außerordentlich empfindlich. Zugleich sucht er Halt (Wurzel). Er fühlt sich vereinsamt und schon isoliert (hügelige Bodenlinie), und in der mäßigen Betonung der Landschaft kommt die Flucht vor der Wirklichkeit wiederum zum Vorschein, das Träumerische, Schweifende, auch Schildernde und Geschwätzige, das Stimmungsmäßige, ja der leicht depressive Einschlag und die Sumpfigkeit, die hier freilich im morbiden fast breiigen Strich noch mehr zum Ausdruck kommt.

Die Strichunterbrechungen: nervöse Erregbarkeit, Heftigkeit, Jähzorn. Wenn der Junge den Rank nicht mehr findet, kommt es zu massiven Affektentladungen. Die Stauungen sind an einer Stelle im Geäst gut ausgedrückt. In den gleich dicken Ästen äußert sich das Dranghafte, Erlebnishungrige, oft Freche und Anmaßende, freilich auch neben der Triebhaftigkeit und Ungeduld die Möglichkeit, daß «Handgreifliches» besser liegt als Studium.

Es handelt sich um eine Spätentwicklung. Manuell ist der Junge besser begabt als intellektuell, aber er hätte studieren sollen, also etwas tun, was ihm zuwider war und was seine Flucht aus der Realität nur begünstigt hat, ja sogar zu einer innern Verwahrlosung führen konnte. Die puberalen Erscheinungen, die hier ablaufen, führen eher auf der praktisch-handwerklichen Seite zur Reife, aber nur wenn es gelingt, die Vorstellungen mehr der Wirklichkeit zu nähern.

Im Grunde müßte man zu dieser Analyse gar nicht unbedingt für jeden Zug die Analogie in der Zeichnung haben. Die Einzelheiten haben den Vorteil der Verifizierungsmöglichkeit, aber wenn man einige Dominanten hat, so weiß man um die damit zusammenhängenden Verhaltungsmöglichkeiten aus der Erfahrung.

Figur D. Mädchen, 16 Jahre alt

Die Zeichnung zeigt einen Baum in *Kugelform*. Zugleich läßt sich die Krone noch differenzierter betrachten. Sehr oft müssen graphische Erscheinungen unter mehreren Aspekten untersucht und bestimmt werden, obwohl die dominante Form die wesentlichen Bedeutungen enthält. Graphologisch ist die Krone *zentriert*, die Form ist als Arkadenform zu bezeichnen, und im fast vorhandenen Gleichgewicht zwischen links und rechts liegt der Charakter der *Monstranzform*. Die kleineren Halbkreise bedeuten *Früchte*, die unter dem Laubwerk herausgucken.

Die Krone ist etwas *abgeplattet*, der Stamm relativ plastisch und gerade, die Stammoberfläche *längsgestreift*. Die Bodenlinie ist leicht hügelig und zeichnet zugleich die «Landschaft». Unterhalb der Krone treibt ein abgeschnittenes Aststück nach rechts am Stamm.

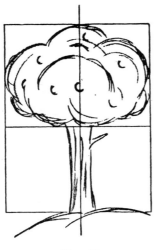

Figur D

Das Formgefühl, das der Zeichnerin eigen ist und in der Arkadenform zum Ausdruck kommt, äußert sich praktisch als zeichnerische Begabung und Neigung zum Dekorativen. Das Mädchen ist Einzelkind, und zugleich war es längere Zeit schonungsbedürftig. Auf diesem Boden entwickelt sich die zeichnerische Note besonders gut. Im Astansatz unterhalb der Krone verrät sich der kindliche Zug, der dem Alter angemessen als Rückstand anmutet, in der konzentrischen, monstranzähnlichen Form der Krone der Mangel an Aktivität, das Insichruhen. Die Selbstdarstellung wird in schönster Weise ausgedrückt, und mit der Freude an der Form ist nicht nur die Neigung zum Schönen da, sondern auch zum Schönsein und Schönhaben. Schon im Grundcharakter der Ballenform ist die kindlich-naive Art, das Leben in der Illusion und im Märchen, das Entfernen vor der Wirklichkeit ausgedrückt, auch die Augenbegabung, die Anschauungsfreudigkeit, die Gemüthaftigkeit und ein Stück Bequemlichkeit. Die Bodenlinie mit den hügeligen Bogenzügen unterstreicht den Charakter der Selbstdarstellung, und in der längsgestreiften Stammoberfläche tritt die Beobachtungsgabe, die sensible Empfänglichkeit und Reagibilität in Erscheinung. Die Druckunterschiede in der Strichführung unterstreichen die Plastik, und zugleich deuten die Strichunterbrechungen der Stammkontur auf eine empfindliche Reizbarkeit.

Die gezeichneten Früchte sind eigentlich nur Andeutungen, aber in ihrer Bedeutung entsprechen sie sehr den Tatsachen: Geltungsbedürfnis, Kurzatmigkeit in der Anstrengung, falsches Einschätzen der Realität, Schein für Wirklichkeit nehmen, Ungeduld, Kindlichkeit, Wunsch, reich zu sein. Der träumerische, verwöhnte, kindliche Charakter wäre so hinlänglich beschrieben. In der leichten Linksbetonung der Krone ist die Neigung zu Beschaulichkeit und Zurückgezogenheit leicht angedeutet und hier vornehmlich gesundheitlich bedingt. Ein Gegensatz zur Selbstdarstellung besteht durchaus nicht. Das Mädchen will scheinen oder durch Schönheit wirken oder eher « sein » als streben. Zufällig ist das Mädchen auch schön, und wenn diese Tugend von ihm entdeckt wird, so kann man die Selbstbewunderung verstehen. Man hätte bei so viel Betonung des Schönen eigentlich Blütenzeichnungen erwarten können. In einem andern Test, dem TAT, ist diese Seite denn auch gezeichnet worden; ein Phantasieaufsatz über ein gegebenes Thema ergänzt hier ausgezeichnet: « Silberhell ist die mit Blütenduft durchzogene Frühlingsnacht. Das Mädchen steht am Fenster und lauscht in die Nacht hinaus. Betäubend steigt der Blütenduft zu ihr ans Fenster empor. Der milde Schein des dahingleitenden Mondes erfüllt das Mädchen mit Wehmut. Es lockte sie einfach aus dem Bett, und eine unsichtbare, aber gewaltsame Macht zwang sie ans Fenster. Zuerst betrachtet das Mädchen das nächtliche Traumbild, das aber

Wirklichkeit ist. Sie träumt von fernen Ländern und andern Menschen. Riesengroß sind die Luftschlösser, die das Mädchen baut, aber lautlos stürzen sie wieder in eine abgrundlose Tiefe. »

Liest man den Aufsatz unter dem Aspekt der Selbstbeurteilung durch Projektion, so sieht man die Grundstimmung ausgezeichnet eingefangen. Die Suggestibilität ist noch betonter ausgedrückt, als dies in der mehr denkmalhaften, aber immerhin lebendigen Zeichnung möglich ist; Blüte ist der Ausdruck für Selbstbewunderung, für das Momentane, für das Scheinenwollen, Schönsein, Schmücken. Der « betäubende Blütenduft » unterstreicht fast das Illusionäre und die Selbstbeweihräucherung: das Mädchen widersteht Einflüssen noch nicht, es « lockt » sie heraus, es setzt Traumbild und Wirklichkeit gleich, aber die « riesengroßen Luftschlösser » stürzen lautlos in eine abgrundlose Tiefe.

Die Vergleichung verschiedener Testergebnisse, wie sie hier gezeigt wird, dient diagnostisch zur Vervollständigung des Befundes; zugleich können die Testverfahren gegenseitig kontrolliert werden. In diesem Falle bestätigt ein Ergebnis das andere. Praktisch stellt sich dann immer die Frage: Welcher Test spricht sicherer und zuverlässiger an, welcher ist der rationellere und zeitsparendere, ohne daß qualitativ Abstriche gemacht werden müssen? Im gezeigten Beispiel wäre allerdings die Diagnose auch ohne Test möglich gewesen, denn die Mutter sagte von dem Mädchen: « Sie ist hoffärtig und weiß noch nicht, was Leben heißt. »

Figur E. Knabe, 15 Jahre alt

Der vorliegende Fall ist ein gutes Schulbeispiel für die Anwendung der Raumsymbolik. Auf den ersten Blick fällt die Lage der Zeichnung auf und erst in zweiter Linie die Gestaltung. Der Baum scheint wie am obern Blattrand zu hängen.

Die Lagebestimmung: Ein Diagonalkreuz über das ganze Blatt gezogen läßt erkennen, daß die Basis der Zeichnung etwa auf der Blattmitte liegt und die Mittellinie des Stammes etwa 36 mm von der Mitte aus nach links verschoben ist. Die Zeichnung besetzt mit dem optisch bestimmenden Stamm die linke obere Zone des Blattes oder Feldes.

Die Umrahmung: Das eingezeichnete Achsenkreuz und das Diagonalkreuz innerhalb des Rahmens zeigen die auffallende Rechtsbetonung der obern Kronenpartie. Die rechte Kronenhälfte ist ungefähr doppelt so breit wie die linke, aber zugleich weniger gefüllt als links. Zugleich wird oben bis an den Blattrand oder eher über den Blattrand hinaus gezeichnet, so daß Röhrenäste entstehen, die aber auch sonst nachzuweisen sind.

Der rechts herabhängende Ast ist abgebrochen und fällt, ein Zeichen der innern Wandlung im Pubertätsalter. Der Junge steht im Umbruch, und Altes fällt ab.

Ohne auf Einzelheiten des sonst kräftig geformten Baumes einzugehen, steht man einer etwas widersprechenden Erscheinung gegenüber, indem eine Linksbetonung durch die Lage im Feld gegeben ist und eine Rechtsbetonung durch die weit ausladende Krone. Wir erleichtern uns das Verstehen, wenn wir fragen, wo*hin* eigentlich gezielt werde. So bekommen wir eindeutig drei Richtungen: nach links, nach oben, nach rechts oben.

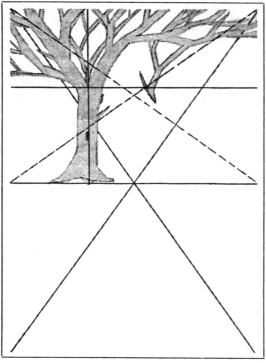

Figur E

Nach oben: Teils ist diese Richtung sichtbar durch das Zeichnen über den Blattrand hinaus. Der Junge ist ein ausgesprochener Randflüchter, zugleich hängt seine Baumzeichnung sozusagen in der Luft; der Leerraum der untern Blatthälfte zeigt, wie sehr alles in die Schwebe geraten ist. Oben geht er über die Grenze hinaus, innerhalb welcher er sich eigentlich zurechtfinden sollte. Das Blatt symbolisiert das Lebensfeld schlechthin. Der Junge kommt damit nicht aus, und so tendiert er auf etwas, was mindestens jetzt sicher nicht realisierbar ist. Seine Wunschwelt übermarcht, und so wachsen seine Wünsche etwas in den Himmel. Mangel an Wirklichkeitssinn in einem Ausmaß, wie es beim puberalen Phantasiebetrieb nicht selten ist, dürfte der nächstliegende Sinn sein. Der Junge äußert als Berufswünsche in erster Linie: Instruktionsoffizier oder Turn- und Sportlehrer, in zweiter Linie Techniker, womit er leise die Berufe Bau- und Maschinenzeichner antönt. Die erstgenannten Berufe sind mit 15 Jahren nicht realisierbar, sondern erst nach Erlernung oder nach dem Studium eines andern Grundberufes. Die Wünsche bedeuten auch nicht mehr als Erlebnisdrang, Freude an Bewegung und Kraftdemonstration. Es sind Fernziele, die wahrscheinlich schon bald abgebaut werden, um so mehr, als ein kräftiger Schub in der Reifung bereits zu erwarten ist (fallender Ast). Es fehlt jedoch immer noch das Gefühl für das Maß. Zudem liegt etwas Regressives im Symptom des Zeichnens über den Blattrand hinaus.

Die Besetzung der linken obern Blattzone: In diesem Symptom liegt die Tendenz zum Ausweichen, zum Rückzug, der Flucht vor den Auseinandersetzungen mit der Wirklichkeit. Es ist die Flucht in die unverpflichtende Wunschwelt, aber vor allem die Flucht in die Passivität des bloßen Zuschauers. Das ist der Typ, der in der Schule « mehr hätte leisten können ». Über seinem Schulverhalten liegt eine gewisse Mattigkeit, die Initiative spielt nicht recht, und in mancher Beziehung muß er als bequem bezeichnet werden. Verlangt man mehr, so reagiert er heftig und gereizt, denn er verteidigt seine Wunschwelt. Nur ist das bloß eine Seite des Zustandes.

Die Rechtsbetonung: Die weitausholende, nach rechts oben weisende Gebärde deutet auf eine Erfolgswilligkeit und Zielstrebigkeit, die beide im Gegensatz zur wirklich vorhandenen Passivität stehen. Freilich ist nur die Richtung des Strebens angedeutet, nicht der Vollzug, nicht das Handeln selbst, welches höchstens zu erwarten ist. Tatsächlich ist der Junge bei den Pfadfindern sehr aktiv, und wenn er technisch-praktische Aufgaben zu lösen bekommt, verliert sich die Mattigkeit des Einsatzes. Er wird aktiver und frischer, sobald er praktisch arbeiten kann.

Das Bild einer Ambivalenz ist ausgesprochen, das Schwanken zwischen Wollen (Rechtsbetonung) und Nichtwollen (Betonung der linken obern Zone). In den Schulleistungen verschmilzt beides zu einer mittelmäßigen Leistung, die deutlich unterhalb der wirklichen Leistungsfähigkeit liegt. Auch im Verhalten schwankt er zwischen Schüchternheit und Wagemut. Er kommandiert gerne und zeigt zugleich Scheu vor Verantwortung. Da er sich gewissermaßen links oben im Zuschauerraum des Lebens bewegt, urteilt er über alles und jedes, vor allem auch darüber, ob eine ihm zugemutete Aufgabe nötig ist oder nicht. Im besten Falle «philosophieren» die Zuschauer, sie sind oft Besserwisser, aber damit ist gar nichts über ihr Können gesagt.

Die Unausgeglichenheit und Uneigentlichkeit der puberalen Übergangsphase kommt aus diesem Raumbild sehr klar zur Wirkung, ohne daß irgendwie Anlaß besteht, den Reifezustand als unterentwickelt im Verhältnis zum Alter zu bezeichnen. Die Unbestimmtheit und damit Offenheit ist durch die Röhrenäste hinreichend angedeutet, die massiven, meist parallelen Astformen zeigen, wie sehr der Junge nach mehr praktischer Betätigung ruft, wo er seine Kraft zeigen kann, selbst wenn auch dies alles noch wenig differenziert spielen wird. Die fast schematisierte Gestaltung des Stammes und der Stammbasis weisen auf eine Mischung von Unbeholfenheit und doch fast krampfhaftem Wollen hin.

Gesamthaft drückt die Zeichnung einen Zustand aus, wie er für eine bestimmte Pubertätsphase charakteristisch ist. Zugleich ist die Berufsreife noch nicht ganz erreicht. Selbstverständlich kann derselbe seelische Tatbestand auch durch andere Ausdrucksmittel in der Baumzeichnung zum Vorschein kommen. Der vorliegende Fall, der eine so günstige Voraussetzung für die Anwendung der Raumsymbolik schafft, wiederholt sich nicht allzuoft oder wenigstens nicht so klar.

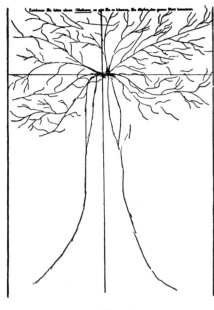

Figur F

Figur F. Hilfsarbeiter, 18 Jahre alt

Der gezeichnete Baum, der im Rahmen einer Eignungsuntersuchung aufgenommen wurde, zeigt folgende Merkmale:
1. Überlanger Stamm im Verhältnis zur Krone. Das Verhältnis beträgt 33:10.
2. Stammbasis auf Blattrand gesetzt.
3. Lötstamm.
4. Kegelstamm.
5. Reine Strichastkrone.
6. Gegenzüge, besonders gut sichtbar an den Zweigen der linksseitigen Äste.
7. Verbesserung. Die obere Hälfte des Stammes wird nachträglich breiter gezeichnet, ohne daß die frühere Kontur ausgelöscht wird.
8. Die Äste fallen teilweise deutlich unter die Übergangslinie Stamm/Krone.
9. Die Krone ist an den obern Blattrand hinaufgezeichnet.
10. Das Verhältnis von linker und rechter Kronenhälfte beträgt 10:12, bewegt sich also im Bereich der Norm.
11. Auf der rechten Kronenhälfte sind mehrere Zweige vom Ast losgelöst und schweben teilweise unangepaßt zum Ganzen im Raum.
12. Abgesehen von den Gegenzügen, liegen die Äste in der Wachstumsrichtung. Es sind weder gerade noch winklige Züge vorhanden, sondern geschweifte, oft wellenförmige.

Die Bestimmung der Merkmale ist in diesem Falle recht einfach und eindeutig. Die Deutung bereitet ein Stück weit keinerlei Schwierigkeiten.

Die Eindrucksanalyse, die naturgemäß am Original besser spielt als an der Reproduktion, würde ohne weiteres ergeben: primitiv, unharmonisch durch den Mangel an Gleichgewicht von oben und unten und den Gegensatz einer gewissen Differenziertheit oben und der massigen Schwere, die zugleich leer anspricht im untern Teil.

Der Eindruck wird bestätigt an den Einzelheiten. Das Zeichnen des Baumes auf den Blattrand ist als Frühmerkmal zu betrachten, welches bis zum 10. Altersjahr als normal zu nehmen ist und nachher als leichte Retardierungserscheinung zu werten ist.

Das Verhältnis Stamm/Krone mit 33:10 liegt im Streuungsbereich der fünf- bis siebenjährigen Kinder. Der Zeichner ist demnach entweder auf der Stufe des Spielkindes fixiert oder retardiert oder im Zustand einer Regression auf eine frühere Stufe zurückgeworfen. Das Merkmal, welches keineswegs der bewußten Kontrolle des Zeichners ausgesetzt war, ist als sehr gewichtig zu nehmen und deutet auf einen Primitivzustand hin. Der Lötstamm ist wiederum ein Merkmal, welches nach dem 11. Lebensjahr praktisch verschwindet und in diesem Falle wiederum auf eine Retardierung hinweist. Der deutliche Kegelstamm mit der breiten Sohle und der Zuspitzung gegen das Stammende hin ist bei Normalen nach dem 11. bis 12. Jahr überhaupt nicht mehr vorhanden, bei Debilen jedoch bei Siebzehnjährigen mit rund fünf Prozent noch vorhanden, ein Hinweis, daß es mit der Intelligenz des Zeichners wahrscheinlich nicht zum besten bestellt ist. Der Proband ist tatsächlich knapp mittelmäßig begabt und erreicht auf keinen Fall das durchschnittliche Niveau. Die Häufung von Retardierungsmerkmalen, wie sie hier auftreten, ist nicht bloß für einen affektiven Reiferückstand symptomatisch, sondern schließt eine intellektuelle Entwicklungshemmung mit ein, wobei eine solche Deutung naturgemäß vorläufig den Charakter der Wahrscheinlichkeit hat und mit Leichtigkeit nachzuprüfen ist.

Die reine Strichastmanier weist zwar auf eine Teilretardierung hin, ohne daß man sie gleich gewichtig nehmen darf, wie etwa das extreme Größenverhältnis. Selbst Sekundarschüler können gelegentlich bis zu 13% mit Strichästen reagieren, obwohl das Merkmal schon früher nur mehr selten auftritt, aber offensichtlich bereits die normalen puberalen Regressionen registriert, aber eben doch unverkennbar einen regressiven Charakter aufweist. Die Gegenzüge an den Ästen, die hier auf der linken Kronenhälfte auftreten, haben einen Doppelsinn, indem ein Gegenzug gleichzeitig auch eine Raumverlagerung darstellt, wie sie ausgesprochen nur im Spielalter auftritt und später nur ganz vereinzelt zu finden ist, während vereinzelte Gegenzüge mit einer Häufigkeit von 1 bis 5% selbst in der Sekundarschule vorkommen und bei jugendlichen Hilfsarbeitern auffallend oft auftreten. Der Doppelsinn der frühkindlichen Raumverlagerung mit seinem Schematismus und dem damit gegebenen Primitivzustand verbindet sich teils mit einem gedankenlosen Arbeiten, welches unkontrolliert abläuft, so daß plötzlich etwas entsteht, was « entgegen » dem Auftrag und der bewußten Absicht verkehrt herauskommt; teils widersetzt sich der Zeichner des Gegenzuges jedoch der Norm, er schwimmt gegen den Strom und macht bewußt das Gegenteil des Richtigen oder Konventionellen. Er tut etwas « gegen den Strich », widersinnig, widersprüchlich und widersprechend. Irgendwie ist hier ein querulierendes Element vorhanden, also das Gegenteil der Anpassung, demnach Anpassungsmangel. Die Beständigkeit der Normalrichtung ist ins Gegenteil verdreht, und mit diesem hintergründigen Richtungswechsel, welcher sich bezeichnenderweise auf der linken Zonenhälfte und nicht auf der nach außen gerichteten rechten abspielt, wird der Tatbestand der Unbeständigkeit, des Wechsels, der Unzuverlässigkeit offenkundig. Zuverlässig ist ja nur der, dessen Gesinnung und Verhalten nicht durch plötzliche Launen und Inkonsequenzen oder Gesinnungswechsel bedroht ist. Hier jedoch ist der Tatbestand der Unzuverlässigkeit erfüllt, nicht nur auf der Ebene der Arbeitseigenschaften, sondern auch auf der moralischen Ebene. Der Bursche stiehlt, was ihm gerade in die Finger kommt, und was er selber verwenden kann, Füllfederhalter, Zigaretten und Geld. Natürlich ließe sich der Gegenzug auch als Zug auf sich selbst zu betrachten, und er würde damit zur Geste des Hereinholens, des Zusammenraffens, der Aneignung.

Die Korrektur des Stammes deutet offenbar darauf hin, daß beim oben fast spitz zulaufenden Kegelstamm die Substanzschwäche erlebt wurde und unbeholfen auszugleichen versucht wird. Die Unangepaßtheit des Flaschenhalses wird nachträglich korrigiert, überkleistert, maskiert und verbessert – und was herauskommt, ist ein richtiger Flick und dazu etwas wirklich Uneigentliches. In bezug auf die Arbeitsweise und den Arbeitscharakter wird die Tendenz zum Flicken vom Betrieb eindeutig bestätigt. Der junge Mann flickt ständig an seiner Arbeit herum nach dem Schema: « Meister, die Arbeit ist fertig, soll ich sie gleich flicken? » Er macht zuerst kopflos Fehler, aber er sieht die Fehler und will sie mit unzureichenden Mitteln beheben. Nur ist das einer jener Unverbesserlichen, die aus Fehlern nichts lernen, sosehr im Tatbestand der wahrscheinlich nervösen Selbstkontrolle ein brauchbarer Ansatz zu einer positiven Einstellung vorliegt. Das Lockere, fast Spielerische und Unverpflichtende der Aufmerksamkeit spiegeln die rechtsseitig abgesprengten Zweige, die teilweise gar nicht auf einen Ast zu disponiert sind und damit ein desorganisiertes Verhalten aufzeigen.

Die Krone als Ganzes ist durchaus differenziert, vor allem im Gegensatz zur massiven, wenn auch leeren Stammgestalt. Das magere, aber doch fast fein verästelte, mehr als Gesträuch, denn als Geäst anmutende Kronenbild bleibt mit den feinern Verzweigungen doch Ausdruck einer gewissen Reagibilität und Sensitivität. Die Außenteile sind die Berührungspunkte mit der Wirklichkeit, als Ein- und Ausdrucksorgane verhältnismäßig reich, aber blutleer und substanzlos. Die Reagibilität hinsichtlich Auffassen, Anregbarkeit und Beeindruckbarkeit ist ziemlich groß – bis zu einem gewissen Grade im Sinne einer sogenannten emotiven Veranlagung, die sich als Übererregbarkeit des vegetativen Systems ausdrückt und von dort aus Wallungen mit übertriebener Erregbarkeit auslöst. Die vorwiegend weich geschwungenen Linien verraten Leichtigkeit und Beweglichkeit, eine auffallende, fast schlangenartige Geschmeidigkeit, sogar etwas von einer eleganten Geste, aber mit enthalten ein Lavieren. Im Richtungswechsel bekommt diese Geschmeidigkeit freilich ein zweideutiges Gesicht im Sinne der Labilität und Irritierbarkeit, der Uneigentlichkeit, Verlegenheit und Unangepaßtheit. Die Anpassungsbereitschaft wirkt wie eine kompensatorische Haltung, aufgepfropft auf einem Primitivzustand, der sich mit keinen äußern Mitteln wirklich wegschaffen läßt. Die Inkonsequenz und die Gegensätzlichkeit der Gestaltung zwischen primitiv und differenziert läßt den Burschen von einem Extrem ins andere fallen. Seine Uneigentlichkeit ist seine innere Unechtheit. Der Verdacht, daß auf diesem Boden auch Unaufrichtigkeit wachse, verdichtet sich. Das heißt: die Voraussetzungen zur Unaufrichtigkeit sind gegeben, aber der Tatbestand der vollendeten Unaufrichtigkeit ist etwas anderes. Uneigentlichkeit und Retardierung brauchen sich auf der moralischen Ebene gar nicht negativ auszuwirken. Daß das moralische Empfinden geschwächt ist, kann nicht behauptet werden, sondern nur vermutet, und ist im Grunde nur durch wirkliche Tatbestände zu beweisen.

Eindeutig drückt die Zeichnung die Primitivstufe aus. Naturgemäß ist der Zeichner nicht einfach infantil oder vollständig entwicklungsgehemmt, sondern teilretardiert. Im Achtzehnjährigen ist ein Jüngerer enthalten, der hier freilich die Oberhand gewonnen hat. Das könnte auch bei einer Neurose zutreffen. Hier liegt eher das Bild der Haltschwäche vor, deren Hintergrund durch die Symbolik des Spielkindalters gezeichnet ist, von dem das Modell des Verhaltens entlehnt wird. Der Bursche ist wenig zuverlässig, zeigt wenig Ausdauer, sein Verhalten ist sprunghaft, spielerisch, «leicht» und primitiv. Ein großer Kindskopf mit einer hochgradigen Beeinflußbarkeit, die ihn treiben läßt und ihn genug zum moralischen Versagen disponiert. Im Arbeiten schnell fertig, rasch auffassend, ohne daß viel behalten wird. Ein Flicker, der keine Arbeit gründlich ausführt, im Grunde bequem, wie fast alle, die an derart massiven Retardierungen leiden, und damit sich gehen lassend, leichtsinnig jedem Einfluß nachgebend. Der Zug ins Asoziale (Stehlen) ist grundsätzlich nicht in jedem Falle an Infantilismen gebunden, schafft aber doch sehr gute Voraussetzungen bei Menschen, welche moralisch schwach sind.

Das vorliegende Beispiel rückt das Problem der Retardierung in den Vordergrund. Die Auswirkungen einer Retardierung auf der charakterologischen Ebene oder etwa auf der Ebene des Arbeitsverhaltens lassen sich zwar ungefähr umschreiben, sind jedoch so groß, daß man mitunter auf ein differenziert gezeichnetes Bild verzichtet. Gerade im Rahmen einer Eignungsuntersuchung genügt es, einen Anhaltspunkt zu finden für die seelische Tragfähigkeit, die dann doch entscheidet, ob man Verantwortung überbinden kann oder nicht. Je geringer die Anforderungen von der Arbeitsseite her sind, desto geringer ist die Belastung. Unter Umständen können Menschen mit recht massiven Retardierungen manche Teilarbeiten ausgezeichnet verrichten, versagen aber dort, wo eine Arbeit selbständig beurteilt werden muß und bloße Automatismen nicht mehr genügen zur Erreichung wirklicher Qualität. Für gewöhnlich besteht zwischen einer Retardierung und dem Arbeitscharakter eine auffallend hohe Korrelation. Eine Ausnahme bilden jene, welche auf primitiver Basis eine gute Dosis Ausdrucksfähigkeit und Darstellungsgabe besitzen, welche ihre Ware zu verkaufen verstehen. Sie arbeiten dann mit der äußern Schicht des «Sichgebenkönnens» geschickt und oft rasch, versagen nicht, solange sie mehr oder weniger deutlich etwas darstellen, schmücken und arrangieren können, während Anforderungen, die Richtung Vertiefung gehen, zum Versagen verleiten.

Figur G. Tochter, 28 Jahre alt

Mit drei Jahren Hirnhautentzündung, mit sechs Jahren elektrischer Unfall mit wahrscheinlich schwerer Hirnerschütterung. Seither zeitweise «Ohnmachten» und bei Anstrengung Absenzen. Nach dem Unfall mehrere Stunden bewußtlos.
Der gezeichnete Baum ist graphisch leicht zu bestimmen:
Kugelkrone, die leicht nach links verlagert ist.
Frei im Raum eine übergroße Frucht.
Abgefallene übergroße Frucht und Blätter.
Normaler Stamm mit leicht tiefliegendem, parallel gezeichnetem Röhrenast, an dem eine Schaukel hängt.
Versuch nach links, einen Ast zu zeichnen, wirkt uneigentlich und wurde aufgegeben.

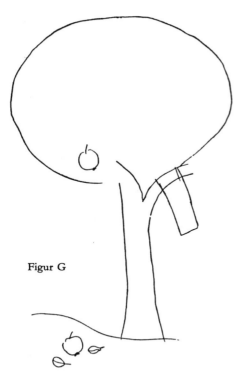

Figur G

Schräg abfallende geschwungene Bodenlinie.

Das Verhältnis von Stammhöhe und Kronenhöhe beträgt 1:1 und entspricht der Norm der Primarschüler, liegt aber auch noch im Streuungsbereich besser Entwickelter. Das Verhältnis von Kronenhöhe und Kronenbreite ist wiederum mit 7:10 normal. Die Krone ist gegen den Stamm zu offen, der Stamm selber oben ebenfalls. Die Kugelkrone: sie wirkt leer, und die Kontur ist weder wirklich gespannt noch spannungslos. Sie spiegelt vorerst die große Beeindruckbarkeit, denn diese Flächigkeit ist wie ein großes Auge, allem Anschaulichen geöffnet, dem Bildhaften zugetan. In diesem vorerst wenig gegliederten Feld ist der Tummelplatz für Wunschbilder für einen kindlich anmutenden Phantasiebetrieb, für ein Leben, das halb in der Unwirklichkeit abläuft und durch die leichte Linksbetonung auf ein mehr introvertiertes Verhalten hinweist. Die Unterbrechung des Striches nahe beim Stamm spricht für eine Sensibilität, die auch durch den feinen Strich allein schon hinlänglich ausgedrückt ist. Bei genauem Hinsehen ist auch die Astlinie an mehreren Stellen unterbrochen. Indessen würde man immer eher von Sensibilität sprechen als von Nervosität. Weder Stamm noch Äste würden hier auf einen Reiferückstand hinweisen. Die übergroßen Früchte, wovon nur eine Frucht frei in der Krone schwebt, sind aber Hinweis genug, daß hier wenigstens teilweise Fixierungen kindlicher Zustände vorliegen, wobei man wohl von Teilretardierung reden kann, hier freilich bedingt durch Krankheit und Unfall.

Die übergroße Frucht ist ein Frühsymptom, wie es die Frucht bis zu einem gewissen Grade überhaupt ist. Das freie Schweben im Raum ist ebenfalls für die kindlichen Entwicklungsstufen symptomatisch. Die Kugelkrone mit ihrer Flächigkeit kann graphisch zwar nicht einer Frühform zugeordnet werden, ganz einfach, weil die Proportionen der Krone einer Konstanz entsprechen, die durch alle Lebensalter gleich bleibt. Indessen liegt in der Bedeutung der Kronenform doch das kindliche Weltbild mit enthalten, nämlich durch die Mächtigkeit der Wunschbilder und der Phantasie – die zugleich aber doch wieder Voraussetzungen einer produktiven Begabung sein können. Die übergroße Frucht, die man zwar einem kindlichen Zustand zuordnen kann, zeigt zugleich etwas von der überstarken Erlebnisart, die gewissermaßen vergrößert und damit teils sehr am Erfolg hängt, teils jedes Erlebnis steigert, teils die Wirklichkeit überschätzen läßt. Frucht ist das Symbol der Fruchtbarkeit, modern gesagt, des Erfolges, aber auch des schnell erreichbaren Erfolges und der Kurzatmigkeit, des Spielerischen und Improvisierten. Im Erfolgswillen steckt naturgemäß ein Leistungsantrieb und in der Kurzatmigkeit eine Leistungsbehinderung. Tatsächlich pendelt die Probandin ständig zwischen beiden hin und her, wobei Erfolge zwar eintreten und Mißerfolge auch, während die Gegensatzspannung doch fast tragisch erlebt wird. Teils ist die Kurzatmigkeit durch die Krankheitsfolgen aufgezwungen; nach zwei Stunden Arbeit tritt völlige Erschöpfung ein. Die Reserven sind dann aufgezehrt, und sie muß warten, bis sie wieder aufgefüllt sind. Oft ist man versucht, solche Menschen mit einem von einem Stausee abhängigen Kraftwerk zu vergleichen. Ist der See gefüllt, so läuft der Generator, ist er entleert, so steht er still und muß warten, bis wieder genügend Wasser vorhanden ist. Oft läßt sich der Vorgang dieses Auf und Ab in kurzen Intervallen beobachten. Kurz: es gibt auch einen physisch bedingten Zwang zur Kurzatmigkeit, hier durch Hirnschädigung bedingt. Doch ist das nur eine Seite. Die Tochter würde auch sonst zu einem Verhalten neigen, welches, laienhaft gesehen, Einschläge von Improvisationsgabe, Sensibilität und Ausdrucksfreudigkeit zeigt, die auch durch die Frucht symbolisiert ist. Sie stammt aus einer künstlerisch begabten Familie, und sie wäre am liebsten Tänzerin geworden. Das ist *der* Beruf, dem ihr ganzes Sinnen und Träumen gilt. Sie ist keine Schweizerin, denn diese drängen nicht so häufig zu diesem Beruf wie etwa die Mädchen slawischer oder slawisch gemischter Völker. Durch Anlage und erzieherisch geförderte Abschließung und Isolierung ist die ins Künstlerische gesteigerte Erlebnisfähigkeit zugleich eine Kompensation der Unfähigkeit, sich tänzerisch zu betätigen. Das verbietet die rasche physische und psychische Erschöpfbarkeit. Aber sie bewegt sich doch. Als man sie fragte, was denn die Schaukel, die am Ast hängt, zu bedeuten habe, sagte sie: « Ich schaukle im Weltall. » Sie ist einmal unter der Flagge « schizoid » gesegelt, und wenn man will, kann man das Schweben und Schaukeln dort unterbringen, aber nur als einen Pol, zu dem man rasch den zweiten suchen muß: die Pedanterie. Diese ist nun in keiner Weise im Baum eingezeichnet und besteht trotzdem zwanghaft. Der Genauigkeitszwang bildet also den einen Pol der Gegensatzspannung pedantisch–schaukelnd. Wenn dies auch zum schizoiden Bild paßt, so liegt im Genauigkeitszwang doch auch ein Kompensationszwang, sich eben gerade da zu behaupten, wo Krankheit und Anlage eigentlich zu einem Versagen führen müßten. Die epileptoiden Absenzen spielen ihr genug böse Streiche. Sie läßt beim Schreiben plötzlich Buchstaben und Worte aus, und sie hatte schon mehrere Velounfälle, weil sie bei Absenzen die Bremse nicht zieht. Sie ist furchtbar vergeßlich. Man beachte dazu die gefallene Frucht und die Blätter, das Symbol der leichten Äußerung, des Entfallens und Vergessens, aber auch der bis ins Mediale gesteigerten Sensibilität und Sensitivität, ja des Schenktriebes. Sie hat dies gleich anschaulich demonstriert. Da man ihr wegen ihrer Bedürftigkeit entgegenkam, erschien sie eine halbe Stunde nach der Untersuchung mit einer großen Tüte Trauben für meine Kinder; sie gab auch ohne weiteres die Einwilligung zur Veröffentlichung der Baumdiagnose. Schenken, Verlieren und Vergessen scheint im Ausdruck auf einer Linie zu liegen. Die Vergeßlichkeit ruft hier wiederum nach einer Kompensation, die übrigens kaum möglich wäre, wenn die ganze Person retardiert wäre. Gerade weil ein großer Teil der Persönlichkeit normal entwickelt ist und nur eine Teilretardierung vorliegt, entsteht eine fruchtbare Spannung (die bei andern Menschen meist unfruchtbar ist), welche Schwächen zum Kompensieren bringt. Dem Gedächtnis sucht sie beizukommen mit beschriebenen Zetteln, von denen sie ganze Kisten voll angefertigt hat und worin sie eine bewunderungswürdige Ausdauer an den Tag gelegt hat. Sie geht aber noch weiter: Weil sie bemerkt hat, daß sie auf der Ebene des Bewußtseins manchmal versagt, hat sie herausgefunden, daß sie das Unterbewußtsein trainieren müsse, um von da aus zu einer geistigen Entwicklung zu kommen. Diese Idee ist mindestens erstaunlich und zeigt, mit welcher Offenheit und Phantasie sie sich selbst gegenübertritt. Das Kompensatorische enthält freilich noch einen andern Sinn. Es bedeutet doch, daß man anders sein möchte, als man ist. Der Ungenaue wird genau, der Träumer sucht die Realität, und hier möchte die Frau ein Mann sein. Sie schreibt eine Novelle und redet von sich in der Rolle des Mannes. Ob es sich hier um eine Verdrängung des Weiblichen handelt, nach dem auch in der Baumzeichnung das Symbol der Fruchtbarkeit nach links gerückt ist? Selbstverständlich besteht die Freiheit zu solchen Deutungen. Doch ist hier die Grenze erreicht, wo man oft genug zwischen diagnostischer Realität und phantasierender Psychologie nicht mehr unterscheiden kann und deswegen besser tut, von zu weitgehenden Schlußfolgerungen Abstand zu nehmen und die Untersuchung der Tiefenperson dem geschulten Analytiker zu überlassen.

Der Baum zeigt einen offenen Ast, eine typische Röhrenform. Der Ast selbst ist gleichmäßig dick und auch ein wenig tiefliegend, immerhin nicht so deutlich, daß daraus mit Sicherheit auf ein Retardierungsmerkmal geschlossen werden darf. Aber das Offene mit seiner Bedeutung für vielfältige Interessen, mit seiner Zielunbestimmtheit und Ziellosigkeit, mit der ganzen Aufgeschlossenheit des Offenen überhaupt, trifft hier sehr gut die Eigenart der Probandin. Unfähig, sich festzulegen, denn Handarbeit sagt ihr nichts, und Büroarbeit ekelt sie an, und das Künstlerische reicht gerade zu einem ästhetischen Weltbild. Es ist hier müßig zu fragen, ob sie sich umstellen könnte. Irgendwie wird sie ja vielmehr durch ihre Erschöpfbarkeit vom Praktischen abgehalten. Sensibilität ist zwar noch nicht Kunst, aber sie führt neigungsmäßig gerne dazu, und wenn es sich dann nicht realisieren läßt, so führt es weiter bis zur Psychologie, zu jener Psychologie, die irgendwie zwischen den Dingen schwebt und keine Substanz zu haben scheint. Dies ist hier so. Das Künstlerische wird zur angenehmen und keineswegs «nutzlosen» Schöngeistigkeit. Der praktische Weg liegt freilich in der Auswertung dieser Neigungs- und Begabungsrichtung.

Man wird nun mit Recht fragen, wie es um die neurologischen Fragen steht, ob die Ausfälle, die teils aus der Hirnhautentzündung und später aus den epileptoiden Zuständen aufgetreten sind, im Baum sichtbar seien. Vorläufig kann man nur sagen, daß ein bestimmter Hinweis nicht gefunden werden kann. Das Bild des Baumes ist wohl irgendwie unvollständig, die Krone nur zum geringsten Teil ausgenützt. Es ist kein gewöhnliches Bild, aber es wäre doch vermessen, Behauptungen über bestimmte Schädigungen aufzustellen. Hingegen ist eine Frage doch nicht ohne Interesse, nämlich die Frage nach der Begabung. Die Probandin wurde nämlich mehr als einmal als schwachsinnig bezeichnet. Wenn man die Leistungsausfälle durch Absenzen, Konzentrationsschwäche bzw. Erschöpfbarkeit zusammennimmt, auch die Unangepaßtheiten, die entstehen, wenn aus Überbetonung der Exaktheit das Wesentliche nicht getroffen wird, so mag gelegentlich ein schwaches Leistungsbild entstehen, welches nun doch nichts mit Debilität zu tun hat. Freilich kann das Merkmal der übergroßen Frucht allein gelegentlich auf einen allgemeinen Entwicklungsrückstand hindeuten, und Infantilismen, wie sie auf diese Weise zum Ausdruck kommen, verhindern bekanntlich Leistungen. Anderseits fehlen dem Baum dann doch wesentliche Merkmale, die für Schwachbegabung sprechen. Die Unangepaßtheit an die Konvention, das eigene Weltbild hat allerdings dazu geführt, lieber nur nach dem eigenen Kopf etwas zu tun. Wird diese Welt verletzt, so reagiert sie mit Explosionen, wozu der Röhrenast wiederum den graphischen Ausdruck liefert. Testmäßige Intelligenzprüfungen sind hier so gut wie unangepaßt. Sie können zwar eine konventionelle Leistungsfähigkeit oder -unfähigkeit registrieren, aber insofern zu einem Fehlurteil führen, als damit die Leistungsbedingungen der Person nicht berücksichtigt sind. Es gibt das eben: gute Intelligenz und Behinderung der Leistung, nur sagt man dann besser statt Intelligenz Begabung. Das Beispiel ist instruktiv durch die wenigen Merkmale, die doch wieder reichhaltig sprechen und zusammen mit der Krankengeschichte und andern Untersuchungsmethoden sehr viel zum Verstehen der Probandin beiträgt. Es wird an diesem Beispiel auch klar, daß der Baum nicht alles zeigt. Vom starken Kompensationswillen ist nichts sichtbar, sondern höchstens ableitbar. Der Psychiater diagnostiziert: Hebephrenie.

Figur H. Knabe, 15 Jahre alt. 7,5-Monate-Kind, Schnittgeburt. Gewicht bei der Geburt 4 Pfund

Der reproduzierte Baum ist der zweite gezeichnete. Auf der ersten Zeichnung steht eine leere Kugelkrone auf einem etwas eingeschnürten Stamm. Die Kontur der Krone ist unregelmäßig und doch nicht zittrig. Diagnostisch läßt sich mit der ersten Zeichnung nicht allzuviel machen. Man hat deshalb eine zweite Zeichnung mit einer Astkrone verlangt, welche alles, was die erste Darstellung nur ahnen ließ, in viel einprägsamerer Weise zum Ausdruck bringt.
Die Merkmale: Fast paralleler, leicht unregelmäßiger Stamm. Lötstamm und Lötäste. Doppelstrichwinkeläste und einfache Winkeläste. Starke Verdickungen und Einschnürungen. Astkontur stellenweise (besonders rechtsseitig) in degenerativer Verformung, ebenso die meisten Strichäste. Bodenlinie über die ganze Blattbreite. Krone fällt ein wenig unter die Übergangslinie Stamm/Krone. Links fast waagrechter Ast. Die Dimensionen: Verhältnis von Stammhöhe und Kronenhöhe 8,5:10, was zwischen der Norm liegt, die bei Primar- und Sekundarschülern gefunden wird. Der Junge besucht die Sekundarschule mit mittelmäßigem Erfolg. Das Verhältnis von linker und rechter Kronenhälfte entspricht der Konstante 10:13, das Verhältnis von Kronenbreite zur Kronenhöhe 7,7:10, was nahe an der normalen Konstante liegt. Die Krone ist rechts nach oben besser gefüllt als links, wo man einen gewissen Leerraum annehmen darf. Wenn man die Äste als Lötäste bezeichnet, so darf man hier durchaus zwei Meinungen vertreten. Wenn

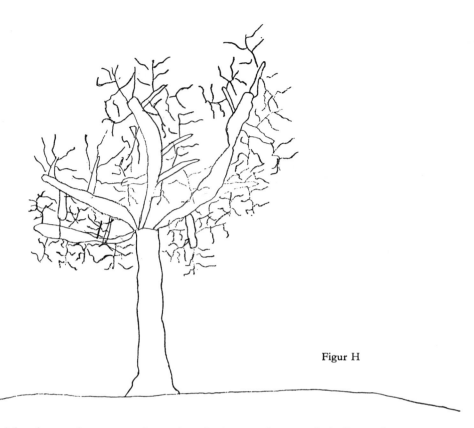

Figur H

wir nicht ohne weiteres von einem Astschnitt sprechen, so deshalb, weil am Seitenast des zweituntersten linken Astes die Enden rund sind. Rund ist nämlich die dem Lötast folgende Stufe, wenn sich dieser aufzulösen beginnt. Bei echten Astschnitten fehlen solche Einschläge. Immerhin hat man die Freiheit, eine Legierung von Astschnitt und Lötast anzunehmen, ohne daß dies wirklich belegt werden könnte. Der mittlere Ast, der sich nach außen auffallend verdickt und dann wieder etwas einschnürt, ist nicht unter das Merkmal der dicker werdenden Äste zu nehmen. Der rechtsseitige Ast gibt den Schlüssel zum richtigen Lesen des Merkmals: es handelt sich um eine Einschnürung an der Basis und um eine Verdickung nach außen. Doch ist damit noch nicht alles klar. Die degenerativen Formen sind nicht bloß an der unregelmäßigen Strichkontur nachweisbar, sondern ebensosehr an den undifferenzierten flossenhand-ähnlichen Astformen, welche wie breitgequetscht aussehen. Hier handelt es sich um eine Mischform von Einschnürungs-, Verdickungs- und degenerativer Form, womit zugegeben ist, daß bei mangelnder Erfahrung eine falsche graphische Bestimmung durchaus möglich ist. Freilich spielt nicht jede Zeichnung so vieldeutig.

 Für die Ausdeutung ist zweifellos der Anfall an Frühformen das zentrale Moment. Lötstamm, Lötast, Winkeläste gehören alle auf eine frühere Entwicklungsstufe. Die Winkeläste sind derart vorherrschend, daß nur ein geringer Teil der

Äste einigermaßen in der Wachstumsrichtung gezeichnet wird. Man muß bis auf das Kindergartenalter zurückgehen, um diese Ausprägung als normal zu finden, während der Lötast nach dem 10. Jahr praktisch verschwunden sein sollte, ebenso der Lötstamm, der praktisch nur noch bei Entwicklungshemmungen auftritt. Kurz: die Merkmale einer Retardierung sind ganz offenkundig. Wiederum taucht die Frage auf, ob die intellektuelle oder affektive oder gar physische Retardierung vorherrsche. Physisch von normalem Wachstum und Gewicht, farbenblind (was nichts mit Retardierung zu tun hat), stark schielend, vor allem rasch ermüdbar. Dazu kommt folgende Erscheinung: wenn er fällt, zu Boden stürzt, wird ihm unwohl, und bei einem etwas heftigeren Sturz wird er bewußtlos. Man wollte dies zuerst in Verbindung bringen mit der Epilepsie eines Onkels, doch fehlen irgendwelche Absenzen vollständig. Hingegen spielen die Patellarreflexe fast gar nicht, sondern es sind nur verspätete Nachzuckungen, die fast wie ein mehrfaches Echo abklingen, nachzuweisen, ein Grund, warum man den Jungen einem Neurologen zugewiesen hat. Der Junge leidet an starkem Ekelgefühl, wenn er bloß einen Tisch nach dem Essen reinigen soll. Solche Bilder sind bei Frühgeborenen nicht allzuselten und weisen auf eine neuropathische Konstitution. Der Junge ist auch nicht schwindelfrei; zudem hat er Senkfüße. Wenn er Fußball spielt, bekommt er gleich einen scheußlichen Muskelkater. Das Hauptmerkmal scheint aber doch die Frühgeburt selbst, die zwar einem Unfall gleichzusetzen ist. Eine allgemeine Erfahrung sagt uns, daß ein Frühgeborener so viele Jahre mehr zur Entwicklung nötig hat, als er Monate zu früh zur Welt gekommen ist. Nervös übersensibilisiert, wie der Junge ist, bereitet ihm manches Mühe, was ein anderer ohne weiteres verdaut.

Die Motorik ist ein Kapitel für sich. Die Baumzeichnung, die schließlich nicht ohne Bewegungen und nicht ohne zentrale Steuerung zustande kommt, zeigt oft recht interessante Bewegungsformen und läßt sich zur Beurteilung der Motorik, also der Bewegung und Bewegungsgestalt, weitgehend mit verwerten. Hier zeigen die degenerativen Formen am meisten, die eigentlich verkümmerte oder noch nicht gewordene Gestalt sind, sozusagen Gestalt im embryonalen Zustand und zugleich erschlafft und verkrampft in einem. Dort, wo Automatismen bereits eingeschliffen sind, wie beim Klavierspiel und Maschinenschreiben, ist keine Einbuße festzustellen. Hingegen ist die Handgeschicklichkeit schwach entwickelt. Der Junge knorzt, reagiert linkisch und sehr unbeholfen. Es fehlt ihm auch die Anpassungsfähigkeit bei eher konstruktiven Aufgaben. Allerdings muß hier die Retardierung überhaupt mit einbezogen werden. Infantile Residuen sind auch in der Motorik nachzuweisen.

Die Intelligenzleistung schwankt. Nach den Retardierungsmerkmalen müßte eine Unterentwicklung vorliegen. Bloß sind die Baumproportionen einer normalen intellektuellen Entwicklung angemessen, so daß die Einbuße nicht so stark sein kann, wie man vermutet. Der Junge erreicht freilich den Intelligenzquotienten 1,0 nicht ganz. Er ist um gut ein Jahr in der Entwicklung zurück, und dies hat seine Schulleistung durch alle Jahre auf ein knappes Mittel gedrückt. Er konnte die Sekundarschule besuchen, aber nur dank einem besondern Entgegenkommen und weil man sonst Rücksichten genommen hat. Das gemessene Intelligenzniveau dürfte hier übrigens schwanken, weil der Junge ziemlich kräftige Hemmungen und Sperrungen hat (Einschnürungen und Verdickungen), verstärkt durch eine familiäre Anlage zur Skrupelhaftigkeit, die ihn sehr gewissenhaft erscheinen läßt und gleichzeitig kräftige Minderwertigkeitsgefühle entwickeln läßt, die freilich durch das Schielen, das ihn sehr geniert, ständig genährt werden. Die krampfige Sperrigkeit lockert sich erst nach längerem Gewöhnen. Der parallele Stamm weist durchaus auf das Streben nach Korrektheit und Gewissenhaftigkeit, sogar in einem Maß, daß der Junge als Muster an Ordnungssinn gilt. Der immerhin merkliche Leerraum über der linken Kronenhälfte und das Zurückgesetztsein, wie es doch ein wenig auch im Lötast zum Ausdruck kommt, mögen als Symptome des Minderwertigkeitsgefühls gelten. Die Teilretardierung, die doch ohne weiteres mindestens eine interne Gegensatzspannung zwischen ungleichen Reifezuständen auslöst, wirkt sich oft genug und auch hier in einer Disposition zu rascher Entmutigung aus, welche die Ausdauer trotz dem starken Korrektheitsbedürfnis behindert. Die affektive Unreife ist auch auf der Neigungsseite nachzuweisen. Frägt man ihn nach Wünschen, die er erfüllt haben möchte, so lautet die Antwort: « Berühmt werden und ein Auto haben. » Mit der « Berühmtheit » mag allerdings die bereits einsetzende Pubertät mitspielen, doch sind es immer eher Jugendliche mit Infantilismen, die zur Berühmtheit neigen, während das Auto, wohl zum Entsetzen mancher wohlgereifter Motorfahrer, eben doch das Spielauto des Zwei- bis Sechsjährigen ist, der wohl der passionierteste Autobesitzer ist. Auf diese frühe Schicht greift der Junge nämlich zurück, wenn er sich ein Auto wünscht.

Die Degenerationsformen besagen nicht etwa, daß der Junge einfach degeneriert ist mit dem faulen Beigeschmack, der das Wort etwa hat. Selbst wenn die neuropathische Anlage einen gewissen Schluß in dieser Richtung zuließe, so doch nur so weit, als damit die rasche Erschöpfbarkeit zusammenhängen kann. Wir haben ja früher bei den Hypnoseversuchen nachgewiesen, daß Degenerationsformen nach massiver Strapazierung des Unterbewußten auftreten, also Ermüdungserscheinungen darstellen, die weder einen somatischen noch einen moralischen Aspekt haben müssen. Das Symptom ist in der Handschrift nicht nachweisbar und ist dort übrigens völlig unbekannt. Wir haben das Beispiel vor allem wegen der etwas erschwerten graphischen Lesung gewählt. Die Teilretardierung ist hier besonders schön nachzuweisen. Für gewöhnlich bietet nur die Deutung der Degenerationsformen erhebliche Schwierigkeiten. Man darf auch nicht behaupten, daß hier bereits eine vollständige Klarheit über die Erscheinung, wie sie sich graphisch zeigt, besteht, noch weniger über das, was ihr seelisch zugrunde liegt.

Figur I. Knabe, 16 Jahre alt. Littlesche Krankheit (doppelseitige Gliederstarre). Geht mühsam an Krücken. Im ganzen 4 Jahre Hilfsschule in Heim besucht.

Die Baumzeichnung wird kaum jemand nach dem ersten Eindruck als normal bezeichnen. Die Merkmale: Strichstamm, T-Stamm, Strichast, waagrechte Äste, Kreuzformen, Äste bis zum Boden, Früchte eher übergroß, Raumverlagerungen (die Früchte sind z. T. in der Achse des Astes liegend). Stereotypie, Stamm aufgestockt aus zwei Teilen.

Wir haben demnach eine Ansammlung von Frühformen, wie sie kaum im Kindergarten noch zu finden sind. Der ausgesprochene Schematismus weist auf eine Frühstufe, in dieser Form auf ein Alter, welches unter sechs Jahren liegt, sofern man an die affektive Reife denkt. Der Junge bezeichnet übrigens die Äste als Blätter, an denen Früchte hängen. Solche Formen sind nur bei Debilen und Imbezillen nachzuweisen, selten bei Kindern, die weniger als sechs Jahre alt sind. Die Zeichnung ist ausschließlich geeignet zur Einstufung in die Entwicklungsreihen. Unter den Reihen der Debilen könnte er kaum mit mehr als acht Jahren eingeschätzt werden. Sein Intelligenzalter beträgt acht Jahre. Er zeigt demnach eine erhebliche Unterentwicklung gegenüber einem Normalen. Die Hilfsschule konnte ihn nicht mehr weiterbringen. Seinen Familiennamen, der freilich äußerst kompliziert ist, kann er nicht schreiben. Komplizierte Worte kann er höchstens abschreiben, also kopieren. Lesen kann er weniger als ein Erstkläßler. Läßt man ihn ein Dreieck zeichnen, so entsteht regelmäßig ein Viereck. Hingegen kann er eine Figur abzeichnen, wenn auch schlecht. Anderseits spricht er italienisch und deutsch, da er in beiden Sprachgebieten wohnte. Er weiß

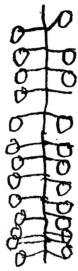

Figur I

sich kaum zu beschäftigen und kann höchstens Spiele machen; aber er liest nicht, weil er darin viel zu schwach ist. Die rechte Hand ist motorisch behindert, die Handgeschicklichkeit ausgesprochen schwach.

Das Beispiel ist deshalb interessant, weil die Littlesche Krankheit, die doch ein sehr charakteristisches Bild einer Herdstörung zeigt, nach der Baumzeichnung nicht einmal vermutet werden könnte. Der Junge ist nämlich nicht schwachbegabt, weil er einen Little hat, sondern er ist schwachbegabt *und* von der Krankheit betroffen. Normale und sogar gute Intelligenz verträgt sich durchaus mit der Littleschen Krankheit. Der Junge ist debil bis imbezill, also fast nicht mehr bildungsfähig. Auf alle Fälle ist bei ihm kein Fortschritt beim Lernen zu erzielen, wobei teils der Begabungsmangel, teils aber auch die Fixierung auf einer Primitivstufe daran schuld sind. Von einer differenzierten Charakterbeschreibung nach der Baumzeichnung kann keine Rede sein. Sobald die Zeichnung schematisiert ist, hört die freie Ausdrucksbewegung auf, und es bleibt nichts übrig als eine Zuordnung des Schematismus innerhalb einer Entwicklungsreihe. Selbstverständlich benötigt man zur Bestimmung des Intelligenzgrades keinen Baumtest. Anderseits fallen etwa bei Gruppenuntersuchungen im Rahmen der Berufseignungsuntersuchungen Baumzeichnungen auf, welche einer derart primitiven Stufe zuzuordnen sind. Die Auslese auf den ersten Blick kann besonders bei solchen Schwachsinnsformen täuschen, besonders bei den weiblichen Vertretern, die es oft merkwürdig gut verstehen, sich « aufzudonnern » und sich zu geben. Wenn dann solche Primitivformen zum Vorschein kommen, nützen « schöne Augen » nicht mehr viel. Selbstverständlich wäre es ungerecht, es dann mit dem Baumtest bewenden zu lassen. Dieser gibt nur den Hinweis auf eine Unterentwicklung, die unter Umständen auch als Regression bei einer intelligenten Person mit einer Primitivform reagieren kann. Kurz: es ist dann Pflicht, weitere Untersuchungen anzustellen, weil jeder Mensch, gleich wie er beschaffen ist, das Recht auf Gerechtigkeit, das heißt auf eine sachlich und gründlich belegte Beurteilung hat.

Figur K. Knabe, 15 Jahre alt, Pubertätsphase

Figur K

Die Proportionen der Baumzeichnung ergeben folgendes Bild:

Verhältnis von Stammhöhe zur Kronenhöhe 6,2:10, was ziemlich genau der Norm für Sekundarschüler entspricht, denen der Proband angehört.

Das Verhältnis von linker und rechter Kronenhälfte beträgt 1:1,6 (Norm 1:1,3), so daß von deutlicher Rechtsbetonung die Rede ist. Kronenbreite und Kronenhöhe entsprechen der Konstanten 7,3:10.

Die Krone: Kugelbaum in Schattenmanier, hell-dunkel aufgelockert. Leichte Betonung der Lockenmanier. Eingestreute dunkelgefärbte Äste. Links ragt ein Ast aus der Krone heraus und ist gebrochen, bereit zum Abfallen. Der Stamm: dunkelgefärbt, parallel, ohne steife Kontur. Boden schattiert; man nennt diese Art «angedeutete Landschaft» oder «kleine Landschaft».

Man darf gleich vorwegnehmen, daß der Junge völlig normal und durchschnittlich intelligent im 8. Schuljahr (Sekundarschule) steht. Er steckt mitten in der ersten Pubertätsphase, die hier graphisch sehr schön übersetzt ist. Die Baumproportionen weisen mindestens auf keine schwerwiegenden Entwicklungshemmungen oder Regressionen, die sich viel stärker im Verhältnis von Stammhöhe und Kronenhöhe ausdrücken als auf andere Art.

Die Schattenmanier: der Junge verzichtet auf eine klare Gliederung und wählt die pastose Schattenmanier, die wie eine Wolkenschilderung wirkt, plastisch und doch schwebend. Er steckt auch in einem Schwebezustand, träumerisch, ein wenig labil, aber keineswegs tiefgehend labil, weil, wie der parallele Stamm schön zeigt, Disziplin und Pflichtauffassung durchaus in Ordnung sind und sogar eine deutlich disziplinierte Gehorsamshaltung vorliegt, die jetzt den auch vorhandenen kräftigen Erlebnisdrang im Zügel hält. In der Schattenmanier mehr stimmungsmäßig ansprechbar und unbestimmt, immerhin zufolge der plastischen Gestaltung doch wieder nicht indifferent, sondern erlebnisfähig und ansprechbar, wenn auch noch etwas unwirklich, dadurch kindlich, was noch deutlicher in der intensiveren Dunkelfärbung des Stammes und der Astsplitter zum Vorschein kommt. Letztere blitzen allerdings kurz und heftig auf und spielen in einem fast scharfen Schwarzweiß-Kontrast, ein Zeichen affektiver Spannungen, die sich in Zornausbrüchen entladen. Das Kindliche, welches ein wenig im Schwebecharakter und vor allem in der Dunkelfärbung zum Ausdruck kommt, steht auch im typischen kindlichen Wunsch, reich zu werden. Es ist allerdings so, wie bei fast allen normalen Pubertierenden, die keine psychopathische Ader haben, daß infantile Regungen vorhanden sind und der Junge zugleich fähig ist, diese als unreif zu begreifen. Indessen läßt sich das Stimmungsmäßige und Beeindruckbare, der Mangel an wirklicher Orientierung und einseitig nach dem Erlebnisdrang ausgerichteten Orientierung nicht begreifen, ohne Berücksichtigung der Rechtsbetonung, die hier deutlich vorliegt und eben den Erlebnisdrang, das Geltenwollen und das Sichhervortun bedeutet, aber auch durch die mäßige Flucht von der Mitte nach außen einmal die Extraversion, die hier leichte Flüchtigkeit, das Angezogenwerden von außen, also die Beeindruckbarkeit, wobei immer das, was mehr nach rechts geht, links ein Vakuum läßt und damit das Pulsieren in einer Unruhe zwischen Selbstbewußtsein und Unsicherheit anzeigt, hier alles in sozusagen normalen Grenzen. Der Erlebnisdrang wird in Karl-May-Büchern abreagiert, die allerdings mit fünfzehn Jahren bereits zur Seite gelegt werden und doch ein gutes Mittel sind zum Abreagieren des Erlebnishungers, um so mehr, als Lehrer und Eltern es schätzen, wenn dafür weniger Fensterscheiben eingeschlagen werden und unter ordentlichen Leuten weniger Schlägereien entstehen. Zudem hat der Junge, wie die meisten Altersgenossen, den legalen Weg der Pfadfinderbewegung zur Befriedigung der Abenteuerlust gewählt. Er möchte Kaufmann werden, und damit ist bereits ein reales Ziel vorhanden. Die Pubertätswünsche «Diplomat» und Flieger oder Bordfunker kommen an zweiter Stelle. Der «Flieger» ist übrigens eine sehr nette Entsprechung des puberalen Zustandes. Er ist ein Held, der die Lüfte besiegt, der etwas riskiert und nicht an Pensionierung denkt, der Flieger «hängt in der Luft», und er hat «den Boden unter den Füßen verloren». Das Schwebende ist also im Berufswunsch «Flieger» ebenso gut ausgedrückt wie im Schatten und in der Rechtsbetonung. Wenn man nach den Bedeutungen ganz verschieden gewonnener Befunde fragt, so ergeben sich immer Analogien und damit die Möglichkeit zum Verifizieren einer Diagnose. Die kleine Landschaft ist wiederum ein Hinweis auf das Stimmungsmäßige, auch auf ein Quentchen Faulheit, das übrigens auch der Schattenmanier anhaftet, auf ein wenig Unwirklichkeit, alles gerade noch so, daß zwar das Unerwachte (Schwarzfärbung) noch etwas vorherrscht, ohne Gefahr, darin steckenzubleiben. Betrachtet man die Zeichenmanier in der Krone genauer, so fällt die Lockenmanier, die kreisende Bewegungsart, stellenweise gut auf. Die Konturen werden damit auch wellig und weich. Das Merkmal spricht für Kontaktfähigkeit, Mitteilsamkeit und Improvisation, für mehr geselliges Wesen. Tatsächlich drängt es den Jungen zum Umgang mit Menschen so weit, daß er seinen Bewegungstrieb gerne auf der großen Bühne des Lebens befriedigen möchte. Es bleibt noch der gebrochene Ast, der wie eine Fahne aus der Krone herausgehoben wird. Ein sogenanntes Trauma im gewöhnlichen Sinne ist hier nicht vorhanden. Der Bruch symbolisiert vielmehr den Bruch mit der Vergangenheit, mit dem Kind. Damit der Junge ein Mann werden kann, muß er mit der frühern Phase und Entwicklungsstufe, mit der Kindheit brechen, er muß auch mit der Schule einmal brechen, wenn er in das wirkliche Leben eintritt. Nachdem der Junge lang und breit vorerst alles getan hat, um seinen puberalregressiven Zustand auszudrücken, gibt er doch noch auf ganz außerordentliche Weise das Signal für eine Wandlung. Merkwürdigerweise treten solche Signale auf, bevor sie in ihrer Auswirkung schon klar nachzuweisen sind, aber man weiß dann: jetzt ist der Bann gebrochen, ein neues Leben beginnt, ja der Sinn der Pubertät, eben die Wandlung zur eigenen Person und zum selbständigen Ich, ist eingeleitet. Natürlich schillert eine solche Natur noch einige Zeit in unbestimmten Gegensätzen und gewinnt doch ständig an Boden und verwirklicht sich zusehends zur Reife.

Literaturverzeichnis

Adler Alfred, Praxis und Theorie der Individualpsychologie. 2. Aufl. Verlag von J. F. Bergmann, München 1924.

Abraham Elisabeth, Zum Begriff der Projektion, unter Berücksichtigung der experimentellen Untersuchung des Projektionsvorganges. Berner Dissertation. Buchdruckerei Dr. J. Weiß, Affoltern a. A. 1949.

Arruda Elso, O Team da arvore em Psiquiatria, Rio de Janeiro 1956.

Abegg Emil, Indische Psychologie. Rascher-Verlag, Zürich 1945.

Brändle-Barth E., Der Grünwald-Formlegeversuch. Diplomarbeit am Psychologischen Seminar, Prof. Dr. H. Biäsch. Zürich 1955.

Bühler Charlotte, Praktische Kinderpsychologie. Otto-Lorenz-Verlag, Wien/Leipzig 1937.

Benjamin E. Im., Ronald A., Lehrbuch der Psychopathologie des Kindesalters. Rotapfelverlag, Erlenbach-Zürich 1938.

Bleuler E., Lehrbuch der Psychiatrie. 4. Aufl. Verlag von Julius Springer, Berlin 1923.

Burkhardt H., Über Verlagerungen räumlicher Gestalten. «Neue psychol. Studien», herausgegeben von F. Krüger und H. Volker Bd. 7, München 1934.

Bönner Karl-Heinz, Die diagnostischen Möglichkeiten des Baumtestes bei der Schulreifevermittlung. Diplomarbeit an der Pädagogischen Akademie Essen, 1956.

Becker Minna, Graphologie der Kinderschrift. Niels-Kampmann-Verlag, Heidelberg 1926.

Borchart R., Der leidenschaftliche Gärtner. Arche-Verlag, Zürich 1951.

Crépieux-Jamin J., ABC de la Graphologie. Librairie Felix Alcan, 1929.

Duparchy-Jeannez, Essai de la Graphologie scientifique. Paris, Albin Michel, éditeur.

Frey Gebhard, Über Jungsche Psychologie. «Schweizer Rundschau», 48. Jahrgang, Heft 1, April 1948.

Graber G. H., Seelenspiegel des Kindes (Einblick in tiefenpsychologische Erziehung und Kinderanalyse). Artemis-Verlag, Zürich 1946.

Hertz Herbert, La Graphologie; Presses universitaires de France, 1956.

Hetzer Hildegard, Die symbolische Darstellung in der frühen Kindheit. Wiener Arbeiten zur päd. Psych. Herausgegeben von Charlotte Bühler und V. Fadrus. Deutscher Verlag für Jugend und Volk. Wien 1926.

Hauer J. W., Symbole und Erfahrungen des Selbst. Eranos-Jahrbuch 1934. Rhein-Verlag, Zürich.

Hofstätter P. R., Einführung in die Tiefenpsychologie. Wilhelm Braumüller, Universitätsverlags-Buchhandlung GmbH., Wien 1948.

Heiß Robert, Die Deutung der Handschrift. H.-Coverts-Verlag, Hamburg 1943.

Heiß Robert, Allgemeine Tiefenpsychologie. Verlag Hans Huber, Bern und Stuttgart 1956.

Jung C. G., Psychologie und Alchemie. Rascher-Verlag, Zürich 1944.

Jung C. G., Welt der Psyche. Rascher-Verlag, Zürich 1954.

Jakobi J., Ich und Selbst in der Kinderzeichnung. «Schweizer Zeitschrift für Psychologie», Nr. 1, Bd. 12, Bern 1953.

Jakobi Jolan, Psychologische Betrachtungen (Eine Auslese aus den Schriften von C. G. Jung). Rascher-Verlag, Zürich 1945.

Imhof Beat, Die Entwicklung der Baumzeichnungen bei Debilen vom 7. bis zum 17. Lebensjahr. Diplomarbeit aus dem Institut für Pädagogik und Angewandte Psychologie der Universität Freiburg. Prof. Dr. L. Dupraz und Prof. Dr. E. Montalta, 1953.

Kerschensteiner, Die Entwicklung der zeichnerischen Begabung. München 1905.

Klages Ludwig, Ausdrucksbewegung und Gestaltungskraft. Verlag Johann Ambrosius Barth, Leipzig 1923.

Klages Ludwig, Einführung in die Psychologie der Handschrift. 2. Aufl. Niels-Kampmann-Verlag. Heidelberg 1926.

Krauß Reinhart, Über graphischen Ausdruck. Verlag Johann Ambrosius Barth, Leipzig 1930.

Lossen Heinz, Bedeutung und Methode der Eindruckserfassung in der Graphologie. Ausdruckskunde, Heft 3, II. Jg., 1955.

de Longe Olga, Der Baumtest angewandt bei Kindern im Schulalter. Diss. Psychologisches Institut der Universität Graz, 1955.
Lüscher Max, Psychologie der Farben. Basel 1949.
Maas Alfons, Der Baumzeichenversuch bei Grundschulkindern (6. bis 14. Lebensjahr). Diplom-Vorexamen am Institut für Psychologie und Charakterologie der Universität Freiburg i. Br., 1953.
Mägdefrau Karl, Bau und Leben unserer Obstbäume. Herder, Freiburg 1949.
Pulver Max, Symbolik des Schriftfeldes. Orell-Füßli-Verlag, Zürich 1949.
Pulver Max, Intelligenz im Schriftausdruck. Orell-Füßli-Verlag, Zürich 1949.
Städeli Hermann, Der Baumtest nach Koch als Hilfsmittel bei der medizinisch-psychologischen Pilotenselektion und ähnlichen Verfahren. Dissertation Zürich 1954.
Stralkowski Edith, Untersuchungen über den Baumtest an Abnormen und Normalen. Dissertation, Wien 1957.

Literatur zur Kulturgeschichte des Baumes

Bachelard G., La Terre et les Rêveries du Repos. Librairie José Corti, Paris 1948.
Busch Lothar, Weihnachtliche Symbolpflanzen, Therapeutische Berichte, Bayer Leverkusen 28. Jahrg. 1956, Heft 6.
Deutsches Wörterbuch von Grimm, Leipzig 1954.
Etymologisches Wörterbuch, Kluge und Götz. Verlag Walter de Gruyter & Co., Berlin 1951.
Handwörterbuch des deutschen Aberglaubens, Bd. I, Herausgegeben unter besonderer Mitwirkung von E. Hoffmann-Krayer und Mitarbeit zahlreicher Fachgenossen von Hanns Bächtols-Stäubli. Berlin/Leipzig 1927. Verlag Walter de Gruyter & Co., Berlin.
Frieling Rudolf, Von Bäumen, Brunnen und Steinen in den Erzvätergeschichten. Verlag Urachhaus, Stuttgart 1953.
Hiltbrunner H., Bäume. Artemis-Verlag, Zürich.
Jung C. G., Der Geist des Mercurius. Eranos-Jahrbuch 1942. Rhein-Verlag, Zürich.
Koch Rudolf, Das Zeichenbuch (welches alle Arten von Zeichen enthält, wie sie gebraucht worden sind, in den frühesten Zeiten, bei den Völkern des Altertums, im frühen Christentum und im Mittelalter). Insel-Verlag, Leipzig 1936.
Leuzinger Elsi, Bei den Negern des Westsudans. « Schweizer Jugend », Heft 46, 15. November 1952.
Lübker Friedrich, Baumkultus. Reallexikon des klassischen Altertums. Leipzig/Berlin 1914.
Mircea Elliade, Psychologie et Histoire des Religions. Eranos-Jahrbuch 1950. Rhein-Verlag, Zürich.
Melzer Friso, Der christliche Wortschatz der deutschen Sprache. Eine evangelische Darstellung. Verlag Ernst Kaufmann, Lahr-Baden 1951.
Przyluski J., Ursprung und Entwicklung des Kultes der Mutter Göttin. Eranos-Jahrbuch 1938, Rhein-Verlag, Zürich.
Paulys Realencyclopädie der klassischen Altertumswissenschaft. Bd. 3. Stuttgart 1899.
Reallexikon der indogermanischen Altertumskunde. Bd. 2.
Reallexikon der Vorgeschichte. Bd. 7. Herausgegeben von Max Ebert, Berlin 1926. Verlag Walter de Gruyter & Co.
Reallexikon der germanischen Altertumskunde. Bd. 1. Herausgegeben von Johannes Hoops, Straßburg. Verlag J. Trübner, 1911-1913.
Rießler-Storr, Die Heilige Schrift des Alten und des Neuen Bundes. Mathias-Grünewald-Verlag, Mainz 1934.

Tabellen zur Baumstatistik

Mädchen und Knaben	Schule Alter Zahl	Kindergarten 6–7 Jahre 255	%	1. Primarklasse 7–8 Jahre 216	%	2. Primarklasse 8–9 Jahre 229	%	3. Primarklasse 9–10 Jahre 221	%	4. Primarklasse 10–11 Jahre 211	%
1 Waagrechte Äste, rein		2	0,8	—	—	—	—	—	—	—	—
2 Waagrechte Äste, vereinzelt		12	4,7	7	3,2	—	—	10	4,5	10	4,75
3 Gerade Äste		71	28,0	12	5,6	24	10,5	10	4,5	4	1,9
4 Kreuzformen		26	10,1	22	10,1	15	6,5	7	3,1	9	4,25
5 Strichstamm		4	1,6	2	0,9	2	0,9	—	—	3	1,4
6 Doppelstrichstamm		251	98,0	214	99,1	227	100,0	221	100,0	208	98,6
7 Strichast		157	61,0	113	52,0	89	39,0	58	26,2	62	28,4
8 Strichast, vereinzelt		5	2,0	4	1,8	5	2,2	8	3,6	8	3,8
9 Doppelstrichast		45	17,5	52	24,0	114	50,0	158	71,0	141	78,0
10 Winkelast, rein		49	19,2	2	0,9	3	1,3	10	4,5	1	0,47
11 Winkelast, vereinzelt		56	22,0	53	24,5	79	39,5	53	24,0	46	21,8
12 Äste bis zum Boden		15	5,9	2	0,9	1	0,44	—	—	2	0,95
13 Tiefliegende Äste, vereinzelt		13	5,1	14	6,5	12	5,2	15	6,8	13	6,2
14 Blätter und Früchte im Stamm		1	0,4	—	—	—	—	—	—	—	—
15 Stamm ohne Krone, kurze Äste		5	2,0	1	0,46	—	—	—	—	—	—
16 Sonnenrad und Blumenform		16	6,3	—	—	—	—	—	—	—	—
17 Dunkelfärbung, Stamm		153	59,0	56	26,0	31	13,5	62	28,0	32	15,5
18 Dunkelfärbung, Ast		31	12,0	17	8,0	10	4,4	38	17,2	15	7,1
19 Krone in Schattenmanier (nicht		25	10,0	5	2,3	3	1,3	11	5,0	3	1,4
20 Früchte [Äste)		172	67,0	116	54,0	89	39,0	79	35,7	53	25,0
21 Blätter		93	35,6	73	33,0	59	26,0	92	41,7	94	44,5
22 Blüten		1	0,4	1	0,46	—	—	1	0,45	2	0,95
23 Übergroße Früchte und Blätter		121	48,0	47	22,0	26	11,4	29	13,1	17	8,0
24 Früchte und Blätter geschwärzt		100	39,0	24	11,0	17	7,5	19	8,6	8	3,8
25 Früchte frei im Raum (Kugelb.)		35	14,0	49	23,0	21	9,2	3	1,3	7	3,3
26 Früchte/Blüten/Äste fallend/ab-		43	17,0	41	19,0	17	7,5	21	9,0	22	10,4
27 Raumverlagerungen [gefallen		53	21,0	4	1,8	9	3,9	5	2,2	2	0,95
28 Strichwurzel		4	1,6	5	2,3	5	2,2	5	2,2	7	3,3
29 Doppelstrichwurzel		3	1,2	8	3,2	10	4,4	39	17,6	26	9,0
30 T-Stamm		10	3,9	4	1,8	19	8,3	8	3,6	15	7,1
31 Halb-T-Stamm		24	7,2	35	16,2	32	14,0	31	14,0	12	5,7
32 Kegelstamm		11	4,3	26	12,0	27	11,4	16	7,2	15	7,1
33 Stammbasis auf Blattrand		192	75,0	103	48,0	98	43,0	69	31,0	39	18,4
34 Stammbasis gerade		110	43,0	65	30,0	41	18,0	16	7,2	19	9,0
35 Kugelkrone		54	21,0	51	23,5	25	11,0	12	5,4	14	6,6
36 Kugelkrone in Lockenmanier		4	1,6	—	—	—	—	2	0,9	1	0,47
37 Krone mit Liniengewirr, Krit-		—	—	1	0,46	1	0,44	3	1,3	—	—
38 Röhrenäste [zelei		1	0,4	—	—	31	13,5	12	5,4	18	8,5
39 Schweifungen, überlange Äste		41	16,0	30	14,0	29	12,7	31	14,0	28	13,2
40 Schweifungen, Raumfüllungen		1	0,4	2	0,9	3	1,3	7	3,1	8	3,8
41 Themawechsel in Krone		6	2,3	2	0,9	2	0,9	1	0,45	—	—
42 Lötstamm		179	70,0	95	44,0	85	37,0	50	22,5	28	13,2
43 Lötast		32	17,5	11	4,6	34	15,0	23	10,4	11	5,4
44 Astschnitt, Astbruch, Stammbruch		4	1,6	4	1,8	12	5,2	22	10,0	39	18,4
45 Stammkröpfe, Kerben		—	—	—	—	4	1,75	6	2,7	2	0,95
46 Additive Formen, Aufstockun-		9	3,5	11	5,1	15	6,5	12	5,4	5	1,8
47 Stereotypien [gen		47	18,5	14	6,5	22	9,6	15	6,8	12	5,7
48 Pflock und Stützen		2	0,8	2	0,9	1	0,44	3	1,3	8	3,8
49 Leitern		30	12,0	15	0,7	12	5,2	7	3,1	2	0,95
50 Schutzgitter, Draht		—	—	—	—	—	—	2	0,9	—	—
51 Degenerationsformen		—	—	—	—	5	2,2	3	1,3	5	1,8
52 Dritte Dimension (ohne «Augen»)		—	—	—	—	2	0,9	4	1,8	13	6,2
53 Gegenzüge an den Ästen		—	—	3	1,4	—	—	5	2,2	7	3,3
54 Zubehör, Vögel, Häuschen,		14	5,6	16	7,4	12	5,2	29	13,1	19	9,0
55 Viel Landschaft [Herzchen		57	22,0	75	35,0	44	19,2	30	13,6	15	7,1
56 Landschaft nur angedeutet		64	25,0	57	26,4	45	19,6	69	31,0	99	47,0
57 Inseln, Hügelformen [gezeichnet		1	0,4	9	4,1	—	—	7	3,1	3	1,4
58 Über den obern Blattrand hinaus-		5	2,0	6	2,8	27	11,8	49	22,0	26	12,2

Institut für angewandte Psychologie, Luzern

5. Primarklasse 11–12 Jahre 216	%	6. Primarklasse 12–13 Jahre 243	%	7. Primarklasse 13–14 Jahre 204	%	8. Primarklasse 14–15 Jahre 183	%	1. Sekundarkl. 13–14 Jahre 220	%	2. Sekundarkl. 14–15 Jahre 205	%	3. Sekundarkl. 15–16 Jahre 232	%
3	1,39	1	0,41	1	0,49	—	—	1	0,49	—	—	—	—
10	4,6	17	7,0	9	4,5	15	8,2	7	3,2	14	6,8	2	0,86
4	1,85	2	0,82	5	2,45	—	—	2	0,9	5	2,45	3	1,3
8	3,7	23	9,5	6	2,95	3	1,74	7	3,2	2	0,98	2	0,86
—	—	2	0,82	—	—	—	—	—	—	—	—	1	0,43
216	100,0	241	99,18	204	100,0	183	100,0	220	100,0	205	100,0	231	99,57
22	10,2	74	30,5	31	15,0	34	18,6	25	11,4	9	4,4	23	10,0
4	1,85	11	4,5	8	3,9	15	8,2	16	7,2	10	4,9	16	6,7
187	87,0	172	71,0	185	91,0	136	75,0	167	76,0	185	90,0	171	74,0
1	0,46	3	1,2	—	—	3	1,74	—	—	—	—	—	—
35	16,2	67	27,5	62	30,5	36	19,6	39	17,6	52	25,4	25	10,4
—	—	2	0,82	—	—	1	0,55	—	—	—	—	—	—
20	9,4	15	6,2	12	5,9	19	10,4	21	9,5	21	10,1	20	8,6
—	—	—	—	—	—	—	—	—	—	—	—	—	—
—	—	—	—	—	—	—	—	—	—	—	—	—	—
29	13,4	68	33,0	56	27,5	76	41,0	90	41,0	95	46,4	129	56,0
17	7,9	45	18,5	41	20,0	46	25,0	60	27,3	84	41,0	89	38,5
4	1,85	7	2,9	15	7,4	10	5,5	35	15,4	56	27,4	41	17,6
22	10,2	34	14,0	22	10,8	21	11,4	17	7,7	11	5,3	18	7,8
73	34,0	100	41,0	70	34,5	70	38,2	56	25,5	42	29,5	51	22,0
2	0,92	2	0,82	—	—	—	—	2	0,92	—	—	—	—
12	5,5	12	5,0	10	4,9	2	1,1	7	3,2	3	1,46	3	1,3
11	5,1	15	6,2	10	4,9	18	9,8	4	1,82	13	6,3	18	7,8
5	2,3	2	0,82	2	1,0	1	0,55	2	0,92	—	—	—	—
11	5,1	18	7,4	31	15,2	19	10,4	8	3,64	10	4,9	11	4,75
1	0,46	3	1,2	3	1,5	—	—	—	—	—	—	—	—
3	1,4	14	5,7	4	1,96	1	0,55	5	2,27	1	0,48	3	1,3
43	20,0	26	10,7	31	15,2	25	13,6	37	16,8	17	8,3	26	11,2
12	5,5	36	14,8	18	8,8	9	4,9	10	4,5	25	12,2	22	9,5
9	4,2	4	1,64	9	4,5	1	0,55	5	2,27	2	0,98	1	0,43
8	3,7	9	3,7	6	2,45	3	1,74	1	0,45	4	1,95	—	—
7	3,25	2	0,82	19	9,3	9	4,9	7	3,2	5	2,45	—	—
5	2,3	10	4,1	—	—	8	4,3	9	4,1	6	2,93	5	2,15
33	15,2	7	2,9	31	15,2	29	15,4	40	18,1	46	22,5	38	16,4
2	0,92	5	2,05	3	1,5	8	4,3	5	2,27	5	2,45	12	5,2
4	1,85	3	1,2	3	1,5	1	0,55	5	2,27	9	4,4	3	1,3
33	15,1	23	9,5	30	14,8	32	17,5	30	13,6	39	19,0	10	4,3
26	12,0	49	20,0	27	13,3	13	6,6	38	17,3	19	9,3	20	8,6
7	3,25	1	0,41	2	1,0	4	2,2	5	2,27	10	4,9	8	3,45
3	1,4	—	—	—	—	—	—	—	—	—	—	—	—
2	0,92	10	4,1	4	1,96	1	0,55	1	0,45	1	0,48	1	0,43
—	—	2	0,82	1	0,49	—	—	—	—	1	0,48	—	—
28	13,0	9	3,7	27	13,3	26	14,2	16	7,3	32	15,6	33	14,2
22	10,2	8	3,3	12	5,8	3	1,74	8	3,64	8	3,9	6	2,6
6	2,76	8	3,3	11	0,49	1	0,55	9	4,1	6	2,93	2	0,86
11	5,1	9	3,7	3	1,50	1	0,55	4	1,82	—	—	—	—
5	2,3	12	5,0	14	6,8	26	14,2	11	5,0	13	6,3	25	10,4
2	0,92	4	1,64	1	0,49	3	1,74	—	—	3	1,46	3	1,3
1	0,46	4	1,64	—	—	3	1,74	4	1,82	4	1,95	2	0,86
7	3,25	3	1,2	8	3,9	2	1,1	5	2,27	6	2,93	3	1,3
16	7,4	19	7,8	9	4,5	6	3,3	8	3,64	11	5,3	10	5,2
7	3,25	9	3,7	2	0,1	5	2,7	2	0,92	12	5,85	4	1,72
18	8,3	14	5,7	10	4,9	11	6,0	2	0,92	4	1,95	12	5,2
33	15,1	1	0,41	7	6,8	18	9,8	12	5,5	5	2,45	12	5,2
76	35,0	148	60,0	114	56,0	120	65,0	116	52,5	93	45,0	103	44,0
5	2,3	4	1,64	2	1,0	7	3,8	3	1,36	7	3,4	6	2,6
26	12,2	10	4,1	18	8,8	9	4,9	13	5,9	12	5,85	8	3,45

Mädchen	Schule Alter Zahl	Kindergarten 6–7 Jahre 98	%	1. Primarklasse 7–8 Jahre 103	%	2. Primarklasse 8–9 Jahre 103	%	3. Primarklasse 9–10 Jahre 113	%	4. Primarklasse 10–11 Jahre 108	%
1 Waagrechte Äste, rein		—	—	—	—	—	—	—	—	—	—
2 Waagrechte Äste, vereinzelt		1	1,0	4	3,9	—	—	8	7,1	3	2,7
3 Gerade Äste		25	25,6	4	39	1	14,8	6	5,3	3	2,7
4 Kreuzformen		6	6,2	11	10,7	5	3,5	4	3,5	3	2,7
5 Strichstamm		—	—	2	1,9	2	1,9	—	—	1	0,9
6 Doppelstamm		98	100,0	101	98,0	101	98,0	113	100,0	107	99,0
7 Strichast		67	68,0	65	63,4	68	66,0	39	34,5	41	38,0
8 Strichast, vereinzelt			1,0	2	1,9	3	2,9	8	7,1	2	1,8
9 Doppelstrichast		18	18,4	16	15,5	24	23,4	73	65,0	61	56,0
10 Winkelast, rein		26	26,5	1	1,0	1	1,0	6	5,3	1	0,9
11 Winkelast, vereinzelt		13	13,2	20	19,4	30	29,3	27	24,0	21	19,5
12 Äste bis zum Boden		13	13,2	1	1,0	—	—	—	—	—	—
13 Tiefliegende Äste, vereinzelt		5	5,6	3	2,9	3	2,9	7	6,2	4	3,7
14 Blätter und Früchte im Stamm		—	—	—	—	—	—	—	—	—	—
15 Stamm ohne Krone, kurze Äste		1	1,0	—	—	—	—	—	—	—	—
16 Sonnenrad und Blumenform		1	1,0	—	—	—	—	—	—	—	—
17 Dunkelfärbung, Stamm		60	61,0	32	31,0	14	13,6	30	26,5	22	20,0
18 Dunkelfärbung, Ast		13	13,2	13	12,7	4	3,9	16	14,2	8	7,4
19 Krone in Schattenmanier (nicht		9	9,2	—	—	—	—	—	—	2	1,8
20 Früchte [Äste)		79	80,0	60	58,0	41	40,0	50	44,0	37	34,2
21 Blätter		35	35,8	37	36,0	27	26,2	54	48,0	47	43,5
22 Blüten		—	—	1	1,0	—	—	1	0,9	2	1,8
23 Übergroße Früchte und Blätter		46	47,0	20	19,4	10	9,8	14	12,4	11	10,1
24 Früchte und Blätter geschwärzt		34	34,7	13	10,7	12	11,7	9	8,0	5	4,6
25 Früchte frei im Raum (Kugelb.)		13	13,2	20	19,4	7	6,7	1	0,9	4	3,7
26 Früchte/Blüten/Äste fallend/ab-		15	15,3	29	28,2	9	8,7	17	15,0	13	12,0
27 Raumverlagerungen [gefallen		21	21,5	2	1,9	4	3,9	4	3,5	1	0,9
28 Strichwurzel		1	1,0	2	1,9	2	1,9	2	1,8	2	1,8
29 Doppelstrichwurzel		—	—	4	3,9	6	5,8	15	13,3	13	12,0
30 T-Stamm		1	1,2	—	—	2	1,9	1	0,9	1	0,9
31 Halb-T-Stamm		4	4,1	9	8,7	12	11,7	10	8,8	1	0,9
32 Kegelstamm		4	4,1	13	12,7	9	8,7	6	5,3	9	8,3
33 Stammbasis auf Blattrand		72	73,5	58	56,5	30	29,3	25	22,0	15	13,8
34 Stammbasis gerade		51	52,0	37	36,0	29	28,2	10	8,8	13	12,0
35 Kugelkrone		18	18,4	20	19,4	7	6,7	—	—	10	9,2
36 Kugelkrone in Lockenmanier		4	4,1	—	—	—	—	—	—	—	—
37 Krone mit Liniengewirr, Krit-		—	—	—	—	1	1,0	1	0,9	—	—
38 Röhrenäste [zelei		—	—	—	—	10	9,3	3	2,6	8	7,4
39 Schweifungen, überlange Äste		12	12,2	9	8,7	12	11,7	10	8,8	12	11,5
40 Schweifungen, Raumfüllungen		—	—	—	—	—	—	6	5,3	3	2,7
41 Themawechsel in Krone		2	2,05	1	1,0	—	—	—	—	—	—
42 Lötstamm		77	78,5	53	51,5	48	46,6	33	29,2	17	15,8
43 Lötast		12	12,2	—	—	8	7,8	10	8,8	4	3,7
44 Astschnitt, Astbruch, Stammbruch		1	1,0	—	—	3	2,9	4	3,5	15	13,8
45 Stammkröpfe, Kerben		—	—	—	—	—	—	1	0,9	—	—
46 Additive Formen, Aufstockun-		3	3,1	6	5,8	4	3,9	3	2,6	1	0,9
47 Stereotypien [gen		15	15,3	5	4,3	6	5,8	9	8,0	2	1,8
48 Pflock und Stützen		—	—	1	1,0	—	—	2	1,8	2	1,8
49 Leitern		11	11,2	8	7,8	3	2,9	4	3,5	2	1,8
50 Schutzgitter, Draht		—	—	—	—	—	—	—	—	—	—
51 Degenerationsformen		—	—	—	—	—	—	3	2,6	5	4,6
52 Dritte Dimension (ohne «Augen»)		—	—	—	—	2	1,9	—	—	5	4,6
53 Gegenzüge an den Ästen		—	—	1	1,0	—	—	3	2,6	3	2,7
54 Zubehör, Vögel, Häuschen,		5	5,2	4	3,9	3	2,9	26	23,0	10	9,2
55 Viel Landschaft [Herzchen		23	23,5	26	25,1	19	18,4	20	17,6	9	8,3
56 Landschaft nur angedeutet		36	36,5	33	32,0	27	26,2	38	33,5	47	43,5
57 Inseln, Hügelformen [gezeichnet		—	—	9	8,7	—	—	4	3,5	3	2,7
58 Über den obern Blattrand hinaus-		—	—	1	1,0	13	12,7	20	17,6	4	3,7

5. Primarklasse 11–12 Jahre		6. Primarklasse 12–13 Jahre		7. Primarklasse 13–14 Jahre		8. Primarklasse 14–15 Jahre		1. Sekundarkl. 13–14 Jahre		2. Sekundarkl. 14–15 Jahre		3. Sekundarkl. 15–16 Jahre	
112	%	116	%	113	%	83	%	116	%	105	%	130	%
—	—	—	—	—	—	—	—	—	—	—	—	—	—
7	6,2	8	7,3	4	3,5	9	10,8	5	4,5	9	8,6	2	1,5
3	2,7	1	0,9	1	0,9	—	—	—	—	1	1,0	1	0,8
3	2,7	10	9,0	3	2,6	1	1,2	4	3,6	2	1,9	1	0,8
—	—	1	0,9	—	—	—	—	—	—	—	—	—	—
112	100,0	115	99,0	113	100,0	83	100,0	116	100,0	105	100,0	130	100,0
19	17,0	47	42,0	23	21,4	28	33,8	23	20,0	8	7,6	10	7,7
2	1,8	5	4,5	3	2,6	11	13,2	12	10,7	8	7,6	11	8,5
86	77,0	72	64,0	83	74,0	55	61,0	89	77,0	88	84,0	92	70,0
—	—	—	—	—	—	1	1,2	—	—	—	—	—	—
19	17,1	35	31,2	33	29,2	19	23,0	17	14,8	25	23,7	11	8,5
—	—	1	0,9	—	—	—	—	—	—	—	—	—	—
11	9,8	6	5,4	6	5,3	4	4,8	12	10,7	7	6,6	11	8,5
—	—	—	—	—	—	—	—	—	—	—	—	—	—
—	—	—	—	—	—	—	—	—	—	—	—	—	—
10	9,0	26	23,2	24	21,3	42	50,0	37	32,0	41	39,0	67	51,6
7	6,2	11	9,8	16	14,2	22	26,5	23	20,0	32	30,5	52	40,0
—	—	1	0,9	3	2,6	2	2,4	4	3,6	24	23,0	18	13,8
12	10,7	14	12,5	15	13,3	19	23,0	13	11,2	6	5,7	7	5,4
46	41,0	54	48,0	45	40,0	45	54,0	46	39,5	30	28,6	29	22,3
2	1,8	2	1,8	—	—	—	—	2	1,8	—	—	—	—
5	4,5	4	3,6	8	7,1	2	2,4	4	3,6	2	1,9	—	—
9	8,0	8	7,3	6	5,3	13	15,4	4	3,6	9	8,6	11	8,5
2	1,8	1	0,9	1	1,9	—	—	—	—	—	—	—	—
6	5,4	7	6,2	22	19,5	16	19,4	5	4,5	7	6,6	6	4,6
1	0,9	—	—	1	0,9	—	—	—	—	—	—	—	—
—	—	4	3,6	3	2,6	1	1,2	2	1,8	—	—	1	0,8
14	12,4	10	9,0	13	11,5	7	8,4	24	21,0	4	3,8	11	8,5
3	2,7	7	6,2	5	4,5	2	2,4	2	1,8	8	7,6	8	6,2
5	4,5	2	1,8	—	—	—	—	3	2,7	2	1,9	1	0,8
3	2,7	7	6,2	6	5,3	3	3,6	1	0,9	4	3,8	—	—
2	1,8	1	0,9	12	10,3	8	9,6	4	3,6	4	3,8	—	—
3	2,7	4	3,6	—	—	6	7,2	5	4,5	2	1,9	3	2,3
15	13,4	—	—	11	9,3	9	11,0	9	7,8	18	17,2	16	12,3
—	—	3	2,7	—	—	3	3,6	1	0,9	1	1,0	8	6,2
2	1,8	1	0,9	—	—	—	—	2	1,8	4	3,8	2	1,5
11	9,8	12	10,7	13	11,5	17	20,5	14	12,5	13	12,4	9	6,9
13	11,6	21	18,6	18	16,0	7	8,4	26	22,5	14	13,4	13	10,0
5	4,5	1	0,9	2	1,8	3	3,6	4	3,6	5	4,7	4	3,1
3	2,7	—	—	—	—	—	—	—	—	—	—	—	—
1	0,9	6	5,4	3	2,6	1	1,2	—	—	1	1,0	1	0,8
—	—	2	1,8	1	0,9	—	—	—	—	1	1,0	—	—
10	9,0	—	—	9	8,0	10	12,0	12	10,7	14	13,4	12	9,2
4	3,6	4	3,6	7	6,2	1	1,2	6	5,4	3	2,8	4	3,1
4	3,6	7	6,2	6	5,3	—	—	7	5,2	5	4,7	1	0,8
9	8,9	1	0,9	1	0,9	—	—	3	2,7	—	—	—	—
4	3,6	4	3,6	10	8,8	8	9,6	3	2,7	5	4,7	12	9,2
—	—	1	0,9	—	—	1	1,2	—	—	2	1,9	2	1,5
1	0,9	2	1,8	—	—	3	3,6	3	2,7	1	1,0	—	—
1	0,9	1	0,9	5	4,5	1	1,2	3	2,7	3	2,8	2	1,5
6	5,4	1	0,9	3	2,6	3	3,6	6	5,4	3	2,8	3	2,3
6	5,4	5	4,5	2	1,8	3	3,6	1	0,9	7	6,6	2	1,5
12	11,7	8	7,3	5	4,5	3	3,6	1	0,9	2	1,9	5	3,8
13	11,6	1	0,9	3	2,6	7	8,4	2	1,8	1	1,0	1	0,8
43	38,0	67	60,0	56	50,0	67	81,0	50	43,1	44	42,0	56	43,0
5	4,5	4	3,6	2	1,8	3	3,6	1	0,9	2	1,9	4	3,1
12	10,7	4	3,6	6	5,3	4	4,8	8	7,3	2	1,9	6	4,6

Knaben	Schule Alter Zahl	Kindergarten 6–7 Jahre 126	%	1. Primarklasse 7–8 Jahre 113	%	2. Primarklasse 8–9 Jahre 126	%	3. Primarklasse 9–10 Jahre 108	%	4. Primarklasse 10–11 Jahre 103	%
1 Waagrechte Äste, rein		2	1,6	—	—	—	—	—	—	—	—
2 Waagrechte Äste, vereinzelt		11	8,7	3	2,6	—	—	2	1,8	7	6,7
3 Gerade Äste		43	34,0	8	7,1	9	7,3	4	3,7	1	1,0
4 Kreuzformen		18	14,3	11	9,3	10	8,0	3	2,7	6	5,8
5 Strichstamm		2	1,6	—	—	—	—	—	—	2	1,9
6 Doppelstamm		124	98,0	113	100,0	125	99,0	108	100,0	101	98,0
7 Strichast		67	53,0	48	42,5	21	16,6	19	17,6	21	20,5
8 Strichast, vereinzelt		4	3,2	2	1,8	2	1,6	—	—	6	5,8
9 Doppelstrichast		22	17,4	36	33,0	90	73,0	85	78,5	80	78,0
10 Winkelast, rein		20	16,0	1	0,9	2	1,6	4	3,7	—	—
11 Winkelast, vereinzelt		21	16,6	33	29,0	49	39,0	26	24,0	25	24,5
12 Äste bis zum Boden		1	0,8	1	0,9	1	0,8	—	—	2	1,9
13 Tiefliegende Äste, vereinzelt		7	5,5	11	9,3	9	7,3	8	7,4	9	8,7
14 Blätter und Früchte im Stamm		1	0,8	—	—	—	—	—	—	—	—
15 Stamm ohne Krone, kurze Äste		4	3,15	1	0,9	—	—	—	—	—	—
16 Sonnenrad und Blumenform		15	12,0	—	—	—	—	—	—	—	—
17 Dunkelfärbung, Stamm		74	59,0	24	21,3	17	13,5	32	29,5	10	9,8
18 Dunkelfärbung, Ast		18	14,3	4	3,5	6	4,8	22	20,0	7	6,7
19 Krone in Schattenmanier (nicht		12	9,5	5	4,5	3	2,4	11	10,1	1	1,0
20 Früchte [Äste)		71	56,4	56	49,5	48	38,0	29	27,0	16	15,5
21 Blätter		45	35,6	36	32,0	32	25,5	38	35,0	47	46,0
22 Blüten		—	—	—	—	—	—	—	—	—	—
23 Übergroße Früchte und Blätter		57	45,0	27	24,0	16	12,7	15	13,8	6	5,8
24 Früchte und Blätter geschwärzt		48	38,0	11	9,3	5	4,0	10	9,2	3	2,9
25 Früchte frei im Raum (Kugelb.)		20	16,0	29	25,6	14	11,2	2	1,8	3	2,9
26 Früchte/Blüten/Äste fallend/ab-		22	17,4	12	10,3	8	6,4	4	3,7	9	8,7
27 Raumverlagerungen [gefallen		19	15,0	2	1,8	5	4,0	1	0,9	1	1,0
28 Strichwurzel		3	2,4	3	2,6	3	2,4	3	2,7	5	4,3
29 Doppelstrichwurzel		2	1,6	4	3,5	4	3,2	26	24,0	13	12,7
30 T-Stamm		8	6,4	4	3,5	17	13,5	7	6,5	14	13,6
31 Halb-T-Stamm		17	13,5	26	23,0	20	16,0	21	19,5	11	10,7
32 Kegelstamm		3	2,4	13	11,5	18	14,3	10	9,2	6	5,8
33 Stammbasis auf Blattrand		94	75,0	45	40,0	68	54,0	44	40,5	24	23,4
34 Stammbasis gerade		50	40,0	28	25,0	12	9,6	6	5,5	6	5,8
35 Kugelkrone		36	28,5	31	27,5	18	14,3	12	11,0	4	3,9
36 Kugelkrone in Lockenmanier		—	—	—	—	—	—	2	1,8	1	1,0
37 Krone mit Liniengewirr, Krit-		2	1,6	1	0,9	—	—	2	1,8	—	—
38 Röhrenäste [zelei		1	0,8	—	—	21	16,6	9	8,3	10	9,8
39 Schweifungen, überlange Äste		21	16,6	21	18,5	17	13,5	21	19,5	16	15,5
40 Schweifungen, Raumfüllungen		1	0,8	2	1,8	3	2,4	1	0,9	5	4,3
41 Themawechsel in Krone		2	1,6	1	0,9	2	1,6	1	0,9	—	—
42 Lötstamm		81	64,0	42	37,0	37	29,4	17	15,8	11	10,7
43 Lötast		17	13,5	11	9,3	26	20,6	13	12,0	7	6,7
44 Astschnitt, Astbruch, Stammbruch		3	2,4	4	3,5	9	7,3	18	16,6	24	23,4
45 Stammkröpfe, Kerben		—	—	—	—	4	3,2	5	4,6	2	1,9
46 Additive Formen, Aufstockun-		3	2,4	5	4,5	11	8,7	9	8,2	4	3,9
47 Stereotypien [gen		21	16,6	9	8,1	16	12,7	6	5,5	10	9,8
48 Pflock und Stützen		1	0,8	1	0,9	1	0,8	1	0,9	6	5,8
49 Leitern		19	15,0	7	6,2	9	7,3	3	2,7	—	—
50 Schutzgitter, Draht		—	—	—	—	—	—	2	1,8	2	1,9
51 Degenerationsformen		—	—	—	—	5	4,0	—	—	—	—
52 Dritte Dimension (ohne «Augen»)		—	—	—	—	—	—	4	3,7	8	7,8
53 Gegenzüge an den Ästen		—	—	2	1,8	—	—	2	1,8	4	3,9
54 Zubehör, Vögel, Häuschen,		5	4,0	12	10,3	9	7,3	3	2,7	9	8,7
55 Viel Landschaft [Herzchen		33	26,2	49	43,4	25	19,8	10	9,2	6	5,8
56 Landschaft nur angedeutet		26	20,6	24	21,3	18	14,3	31	28,6	52	50,0
57 Inseln, Hügelformen [gezeichnet		1	0,8	—	—	—	—	3	2,7	—	—
58 Über den obern Blattrand hinaus-		5	4,0	5	4,5	14	11,2	29	27,0	22	21,4

Institut für angewandte Psychologie, Luzern

5. Primarklasse 11–12 Jahre		6. Primarklasse 12–13 Jahre		7. Primarklasse 13–14 Jahre		8. Primarklasse 14–15 Jahre		1. Sekundarkl. 13–14 Jahre		2. Sekundarkl. 14–15 Jahre		3. Sekundarkl. 15–16 Jahre	
104	%	127	%	91	%	100	%	104	%	106	%	102	%
3	2,9	1	0,8	1	1,1	—	—	1	1,0	—	—	—	—
3	2,9	9	7,1	5	5,5	6	6,0	2	1,9	5	4,7	2	2,0
1	0,9	1	0,8	4	4,4	—	—	2	1,9	4	3,8	2	2,0
5	4,8	13	10,1	3	3,3	2	2,0	3	2,9	—	—	1	1,0
—	—	1	0,8	—	—	—	—	—	—	—	—	1	1,0
104	100,0	126	99,0	91	100,0	100	100,0	104	100,0	106	100,0	101	99,0
3	2,9	27	21,3	8	8,8	6	6,0	2	1,9	1	0,95	13	12,9
2	1,9	6	4,7	5	5,5	4	4,0	4	3,8	2	1,9	5	4,9
101	97,0	100	79,0	83	91,0	81	81,0	78	75,0	97	91,0	79	77,0
1	0,9	3	2,4	—	—	2	2,0	—	—	—	—	—	—
16	15,4	32	25,0	29	32,0	17	17,0	22	21,0	27	25,5	14	13,8
—	—	1	0,8	—	—	1	1,0	—	—	—	—	—	—
9	8,6	9	7,1	6	6,6	15	15,0	9	8,6	14	13,2	9	8,9
—	—	—	—	—	—	—	—	—	—	—	—	—	—
—	—	—	—	—	—	—	—	—	—	—	—	—	—
19	18,4	42	33,0	32	35,0	34	34,0	53	51,0	54	50,0	62	61,0
10	9,6	34	27,0	25	27,5	24	24,0	37	35,5	52	49,0	37	36,0
4	3,8	6	4,7	12	13,1	8	8,0	31	30,0	32	30,0	23	22,0
10	9,6	20	16,0	7	7,7	2	2,0	4	3,8	5	4,7	11	10,4
41	39,0	46	31,0	25	13,2	25	25,0	10	9,6	12	11,4	22	21,5
7	6,7	8	6,3	2	2,2	—	—	3	2,9	1	0,95	3	2,9
2	1,9	7	5,5	4	4,4	5	5,0	—	—	4	3,8	7	6,9
3	2,9	1	0,8	1	1,1	1	1,0	2	1,9	—	—	—	—
5	4,8	11	8,6	9	9,9	3	3,0	3	2,9	3	2,7	5	4,9
—	—	3	2,4	2	2,2	—	—	—	—	—	—	—	—
3	2,9	10	7,8	1	1,1	—	—	3	2,9	1	0,95	2	2,0
29	28,0	16	12,6	18	20,0	18	18,0	13	12,7	13	12,3	15	14,9
9	8,6	29	23,0	13	14,3	7	7,0	8	7,7	17	16,0	14	13,9
4	3,8	2	1,6	9	9,9	1	1,0	2	1,9	—	—	—	—
5	4,8	2	1,6	—	—	—	—	—	—	—	—	—	—
5	4,8	1	0,8	7	7,7	1	1,0	3	2,9	1	0,95	—	—
2	1,9	6	4,7	—	—	2	2,0	4	3,8	4	3,8	2	2,0
18	17,3	7	5,5	20	22,0	20	20,0	31	30,0	28	26,4	22	21,5
2	1,9	2	1,6	3	3,3	5	5,0	4	3,8	4	3,8	4	3,9
2	1,9	2	1,6	3	3,3	1	1,0	3	2,9	5	4,7	1	1,0
22	21,0	11	8,6	17	18,5	15	15,0	16	15,4	26	24,5	1	1,0
13	12,4	28	14,2	9	9,9	6	6,0	12	11,6	5	4,7	7	6,9
2	1,9	—	—	—	—	1	1,0	1	1,0	5	4,7	4	3,9
—	—	—	—	—	—	—	—	—	—	—	—	—	—
1	0,9	4	3,1	1	1,1	—	—	1	1,0	—	—	—	—
18	17,3	9	7,1	18	20,0	16	16,0	4	3,8	18	17,0	21	20,5
18	17,3	4	3,1	5	5,5	2	2,0	2	1,9	5	4,7	2	2,1
2	1,9	1	0,8	5	5,5	1	1,0	2	1,9	1	0,95	1	1,0
2	1,9	8	6,3	2	2,2	1	1,0	1	1,0	—	—	—	—
1	0,9	8	6,3	4	4,4	18	18,0	8	7,7	8	7,6	13	12,0
2	1,9	3	2,4	1	1,1	2	2,0	—	—	1	0,95	1	1,0
—	—	2	1,6	—	—	—	—	1	1,0	3	2,7	2	2,0
6	5,8	2	1,6	3	3,3	1	1,0	2	1,9	3	2,7	1	1,0
10	9,6	18	14,2	6	6,6	3	3,0	2	1,9	8	7,6	7	6,9
1	0,9	4	3,1	—	—	2	2,0	1	1,0	5	4,7	2	2,0
6	5,8	6	4,7	5	5,5	8	8,0	1	1,0	2	1,9	7	6,9
20	19,2	—	—	4	4,4	11	11,0	10	9,6	4	3,8	11	10,4
33	31,8	81	64,0	58	64,0	53	53,0	66	63,0	49	46,0	47	46,0
—	—	—	—	—	—	4	4,0	2	1,9	5	4,7	2	2,0
14	13,4	6	4,7	12	13,1	5	5,0	5	4,8	10	9,5	2	2,0

	Schule	1. Primarklasse		2. Primarklasse		3. Primarklasse		4. Primarklasse	
Debile	Alter	6–8 Jahre		8–9 Jahre		9–10 Jahre		10–11 Jahre	
Hilfsschüler	Zahl	70	%	74	%	79	%	131	%
1 Waagrechte Äste, rein		3	4,3	4	5,4	—	—	1	0,8
2 Waagrechte Äste, vereinzelt		—	—	3	4,0	1	1,3	8	6,1
3 Gerade Äste		—	—	16	21,5	15	19,0	14	10,7
4 Kreuzformen		3	4,3	9	12,2	5	6,3	1	0,8
5 Strichstamm		29	42,0	22	29,6	9	11,2	8	6,1
6 Doppelstamm		31	44,0	52	70,0	70	88,6	123	94,0
7 Strichast		32	46,0	42	57,0	40	50,0	75	57,0
8 Strichast, vereinzelt		—	—	—	—	1	1,3	—	—
9 Doppelstrichast		3	4,3	6	8,2	14	17,7	21	16,0
10 Winkelast, rein		2	2,8	3	4,0	1	1,3	7	5,3
11 Winkelast, vereinzelt		—	—	5	8,1	7	8,9	10	7,6
12 Äste bis zum Boden		6	8,5	15	20,3	3	3,8	5	3,8
13 Tiefliegende Äste, vereinzelt		—	—	1	1,3	—	—	3	2,3
14 Blätter und Früchte im Stamm		—	—	—	—	—	—	—	—
15 Stamm ohne Krone, kurze Äste		—	—	—	—	—	—	—	—
16 Sonnenrad und Blumenform		7	10,0	3	4,0	4	5,0	6	4,6
17 Dunkelfärbung, Stamm		10	14,2	19	25,6	41	52,0	34	26,0
18 Dunkelfärbung, Ast		3	4,3	6	8,1	6	7,6	6	4,6
19 Krone in Schattenmanier (nicht Äste)		2	2,8	3	4,0	6	7,6	4	3,0
20 Früchte		29	42,0	29	39,0	58	73,0	83	64,0
21 Blätter		9	12,8	3	4,0	3	3,8	19	14,5
22 Blüten		—	—	—	—	—	—	—	—
23 Übergroße Früchte und Blätter		15	21,5	20	27,0	45	57,0	48	36,6
24 Früchte und Blätter geschwärzt		11	15,8	10	13,5	21	26,5	38	29,0
25 Früchte frei im Raum (Kugelbaum)		6	8,5	9	12,2	16	20,2	32	24,5
26 Früchte/Blüten/Äste fallend/abgefallen		1	1,4	4	5,4	7	8,9	5	3,8
27 Raumverlagerungen		3	4,3	5	8,1	16	20,2	8	6,1
28 Strichwurzel		2	2,8	3	4,0	3	3,8	11	8,4
29 Doppelstrichwurzel		—	—	—	—	—	—	4	3,0
30 T-Stamm		9	12,8	12	16,2	8	10,0	10	7,6
31 Halb-T-Stamm		2	2,8	8	10,8	5	6,3	14	10,7
32 Kegelstamm		—	—	1	1,3	2	2,5	9	6,9
33 Stammbasis auf Blattrand		26	37,0	28	38,0	41	52,0	65	50,0
34 Stammbasis gerade		17	24,2	23	31,0	22	28,0	30	23,0
35 Kugelkrone		17	24,2	17	23,0	16	20,2	32	24,5
36 Kugelkrone in Lockenmanier		—	—	—	—	—	—	—	—
37 Krone mit Liniengewirr, Kritzelei		5	7,1	3	4,0	—	—	—	—
38 Röhrenäste		—	—	—	—	—	—	—	—
39 Schweifungen, überlange Äste		—	—	8	10,8	15	19,0	10	7,6
40 Schweifungen, Raumfüllungen		—	—	—	—	—	—	—	—
41 Themawechsel in Krone		—	—	2	2,7	—	—	—	—
42 Lötstamm		19	27,0	26	35,0	30	38,0	49	37,5
43 Lötast		—	—	1	1,3	2	2,5	2	1,5
44 Astschnitt, Astbruch, Stammbruch		—	—	—	—	—	—	—	—
45 Stammkröpfe, Kerben		—	—	—	—	—	—	4	3,0
46 Additive Formen, Aufstockungen		1	1,4	—	—	—	—	3	2,0
47 Stereotypien		4	5,7	10	13,5	12	15,2	12	9,2
48 Pflock und Stützen		—	—	—	—	—	—	—	—
49 Leitern		1	1,4	—	—	5	6,3	3	2,0
50 Schutzgitter, Draht		—	—	—	—	1	1,3	—	—
51 Degenerationsformen		—	—	—	—	1	1,3	—	—
52 Dritte Dimension (ohne ‹Augen›)		—	—	—	—	2	2,5	—	—
53 Gegenzüge an den Ästen		—	—	—	—	—	—	—	—
54 Zubehör, Vögel, Häuschen, Herzchen		1	1,4	—	—	3	3,8	3	2,0
55 Viel Landschaft		7	10,0	8	10,8	12	15,2	10	7,6
56 Landschaft nur angedeutet		3	4,3	9	12,2	13	16,4	16	12,2
57 Inseln, Hügelformen		1	1,4	1	1,3	—	—	9	6,9
58 Über den obern Blattrand hinausgezeichnet		—	—	3	4,0	3	3,8	2	1,5

Institut für angewandte Psychologie, Luzern

5. Primarklasse 11–12 Jahre 112	%	6. Primarklasse 12–13 Jahre 135	%	7. Primarklasse 13–14 Jahre 121	%	8. Primarklasse 14–15 Jahre 82	%	9. Primarklasse 15–16 Jahre 117	%	16–17 Jahre 41	%	Debil-Imbezill 29 Jahre 56	%
—	—	1	0,7	4	3,3	—	—	—	—	—	—	5	9,0
3	2,7	2	1,5	1	0,8	4	4,9	1	0,9	—	—	7	12,5
15	14,4	16	11,8	15	12,4	3	3,6	11	9,4	2	4,9	18	32,0
2	1,8	3	2,2	5	4,1	2	2,5	5	4,3	—	—	17	30,0
4	3,6	8	5,9	7	5,8	—	—	—	—	—	—	10	17,8
108	96,0	127	94,0	114	94,0	82	100,0	117	100,0	41	100,0	42	75,0
62	55,0	78	58,0	77	64,0	43	52,5	43	37,0	11	26,8	35	62,5
—	—	—	—	—	—	1	0,8	2	1,7	—	—	1	1,8
24	21,5	20	14,8	21	17,4	29	35,3	61	52,0	24	58,5	8	14,3
2	1,8	1	0,7	—	—	—	—	—	—	—	—	7	12,5
13	11,6	29	21,5	23	19,0	7	8,5	11	9,4	3	7,3	9	16,0
4	3,6	6	4,5	1	0,8	—	—	—	—	—	—	26	41,5
5	4,5	3	2,2	2	1,7	2	2,5	7	6,0	—	—	2	3,6
—	—	—	—	—	—	—	—	—	—	—	—	1	1,8
4	3,6	3	2,2	—	—	—	—	—	—	—	—	3	5,4
28	25,0	37	27,5	15	12,4	16	19,6	25	21,4	6	14,6	25	45,0
6	5,9	5	3,7	—	—	5	6,2	12	10,2	1	2,5	6	10,7
5	4,5	6	4,5	2	1,7	4	4,8	3	2,6	2	4,9	3	5,4
66	59,0	74	55,0	55	45,5	33	40,0	23	19,6	16	39,0	18	32,0
37	33,0	42	31,0	25	20,7	23	28,0	25	21,4	11	26,8	2	3,6
—	—	—	—	—	—	—	—	—	—	—	—	1	1,8
32	28,5	30	22,2	28	23,1	19	23,0	18	15,4	13	31,6	14	25,0
25	22,3	25	18,4	18	14,8	4	4,8	8	6,8	4	9,8	7	12,5
8	7,3	21	15,5	14	11,6	8	9,7	2	1,7	2	4,9	3	5,4
—	—	9	6,7	7	5,8	3	3,6	3	2,6	2	4,9	4	7,2
11	9,8	6	4,5	9	7,5	6	7,3	4	3,4	4	9,8	11	19,6
9	8,0	9	6,7	10	8,2	4	4,8	12	10,2	2	4,9	5	8,9
2	1,8	1	0,7	4	3,3	8	9,7	5	4,3	4	9,8	4	7,2
5	4,5	16	11,8	10	8,2	8	9,7	—	—	4	9,8	17	30,0
9	8,0	8	5,9	12	9,9	11	13,4	8	6,8	1	2,5	6	10,7
12	10,7	4	3,0	10	8,2	4	4,8	4	3,4	2	4,9	5	8,9
38	34,0	52	38,5	33	27,4	31	37,7	32	27,5	9	22,0	7	12,5
31	27,6	30	22,3	21	17,4	11	13,4	8	6,8	—	—	18	32,0
17	15,2	29	21,5	22	18,2	18	22,0	24	20,5	13	31,6	4	7,2
—	—	—	—	—	—	2	2,5	6	5,2	1	2,5	—	—
2	1,8	5	3,7	1	0,8	9	11,0	8	6,8	3	7,3	1	1,8
23	20,5	29	21,5	13	10,7	15	18,2	42	36,0	11	26,8	7	12,5
—	—	—	—	—	—	—	—	—	—	—	—	—	—
3	2,7	—	—	—	—	—	—	1	0,9	—	—	—	—
45	40,0	49	36,4	34	28,2	30	36,5	16	13,6	2	4,9	16	28,5
6	5,9	1	0,7	—	—	2	2,5	—	—	1	2,5	1	1,8
2	1,8	4	3,0	8	6,6	2	2,5	2	1,7	1	2,5	—	—
1	—	4	3,0	3	2,5	3	3,6	3	2,6	—	—	—	—
3	2,7	7	5,2	2	1,7	4	4,8	1	0,9	1	2,5	1	1,8
15	14,4	20	14,8	16	13,2	8	9,7	5	4,3	—	—	14	25,0
—	—	1	0,7	—	—	—	—	1	0,9	—	—	—	—
1	0,9	3	2,2	1	0,8	1	0,8	1	0,9	—	—	1	1,8
—	—	—	—	—	—	—	—	—	—	—	—	—	—
1	0,9	1	0,7	—	—	—	—	—	—	—	—	1	1,8
—	—	1	0,7	2	1,7	—	—	2	1,7	—	—	2	3,6
1	0,9	2	1,5	1	0,8	—	—	—	—	—	—	2	3,6
1	0,9	3	2,2	3	2,5	1	0,8	1	0,9	—	—	—	—
10	9,0	7	5,2	—	—	4	4,8	6	5,2	4	9,8	4	7,2
11	9,8	29	21,5	15	12,4	14	17,0	32	27,5	9	22,0	21	37,5
—	—	9	6,7	1	0,8	—	—	—	—	—	—	1	1,8
—	—	3	2,2	4	3,3	—	—	3	2,6	—	—	—	—

Angelernte Arbeiterinnen und Arbeiter mit 8 Klassen Primarschule	Alter Zahl	weiblich 15–16 Jahre 91	%	männlich 15–16 Jahre 63	%	Total 15–16 Jahre 154	%	weibliche 17–19 Jahre 172	%
1 Waagrechte Äste, rein		—	—	—	—	—	—	4	2,3
2 Waagrechte Äste, vereinzelt		6	6,6	3	4,8	9	5,8	14	8,1
3 Gerade Äste		3	3,3	1	1,6	4	2,6	1	0,6
4 Kreuzformen		—	—	—	—	—	—	1	0,6
5 Strichstamm		2	2,2	1	1,6	3	2,0	—	—
6 Doppelstamm		89	98,0	62	99,0	151	98,0	172	100,0
7 Strichast		22	24,2	8	12,6	30	19,5	51	30,0
8 Strichast, vereinzelt		7	7,7	3	4,8	10	7,3	7	4,1
9 Doppelstrichast		64	70,0	53	84,0	117	76,0	105	61,0
10 Winkelast, rein		1	1,1	—	—	1	0,6	2	1,2
11 Winkelast, vereinzelt		23	25,0	18	28,6	41	26,5	50	29,0
12 Äste bis zum Boden		2	2,2	—	—	2	1,3	1	0,6
13 Tiefliegende Äste, vereinzelt		6	6,6	6	9,5	12	7,9	9	5,2
14 Blätter und Früchte im Stamm		—	—	—	—	—	—	—	—
15 Stamm ohne Krone, kurze Äste		—	—	—	—	—	—	—	—
16 Sonnenrad und Blumenform		—	—	—	—	—	—	—	—
17 Dunkelfärbung, Stamm		16	17,6	19	30,0	45	29,0	46	27,0
18 Dunkelfärbung, Ast		4	4,4	13	20,5	17	11,0	13	7,5
19 Krone in Schattenmanier (nicht Äste)		—	—	—	—	—	—	1	0,6
20 Früchte		nicht gezählt				—	—	52	30,0
21 Blätter		nicht gezählt				—	—	72	42,0
22 Blüten		nicht gezählt				—	—	—	—
23 Übergroße Früchte und Blätter		9	9,9	2	3,3	11	7,1	21	12,0
24 Früchte und Blätter geschwärzt		1	1,1	—	—	1	0,6	14	8,1
25 Früchte frei im Raum (Kugelbaum)		1	1,1	—	—	1	0,6	1	0,6
26 Früchte/Blüten/Äste fallend/abgefallen		3	3,3	—	—	3	2,0	7	4,1
27 Raumverlagerungen		3	3,3	2	3,2	5	3,2	3	1,7
28 Strichwurzel		11	12,0	3	4,8	14	9,1	18	10,4
29 Doppelstrichwurzel		7	7,7	9	14,3	12	7,9	13	7,5
30 T-Stamm		19	21,0	12	19,0	31	20,0	30	18,1
31 Halb-T-Stamm		9	9,9	15	23,8	24	15,6	12	7,0
32 Kegelstamm		10	11,0	2	3,2	12	7,9	23	13,4
33 Stammbasis auf Blattrand		11	12,0	3	4,8	14	9,1	5	2,9
34 Stammbasis gerade		4	4,4	7	11,0	11	7,1	8	4,6
35 Kugelkrone		8	8,8	2	3,2	10	7,3	5	2,9
36 Kugelkrone in Lockenmanier		1	1,1	2	3,2	3	2,0	6	3,2
37 Krone mit Liniengewirr, Kritzelei		—	—	—	—	—	—	—	—
38 Röhrenäste		14	15,4	13	20,6	27	17,5	25	14,6
39 Schweifungen, überlange Äste		19	21,0	18	28,6	37	24,0	12	7,0
40 Schweifungen, Raumfüllungen		1	1,1	—	—	1	0,6	—	—
41 Themawechsel in Krone		—	—	—	—	—	—	4	2,3
42 Lötstamm		14	15,4	6	9,5	20	13,0	23	8,2
43 Lötast		2	2,2	1	1,6	3	2,0	4	2,3
44 Astschnitt, Astbruch, Stammbruch		6	6,6	13	20,6	19	12,3	14	8,2
45 Stammkröpfe, Kerben		2	2,2	6	9,5	8	5,2	9	5,2
46 Additive Formen, Aufstockungen		4	4,4	12	19,0	16	10,4	14	8,2
47 Stereotypien		3	3,3	4	6,3	7	4,5	5	2,3
48 Pflock und Stützen		—	—	2	3,2	2	1,3	2	1,2
49 Leitern		—	—	—	—	—	—	—	—
50 Schutzgitter, Draht		—	—	—	—	—	—	1	0,6
51 Degenerationsformen		2	2,2	2	3,2	4	2,6	9	5,2
52 Dritte Dimension (ohne «Augen»)		nicht gezählt				—	—	—	—
53 Gegenzüge an den Ästen		10	11,0	12	19,0	22	14,2	15	8,7
54 Zubehör, Vögel, Häuschen, Herzchen		—	—	2	3,2	2	1,3	2	1,2
55 Viel Landschaft		—	—	—	—	—	—	—	—
56 Landschaft nur angedeutet		35	38,4	29	46,0	64	41,5	43	25,0
57 Inseln, Hügelformen		3	3,3	5	8,0	8	5,2	2	1,2
58 Über den obern Blattrand hinausgezeichnet		—	—	—	—	—	—	1	0,6

männlich 17–19 Jahre		Total 17–19 Jahre		weiblich über 20 Jahre		männlich über 20 Jahre		Total über 20 Jahre		Kaufm. Angestellte weibl./männl. 20–35 Jahre		afrik. Missionsschüler 14–18 Jahre	
43	%	215	%	161	%	68	%	229	%	66	%	22	%
6	14,0	10	4,7	3	1,9	7	10,4	10	4,4	—	—	—	—
2	4,7	16	7,4	12	7,9	2	2,9	14	6,1	7	10,0	—	—
—	—	1	0,5	1	0,6	—	—	1	0,5	1	1,5	1	5,0
2	4,7	3	1,4	—	—	—	—	—	—	—	—	3	15,0
—	—	—	—	6	3,7	—	—	6	2,6	—	—	—	—
43	100,0	215	100,0	155	96,4	68	100,0	223	97,4	66	100,0	22	100,0
5	11,6	56	26,0	67	41,6	6	8,8	73	32,0	15	23,0	13	59,0
1	2,3	8	3,7	11	6,8	2	2,4	13	5,6	1	1,5	1	5,0
37	86,0	142	66,0	87	52,2	58	85,4	142	62,0	39	17,0	9	41,0
—	—	2	0,9	2	1,2	1	1,5	3	1,3	—	—	—	—
13	30,0	63	29,3	10	6,2	28	41,2	38	16,5	7	10,0	12	55,0
—	—	1	0,5	—	—	—	—	—	—	—	—	—	—
4	9,3	13	6,0	5	3,1	4	5,9	9	3,9	2	3,0	6	27,0
—	—	—	—	—	—	—	—	—	—	—	—	—	—
—	—	—	—	—	—	—	—	—	—	—	—	—	—
20	47,0	66	30,6	33	20,5	22	32,4	55	24,0	18	27,0	13	59,0
15	35,0	28	13,0	17	10,5	11	16,2	28	12,2	14	21,0	3	15,0
4	9,3	5	2,3	—	—	5	7,4	5	2,2	10	15,0	—	—
4	9,3	56	26,0	44	27,4	11	16,2	55	24,0	8	12,0	12	55,0
9	19,0	81	37,6	72	44,7	18	26,5	90	39,0	16	24,0	21	95,0
—	—	—	—	—	—	—	—	—	—	—	—	2	9,0
4	9,3	25	11,6	14	8,7	6	8,8	20	8,7	4	6,0	10	45,0
1	2,3	15	7,0	10	6,2	3	4,4	13	5,6	1	1,5	4	18,0
1	2,3	2	0,9	2	3,1	—	—	2	0,9	1	1,5	—	—
1	2,3	8	3,7	5	3,1	—	—	5	2,2	1	1,5	2	9,0
2	4,7	5	2,3	1	0,6	1	1,5	2	0,9	2	3,0	3	15,0
1	2,3	19	8,8	22	13,7	5	7,4	27	11,8	1	1,5	22	100,0
12	28,0	25	11,6	8	4,9	10	14,7	18	7,8	12	18,0	—	—
8	18,6	38	17,6	24	14,9	11	16,2	35	15,2	8	12,0	2	9,0
5	11,6	17	7,9	14	8,7	6	8,8	20	8,7	7	10,0	10	45,0
9	19,1	32	15,0	15	9,3	7	10,3	22	9,5	7	10,0	2	9,0
1	2,3	6	2,8	12	7,5	1	1,5	13	5,6	5	7,5	6	27,0
—	—	8	3,7	7	4,3	2	2,9	9	3,9	5	7,5	—	—
3	7,0	8	3,7	10	6,2	10	14,2	20	8,7	33	50,0	—	—
—	—	6	2,8	7	4,2	5	7,4	12	5,2	10	15,0	—	—
—	—	—	—	—	—	—	—	—	—	2	3,0	1	5,0
10	23,0	35	16,5	24	14,9	25	38,8	49	21,5	9	14,0	9	41,0
4	9,3	16	7,4	9	5,6	1	1,5	10	4,4	4	6,0	—	—
—	—	—	—	1	0,6	1	1,5	2	0,9	—	—	1	5,0
—	—	4	1,9	2	1,2	—	—	2	0,9	—	—	8	36,0
4	9,3	27	12,6	25	15,5	4	5,9	29	12,6	—	—	2	9,0
1	2,3	5	2,3	2	1,2	—	—	2	0,9	—	—	—	—
9	19,0	23	10,8	8	4,9	4	5,9	8	3,5	8	12,0	—	—
5	11,6	14	6,5	4	2,5	7	10,3	11	4,8	1	1,5	1	5,0
4	9,3	18	8,4	2	1,2	3	4,4	5	2,2	—	—	4	18,0
1	2,3	6	2,8	4	2,5	1	1,5	5	2,2	—	—	—	—
—	—	2	0,9	1	0,5	—	—	1	0,9	—	—	—	—
—	—	—	—	—	—	—	—	—	—	—	—	—	—
—	—	1	0,5	—	—	—	—	—	—	—	—	2	9,0
3	7,0	12	5,6	4	2,5	—	—	4	1,8	2	3,0	—	—
—	—	—	—	—	—	—	—	—	—	5	7,5	1	5,0
5	11,6	20	9,3	14	8,5	4	5,9	18	7,8	2	3,0	1	5,0
—	—	2	0,9	—	—	—	—	—	—	6	9,0	3	15,0
—	—	—	—	—	—	—	—	—	—	—	—	—	—
22	53,0	65	30,3	55	34,2	45	66,3	100	44,0	35	52,0	—	—
2	4,7	4	1,9	10	6,2	4	5,9	14	6,2	—	—	—	—
2	4,7	3	1,4	—	—	—	—	—	—	1	1,5	—	—